Michael Pflaum

Schluss mit dem alten Sünden-Christentum

Wir sind wie Schiffe auf dem Meer –
eine immanente Lebens-Ethik für Christen in einer pluralen Welt

Band 1

Michael Pflaum

Schluss mit dem alten Sünden-Christentum

Wir sind wie Schiffe auf dem Meer –
eine immanente Lebens-Ethik für Christen
in einer pluralen Welt

Band 1

Bibliographische Information der Deutschen Nationalbibliothek
Die Deutsche Nationalbibliothek verzeichnet diese Publikation
in der deutschen Nationalbibliographie; detaillierte bibliographische Daten
sind im Internet über http://dnb.d-nb.de abrufbar

© 2024 Michael Pflaum
Verlag:
BoD • Books on Demand GmbH, In de Tarpen 42, 22848
Norderstedt
Druck:
Libri Plureos GmbH, Friedensallee 273, 22763 Hamburg
ISBN: 978-3-7597-9490-1

VORWORT 11

DIE PROBLEMATIK: IN DER ENGE DES TRADITIONELLEN
SÜNDENBEGRIFFS 15

Kritik der klassischen Definition von Sünde 15

Die Aktualität dieses alten, engen Sündenbegriffs 18

Erkundungen der möglichen Wirkungen des Begriffs „Sünde" 23

Das Problem des unklaren Mischmaschs 26

Betrachtung zum Gleichnis vom verlorenen Sohn 29

ERSTE KORREKTUREN IN DER THEOLOGIE: DIE ABSCHAFFUNG DREIER
TRANSZENDENZ-VORSTELLUNGEN 31

Ein neues Offenbarungsverständnis 31

Die Meta-Sünde der augustinischen Erbsündenlehre 35

Bestrafen auf ewig? 40

IMMANENTE ETHIK 45

Das Schiff auf dem Meer 45

Spuren einer immanenten Ethik im Christentum 47

Ein spinozistisches Unternehmen 49

DIE GOLDENE REGEL – EINE IMMANENTE ETHIK, DIE JESUS EMPFIEHLT
56

WIE KÖNNEN WIR DIE PARADIESGESCHICHTE LEBENSFÖRDERLICH
DEUTEN? 58

Deutung der Schöpfungsgeschichte mit „Richtet nicht!"   58

Deutung der Schöpfungsgeschichte – die Anmaßung nach eigenem
Gutdünken   60

Weitere „Sünden" in der Paradiesgeschichte   64

ZUR AUSLEGUNG DES NEUEN TESTAMENTS   65

Von Schuld zurück zu Schulden – Nietzsches Kritik und Jesu Blick auf
die Schulden   65

Die problematische Suche nach dem ursprünglichen Sinn am Beispiel
der Jüngerregel   68

Der ambivalente Paulus   71
    Predigt: Paulus nach Alain Badiou   72
    Predigt: Paulus schreibt den Korinthern 75
    Predigt: Paulus – Garant von Ostern! Zeuge der Trotzdem-Liebe
    Gottes! Offenbarer des inneren Lehrers 77
    Der problematische Paulus   80

Das Kreuz anders verstehen   81
    Unbrauchbare Deutungen des Kreuzestodes Jesu 83
    Das damalige Verständnis von Sünde und Sühne 87
    Einige wertvolle Zugänge zum Kreuz Jesu Christi 88
    Paulus für eine Überraschung gut: Gott bittet um Versöhnung 93

Kriterien für die Unterscheidung der Geister   96

GOTTES GNADE WIRKT IN DER WELT – PEIRCES KATEGORIENLEHRE 98

Vorbemerkungen   98

Die drei Ebenen, Gottes Gegenwart zu betrachten   99

Mit Peirces Kategorienlehre die drei Betrachtungsebenen analysiert
                                                               101

Keine Sünde zerstört die Gegenwart Gottes an sich   102

Sakramente sind in der Lebenswelt verortet 104

Eine positive Aussage ist keine exklusive - Sakramente verweisen auf die Gegenwart Gottes an sich 107

Konkretisierung und Gestaltwerdung 108

Die Kraft des Zeichens, auf die Gegenwart Gottes zu zeigen 108

Die Erstheit entzieht sich dem Zugriff - die Gegenwart Gottes ist Geschenk 109

Folgerungen für den Sündenbegriff 110

EINE IMMANENTE ETHIK – DIE GEWALTFREIE KOMMUNIKATION UND SPINOZAS ETHIK 112

Rosenbergs persönliche Erfahrungen 112

Kurzeinführung in die gewaltfreie Kommunikation anhand eines Beispiels 114

Eine neue ethische Differenz anhand Spinozas Sündenfall-Deutung 117

Die gegnerische Position 122

Die Bedürfnisse sind uns gemeinsam 128

Mischmasch auftrennen 138

Wir beginnen immer mit Mischmasch und Verzerrungen 140

„... immer ein bisschen weniger dumm“ 145

Empathie mit dem anderen Menschen 150

Denkt die GfK den Menschen altruistisch oder egoistisch? 153

Kritik des Kontraktualismus bei Tugendhat und Aufbau einer autonomen Moral 159

Edelsinn bei Spinoza 162

Reue, Bedauern und Sakrament der Versöhnung 163

BIASES UND CO 166

Biases - wie die moderne Psychologie Spinozas Entdeckung weiter erforschte 166

Unbewusste Biases sind ein Grund für die Untauglichkeit des Sündenbegriffs 167

Beispiele für Biases 169

Biases erkennen und überwinden mit GfK, Naikan und The Work 171

Abwehrmechanismen und Fehlschlüsse 172

Problematische Menschenbilder entlang des Enneagramms 174

Kritischer Rückblick und Übergang zu Bergson 176

DIE ZWEI QUELLEN DER MORAL UND DER RELIGION NACH BERGSON 177

Grundaussagen aus „Schöpferische Entwicklung" 178

Grundaussagen aus „Die beiden Quellen der Moral und der Religion" 182

Die schöpferische Emotion 184

Unterschiede zwischen den zwei Quellen der Moral 186

Das problematische Verhältnis zwischen dynamischer und statischer Moral und Religion 188

Sünde bei den beiden Quellen der Moral und der Religion 195

Die Öffnung zur ganzen Menschheit und zur ganzen Welt 196

Bergsons Gesellschaftsphilosophie und andere Philosophen 197

Bergson und Tugendhat: Die kleine Flamme der Menschheitsliebe 198

MIT DELEUZE DIE IDENTITÄTSPOLITIK KRITISIEREN 200

Seid wachsam! Ruft Jesus zur Wokeness auf? 200

Jenseits der Gattungsidentität 202

Glissants rhizomatisches Denken 205

Majorität und Minorität 207

Die Seligpreisungen 210

Der Sündenfall – Beginn des Holzweges 211

Die fünf Elemente der Identitätsideologie 212

Warum ist die Kritik an der Identitätsideologie so wichtig? 216

Zynische Unterstellung von Eigeninteressen 217

Die Identitätsideologie als moderne Sünden-Religion 218

RECHTFERTIGUNGSPROZESSE IN DEMOKRATIEN STATT IDENTITÄTSIDEOLOGIE 220

DIE PROZESSPHILOSOPHIE VON WHITEHEAD 227

Verabschiedung alter Gottesbilder 227

Die Grundstruktur der Prozessphilosophie anhand eines Beispiels 229

Die Grundzüge der Prozessphilosophie 229

Gott in der Prozessphilosophie 233

Spinoza und Whitehead 236

9

Das Böse in der Prozessphilosophie: 238
   Vergleich mit Werbicks Verständnis von Sünde   240

Drachen der Untätigkeit   241

Tragik, dass man nie immer alle einbeziehen kann   244

SCHLUSS: GLAUBE, LIEBE, HOFFNUNG ALS BASIS FÜR DIE
   DEMOKRATIE   248

LITERATUR   251

LITERATURNACHWEISE UND ANMERKUNGEN   253

Vorwort

Ich schreibe dieses Buch für Christen, denen die Lasten im alten Christentum leid sind. Gemäß dem Lied „Wenn der Geist sich regt": „Füllt den jungen Wein nicht in die alten Schläuche! Zwängt die junge Kirche nicht in alte Bräuche!" – und zwängt die junge Kirche nicht in alte Denkweisen.

Lasten In meiner neuen Pfarrstelle in Herzogenaurach ergab es sich, dass ich einen Philosophiegesprächskreis für Erwachsene anbot. (In den Stellen davor konnte ich Jugendliche für so einen Gesprächskreis immer wieder begeistern. Aber jeder wird älter…) Bei diesem Gesprächskreis konnte ich erleben, dass Menschen, die schon lange in der Kirche engagiert sind, es genießen, wenn in so einem Kreis auch alte belastete Begriffe und Vorstellungen aus dem Christentum ohne Samthandschuhe kritisiert werden dürfen. Sie haben oft genug in Gottesdiensten erlebt, dass solche Begriffe und Vorstellungen einfach unreflektiert benutzt wurden. Und sie haben bei sich selbst gemerkt, wie diese oft sie und/oder andere Menschen belastet haben…

In der Tradition Spinozas Insofern kann man sagen: Die Aufgabe, Gläubige aufzuklären und von alten Lasten zu befreien, hat zwar Spinoza mit seinem Werk „Theologisch-politischer Traktat" begonnen. Aber diese Aufgabe ist auch heute noch nicht erledigt. So sehe ich mich mit diesem Buch auch in der Tradition von Spinoza, der alte Glaubensvorstellungen kritisch analysierte. Ich sehe mich mit diesem Buch aber auch in der Tradition von Spinozas Ethik. Spinoza wollte durch das Studium des Menschen und seines Körpers, seiner Affekte und seines Denkens Ratschläge und Einsichten weitergeben, damit man in größerer Freiheit und Tugend leben kann.

Ein Begriff, der mit vielen Lasten des alten Christentums direkt oder indirekt verbunden ist, ist der Begriff Sünde. Deswegen soll er im Zentrum der kritischen Reflexion stehen.

„Sünde" ist ein schwieriger Begriff. Die Assoziationen, die Menschen mit diesem Begriff haben, sind einerseits vielfältig und oft auch verworren, andererseits kann er toxische Wirkungen entfalten und zum Machterhalt eingesetzt werden. Nietzsche hat nicht ganz Unrecht, wenn er empathisch ausruft: „Schaffen wir den Begriff der Sünde aus der Welt – und schicken wir ihm den Begriff der Strafe bald hinterdrein!"[1] Diese Betrachtungen wollen die Problematik dieses Begriffes ein wenig erkunden und nach Alternativen Ausschau halten. Dabei soll aber nicht das Kinde mit dem Bade ausgeschüttet werden.

Was klar ist, drücke ich salopp erst einmal so aus: Menschen machen auch „Mist". Sie verhalten sich immer wieder lebenshemmend, lebensverhindernd bis lebenszerstörend. Aber wie nennt man das? Sünde ist nicht der einzig mögliche Begriff dafür und auch der Sündenbegriff selbst kann unterschiedlich verstanden werden. Wenn man dagegen den Sündenbegriff traditionell, „klassisch" versteht, führt er in eine Enge, ja letztlich oft in die Irre und macht blind für viele andere „Probleme", die wir mit diesem Begriff nicht in den Blick nehmen können. Der Begriff kann sogar selbst negative Wirkungen bei den Zuhörenden und bei den Gläubigen hervorbringen.

Das sind Gründe genug, um diesen traditionellen Sündenbegriff zu kritisieren und nach neuen Wegen Ausschau zu halten, um den „Mist", den Menschen immer wieder fabrizieren, zu benennen und denkerisch zu durchdringen. Vielleicht ist Sünde ein zu allgemeiner Begriff. Bergson verglich solche allgemeinen Begriffe mit Konfektionsgrößen im Kleidungsbereich. Im Gegensatz zu maßgeschneiderten Kleidungen passen Konfektionsgrößen nie so ganz richtig. Vielleicht brauchen wir viele Begriffe für das Leben Verhindernde, Hemmende bzw. Zerstörende, weil der „Mist" viele Gesichter hat, viele Ursachen haben kann, und man auch auf unterschiedlichen „Mist" verschieden reagieren muss.

Immanente Ethik Das führt uns zwangsläufig zu einer weiteren Aufgabe: Wie können wir eine immanente Ethik für Christen formulieren? Denn der alte Sündenbegriff ging davon aus, dass ein transzendenter Gott Gebote nach seinem Gutdünken erlässt, wie ein absolutistischer Fürst frei Gesetze beschließt. Aber das ist nicht mehr haltbar. Man kann heute Gott nicht so denken, als sei er ein absolutistischer Fürst. Und man kann heute in einer pluralistischen Welt die eigenen ethischen Maßstäbe nicht allein transzendent als Gebote Gottes begründen, wenn man eine ernstzunehmende Stimme in dieser modernen Welt sein will. Was kommt an die Stelle dieses Denkens? Ein Text von Whitehead kann eine solche Ethik schon zu Beginn erahnen lassen: „Es gibt jedoch im galiläischen Ursprung des Christentums noch eine andere Anregung, die zu keinem der drei Hauptstränge des Denkens so richtig passt. Sie legt das Schwergewicht weder auf den herrschenden Kaiser, noch auf den erbarmungslosen Moralisten oder den unbewegten Beweger. Sie hält fest an den zarten Elementen der Welt, die langsam und in aller Stille durch Liebe wirken; und sie findet ihren Zweck in der gegenwärtigen Unmittelbarkeit eines Reichs, das nicht von dieser Welt ist. Liebe herrscht weder, noch ist sie unbewegt; auch ist sie ein wenig nachlässig gegenüber der Moral. Sie blickt nicht in die Zukunft: denn sie findet ihre unmittelbare Belohnung in der Gegenwart."[2] Eine immanente Ethik für Christen verlässt die drei alten Gottesbilder: Gott als herrschender Kaiser, als erbarmungsloser Moralist, als unbewegter Beweger. Es sind die drei prägenden Gottesbilder für eine transzendente Gottesvorstellung. Aber Whitehead behauptet, dass im galiläischen Ursprung des Christentums, also bei Jesus und seiner

Verkündigung selbst, eine andere Anregung bekommen… Dieser wollen wir nachgehen und sie für die heutige Zeit entfalten.

Machen wir uns auf und beginnen eine Entdeckungsreise…

Dieses Buch ist gewissermaßen aus meinen vorherigen Büchern entstanden. Entlang der Frage nach einer immanenten Ethik anstelle des alten Sünden-Christentums unterstützt durch das Bild „Schiff auf dem Meer" konnte ich verschiedene Teile aus anderen Büchern zu diesem Buch neu zusammenfügen. Dabei habe ich viele eigene Einsichten, die ich in meiner Dissertation, in meinen Exerzitienbüchern und Predigtbüchern usw. dargelegt, in neuer Weise angeordnet und ergänzt und erweitert.

Aristoteles' Tugendlehre ordnete Tugenden als mittleres Maß zwischen zwei Extremen an, also zwischen zwei Straßengräben. Der Tapfere ist zwischen dem Waghalsigen und dem Verzagten. In diesem Buch suchen wir auch nach verschiedensten Straßengräben, die es zu vermeiden gilt, deren Beachtung das Leben verbessern kann. Denn Ethik versucht, Straßengräben aufzuzeigen, damit man sie vermeiden kann.

Dieses Buch ist eine Collage aus verschiedenen Bausteinen, wie ein Mosaik. Diese Mannigfaltigkeit ist aber kein Makel, vielmehr eine adäquate Antwort auf die Herausforderungen in einer pluralen Welt. Ich greife viele Theorien auf, die in einer „normalen katholischen Moraltheologie" nicht (oder nur am Rande) vorkommen. Z. B. Spinoza, Bergson, Whitehead und Deleuze aus der Philosophie, Polyvagaltheorie, Inneres Familiensystem und PSI.Theorie aus der Psychologie bzw. Therapie. Und ich will die Aktualität der hier erörterten Gedanken dadurch aufweisen, dass ich sie auf jetzige gesellschaftspolitische Themen beziehe, wie z. B. die Identitätspolitik. Gerade bei dieser modernen Ideologie sieht man die Herausforderung, der ich mich in diesem Buch stellen möchte: Wir Christen müssen diesem hochgefährlichen Denken eine immanente Ethik in einer pluralen Welt entgegenstellen.

Das Buch veröffentliche ich in zwei Bänden.

Der erste Band beginnt mit der Kritik des Sündenbegriffs, behandelt theologisch wichtige Korrekturen zu den Themen Offenbarung, Erbsündenlehre, Eschatologie, Paradiesgeschichte, Deutungen des Kreuzestodes und erkundet dann Möglichkeiten einer immanenten Ethik. Im ersten Band kommen deswegen hauptsächlich Theologen und Philosophen zu Wort. Für den Aufbau einer immanenten Ethik beziehe ich mich auf fünf Philosophen der Immanenz (Spinoza, Whitehead, Bergson, Peirce, Deleuze/Guattari) und drei weitere Philosophen, die für eine autonome, allgemeine Moral plädieren (Tugendhat, Forst, Boehm). Die gewaltfreie Kommunikation wird im ersten Band als Explikation der Ethik Spinozas vorgestellt.

13

Der zweite Band wird bei dieser Suche nach einer immanenten Ethik weitere psychologische und therapeutische Inspirationen aufnehmen, wie z. B. die Polyvagaltheorie das innere Familiensystem, das Enneagramm, PSI-Theorie. Gerade die Polyvagaltheorie und das innere Familiensystem zeigen uns Wege, wie wir eine trauma-sensible Ethik gestalten müssten. Gesellschaftliche Konstellationen, Unterdrückungen, auch spiritueller Missbrauch lassen sich dadurch genauer benennen. Das Enneagramm kann außerdem auch noch eine neue wertvolle Sicht auf den Sündenbegriff liefern.

Die Problematik: In der Enge des traditionellen Sündenbegriffs

Bei dieser Analyse der Problematik des Sündenbegriffs kam ich mir oft wie ein Gärtner vor, der den Giersch im Garten beseitigt. Es reicht nicht, nur das Grün oberhalb des Bodens wegzureißen. Man muss mit der Gartengabel den Boden ausheben und sieht dann, wie unterirdisch die Wurzeln in alle Richtungen weiterwachsen und mit anderen Gierschpflanzen verbunden sind. So ist es auch mit dem Sündenbegriff. Er ist eng mit anderen Vorstellungen der Theologie verbunden, die man gleich mit kritisch betrachten muss.

Deswegen müssen wir auch auf verschiedene Weise das klassische Sündenverständnis kritisieren. Erstens betrachten wir die klassische Definition von Sünde und hinterfragen sie. Wir zeigen zweitens an Beispielen auf, dass dieser Begriff immer noch aktuell wirksam ist. Drittens erkunden wir die pragmatische Seite: Welche Wirkung kann dieses klassische Verständnis von Sünde auf die Menschen haben? Nach dieser Erkundung des Problemfeldes nehmen wir das Theorie-Umfeld dieser klassischen Definition in Blick und überwinden dies in einem ersten Anlauf mit drei Korrekturen.

Kritik der klassischen Definition von Sünde

Beginnen wir mit einer klassischen Definition von Sünde, die man in einem vorkonziliaren Dogmatik-Lehrbuch finden kann. Sie lautet knapp und bündig:

„Freiwillige Abweichung vom göttlichen Gesetz."[3]

Jedes Wort ist hier würdig, kritisch untersucht zu werden. Dabei sei vorab angemerkt: Diese erste Betrachtung skizziert verschiedene Gedankengänge, die wir später noch detaillierter ausführen und weiterdenken werden.

„Göttliches Gesetz":

Beginnen wir damit zu bezweifeln, ob wir den Inhalt des göttlichen Gesetzes überhaupt wissen. Verschiedene Kulturen haben unterschiedliche Ansichten darüber, was sittlich und richtig sei. Aber auch innerhalb der christlichen Religion gehen die Ansichten weit auseinander. Philosophen und Theologen konnten sich nicht einigen, was der genaue Inhalt eines Naturrechts sei, also des göttlichen Gesetzes, das wir Menschen allein durch unsere Vernunft ohne Offenbarung erkennen können. Die Religionen widersprechen sich nicht nur untereinander, sondern auch innerhalb der eigenen Tradition. Z. B. Ist die Frau mit dem Mann gleichberechtigt, wie Johannes Chrysostomos betont, oder ist die Frau dem Mann untergeordnet, wie einige Stellen in den sekundären Paulusbriefen behaupten? Man kann nach den Ergebnissen der historisch-kritischen Methode auch die 10 Gebote nicht als DAS göttliche Gesetz ansehen. So wertvoll sie - gut interpretiert - für das menschliche Zusammenleben als Richtschnur sein mögen, sie sind nicht wortwörtlich das göttliche Gesetz. Es scheint aufgrund dieser Vielfalt unmöglich zu sein, genau zu bestimmen, was das göttliche Gesetz ist, wenn man das Gesetz Gottes so versteht, dass ein transzendenter Gott diese Gesetze irgendwie erlassen hat und den Menschen mitgeteilt hat, ob durch Offenbarung oder durch die Vernunft.

Aber wir können mit Spinoza noch grundsätzlicher hinterfragen: Das ganze Weltbild ist irgendwie schräg. Gott wird vorgestellt als ein Gesetzgeber, der Regeln frei aufstellt. Gott ist wie ein Fürst, der willkürlich Gesetze erlassen kann. Nach Spinoza denken wir hier zu menschlich. Wir projizieren eine Illusion, dass ein Fürst absolut frei ist und willkürlich Gesetze erlassen kann, auf Gott. Diese Gesetze sind dann transzendent, kommen von Gott, der sie aufgrund seines Willens erlassen hat.

Jesus hinterfragte selbst, kritisierte das zu seiner Zeit übliche Verständnis der Sabbatregeln, denen man unbedingt folgen müsse: „Der Sabbat ist für den Menschen da, nicht der Mensch für den Sabbat." Jesus fordert also: Eine Regel muss lebensförderlich sein. Damit ist die Regel aber nicht mehr transzendent, von einem transzendenten Gott beschlossen, sondern muss immanent bestimmt und begründet werden: Was ist lebensförderlich?

„Freiwillige Abweichung":

Ist jede Tat, Rede, Verhalten, die man traditionell als Sünde bezeichnet, eine freiwillige Abweichung bzw. Übertretung eines Gesetzes? Liegen dieser Ansicht nicht mehrere Illusionen und falsche Vorstellungen zugrunde?

Die alltägliche Erfahrung zeigt vielmehr: Mein Wille ist nicht so eindeutig. Ich will abnehmen und esse doch gerne Süßigkeiten. Wir erleben innere Zerrissenheit zwischen inneren Seiten von uns. Kann man da von freiwilliger Abweichung sprechen? Was ich mal gewollt habe, kann ich Tage danach schon nicht mehr wollen. Wer mit dem „Inneren Familiensystem" von Richard Schwartz (IFS) arbeitet, erkennt schnell, dass unsere inneren Seiten auch belastet sein können, verzerrte Ansichten haben können. Wer z. B. als Junge gelehrt bekommt, dass ein Mann immer stark sein müsse, hat eine verzerrte Sichtweise auf seine Männerrolle. Kann man dann von einer freiwilligen Abweichung sprechen, wenn diese verzerrte Sichtweise bei der sündigen Handlung unbewusst mit hineinwirkt? Man möge jetzt nicht aus einer Schwarz-Weiß-Denkweise heraus folgern, dass ich meine, der Mensch sei eigentlich unfrei. Dann unterschlägt man den großen Graubereich mit seinen vielen Schattierungen. Ich habe in meiner Dissertation ausführlich für die Freiheit des Menschen plädiert. Aber diese ist immer eingebettet und deswegen gibt es immer auch Abstufungen von mehr und weniger frei.

Spinoza kritisierte die Moralphilosophen, weil sie die Freiheit des Menschen als absolut und nicht eingebettet verstehen. (Eine ähnliche Kritik äußert auch Bieri in seinem Buch „Handwerkszeug der Freiheit".) Die Moralphilosophen (die Spinoza vor Augen hatte) stellen sich den Menschen als „Staat im Staate" vor, als einen absoluten Monarchen über den eigenen Körper und den eigenen Geist. Hier wird die Freiheit zu idealistisch gesehen und nicht eingebettet in das Umfeld, ebenso wird das Unbewusste übersehen usw. Es ist der gleiche Fehler wie bei der Vorstellung, dass Gott willkürlich frei Gesetze erlassen könne.

Aber dann passiert etwas Erstaunliches. Die absolute Freiheit, die angenommen wurde, schlägt bei den Theologen ins totale Gegenteil um! Durch die Erbsünde ist der Mensch total verderbt und total unfähig zum Guten. Nur eine Gnade von außen kann ihn retten, wieder befreien und zum Guten fähig machen. Das ist eine Schwarz-Weiß-Malerei. Hier gibt es nur „ganz" oder „gar nicht". Es gibt keine Zwischentöne.

Durch diesen Umschlag ins andere Extrem wird die Definition widersprüchlich. Eigentlich kann es gar keine freiwillige Abweichung geben, weil wir durch die Erbsünde unfrei geworden sind... So wirkt das ganze Theoriegebäude in sich widersprüchlich.

„Freiwillige *Abweichung*":

Der Begriff „Abweichung" geht davon aus, dass mein Wille und der Wille Gottes bei der Sündentat im Widerstreit liegen. Ein Witz bringt dies auf den Punkt: Fragt ein Gläubiger den Priester im Beichtstuhl: Ist das Sünde? Fragt der Priester zurück: Macht es Spaß? Ja, antwortet der Gläubige. Sogleich das Urteil des Priesters: Dann ist es Sünde!

Warum ist diese Sichtweise problematisch? Drei Aspekte führe ich hier an:

1. Es ist eine zu enge Sichtweise: Die Sünde wird nur als Absonderung von Gott, als Abweichung von Gottes Willen verstanden. Die anderen Absonderungen werden übersehen und damit in ihrem Eigenwert geleugnet: Die Absonderung vom Mitmenschen, die Absonderung von mir selbst (Entfremdung), die Absonderung von der Natur. Die Absonderungen vom Mitmenschen, von sich selbst und von der Natur können nicht unverzerrt aus dieser Engführung in den Blick genommen werden, insbesondere wenn man Sünde als Übertretung göttlicher Gesetze sieht. Diese Engführung ist somit eine „Meta-Sünde": Damit meine ich, dass diese besondere Rede über Sünde, dieses spezielle „Sprachspiel" selbst verdunkelt und nicht förderlich ist. Ein Beispiel macht diese allgemeinen Aussagen deutlicher:

Jesus selbst hat die Engführung der Sünde als Absonderung von Gott indirekt immer wieder kritisiert, z. B. in Mk 2,23-3,6. Wenn es nur darum ginge, Gebote Gottes zu erfüllen, dann wäre der Mensch dafür da, die Sabbatgebote zu halten. Wenn aber Jesus sagt, der Sabbat ist für den Menschen da, dann geht es immer auch um meine Beziehung zu mir und zu meinen Mitmenschen. Wenn ich den Ruhetag nicht einhalte und immer durcharbeite, entfremde ich mich von mir selbst, werde zu einem Workaholic, und entfremde mich auch von meinen Mitmenschen. Deswegen hilft es mir selbst, meiner Beziehung zu mir selbst und zu meinem Mitmenschen, wenn ich den Ruhetag, den Sabbat halte. Wenn aber die Sabbatgebote nur als Gebote Gottes verstanden werden, die strikt einzuhalten sind, dann kommen diese Aspekte nicht in Sicht. Man erfüllt das Sabbatgebot, um Gott zu gefallen, um nicht gegen Gott zu sündigen, und verfehlt damit den Sinn der Empfehlung, einen Ruhetag zu halten.

2. Es fehlt der Aspekt der strukturellen Sünde. Besonders die Befreiungstheologie hat die Bedeutung der strukturellen Sünde herausgearbeitet. Menschen werden in ganz unterschiedliche Strukturen, Milieus, Gesellschaften hineingeboren. Ich denke mir manchmal: Was wäre aus mir geworden, wenn ich in eine Mafia-Familie hineingeboren wäre?

3. Diese Definition reflektiert sich nicht selbst kritisch. Es fehlt also das Bewusstsein einer „Meta-Sünde": Dass das Sprachspiel X über die Sünde selbst Sünde sein kann, nämlich auf einer Meta-Ebene, weil sie selbst zu wenig lebensförderliche Wirkungen und zu viel lebenszerstörende Wirkungen aufzeigt.

Die Aktualität dieses alten, engen Sündenbegriffs

Man könnte ja nun meinen oder hoffen, dass über 50 Jahre nach dem II. Vatikanischen Konzil, im 21. Jahrhundert dieser Sündenbegriff nicht mehr gelehrt wird, dass er überwunden ist. Aber dem ist nicht so. Dafür will ich einerseits die Messgebete im Messbuch und andererseits Liedtexte aus der Lobpreis-Szene als Beleg anführen.

In den Tagesgebeten, Gabengebeten und Schlussgebeten im Messbuch kommen immer wieder folgende Gedanken vor:

- Man muss die Gebote Gottes befolgen, ihm gehorchen.
- Damit man in der Ewigkeit in den Himmel kommt.
- Sünde macht unrein.
- Es dominiert eine Wenn-dann-Logik; Gottes Gnade ist nicht bedingungslos, grenzenlos.

18

Grundlegend ist hier eine Wenn-dann-Logik, die am treffendsten in Kindersprache ausgedrückt wird: Papa und Mama haben mich lieb, wenn ich brav bin. Impliziert: Und wenn ich nicht brav bin, haben sie mich weniger lieb bzw. haben sie mich nicht mehr lieb. Oder im Kontext der Leistungsgesellschaft lautet diese Logik: Du bist für uns wertvoll, wenn Du etwas leistest. In der Messbuch-Sprache auf Gott bezogen lautet es dann so: „Erneuere deine Gnade in uns, damit wir dir gefallen."[4]

Man kann die Wenn-Dann-Logik auch mit der Unterscheidung rein/unrein verbinden und auf den Sakramentenempfang beziehen, so dass eine völlig umgedrehte Ordnung als die von Jesus beabsichtigte dabei herauskommt: „Reinige uns durch deine Gnade, damit wir fähig werden, das Sakrament deiner großen Liebe zu empfangen."[5] Oder: „Barmherziger Gott, schau gütig auf die Gaben deines Volkes und sende uns den Heiligen Geist. Er reinige unsere Herzen, damit dir gefallen kann, was wir darbringen."[6] Jesus hat sich beim Zöllner Zachäus eingeladen, ohne dass er eine Bedingung gesetzt hat. Jesus hat nicht gesagt: Gebe dein zu viel angehäuftes Geld zurück, erst dann besuche ich dich. Jesus hat sich einfach beim Zöllner eingeladen. Er hat mit der Frau am Jakobsbrunnen gesprochen, ohne sie aufzufordern, sie solle sich erst einmal rein machen. Als er mit dem Zöllner Matthäus und seinen Freunden aß und die Pharisäer Anstoß nahmen („Wie kann euer Meister zusammen mit Zöllnern und Sündern essen?"), sagte er: „Nicht die Gesunden bedürfen des Arztes, sondern die Kranken." Mt 9,12 Wenn die Begegnung mit Jesus im Sakrament mich aufbaut, warum soll ich mich also vorher „rein" machen? Ich darf doch zu Jesus kommen mit all meinen Seiten, auch meinen Ecken, Kanten und Abgründen!

Auch wenn nicht explizit in den Gebeten der Begriff Hölle oder ewige Verdammnis genannt wird, so wird doch auch in Bezug auf die Ewigkeit eine Wenn-dann-Logik angewendet, wie zum Beispiel in folgendem Satz: „Gib uns die Gnade, dass auch wir deinem Willen gehorchen und einst in Herrlichkeit auferstehen."[7] Und wenn ich nicht dem göttlichen Willen gehorche? Werde ich dann nicht in Herrlichkeit auferstehen? Komme ich dann in die Hölle? Das wird nicht direkt angesprochen, kann aber leicht beim Zuhörenden mitschwingen. Und wie passt das zum Gleichnis vom barmherzigen Vater oder vom Hirten, der dem entlaufenen Schaf nachläuft? Der verlorene Sohn hat nicht gehorcht. Das Schaf hat sich verirrt und musste irgendwo gefunden werden…

Aber nicht nur im katholischen Messbuch ist die enge traditionelle Sündenvorstellung lebendig, auch in Liedern aus der Lobpreisszene, Liedern aus den Freikirchen. Der Hintergrund ist zwar eine etwas andere Theologie, aber auch diese bewirkt bei mir „Störgefühle". Ich werde nach den Texten

19

ausführen, warum ich bei Passagen irritiert bin. Jetzt erst einmal Ausschnitte aus den zwei Beispielen:

Der Löwe und das Lamm ist ein modernes christliches Lied. In diesem Lied geht es um Jesus, der auf der einen Seite der mächtige Löwe ist und auf der anderen Seite das Lamm, das geschlachtet wurde. Er musste als Lamm für unsere Schuld sterben, hat den Kampf gegen den Teufel aber als mächtiger Löwe gewonnen.

Vers 1: Wenn Jesus wiederkommt, beugt sich alle Welt vor ihm.
Ketten brechen, wenn zerbrochne Herzen ihn verehrn.
Denn wer kann unsern Gott aufhalten?
Chorus: Denn er ist der Löwe, der Löwe von Juda.
Sein Brüllen ist mächtig, er kämpft unsre Kämpfe.
Und jeder wird sich vor ihm beugen.
Denn er ist das Lamm, geschlachtet für uns,
für die Sünden der Welt, und sein Blut befreit.
Und jeder wird sich beugen
vor dem Löwen und dem Lamm.
Jeder wird sich vor ihm beugen.
Vers 2: Kommt, öffnet ihm das Tor
und bahnt den Weg dem Herrn der Herrn.
Der Gott, der uns erlöst,
ist hier und setzt Gefangne frei.
Denn wer kann unsern Gott aufhalten?

Das andere Lied hat den Titel „Mutig komm ich vor den Thron" und wird vollständig zitiert

V1: Allein durch Gnade steh ich hier
vor Deinem Thron, mein Gott, bei Dir.
Der mich erlöst hat, lädt mich ein,
ganz nah an seinem Herzen zu sein.
Durchbohrte Hände halten mich.
Ich darf bei Dir sein ewiglich.
V2: Will mich mein Herz erneut verdamm'n,
und Satan flößt mir Zweifel ein,
hör ich die Stimme meines Herrn,
die Furcht muss fliehen, denn ich bin sein.
Oh preist den Herrn, der für mich kämpft,
und meine Seele ewig schützt.
Chorus: Mutig komm ich vor den Thron,
freigesprochen durch den Sohn.
Dein Blut macht mich rein,

Du nennst mich ganz Dein,
in Deinen Armen darf ich sein.
V3: Sieht doch wie herrlich Jesus ist,
der alle Schönheit übertrifft.
Die Liebe in Person ist hier,
gerecht und treu steht er zu mir.
All unser Lob reicht niemals aus,
ihn so zu ehrn, wie's ihm gebührt.
V4: Das ist der Grund, warum wir feiern,
wir sind befreit, er trug das Urteil.
Preist den Herrn, preist den Herrn,
er hat für meine Schuld bezahlt.

Beide Lieder zeigen eine große Problematik auf, wenn man beginnt, den traditionellen Sündenbegriff kritisch zu reflektieren. Denn dieses traditionelle Sündenverständnis ist eng verwoben mit traditionellen Theologien, die wiederum das Vokabular aus dem Neuen Testament benutzen. Deswegen müssen wir im Verlauf des Buches auch die Theologien im Neuen Testament selbst kritisch reflektieren, z. B. die Theologie in den Paulusbriefen usw.

An dieser Stelle möchte ich nur die Theologie, die ich hinter diesen beiden Liedern sehe, skizzieren.

Ich besuchte einmal einen freikirchlichen Gottesdienst für Jugendliche und der Prediger hat diese Theologie kompakt und einfach so dargestellt: Die Sünde hat seit Adam einen Graben zwischen Gott und Menschen geschaffen. Durch die Sünden der Menschen besteht der Graben weiterhin. Das Kreuz ist die Brücke, die diesen Graben überbrückt. So ist Jesus einerseits unser Held, der wie „Superman", wie ein Löwe gegen das Böse kämpft. Andererseits ist er das Lamm, das als Sühne für unsere Sünden (anstelle des alttestamentarischen Opferlamms) geopfert wird.

Hier schwingt die augustinische Erbsündenlehre mit: Wir sind durch die Sünde von Adam von Natur aus böse, und nur die Gnade von außen macht uns gut. Viele andere Theologen, ob Thomas von Aquin, Hugo von St. Viktor, Erasmus von Rotterdam oder Karl Rahner sahen das anders. Die Sünde hat für sie den guten Kern nicht zerstört, sondern nur verdunkelt, den Zugang dazu erschwert. Unterirdisch zieht sich durch die ganze Geschichte der Christen dieser „anthropologische" Streit: Ist der Mensch durch die Sünde in seiner Wurzel verdorben und böse, oder ist der gute Kern verdeckt? Erasmus sagte, die Seele ist krank; Luther dagegen, die Seele ist tot. Für Luther kann ohne Gnade der Mensch nur sündigen, die „Freiheit" gibt es eigentlich nicht. Erasmus kritisiert diese Sichtweise: „Wenn man sagt, es gebe so wenig ein Verdienst des Menschen, dass alle Werke desselben Sünde seien, wenn man sagt, unser Wille könne nicht mehr leisten als der Ton in der Hand des Töpfers, und wenn man alles, was wir tun oder wollen, auf unbedingte Notwendigkeit zurückführt, dann stoße ich auf viele Bedenken."

Positiv theologisch ausgedrückt vertrete ich mit vielen anderen die Position: Zu jeder Zeit wirkte und wirkt der Heilige Geist in den Seelen aller Menschen, trotz der Sünde. Im einen kann er mehr bewirken, im anderen weniger, im dritten fast gar nichts. Das ist das positive Menschenbild, dem ich in diesem Buch nachfolge, und nicht das negative Menschenbild von Augustinus, Martin Luther oder Karl Barth.

Diese augustinisch-lutherische Theologie ist der dunkle Hintergrund dieser freudig hellen Lobpreislieder. Auf den ersten Blick erscheinen sie vielleicht vielen als erfrischend und aufbauend, als Vertrauen stärkend. Aber es scheint klar, dass in mir nichts Gutes ist: „Allein durch Gnade steh ich hier", alles Gute kommt von Jesus Christus, der meine Schuld bezahlt hat.

Gibt es alternative Vorstellungen zum engen Sündenbegriff der Tradition? Ja, sogar im Messbuch kann man andere Vorstellungen von Sünde finden: Sünde z. B. als Verstrickung oder als Verwirrung oder als Anhänglichkeit. Diesen Spuren werden wir später nachgehen. Hier nur Beispiele: „Gott, du bist unser Ziel, du zeigst den Irrenden das Licht der Wahrheit und führst sie auf den rechten Weg zurück. Gib allen, die sich Christen nennen, die Kraft, zu meiden, was diesen Namen widerspricht, und zu tun, was unserem Glauben entspricht."[8] Bei diesem Gebet habe ich keine „Störgefühle", das würde ich auch im Gemeindegottesdienst unverändert so beten. Irrende gibt es wahrlich viele heutzutage: Durch irrige Vorstellungen und Glaubenssätze, durch Irrlehren im Internet, durch Irrfahrten verschiedener Süchte...

"Löse uns durch diese Feier aus aller Verstrickung, damit wir in freier Hingabe ganz dir angehören."[9] Natürlich erleben wir Verstrickungen, sowohl innerpsychisch, Gewohnheiten, Süchte, aber auch gesellschaftliche Verstrickungen, zwischenmenschliche Verstrickungen usw.

Und ein Alkoholiker z. B. kann sicherlich bei dem folgenden Satz inbrünstig mitbeten: „Befreie uns von der alten Anhänglichkeit an das Böse und lass das neue Leben der Gnade in uns wachsen."[10] Im Einschub des Priesters im Vaterunser steht der Satz: „Und bewahre uns vor Verwirrung und Sünde" Das gibt uns den Impuls zu fragen, wie sich das traditionelle enge Verständnis von Sünde verändert, wenn wir Sünde z. B. als Verwirrung versuchen zu verstehen...

22

Erkundungen der möglichen Wirkungen des Begriffs „Sünde"

Worte haben Wirkungen! Sie lassen Assoziationen, Bilder, Geschichten, Weltmodelle lebendig werden, explizit oder implizit, bewusst oder unbewusst. Wer bei Steuern von „Steuerlast" redet, bewirkt etwas ganz anderes bei den Zuhörenden als der, der vom „Beitrag zum Gemeinwohl" spricht.

Was kann der Begriff „Sünde" auslösen? Das ist natürlich bei jedem Menschen unterschiedlich. Trotzdem ist offensichtlich, dass der Begriff mit einem Jahrtausend alten Lastenpacket beladen ist. Einige erste tastende Versuche, wie der Begriff wirken kann:

Unreinheit: Ich muss von der Sünde reingewaschen werden. Sünde ist was Schmutziges. So schreibt die vorkonziliare Dogmatik: „Der Sünder befindet sich Gott gegenüber im Zustand der Schuld und im Zustand der Strafwürdigkeit. Die Sündenschuld wird auch als ein der Seele anhaftender Makel bezeichnet."[11] Die Wirkung kann sein: Ich fühle mich befleckt, schmutzig. Ich schäme mich. Die Wirkung kann sogar sein: Ich habe den Eindruck, ich bin in meiner innersten Natur falsch. Das kann zu Selbsthass führen.

Nur die Beziehung zu Gott wird betrachtet. Das ist eine problematische Engführung. Denn dann fehlen die Fragen: Sondere ich mich von mir selbst ab? Entfremdung... Sondere ich mich von der Schöpfung, der Natur ob? Ausbeutung... Sondere ich mich von meinen Mitmenschen ab? Hass, Neid usw....

Gerade die erste Frage „Sondere ich mich von mir selbst ab?" relativiert eine falsche verkrampfte Konzentration auf die Gottesbeziehung. Jesus lädt uns zur Selbstliebe indirekt ein, wenn er sagt: Der Sabbat ist für den Menschen da, nicht der Mensch für den Sabbat. Ein Ruhetag hilft mir, einer Selbstentfremdung entgegenzuwirken. Aber wenn ich den Sabbat halte, nur um das Gebot Gottes einzuhalten, bleibe ich verkrampft. Das kann dann dazu führen, dass man wie Luther sich nur ängstlich fragt: Wie bekomme ich einen gnädigen Gott? Das kann sogar zu Krankheiten führen wie Depression oder zwanghaftes Verhalten.

Nun könnte man einwenden, dass doch immer im Christentum auch die Nächstenliebe gelehrt wurde. Es wurde doch nie allein die Beziehung zu Gott betrachtet. Aber dieser Einwand reflektiert noch nicht das Verhältnis beider Liebesgebote. Liebe ich meinen Nächsten, weil ich dadurch das Gebot Gottes erfülle und in den Himmel komme? Oder liebe ich meinen Nächsten, weil sie/er ein Mensch ist mit ähnlichen Bedürfnissen, ein Geschöpf Gottes? Franz

Jalics hat in seinen „Kontemplativen Exerzitien" immer betont: In der Liebe zu Gott können wir uns leicht etwas einbilden. Aber unsere Mitmenschen zeigen uns deutlich, ob wir in der Nächstenliebe wirklich gewachsen sind. Da aber nach dem Johannesbrief beide Beziehungslinien nicht getrennt betrachtet werden können, zeigt mir die Nächstenliebe, wie weit ich in der Gottesliebe bin.

Ich fühle mich falsch. Wenn ich mich in meiner Natur falsch fühle, dann weiß ich nicht, wie ich da rauskomme. Ich muss ganz auf einen Heiland vertrauen, der mir von außen die Gnade schenkt.

Wenn die Regel nicht begründet wird. JedeR in leitender Position weiß, dass Mitarbeitende mit größerer Motivation etwas ausführen, wenn sie wissen, warum es gemacht werden soll. Wenn aber Sünde als Regelverstoß gegen göttliche Gebote definiert werden, die gelten, weil Gott es so sagt, dann hat man noch keinen Grund angegeben, warum das lebensdienlich sein soll. Die Regeln sind vielleicht gar nicht lebensdienlich… Und man fühlt sich nicht ernst genommen. Soll man nicht nach Kant sich seines eigenen Verstandes bedienen?!

Ich fühle mich ausgeschlossen Wie oft fühlen sich evangelische Christen ausgeschlossen, wenn in Gottesdiensten wie z. B. am Weltjugendtag in Köln kurz vor der Kommunion der Hinweis gegeben wird, dass nur katholische Christen, die an die Eucharistie ernsthaft glauben, die Kommunion empfangen dürfen.

Komme ich in die Hölle? Leider schon im Johannesevangelium finden wir Wenn-dann-Sätze. Eigentlich ist das Bildwort vom Weinstock und den Rebzweigen wunderbar. Der Text aber trübt dieses aufbauende Bild. Der Vater schneidet die Reben ab, die keine Frucht bringen. Was ist, wenn ich keine Frucht bringe? Das macht Leistungsdruck und baut Angst auf. Oder: Ihr seid meine Freunde, wenn ihr meine Gebote achtet. Und wenn ich die Gebote nicht achte, bin ich nicht mehr Jesu Freund? Komme ich dann in die Hölle? Durch solche Formulierungen hat Johannes das Tröstliche des Bildwortes wieder abgeschwächt. (Aus der Forschung wissen wir, dass die johanneische Gemeinde frustriert war, weil einige, evtl. auch reiche Mitglieder die Gemeinde verlassen haben. Aber es ist trotzdem problematisch, wenn man seine Frusterfahrungen verallgemeinert. Die irritierende Wirkung auf unbedarfte LeserInnen bleibt.)

Schuldbekenntnis bei jeder Messe Eine Frau, deren Mutter durch narzisstische Persönlichkeitsstörung angetrieben ihre Kinder für alles, was ihr gegen den Strich ging, die Schuld gab, ihre Kinder mit Liebesentzug und Schlägen strafte, erzählte mir, dass sie das Schuldbekenntnis als beklemmend empfindet. Wenn die eigene Mutter den Kindern immer an allem die Schuld gegeben hatte, entsteht ein innerer Teil, der in verzerrter Sichtweise immer Schuld bei sich sucht. Dieser Teil und seine verzerrte Sichtweise werden durch das Schuldbekenntnis aktiviert. Sie erzählte mir, dass sie einige Tage in einem Benediktinerorden übernachtete und in den ersten Tagen zur Frühmesse ging. Als sie merkte, dass dort in jedem Gottesdienst das Schuldbekenntnis gesprochen wurde, entschied sie – zum Glück so aktiv fürsorgend für sich selbst –, in den nächsten Tagen nicht mehr zur Messe zu gehen.

Natürlich verletzen, vernachlässigen oder missachten wir immer wieder andere Menschen. Wir machen Wertvolles kaputt und sind verantwortlich für unsere Taten. Deswegen kann das Schulbekenntnis auch erleichternde Wirkung haben, aber nicht immer. Ein Zelebrant hat immer unterschiedliche Menschen vor sich und kann nie genau wissen, ob seine Worte stärkend oder verwirrend oder sogar destruktiv wirken. Aber – und das ist der entscheidende Punkt – wenn man als Zelebrant bei jedem Gottesdienst ein ausführliches Schuldbekenntnis spricht, dann entsteht eine Schieflage. Wir müssen uns nicht bei jeder Messe zuerst als Sünder, unreiner Schuldner zerknirscht vor Gott stellen. Diese Schieflage zieht sich weiter im klassischen Verlauf der Messe durch:

Beim Friedensgruß: „Der Herr hat zu seinen Aposteln gesagt: Frieden hinterlasse ich euch, meinen Frieden gebe ich euch. Darum bitten wir: Herr Jesus Christus, schau nicht auf unsere Sünden, sondern auf den Glauben deiner Kirche und schenke ihr nach deinem Willen Einheit und Frieden." Dieser Text suggeriert doch, dass Jesus Christus uns im ersten spontanen Akt kritisch analysiert, wo wir Sünden haben – wie der kritische Blick der Eltern, die sehen, dass die Wohnung unaufgeräumt ist oder ein Fleck auf dem Hemd ist. Und dann bitten wir Jesus nicht, dass er vielleicht auf unsere Charismen schaut, die der Heilige Geist und geschenkt hat. Nein, er soll auf die Kirche und ihren Glauben schauen. Am Einzelnen ist nichts Gutes zu finden… Ich habe als Priester diesen Text nie so in der Messe gesprochen.

Beim Vaterunser: Anstatt einfach den Text von Jesus unkommentiert zu übernehmen, weitet man dieses schöne Gebet mit folgenden Worten aus, dem sogenannten Embolismus: „Erlöse uns, Herr, allmächtiger Vater, von allem Bösen und gib Frieden in unseren Tagen. Komm uns zu Hilfe mit deinem Erbarmen und bewahre uns vor Verwirrung und Sünde, damit wir voll Zuversicht das Kommen unseres Erlösers Jesus Christus erwarten." Auch diesen Text habe ich als Priester in der Messe immer weggelassen, weil es das Sündenthema im Vaterunser mit der Wucht eines Einschubs überbetont.

Natürlich muss man nicht und soll man auch nicht alles über Bord werfen. Einige kritische Gläubige fragten mich, als ich neu in einer Pfarrei anfing, warum ich immer noch beten lasse: „Herr, ich bin nicht würdig, dass du eingehst unter mein Dach, aber sprich nur ein Wort, so wird meine Seele gesund." Dieses Gebet vor dem Austeilen der Kommunion ist etwas abgewandelt das Wort des Hauptmanns von Kafarnaum an Jesus, als er ihn bittet, seinen Diener zu heilen. Diese kritischen Christen hörten darin, dass man sich als armer, zerknirschter Sünder vor Gott stellen solle. Ich erwiderte, dass dieser Text erstens ein abgewandelter Bibeltext ist und nicht wie z. B. der Einschub beim Vaterunser unbiblischen Ursprungs. Zweitens lese ich diesen Text eher als eine Einladung in eine innere Haltung zu kommen, die Ignatius in seinen Exerzitien so beschreibt: Betrachte den Abstand zwischen Dir, als Mensch, und den unendlich großen unbegreiflichen Gott. In dieser Betrachtung spielt Sünde überhaupt keine Rolle. Das akzeptierten sie und Monate später sagten sie, sie hätten sich mit meiner Erklärung nun mit diesem Gebet in der Messe angefreundet.

Das Problem des unklaren Mischmaschs

Um der Frage, wie der alte Sündenbegriff auf Menschen wirken kann, noch vertiefter nachzugehen, machen wir ein Gedankenexperiment. Welche Wirkung könnte der Weltkatechismus auf einen Jugendlichen haben? Der Weltkatechismus ist der offizielle Katechismus der katholischen Kirche. Also leisten wir uns einige Streifzüge durch den Katechismus der katholischen Kirche mit der Frage: Wie wirkt er auf unbedarfte LeserInnen?
Mein Fazit gleich vorweg: Es ist ein Mischmasch-Text mit viel Potential zur Irritation. Es ist traditionelle Theologie vor dem II. Vatikanum mit Konzilstheologie gemischt. Gerade dieses Gemisch birgt viel Potential zur Verwirrung. Warum gerade dieser Mischmasch ein Problem ist, zeigt uns eine Einsicht des Philosophen Tugendhat.
Der Philosoph Ernst Tugendhat führt in seinem Vortrag „Das Problem einer autonomen Moral" aus, dass wir uns heute in einer moralischen Desorientierung befinden, weil wir in einem unklaren Mischmasch von heteronomen und autonomen Begründungen von Moral verfangen sind. "Diese Desorientierung gründet darin, dass die Moral früher, in unserer wie in anderen Kulturen, stets religiös oder durch das Herkommen begründet war und eine solche Begründung heute nicht mehr überzeugt. Frühere Moralen waren in einer Autorität begründet, an die geglaubt werden musste, die Autorität eines Gottes oder Herkommens oder beiden. Sie waren also heteronom, nicht autonom, sie gründeten in einem Glauben und einem Gehorsam, nicht im eigenen Einsehen und Wollen. Die heutige Desorientierung ergibt sich dadurch, dass auf der einen Seite eine heteronome

Moral nicht mehr überzeugen kann und man sich auf der anderen auf eine autonome Moralbegründung nicht geeinigt hat. Das heutige Moralbewusstsein bewegt sich also zwischen einer religiösen und einer aufgeklärten Moralvorstellung, es besteht in einem Gemisch von Faktoren verschiedener Provenienz."[12]

Der Weltkatechismus sucht nicht aktiv nach einer modernen autonomen Begründung der katholischen Moral. Diesen Weg versuchte eher der Holländische Erwachsenenkatechismus zu gehen. Der Katechismus des Vatikans dagegen sollte vielmehr – aus der Sicht des Vatikans – die unkontrollierten Irrwege moderner Theologien begrenzen und einhegen. Aber natürlich musste das II. Vatikanische Konzil als Lehre der Kirche eingebaut werden. So entstand ein problematisches Gemisch.

Zum Beispiel habe ich im Studium gelernt, dass das II. Vatikanum den Satz „Außerhalb der Kirche kein Heil" gestrichen hatte. Die Kirche streicht natürlich in offiziellen Dokumenten einen solchen Satz nicht so, dass sie explizit schreibt: „Wir streichen diesen Satz." Aber die ganze Konzilstheologie funktioniert nur, wenn dieser Satz gestrichen ist. Trotzdem steht dieser Satz immer noch im Weltkatechismus und wird in einem Unterkapitel ausgeführt. Unbedarfte LeserInnen fragen sich, ob dann die muslimische Freundin oder der atheistische Kumpel in den Himmel kommen kann. Der Katechismus versucht mit einer Formulierung, die Formel positiv zu wenden: „Wie ist diese von den Kirchenvätern wiederholte Aussage zu verstehen? Positiv formuliert, besagt sie, dass alles heil durch die Kirche, die sein Leib ist, von Christus dem Haupt herkommt. Diese Feststellung bezieht sich nicht auf solche, die ohne ihre Schuld Christus und seine Kirche nicht kennen."[13] Aber wenn das Kind in den Brunnen gefallen ist, kann man es schwer wieder herausholen.

Ein weiteres Beispiel ist folgender Satz: „In Todsünde sterben, ohne diese bereut zu haben und ohne die barmherzige Liebe Gottes anzunehmen, bedeutet, durch eigenen freien Entschluss für immer von ihm getrennt zu bleiben. Diesen Zustand der endgültigen Selbstausschließung aus der Gemeinschaft mit Gott und den Seligen nennt man „Hölle"."[14]

Hier haben wir leider nicht einmal Gemisch, sondern die alte Lehre wird unkommentiert und unreflektiert weiter gelehrt. Die Unterscheidung von Todsünde und lässlicher Sünde führt bei den Lesenden zur Angst, ob man in die Hölle kommen könne.

Weiterhin enthält der Weltkatechismus transzendente Ursachen-Wirkungs-Vorstellungen:

1.   Der Teufel ist ein gefallener Engel, der aus der Transzendenz das Böse und die Sünde bewirkt.

2.   Die Ursünde, aus der die Erbsünde kommt, ist in „transzendent, mythische" Urzeiten versetzt, jenseits menschlicher Geschichte.

3.   Die Hölle ist der jenseitig transzendente Ort, der uns mit Angst motivieren soll, gut zu sein.

Diese Vorstellungen werden wir im nächsten Kapitel ausführlicher kritisieren. Das Einführungsbuch „Moraltheologie kompakt" ist sich im Gegensatz zum Weltkatechismus bewusst, dass Sünde und Schuld problematische Begriffe sind. „Der Moraltheologie ureigen, aber aufgrund starker Fixierungen auf Schuldtatbestände in der Vergangenheit überzogen, ist das Thema Schuld und Sünde in unterschiedlicher Weise vorbelastet und ein gewisser Grad an Fremdheit für die heutigen LeserInnen ist zu konstatieren."[15] Aber zwei Seiten später werden einfach nur die alten Unterscheidungen zwischen Todsünden und lässlichen Sünden unhinterfragt eingeführt.

Nach diesem kurzen Streifzug, die zusammenfassende Frage. *Was kann die Lektüre dieser Texte eventuell bewirken?* Ein scharfer innerer Richter kann Angst, Ohnmachtsgefühle hervorrufen. Wir können alle beim jungen Luther studieren, dass diese Lehren einen Menschen in eine ohnmächtige Zwickmühle führen kann, in der er sich selbst mit Vorwürfen und Skrupeln kasteit. Diese Lehren können auch von einem Lehrenden benutzt werden, um spirituellen Missbrauch beim Lernenden auszuüben, der dann auch in Machtmissbrauch und/oder sexuellen Missbrauch münden kann.

Viele Priester in der Verkündigung vor Ort predigen nicht mehr einschüchternd über Hölle und Todsünde. Die Botschaft „Gott liebt Dich!" steht im Vordergrund. Aber es reicht nicht, die problematischen Vorstellungen unter den Tisch fallen zu lassen. Meine Erfahrung nach über 25 Jahren in der Seelsorge zeigen mir, dass wir aktiver in Predigten, Vorträgen und in Einzelgesprächen die alten problematischen Vorstellungen kritisieren müssen und adäquatere Vorstellungen als Alternative aufzeigen müssen. Nur eine seichte „Gott liebt Dich!"- Verkündigung ohne kritische Auseinandersetzung führt zu einer geistigen Leere und Desorientierung, die Tugendhat allgemein beschrieben hat.

Dieses Buch möchte einen Beitrag für diese Auseinandersetzung und für die Suche nach modernen adäquateren Alternativen leisten.

Zum Schluss eine zusammenfassende Betrachtung:

Betrachtung zum Gleichnis vom verlorenen Sohn

Was ist das Schlimmste für ein Kind? Aus der Familie ausgeschlossen zu werden. In der Wildnis kann ein Kind nicht allein überleben. (Auch ein Kind in der Großstadt kann allein nicht überleben. Das ist schon für obdachlose Erwachsene eine brutale Herausforderung.)

Als der verlorene Sohn die Schweine hütet und hungert, geht er davon aus, dass er höchstens als Tagelöhner beim Vater arbeiten kann. Er ist sich gewiss, dass er ausgestoßen ist, nicht mehr Sohn sich nennen darf.

Bis dahin stimmt alles mit der Definition von Sünde, die man in vorkonziliaren Dogmatiken findet, überein: Der Sohn ist freiwillig abgewichen, hat sich vom Vater abgesondert, ist schuldig, hat das Geld des Vaters verschleudert und verdient Strafe. Die Strafe kann in der Logik des Sohnes nur Ausschluss sein.

Der barmherzige Vater aber freut sich, umarmt ihn und feiert ein Fest. Diese Wende kann man nun auf zwei Weisen verstehen. Entweder man bleibt in der Denklogik „Sünde", oder man übersteigt diese Denklogik, dieses Sprachspiel bzw. „Denk-Rahmen".

Wenn man in der Denklogik bleibt, dann ist Gott unendlich barmherzig und verzeiht uns unsere Sünden. Das können wir z. B. in der Beichte erfahren. Gott möchte auch, dass wir uns gegenseitig verzeihen. Das drückt das Gespräch mit dem anderen Sohn aus oder das Gleichnis vom unbarmherzigen Schuldner. Jesus lässt diese Barmherzigkeit ganz konkret z. B. dem Zöllner Zachäus zukommen.

Wir können aber auch vielleicht dieses Gleichnis so deuten, dass wir von Jesus eingeladen werden, unsere Denklogik „Sünde" zu überschreiten. Das Faszinierende an Jesu Gleichnissen ist, dass sie Potential haben, vielfältig gedeutet zu werden, das Denken immer neu anzuregen. Dann wäre Jesu Botschaft mit diesem Gleichnis folgende: Eure Rede von „Sünde" bewirkt, dass ihr Euch wie Kinder seht, die Angst haben, ausgeschlossen zu werden. Diese Angst vor dem Ausschluss verhindert, dass ihr erwachsen, selbstbewusst, vernünftig mit euch umgeht. Diese Angst bewirkt, dass ihr wie verschreckte und verängstigte Kinder lebt, die auch anfällig sind für Seelenfänger, die euch unterjochen und manipulieren.

Die erste Deutung ist die übliche und die naheliegendste. Aber die zweite Deutung ist auch möglich... Dann würde das berühmte Gleichnis vom barmherzigen Vater uns einladen, die Denklogik „Sünde" zu übersteigen.

Verbinde neun Punkte, die in drei Dreierreihen angeordnet sind, mit einem Stift, ohne den Stift abzusetzen. Jeder Punkt darf nur einmal „durchquert" werden. Wenn man innerhalb der Fläche der neun Punkte bleibt, funktioniert es nicht. Man muss einige Linien länger ziehen, so dass sie über diese Fläche hinausreichen. Genauso lädt uns die zweite Deutung ein, über den Tellerrand zu schauen.

Jenseits des Tellerrands zeigt sich im Rückblick: Das Gleichnis vom verlorenen Sohn zeigt uns vielleicht die tiefste seelische Erschütterung auf, die die Denklogik „Sünde" bei Menschen bewirkt: Die panische, untergründige Angst eines Kindes oder unserer kindlichen Teile in uns, ausgestoßen zu werden und nicht überleben zu können. Dann lebt man zutiefst verunsichert …

Man sieht aus dem Blick der zweiten Deutung die Engführung auf eine Beziehungslinie, auf die Beziehung zu Gott: Es geht angeblich nur darum, die Beziehung zu Gott in Ordnung zu bringen. Dafür hat sich Christus „geopfert" am Kreuz. Wenn ich aber wie Luther allein darauf fixiert bin, wie ich „einen gnädigen Gott" bekomme, dann vernachlässige ich alle anderen Beziehungslinien: Meine Beziehung zu mir selbst, zur Natur, zu meinem Körper, zu meinen Mitmenschen. Diese Situation ist vergleichbar mit einem Kind, das mit Eltern zusammenlebt, die unberechenbar sind und dem Kind immer wieder sagen „Du bist böse!" Das Kind muss ein Großteil seiner Energie, Aufmerksamkeit und Zeit dafür verwenden, um die Eltern gütig zu stimmen, weil es abhängig von ihnen ist. Diese Energie, Aufmerksamkeit und Zeit fehlt dann für die eigene Entwicklung! In dieser Logik ist der zweite Sohn noch gefangen. Der Vater will ihn aus diesem Denkrahmen befreien…

Erste Korrekturen in der Theologie: Die Abschaffung dreier Transzendenz-Vorstellungen

Wenn wir uns aus dem Denkrahmen des alten Sünden-Verständnisses befreien wollen, braucht es mehrere Korrekturen. Die erste Korrektur an dem traditionell engen Sündenbegriff wollen wir vornehmen, indem wir drei Transzendenz-Vorstellungen der traditionellen Theologie abschaffen:
1.   Die Vorstellung, dass Gott „vom Himmel", von der Transzendenz aus sein Wort offenbart und seine Gebote und Weisungen „rein" in der Schrift niedergelegt sind. Diese Vorstellung hat das II. Vatikanum überwunden und damit ganz offiziell den Weg frei gemacht für einen aufklärerischen Umgang mit der Heiligen Schrift.
2.   Die Vorstellung, dass es einen geschichtlichen Anfang mit Adam und Eva gab, durch deren Sündenfall die Erbsünde in die Welt kam. Diese Vorstellung des Augustinus müssen wir aus mehreren Gründen streichen: Weil sie historisch falsch ist und weil sie theologisch ein Desaster ist.
3.   Die Vorstellung, dass es eine jenseitige, ewige Hölle gibt, in der Menschenseelen auf ewig Strafen erleiden werden. Natürlich wollen wir Gerechtigkeit und Heilung für die vielen Leidenden der Menschheitsgeschichte. Aber diese Höllen-vorstellung ist sowohl theologisch eine Sackgasse als auch für uns existentiell als Gläubige ungesund.

Ein neues Offenbarungsverständnis

Das Theorie-Umfeld des alten engen Sündenbegriffs hat die Offenbarungskonstitution des II. Vatikanums hinsichtlich des Verständnisses von Offenbarung überwunden. Es war eine der zentralen Erfolge dieses Konzils, Ottavianis Entwurf, der vom traditionellen Denken ausging, abzulehnen und eine eigene neue Position zur Offenbarung zu erarbeiten.
Wenn wir die Entstehung der Offenbarungskonstitution in einem Theaterstück darstellen wollten, dann würde im ersten Akt der Höhepunkt ein riesiger Tumult sein. Einen Aufstand der Bischöfe müsste man zeigen, die empört den ersten Entwurf für die Offenbarungskonstitution ablehnen. Die theologische Kommission unter der Leitung von Kardinal Ottaviani legte ihren Entwurf vor. Ottaviani, der Leiter des heiligen Offiziums bzw. heutiger Name der Glaubenskongregation, hatte im Hinterkopf für das ganze Konzil folgenden Plan: die Kurie bereitet die Texte vor, die Bischöfe machen einige kleine Änderungen, und nach kurzer Zeit ist das Konzil beendet und wir können wie gehabt weitermachen.

Am 14.11.1962 merkte er, dass sein Plan nicht aufging: Die Bischöfe zerrissen in ihren Kommentaren das Schema in der Luft. Einige Kostproben: Bischof Lienart aus Frankreich: Der Stil ist frostig, in seinem ganzen Gedankengang ist der Entwurf für das Thema völlig unangemessen.

Kardinal Frings aus Köln: Das Schema, wenn ich offen sprechen darf, gefällt mir nicht. Es ist der Ton, der die Musik macht. Die gleiche Wahrheit kann so verkündet werden, dass die Menschen zu ihr hingezogen werden, und die gleiche Wahrheit so, dass sie von ihr abgeschreckt werden.

Kardinal Bea: Papst Johannes XXIII hat in seiner Eröffnungsansprache eine pastorale Zielsetzung für das Konzil gefordert. Das Schema entspricht dem nicht. Das Schema erreicht die modernen Menschen nicht. Es löst die Fragen um die moderne kritische Bibelauslegung nicht. Und es ist nicht ökumenisch tauglich. Ein neues Schema müsse kürzer, klar, eindeutiger, pastoraler und ökumenischer sein.

Kardinal Ottaviani wollte nicht zulassen, dass der komplette Entwurf abgelehnt würde. Er argumentierte: Wir haben ja keinen alternativen Text, über den wir beraten könnten. Da beauftragte Kardinal König Karl Rahner einen Alternativtext zu entwerfen. Quasi über Nacht entstand er und wurde vervielfältigt und unter den Bischöfen verteilt. Durch diesen Schachzug war Ottavianis Gesamtplan vereitelt.

Um jedoch auch ökumenisch voranzukommen, kam Papst Johannes XXIII auf eine Idee: Damit alle Konzilstexte die anderen christlichen Kirchen nicht verärgerten, vielmehr wohlwollend zum Dialog einladen, gründete er das Einheitssekretariat. Dieses sollte alle Texte auf die Ökumenetauglichkeit überprüfen.

Mit dem Einheitssekretariat hat Johannes XXIII ein Gegengewicht zum Heiligen Officium geschaffen. Dieses schaute auf die Übereinstimmung der Beschlüsse mit der Tradition, das andere auf die Akzeptanz der Beschlüsse bei anderen Christen.

Um das Schema der Offenbarung zu überarbeiten, gründete Johannes XXIII die gemischte Kommission, bestehend aus Mitgliedern der theologischen Kommission und des Einheitssekretariats. Jetzt waren die verschiedenen Positionen gezwungen, sich zusammenzuraufen.

Bis zur vierten und letzten Sitzungsperiode rangen die Bischöfe und Theologen, bis endlich die endgültige Fassung verabschiedet wurde.

Wenn wir verstehen wollen, warum die Offenbarungskonstitution ein echter Fortschritt in der Lehre der Kirche ist, dann ist es wertvoll, die wichtigsten Aussagen des Entwurfs von der theologischen Kommission zu wissen. Denn genau diese theologische Position wurde durch viele selbstbewusste Bischöfe im Konzil überwunden:

Etwas holzschnitzartig und überspitzt in 10 Sätzen steht im Entwurf folgendes: Wenn ich diese 10 Sätze nun vorlese, können Sie bei sich etwas nachsinnen und nachspüren. Wenn ich das so höre, was gefällt mir nicht, was entspricht nicht meinem Verständnis?

1. Gott gibt wahre Sätze. Das ist die Offenbarung.
2. Die Offenbarung besteht aus Sätzen, die unsere Vernunft teilweise übersteigen.
3. Insbesondere durch Jesus Christus wissen wir um diese Sätze.
4. Wunder beweisen, dass Jesus wahre Sätze von Gott offenbart und Gottes Sohn ist.
5. Jesus gibt die wahren Sätze an die Apostel weiter und gründet eine Stiftung: die Kirche.
6. Vollmacht, die Stiftung weiterzuführen, haben der Papst und unter ihm die Bischöfe.
7. Die wahren Sätze stehen einerseits in der Bibel. Die Autoren waren Werkzeuge des Hl. Geistes und schrieben auf, was dieser ihnen eingibt. Die Heilige Schrift ist komplett wahr und ohne Irrtum.
8. Andererseits gibt es auch wahre Sätze, die die Tradition weitergibt.
9. Das Lehramt verwaltet die Tradition und legt die Schrift aus und steht damit über der Hl. Schrift.
10. Die Gläubigen nehmen das alles im Gehorsam an und folgen den Geboten aus der Offenbarung, dargelegt durch das Lehramt.

Um den entscheidenden Unterschied zwischen Ottavianis Entwurf und der heutigen Konstitution zu verdeutlichen, möchte ich Sie kurz entführen in die Welt des „Fliegenden Klassenzimmers" von Erich Kästner. Wir befinden uns in einem Jungeninternat. Der wichtigste Lehrer und Bezugspunkt für die Jungen ist ihr Hauslehrer „Justus". Er ist ein Lehrer, der durch sein Vorbild die Jungen prägt. Er ist gerecht, gütig, barmherzig. Er lebt vor, was er sagt.

Der Hauslehrer hätte ja auch die Möglichkeit, einem neuen Schüler einfach die Hausordnung in die Hand zu drücken und zu sagen: Lese das durch, halte dich an alle Regeln, dann bist du ein braver Schüler und gehörst zu uns.

In Ottavianis Entwurf wird Gott so dargestellt, als ob er dem Menschen in Schrift und Tradition die Hausordnung für das Leben in der Welt in die Hand drückt und sagt: Das ist die Wahrheit! Halte dich daran!

In der verabschiedeten Konstitution über die göttliche Offenbarung hat Gott Ähnlichkeiten mit dem Hauslehrer „Justus": Gott offenbart sich selbst. Der unsichtbare Gott redet mit den Menschen wie mit Freunden. In Jesus Christus offenbart sich Gott selbst: Was Jesus tut, passt zu dem, was er sagt, und umgekehrt, und Worte und Taten zeigen zusammen, dass Jesus Christus

Gottes Sohn ist. Auf dem Berg Tabor zeigt sich, dass Jesus Christus Sohn Gottes ist: Gott offenbart sich selbst.

Daraus folgt, dass es nicht zwei Quellen der Offenbarung, nämlich Schrift und Tradition, gibt sondern nur eine Offenbarung, nämlich Jesus Christus. Er ist der Maßstab für das Christentum.

Wie nimmt die Konstitution Stellung zu der modernen historisch-kritischen Bibelauslegung, zur Frage, ob die Heilige Schrift ohne Irrtum ist und wie sie inspiriert ist, und zuletzt zum protestantischen Prinzip: Sola scriptura, allein die Heilige Schrift ist Offenbarung und Maßstab?

Die heiligen Schriftsteller, wie z.B. die vier Evangelisten oder Paulus oder die Propheten im Alten Testament, sind keine willenlosen Sekretäre der eingeflüsterten Worte des Heiligen Geistes. Vielmehr durch ihre menschlichen Fähigkeiten hindurch wirkt der Heilige Geist. Er beseelt ihren Verstand und ihren Willen. Deswegen schreiben die Autoren der Heiligen Schrift auch im Kontext ihrer Zeit und können auch nur in diesem Kontext verstanden werden. Karl Rahner beschreibt in seinem Entwurf dieses Verständnis so: Die Schriften der Bibel sind zugleich göttlich als auch menschlich, so wie der Herr Jesus zugleich wahrer Gott und wahrer Mensch ist, unvermischt und ungeteilt. Wenn die Autoren willenlose Sekretäre des Heiligen Geistes wären, wäre das Menschliche völlig im Göttlichen aufgelöst.

Und gibt es Irrtum in der Bibel? Irren ist doch menschlich! Kardinal König gibt in der Konzilsaula selbst ein Beispiel eines Irrtums in der Bibel: im Markus-Evangelium steht, dass König David zur Zeit des Hohenpriesters Abjatar die heiligen Brote im Tempel gegessen hat, weil er Hunger hatte. Wenn man aber im 1. Buch Samuel nachliest, merkt man, dass der Hohepriester in Wirklichkeit Abimelech hieß. Markus hat sich also an den falschen Namen erinnert. Solche Irrtümer unterstreichen nur die Menschlichkeit unserer heiligen Autoren und trüben nicht die Wirksamkeit des Heiligen Geistes.

Mit diesem Verständnis von Inspiration kann das Konzil positiv die Ergebnisse der historisch-kritischen Bibel-auslegung aufgreifen. Ihre Forschungen sind keine Gefahr für den Glauben, sondern eine Hilfe zum tieferen Verständnis der Heiligen Schrift.

Ist der Text für evangelische Theologen und Christen mit ihrem Prinzip von sola scriptura ökumenisch tragfähig? Klar betont der Text einen Vorrang der Schrift gegenüber der Tradition und gegenüber dem Lehramt. Das Lehramt dient der Heiligen Schrift. Trotzdem gibt es Tradition: die Kirchenväter, die Konzilien, das Leben und die Schriften der Heiligen sind in der katholischen Kirche eine Autorität, weil im Leben der Kirche der Heilige Geist wirkt.

Deswegen gibt es einen Fortschritt in der Lehre, auch heute! Gerade wenn die Kirche den Glauben in Bezug auf die heutigen Menschen durchbuchstabiert, ist Tradition lebendig, verjüngt sich und macht Fortschritte!

Ein letzter Gedanke: Jesus Christus ist der Höhepunkt der Heilsgeschichte. In dieser ganzen Geschichte hat Gott auf verschiedene Weise zu den Menschen geredet und sich offenbart. Dieses Denken ist die Grundlage für den Dialog mit anderen Religionen und anderen Denkrichtungen. Es geht davon aus, dass Samenkörner der Wahrheit auch in anderen Religionen und Denkrichtungen vorhanden sind. Und wer mit ihnen in den Dialog tritt, der kann von den anderen lernen als auch im Dialog auf respektvolle Weise das Evangelium für heute verkünden.

Die Meta-Sünde der augustinischen Erbsündenlehre

Stephen Greenblatt, Harvard-Professor, Pulitzer-Preisträger und Shakespeare-Spezialist, veröffentlichte 2018 seinen neuen Bestseller: „Die Geschichte von Adam und Eva. Der mächtigste Mythos der Menschheit". Er breitet die Wirkungsgeschichte aus, von den jüdischen Auslegern bis in die Neuzeit. In schönem Schreibstil offenbart er uns die Vielfalt der Deutungen. Und man kann nach der Lektüre sagen: Erzähle mir Deine Deutung der Paradiesgeschichte und ich sage Dir, welches Menschenbild Du hast! Am wirkmächtigsten war und ist für das christliche Abendland die Deutung von Augustinus.

Hinter der Deutung der Paradiesgeschichte steht die Theodizeefrage: Wie kann Gott gut, barmherzig und allmächtig sein und gleichzeitig passiert so viel Leid auf der Welt? Epikur leitete daraus einen Widerspruch ab und folgerte: Dann gibt es Gott nicht!

Einen anderen Lösungsweg beschritt Markion: Ein böser Gott hat die Welt erschaffen. Von ihm handelt das Alte Testament. Der Gott Jesu Christi dagegen ist ein guter Gott. Von ihm handelt das Neue Testament.

Beide „Lösungswege" sind natürlich für Augustinus untragbar. Aber das Böse in der Welt muss ja trotzdem geklärt werden. Irgendjemand muss den „Schwarzen Peter" dafür bekommen, dass das Böse in die Welt kam. Irgendjemand muss schuldig sein.

„Augustinus wollte jedoch unbedingt die Schöpfung freihalten von jeder ihr zugerechneten Ungerechtigkeit. Wenn aber Gott weder ungerecht ist noch ohnmächtig, dann können nur sie, die Menschen, Verantwortung tragen. Verdammt zu erschöpfender Arbeit, zu Schmerzen und Tod, hatte die Menschheit bekommen, was sie verdiente. Gott ist gut, doch er ist auch gerecht, und Gerechtigkeit verlangt die Bestrafung von Verbrechen. […] Die

Welt, die Gott geschaffen hat, war gut, vollkommen gut. Und sie wäre auch gut geblieben, hätte es nicht diesen ursprünglichen, entsetzlichen Akt menschlicher Verworfenheit gegeben. Alles Elend, das darauf folgte – die unendliche Folge scheußlicher Verbrechen, die Schrecken von Tyrannei und Krieg, die scheinbar natürlichen Katastrophen, Erdbeben, Feuer und Flut, dass, was Hamlet die „1000 Stöße, die unseres Fleisches Erbteil" nennt –, alles das sind Strafen, zugemessen von einem gerechten Gott. Das und nichts anderes bedeutet „Sein in Adam"."[16]

Augustinus will auf Gedeih und Verderb vermeiden, dass Gottes Reinheit, Güte, Allmacht angezweifelt wird, dass Gott irgendwie für das Leid in der Welt in Verantwortung gezogen wird. Denn das liefe für Augustinus nur darauf hinaus, mit Epikur zu sagen, dass es keinen Gott gibt, oder mit Marcion, dass es zwei Götter gibt, einen bösen und einen guten.

Ja, es stimmt, dass die Theodizeefrage nicht in die Leugnung Gottes oder in die Vervielfältigung Gottes führen darf. Aber gibt es dann nur den einen Ausweg, die Menschen, ja Adam komplett für alles Leid der Welt verantwortlich zu machen? Er bekommt den Schwarzen Peter und er gibt ihn durch die Erbsünde an alle Menschen weiter?

Romano Guardini sagte am Lebensende: Nach seinem Tod wolle er, bevor Gott an ihn Fragen stelle, seine eigenen Fragen stellen wollen: Warum hat es diese alte Welt gegeben? Warum mit so viel Grausamkeit?[17]

Damit schließt sich Guardini Hiob an, der Gott sein Leid klagt, Gott anklagt und die Ableitungen und Erklärungen der Freunde vehement bestritt, dass er, Hiob, irgendetwas Böses, Schlimmes getan haben müsse und deswegen nun leiden müsse. Gott antwortet Hiob mit Gegenfragen, die die Unbegreiflichkeit Gottes aufstrahlen lassen. Und Gott rehabilitiert Hiob und verurteilt die Freunde Hiobs.

Augustinus hätte sein Theodizeeproblem auch gemäß dem Buch Hiob lösen können. Aber er hätte dann sagen müssen: „Ich kann diese Ungleichung nicht lösen. Ich muss hier ein Paradox stehen lassen. Ich werde Gott fragen, wenn ich in seiner Herrlichkeit bin." (Eine andere „Lösungsspur" werden wir im Whitehead-Kapitel kennenlernen. Gott nicht als Puppenspieler sondern eher als Dirigenten zu verstehen.)

Augustinus entschied sich, wie die „Freunde" Hiobs zu denken. Leid, Krankheit, Elend müssen Gründe haben. Sie können nur Strafen für vorherige bösen Taten sein! Das ganze Buch Hiob ist geschrieben, um diesen Schluss als Fehlschluss aufzuzeigen: Das muss nicht immer so sein. Mindestens Hiob ist ein Gegenbeispiel! Aber Augustinus wendet diesen Schluss erbarmungslos auf die ganze Menschheit und Adam an!

Augustinus´ Deutung von Gen 2 lässt damit die Grundaussage von Gen 1 komplett ins Gegenteil umschlagen. So wie Knigge nach seinem Tod von einem Aufklärer zu einem Obrigkeitshörigen mutierte (Sie haben richtig gelesen: Knigge war ein Aufklärer und von Kant sehr geprägt), so kippt das Menschenbild durch Augustinus´ Deutung ins wesenhaft Negative: In Gen 1 sagt Gott: Alles war sehr gut! Und nach der Paradiesvertreibung soll der Mensch vom Wesen her Böse sein. Und deswegen ist er Grund allen Übels. Naturkatastrophen sind gerechtfertigte Strafen für diese Bosheit.

Auch hier hätte Augustinus andere Deutungsmöglichkeiten gehabt. Er hätte eine Sowohl-als-auch-Deutung wählen können: Im innersten Wesen ist der Mensch gut, wie Gen 1 behauptet, aber die Sünde hat den Menschen mehr oder weniger von diesem innersten guten Kern entfernt, die Sünde hat mehr oder weniger seinen Zugang zum guten Kern verstellt.

Jahrhunderte später werden Erasmus von Rotterdam und Martin Luther genau über diese Alternativen streiten: Ist die Seele durch die Sünde tot (Augustinus – Luther) oder ist die Seele durch die Sünde krank (Erasmus u. a.)? Diese Grundfrage durchzieht bis heute unterirdisch das Christentum.

Aber ein weiteres wichtiges Element in der Deutung des Augustinus kommt hinzu: Diese wesenhafte Sündhaftigkeit des Adam wird nun durch den Sexualakt an alle folgenden Menschen weitergegeben. Auch das wirkte massiv belastend auf das christliche Menschenbild: Sex ist in sich böse! „Der Strom der Sündhaftigkeit fließe durch jede geschlechtliche Vereinigung, die nämlich sei der Mechanismus, der den Makel des Bösen von Generation zu Generation trage, der die Fantasien selbst derjenigen infiziere, die entschlossen seien, sich rein und keusch zu halten. Die Sündhaftigkeit der Menschen sieht Augustinus als eine durch Geschlechtsverkehr übertragene Krankheit.“[18]

Schauen wir auf das Ganze der Deutung, dann erkennt man: Diese Theorie ist in sich schlüssig. Sie kann alles erklären. Aber sie ist erstens nicht die einzig mögliche, sie ist zweitens extrem einseitig und dualistisch und sie hat drittens verheerende Folgen für das Selbstverständnis des Menschen: Ich schaue mich an und muss mit Augustinus zu mir selbst mit Selbsthass sagen: Ich bin zutiefst böse! Und ich spüre das Böse in jeder sexuellen Regung! Und ich gebe die böse Natur durch Zeugung an meine Nachkommen weiter! Nur die Gnade von außen, also die Erlösung durch die Schuldauflösung durch den Kreuzestod Christi kann mich retten. Und diese Gnade wird vermittelt durch die Kirche und ihre Priester. Schon habe ich die ideale Theorie, um als Kirche alle zu unterjochen. So wie in der Erzählung von Dostojewski: Der Großinquisitor hat alles in der Hand. Der historische Jesus stört nur, er würde ja wieder die Freiheit und den Glauben der Menschen an das Gute in ihnen, an den Heiligen Geist in ihnen wachrufen.

Jesus hat die Menschen aus der Gesetzesenge der Pharisäer befreien wollen. Und Augustinus dreht die befreiende Botschaft wieder ins Gegenteil!

Schon damals gab es kluge Menschen, die die Einseitigkeit und die katastrophalen Auswirkungen des augustinischen Menschenbildes entlarvten. Zum Beispiel Pelagius: „Pelagius und seine Anhänger waren in Sachen Moral Optimisten. Sie glaubten, dass alle Menschenwesen unschuldig geboren werden. Weder mit einem besonderen Talent zur Tugend kommen die Kinder auf die Welt, noch tragen sie das angeborene Mal des Bösen. Vielmehr verfügen wir in uns über die Möglichkeit, uns für das Gute und gegen das Böse zu entscheiden. Alle freilich, so Pelagius, sind wir Nachkommen von Adam und Eva, alle leben wir in einer Welt voller Folgen des uranfänglichen Akts des Ungehorsams. Dieser Akt in einer weit entfernten Vergangenheit verdamme uns aber nicht unausweichlich zur Sündhaftigkeit. Wie sollte das auch gehen? Worin läge der Mechanismus der Ansteckung? Warum sollte ein gütiger Gott etwas derart Monströses zulassen? Nein, sagte Pelagius: wir verfügen über die Freiheit, unser Leben zu gestalten, wir können entscheiden, ob wir Gott dienen wollen oder Satan."[19]

Oder der Schüler von Pelagius, Julian von Eclanum: „Augustinus' unnachgiebig harte Position zur göttlichen Strafe sei, so Julianus, so finster wie grotesk, ein Versuch, der Gemeinschaft der Christen eine unnatürliche und ausgesprochen grausame Doktrin aufzuerlegen. Er sah die Kirche in Gefahr, vergiftet zu werden durch ein Gefüge bizarrer und unzivilisierter Glaubenssätze, zusammengezimmert durch einen herrschsüchtigen, in seiner Seele zerrissenen Demagogen aus Afrika. [...] Das eigentliche Problem sah Julian in Augustinus' Ansichten vom Sex [...]. Julian hielt den menschlichen Geschlechtsverkehr für etwas Natürliches und Gesundes, für ein wesentliches Element in Gottes Schöpfung, das zurückreiche bis zu jenem Augenblick, in dem er die Menschen anwies, fruchtbar zu sein und sich zu mehren."[20]

Wieso kam Augustinus auf diese „grausame Doktrin"? Warum erscheint Augustinus den einen als heiliger Kirchenvater und den anderen als einen herrschsüchtigen, in seiner Seele zerrissenen Demagogen?

Zwei Erklärungsspuren möchte ich anbieten: Erstens der dualistische Denkrahmen des Augustinus und zweitens seine eigenen sexuellen Erfahrungen.

Das „Wörterbuch des Christentums" schreibt über Augustinus' Denkrahmen treffend: „Augustinus' Lebensweg kann als Bewegung durch verschiedene Dualismen beschrieben werden: vom Dualismus der manichäisch-materialistisch verstandenen Zwei-Prinzipienlehre über den platonischen

Dualismus von außen und innen zum biblischen Dualismus paulinischer und johannäischer Prägung von Fleisch und Geist. Der dualistische Aufbau der Wirklichkeit ist die Bedingung für das entscheidende hermeneutische Prinzip Augustinus': aufsteigend vom Sinnlichen zum Unsichtbaren. Mithilfe dieses Prinzips kann Augustinus jedes Problem lösen."[21] Augustinus war erst einmal ein Manichäer und glaubte an den Dualismus von Licht (Geist) und Dunkelheit (Materie). Dann wurde er Platoniker und unterschied die platonischen Ideen von den sinnlich wahrnehmbaren Abbildern. Dann wurde er Christ und unterschied – Paulus und Johannes aufgreifend – Fleisch und Geist. Allen drei Dualismen ist gleich: Ziel muss der Aufstieg zu Geist und Gott sein. „Meine Seele ist unruhig, bis sie ruht in Dir, oh Gott!" Dieser schöne spirituelle Satz ist aber problematisch, wenn das Geistige, das Göttliche immer in scharfer Abgrenzung zum Irdischen, Fleischlichen, Sinnlichen gedacht wird. Denn man muss sich vom Irdischen, Fleischlichen, Sinnlichen absondern, um zum Geistigen, Göttlichen zu kommen. Und wenn das Göttliche auch im Irdischen, Fleischlichen, Sinnlichen weht, wirkt und waltet? Dann hätte Augustinus einen Teil Gottes abgelehnt und eine Sünde begangen! Und seine Deutung wäre ein großer Sündenfall mit katastrophalen Folgen! Weil Gott aber wirklich Schöpfer von allem ist und die göttliche Kraft alles durchwirkt, ist der wertende Dualismus des Augustinus' abzulehnen: Seine Deutung von Gen 2 ist der größte Sündenfall in der christlichen Theologiegeschichte!

Aber gleichzeitig erscheint vielen seine Spiritualität als besonders heilig und rein, weil sie sich immer wieder vehement gegen das Dunkle abgrenzt. So wurde er bedeutender Kirchenvater. Wir sollten hier einzelne Texte vom Denkrahmen unterscheiden: Viele spirituelle und theologische Texte des Augustinus oder auch viele existentielle Erfahrungsberichte in den Bekenntnissen kann man auch in einem anderen Denkrahmen lesen, so dass diese Texte wertvolle Impulse jederzeit geben können. Ein Christ mit einem positiven Menschenbild kann also auch bei Augustinus Texte finden, die ihn spirituell und theologisch bereichern. Aber der dualistische Denkrahmen des Augustin, seine Deutung der Paradiesvertreibung, seine Erbsündenlehre hat die Frohbotschaft des Evangeliums verdunkelt!

Seine sexuellen Erfahrungen passen zu seinem durchgehend dualistischen Denken: Im Jahr 370 n. C. besuchten der 16-jährige Augustinus und sein Vater die Therme. Der Junge bekam eine Erektion und der Vater berichtete freudig davon seiner Frau, „schien ihm dies Grund genug, auf Enkel hoffen zu können"[22]. Nicht die Erektion selbst sondern diese Freude seines Vaters war dem Augustinus, der in seinen „Bekenntnissen" von dieser Szene berichtete, peinlich: Weil sie nicht auf das Hohe sondern auf das Niedrige gerichtet war. Als junger Mann und Student lebte er flatterhaft: „Eine Beziehung, die nicht zählte; ein Kind, dessen Geburt er bereute; das ehrgeizige Streben nach bedeutungslosen Preisen; das rastlose Suchen trivialer Erregung. Und doch blieb irgendetwas in ihm unbefriedigt.“[23] Damit er eine standesmäßige Hochzeit durchführen könne, musste der 31-jährige Augustinus seine Konkubine an die Luft setzen. „Eine passende katholische Erbin wurde gefunden, deren Eltern in die Partie einwilligten. Das Mädchen jedoch, vermutlich erst zehn oder elf Jahre alt, war noch zwei Jahre unter dem Heiratsalter, die vereinbarte Hochzeit musste also entsprechend verschoben werden. [...] „Als man die Gefährtin, mit der ich sonst mein Lager teilte, sie als Hindernis gewaltsam von mir trennte, zerriss es mir das Herz, das an ihr hing, und es blutete mir ob der tiefen Wunde.“ Es gibt keinen Grund zu zweifeln, dass er diesen Schmerz wirklich empfand: das Paar hatte 15 Jahre zusammengelebt und gemeinsam ein Kind aufgezogen. Doch so sensibel er sein eigenes Leiden darstellt, [...] so verliert er über die Gefühle der weiterhin namenlosen Geliebten kein Wort. [...] Und damit verschwindet diese Frau aus dem Bericht, ausgelöscht, als spiele sie keine Rolle mehr, als sei ihm ihr Schicksal völlig gleichgültig. Was blieb, war allein der nagende sexuelle Trieb, zu dessen Befriedigung sie gedient hatte. Weil er bis zur Hochzeit noch zwei Jahre warten musste, nahm er sich, wie er berichtet, rasch eine neue Geliebte.“[24]

Eine tiefe Liebe zwischen Mann und Frau, eine echte Ich-Du-Beziehung, die das „Du“ würdigt, die die Frau als Partnerin, als Mensch, als gleichberechtigtes Gegenüber sieht, hatte er wohl nicht mit der Konkubine gelebt. Er hat nicht erfahren, dass das Geistige im Zwischenmenschlichen gelebt und erlebt werden kann! Das passt zum Dualismus, der die eine Seite, die „niedrige“ Seite meint wegstoßen und verdammen zu müssen, um die andere, die „hohe“ zu erreichen.

Bestrafen auf ewig?

Wir gehen jetzt vom Anfang, der Paradieserzählung, zum Ende, zu Himmel und Hölle. Gibt es eine Hölle? Wenn es eine Hölle gäbe, würde Gott auf ewig bestrafen. Aber das Gottesbild eines gerecht strafenden Gottes muss man ebenso wie die Erbsündenlehre kritisieren. Augustinus baute auf diesem Gottesbild auf und es ist zentral in seiner Deutung: Alles Elend der Welt ist gerechte Strafe Gottes, weil Adam gesündigt hatte und diese Sünde weitergab. Und welch übergroße Gnade, dass Gott seine gerechte Strafe durch die Liebe und Hingabe seines Sohnes nochmals übertrumpfte.

Nicht die übergroße Liebe und Hingabe Jesu Christi will ich hinterfragen, sondern den gerecht strafenden Gott. Schon zu der Zeit des Augustinus gab es kritische Stimmen gegen die Vorstellung einer ewigen Hölle und eines ewig bestrafenden Gottes. Die Apokatastasislehre (Lehre der Allversöhnung) des Clemens von Alexandrien und des Origenes lehrt etwas anderes: Am Ende der Zeiten wird Gott die Harmonie und Einheit von allem wiederherstellen. Oder um es salopp zu sagen: Die Hölle kann es nicht ewig geben, auch sie wird geheilt und mit Gottes Einheit wiedervereinigt. Für Clemens von Alexandrien passte Rache nicht zum Wesen Gottes, weil Rache Böses mit Bösen vergelte. Auf der Synode von Konstantinopel 543 n. C. wurde die Apokatastasislehre leider endgültig als Irrlehre verworfen.

Die Bestrafungslogik ist ja ein sehr verbreitetes Denken. Schon Hiob musste sich gegen seine Freunde wehren, die diese Bestrafungslogik auf ihn anwendeten: Du, Hiob, musst etwas Böses getan haben, sonst hätte der gerechte Gott Dich nicht so bestraft. Origenes und Clemens sind somit noch vom widerständigen Geist Jesu und seiner Botschaft vom barmherzigen Vater beseelt. Aber die Bestrafungslogik kam in die christliche Lehre wieder zurück, weil sie die Menschheit schon lange prägte: Nach dem Theologen Walter Wink und der Friedensforscherin Riane Eisler tendiert die Menschheit seit fast 10.000 Jahren eher zur Gewaltlogik und Bestrafungslogik. Menschen sind in dieser Logik im Grunde genommen selbstsüchtig und gewalttätig. Der Mensch ist des anderen Menschen Wolf! Deswegen müssen Menschen kontrolliert werden, damit niemand zu Schaden kommt.

Zu dieser Gewaltlogik gehört eine Gesellschaftsstruktur der Dominanz. Die besseren Menschen werden eingesetzt, um über die anderen zu regieren und sie anzuführen. Hierarchische Machtstrukturen entstehen. Einige wenige haben das Sagen über die große Mehrheit. Kontrolle und Ordnung werden oft unter Anwendung von Zwang oder irgendeiner Form von Gewalt aufrechterhalten. Wer die Spitze erreicht hat, wird versuchen, die anderen zu kontrollieren, vor allem durch Strafen und Belohnungen. „Geht man davon aus, dass Menschen selbstsüchtig und gewalttätig sind, scheinen Strafen und Belohnungen die wirksamsten Mittel zu sein, sie zu lehren, wie sie sich benehmen sollen."[25] Dieser Befund ist bemerkenswert. Denn er zeigt, dass wir die alte Sünden-Vorstellung des Christentums in diese über verschiedene Kulturen und Religionen verbreitete Dominanz- und Bestrafungslogik einordnen müssen. Sie ist eine Ausprägung dieser Logik.

Der Fall Adams am Anfang, Erbsünde und Leid als gerechte Strafe für die Menschheitsgeschichte, Erlösung nur durch die Kraft Gottes im Erlöser, vermittelt durch die hierarchische Kirche, am Ende gerechte Aufteilung in Erlöste und Verdammte, in Himmel und Hölle – all das ist eine

Komplettheorie von Anfang bis Ende, die Unterdrückung und Strafe rechtfertigen: „Eine solche Handlungsweise basiert auf dem Glauben, dass Menschen neue Verhaltensweisen am besten dadurch lernen, dass sie sich selbst hassen und für schlecht halten, indem sie nämlich Schuld, Scham oder Angst vor Strafe fühlen."[26] Die Angst vor der ewigen Hölle ist dann das stärkste „pädagogische" Mittel, um das Böse im Menschen auszutreiben. Zur Peitsche kommt das Zuckerbrot: Der Sünder darf die Gnade durch die Sakramente bekommen. Und begibt sich damit in Abhängigkeit der Pastoralmacht!

Der Philosoph Berdjajew sieht in der Vorstellung von einer Hölle rachsüchtige und grausame Instinkte der Menschen am Werk. Diejenigen Menschen, die vermuten, eher in den Himmel zu kommen, können an der Vorstellung einer Hölle Genugtuung und Vergnügen finden, weil man hoffen kann, dass die Menschen, die man hasst und verabscheut, in der Ewigkeit dort in der Hölle anzufinden sein werden. „Es stimmt nicht, dass die Lehre von den ewigen Qualen die Menschen nur in Schrecken versetzt, sie bereitet ihnen auch Genugtuung und Vergnügen. [...] Die Idee der Gerechtigkeit kann sich als Racheidee zeigen. [...] Hass, Rache, eine erbarmungslose Haltung gegenüber einem Feind führt stets zum Wunsch nach einer Hölle."[27]

Aber was bedeutet es ganz grundsätzlich, wenn wir in unserem theologischen Denken die Hölle als existent ansehen? Für Berdjajew ist das ein absolutes Desaster: „Die Lehre von einer ewigen Hölle ist hoffnungslos, kein relativer, sondern absoluter Dualismus und bedeutet das verhängnisvolle Scheitern nicht nur des Menschen, sondern vor allem Gottes, das Scheitern der Schöpfung der Welt, Scheitern nicht in der Zeit, sondern in Ewigkeit. Der höchste religiöse Schrecken kommt im Grunde genommen nicht von Gott, sondern daher, dass es keinen Gott gibt, dass Gott weggegangen und von mir abgeschnitten ist. Die Erfahrung der Hölle ist die Erfahrung der Gottlosigkeit."[28] Die jenseitige Hölle wäre für Berdjajew „das Misslingen der ganzen Schöpfung und ein Riss im Reich Gottes". Diese ist aber nur dann verständlich, wenn man mit Berdjajew davon ausgeht, dass wir letztlich (vom Blickwinkel Gottes her, aus der Sichtweise des reinen Geistes aus) mit allem im Universum zusammenhängen. Aus diesem Grundverständnis heraus ergibt sich die Aussage: „Man kann nicht allein und gesondert gerettet werden. Rettung kann nur als gemeinschaftliche, allgemeine Befreiung von den Qualen geschehen."[29]

Die Rede von einer ewigen Hölle ist somit wieder eine Meta-Sünde, weil diese Vorstellung und dieses Sprachspiel Angst macht, ja panische Angst machen kann. Und es hat mögliche Folge-Sünden wie z. B.

Machtmissbrauch: Priester können damit in Predigten und Beichtgesprächen drohen und so Menschen manipulieren.

Man kann aber auch die Barmherzigkeit und Gerechtigkeit Gottes anders zusammendenken, wie eine Predigt Rahners zu „Mariä Himmelfahrt" zeigt. Seine Skizze hat außerdem erstaunlich viel Ähnlichkeiten zu der Vorstellung von ewigem Leben in Spinozas Ethik. (Siehe ausführlich Pflaum: „Deleuze – seine philosophischen Welten für Einsteiger" Band II, Unterkapitel „Ewiges Leben" im Spinoza-Kapitel)

Rahner beginnt mit unserer alltäglichen Lebenserfahrung, dass alles im irdischen Leben im Fluss der Zeit ist, dass alles vergänglich ist. „Alles atmet den Odem der Vergänglichkeit." Dann malt uns Rahner ein Bild: Jeder Moment des Lebens ist wie eine Welle, sie kommt und vergeht. Aber jede Welle hinterlässt etwas am Strand. So hinterlässt jeder Moment etwas Ewiges am Strand der Ewigkeit. Etwas Gutes, Lebensförderliches oder etwas Schlechtes, Lebenszerstörendes, das diesen Moment ausmacht. Rahner selbst: „Es ist, als ob alle Wellen der Zeitlichkeit in ihrem ruhelosen Auf und Nieder immer leise anschlügen an dem Gestade der Ewigkeit, und jede Welle, jeder Augenblick der Zeit, jedes Menschenwerk dort das zurückließe, was an ihm ewig ist, das Gute und das Böse."

Das, was an den Strand der Ewigkeit von jedem Moment unseres Lebens angeschwemmt wird, bildet quasi ein Mosaik – ein immer weiterwachsendes Lebensmosaik. Unsere Seele enthält dieses Lebensmosaik, das mit jedem Lebenstag weiterwächst. „So bildet sich in der Vergänglichkeit langsam ein Ewiges, das ewige Antlitz unserer Seele und in ihm unser ewiges Schicksal." Unser Lebensmosaik besteht also – bildlich gesprochen – aus hellen und dunklen Steinen. Sie stehen für das Ewige unserer lebensförderlichen und guten Lebensmomente und unserer lebenszerstörenden und bösen Lebensmomente.

Wenn wir sterben, treten wir mit diesem Lebensmosaik vor Gott. Gleichzeitig sehen wir das erste Mal das ganze Mosaik, unverhüllt und unverzerrt! Diese Selbsterkenntnis im Lichte der vollen Liebe Gottes, ermöglicht uns Heilung, Reinigung, Reue. Die Gnade Gottes, die Heilung, Reue, Erlösung bewirkt, löscht die dunklen Steine aus dem Lebensmosaik. Aber sie können nicht mehr durch helle Steine ersetzt werden. Noch einmal Rahner: „Und wenn durch Gottes Gnade ein Augenblick der Reue wieder tilgt, was böse Stunden in der Tiefe unseres Wesens als Ewigkeit schaffen wollten, eines bleibt auch dann noch: diese bösen Stunden sind für ewig verronnen, für ewig leer. Nie mehr wird aus ihrem Schoß eine lichte Ewigkeit hervorgehen, unfruchtbar sind sie ins Nichts des Gewesenen zurückgesunken."

Als Maria in den Himmel aufgenommen wurde, zeigte sich ihr Lebensmosaik: Es war voll hell strahlender Steine. Große Heilige haben viele, sehr viele helle Steine. Aber auch sie werden von einigen Dunkelheiten durch die Gnade befreit.

Wie schauen dann die Lebensmosaike von Gewalttätern, von Diktatoren, von Menschenverächtern aus? Ihr Lebensmosaik wird nach dieser Logik viele, viele leere, gähnend leere Stunden beinhalten. Wenige helle Steine bilden ihr Lebenstorso.

Zeigt sich darin nicht sowohl die Barmherzigkeit als auch die Gerechtigkeit Gottes in Ausgewogenheit? Gott ist barmherzig in seinem letzten Gericht: Seine Gnade heilt, erlöst uns von unseren dunklen Steinen unseres Lebensmosaikes. Gleichzeitig zeigt sich eine Gerechtigkeit in der Ewigkeit. Marias Lebensmosaik erstrahlt über hell. Sie verkörpert ein Leben, das immer schon ganz aus der Gnade gelebt hat. Es gibt Unterschiede: Das strahlende Lebensmosaik eines Franziskus oder einer Teresa unterscheidet sich vom tristen Lebensmosaik eines Menschen, der viel Zerstörendes zu verantworten hat.

Wohlgemerkt, es ist eine Skizze, aber – wie ich denke – eine hilfreiche, insbesondere hilfreich für unsere Gesamteinstellung zur eigenen Existenz und zum Leben insgesamt. Es fördert unser Urvertrauen und fordert uns gleichzeitig zur Verantwortung auf. Mein irdisches Leben zerfällt nach dem Tod nicht in völliges Nichts. Gott heilt alle meine Dunkelheiten in der Ewigkeit. Aber es ist nicht egal, wie wir leben. Denn schon im irdischen Leben erahnen wir, dass wertvolle Lebensmomente etwas Ewig-Gutes enthalten. Sie erstrahlen auch in der Ewigkeit.

Immanente Ethik

Wenn man daran glaubt, dass Gott Gebote „vom Himmel" fallen lässt, dann hat man in seinem Weltbild einen festen Halt. Aber mit der Offenbarungskonstitution des II. Vatikanischen Konzils hat auch das Lehramt diesen naiven Glauben an einen transzendenten Gott verabschiedet.

In manchen katholischen Gemeinden beschließen die LektorInnen die Lesung mit den Worten: „Gottes Wort in der Sprache der Menschen". Diese Formulierung verdeutlicht ganz knapp die Verschränkung von Heiligem Geist und menschlichen Autoren. Wenn alles in der Bibel Gottes Wort in der Sprache der Menschen ist, dann gibt es aber auch in der Bibel keinen absolut festen Ausgangspunkt. Wir können zwar mit verschiedenen Kriterien sehr gut belegen und begründen, dass der historische Jesus das Reich Gottes verkündet hat, dass er mit seinen Gleichnissen seine Botschaft vom Reich Gottes den Menschen nahe gebracht hat usw. Diesen Kernbereich können wir recht gut herausarbeiten. Und dieser Kernbereich muss für uns Christen auch immer wieder Zentrum der Verkündigung sein. Mit diesem Kernbereich können wir auch andere Aussagen, die in der Bibel stehen und ambivalent bzw. problematisch sind, kritisieren. Aber daraus ergeben sich nie ganz klare Handlungsanweisungen für uns heute.

Einen festen transzendenten Bezugspunkt haben wir also nicht mehr. Wir können unsere Ethik nicht mehr durch eine absolute Transzendenz (also z. B. klare göttliche Gebote) begründen. Wie kann dann eine Ethik ausschauen?

Das Schiff auf dem Meer

Diese Frage führt uns zu einer weitreichenden und grundsätzlichen Einsicht, die ich anhand eines Bildes vom Philosophen Otto Neurath verdeutlichen will: „Wie Schiffe sind wir, die ihr Schiff auf offener See umbauen müssen, ohne es jemals in einem Dock zerlegen und aus besten Bestandteilen neu errichten zu können."[30] Neurath hat dieses Bild in einer speziellen philosophischen Diskussion mit Carnap verwendet. Es ging im Wiener Kreis um die Frage, ob man eine reine Wissenschaftssprache entwickeln könne, die Beobachtungen quasi astrein, lupenrein repräsentieren kann. Dann könnte man die ganze Naturwissenschaft aus gesicherten Protokollsätzen, die in dieser Sprache abgefasst sind, begründen. Neurath kritisierte Carnaps Ziel, eine solche Wissenschaftssprache zu entwickeln. Dieses Ziel ist nach Neurath nicht erreichbar.

Wenn wir dieses Bildwort verallgemeinern, ist es eine Beschreibung einer rein immanenten Weltsicht: Wir können nicht an Land gehen und dort das Schiff komplett neu aufbauen. Ja wir haben nicht einmal einen Leuchtturm, der auf einem Festland steht. Wir müssen uns im bewegten Nass des Meeres selbst orientieren. Wie kann man trotzdem auf offenem Meer ein Boot segeln und umbauen? Welche Spielregeln habe ich im Umgang mit anderen Booten auf dem Meer, wenn es keinen Leuchtturm gibt?

Diese Frage hat sich Spinoza gestellt, als er seine Ethik geschrieben hat. Er hat das Bild des Schiffs auf dem Meer nicht benutzt. Aber es ist sehr treffend, um seine Grundfrage auf den Punkt zu bekommen. Der französische Philosoph, der Spinozas Anliegen in seiner Philosophie fortsetzte, beschrieb dieses Projekt so: "Schon vor langem haben Denker wie Spinoza oder Nietzsche gezeigt, dass die Existenzweisen nach immanenten Kriterien beurteilt werden müssen, nach ihrem Gehalt an „Möglichkeiten", an Freiheit, Schöpferkraft, ohne jede Berufung auf transzendente Werte."[31]

Die Philosophie nach Spinoza hat trotzdem versucht, einen Leuchtturm irgendwie zu finden. Die Idealisten wie Kant, Fichte oder Hegel versuchten diesen Leuchtturm im Ich selbst zu finden. Sie suchten also quasi im Schiff selbst den Leuchtturm. Man könnte die „Phänomenologie des Geistes" von Hegel als eine große Seefahrt lesen, in der das „Ich" seinen Leuchtturm auf dem Meer sucht und dabei immer neue Irrungen und Wirrungen durchlebt, die er immer wieder aufs Neue erst im Nachhinein durchschaut, bis er sich zum absoluten Wissen aufgeschwungen hat. Man ahnt, dass das vielleicht virtuos sein mag, aber letztlich gescheitert ist. Im 20. Jahrhundert verkündeten Demagogen neue „absolute" Leuchttürme, wie das „Deutsche Reich" oder der „Kommunismus". Diese Schimären von Leuchttürmen brachten Millionen von Menschen Tod, Elend und Gewalt.

Schon das Bild des Schiffs auf dem Meer finden wir in den Evangelien. In Mk 4,35-41 fährt Jesus auf dem See Genezareth. Es kommt ein Sturm auf, der das Boot zu kentern droht, doch Jesus schläft. Die Jünger haben Todesängste und wecken ihn auf. Er beruhigt den Sturm und wirft ihnen Kleingläubigkeit vor. Man muss natürlich in der Deutung diese Geschichte ins „Grundsätzliche" wenden, damit es ein Bild für die Existenz des Menschen wird. Dies aber hat z. B. ein „Klassiker" des neuen geistlichen Liedguts getan: „Ein Schiff, das sich Gemeinde nennt." Schon dieses Lied warnt davor, sich der Illusion hinzugeben, man könne im Hafen verweilen und es sich sicher und gut einrichten:

„Ein Schiff, das sich Gemeinde nennt, fährt durch das Meer der Zeit. Das Ziel, das ihm die Richtung weist, heißt Gottes Ewigkeit. Das Schiff, es fährt von Sturm bedroht durch Angst, Not und Gefahr, Verzweiflung, Hoffnung,

Kampf und Sieg, so fährt es Jahr um Jahr. Und immer wieder fragt man sich, wird denn das Schiff bestehn? Erreicht es wohl das große Ziel? Wird es nicht untergehn? [Bleibe bei uns, Herr! Bleibe bei uns, Herr, denn sonst sind wir allein auf der Fahrt durch das Meer. O bleibe bei uns, Herr.]
Ein Schiff, das sich Gemeinde nennt, liegt oft im Hafen fest, weil sich's in Sicherheit und Ruh, bequemer leben lässt. Man sonnt sich gern im alten Glanz, vergangner Herrlichkeiten und ist doch heute für den Ruf zur Ausfahrt nicht bereit. Doch wer Gefahr und Leiden scheut, erlebt von Gott nicht viel. Nur wer das Wagnis auf sich nimmt, erreicht das große Ziel."
Das Lied zeigt weiterhin auf, dass die Orientierung nicht durch einen externen Leuchtturm kommt, sondern nur dadurch, dass man erstens als Mannschaft zusammenhält und zweitens still wird, um innerlich auf den Heiligen Geist in einem selbst zu horchen:
„Im Schiff, das sich Gemeinde nennt, muss eine Mannschaft sein, sonst ist man auf der weiten Fahrt verloren und allein. Ein jeder stehe, wo er steht, und tue seine Pflicht; wenn er sein Teil nicht treu erfüllt, gelingt das Ganze nicht. Und was die Mannschaft auf dem Schiff ganz fest zusammenschweißt in Glaube, Hoffnung, Zuversicht, ist Gottes guter Geist.
Im Schiff, das sich Gemeinde nennt, fragt man sich hin und her: Wie finden wir den rechten Kurs zur Fahrt im weiten Meer? Der rät wohl dies, der andre das, man redet lang und viel und kommt - kurzsichtig, wie man ist - nur weiter weg vom Ziel. Doch da, wo man das Laute flieht und lieber horcht und schweigt, bekommt von Gott man ganz gewiss den rechten Weg gezeigt!"
Man könnte meinen, dass dieses Buch zwei Ziele verfolge: Einerseits mit dem alten, engen Sündenbegriff des Christentums aufzuräumen. (Sicherlich bin ich da nicht der Erste!) Andererseits eine immanente Ethik für Christen erkunden. Aber beide Ziele hängen zusammen. Der enge, alte Sündenbegriff hängt mit einem transzendenten Gottesbild zusammen. Ein jenseitiger Gott offenbart Gebote, die es zu halten gilt. Er ist – wie Whitehead analysierte – dann Herrscher, der Gebote erlässt, erbarmungsloser Moralist, der Fehltritte ahndet, und jenseitiger Gott, eben unbewegter Beweger. Wer das überwinden will, wird – wenn er konsequent weiterdenkt – dazu hingeführt, eine immanente Ethik zu entwickeln.

Spuren einer immanenten Ethik im Christentum

Dabei können wir schon an einigen Beispielen sehen, dass die Ethik Jesu selbst wichtige Elemente einer immanenten Ethik enthält.
Wenn der Sabbat für den Menschen da ist, bestimmt Jesus den Sinn des Sabbats immanent: Es ist für den Menschen sinnvoll, dass er einen Ruhetag

einhält. Oder im Bild „Wir sind Schiffe auf dem Meer" gesprochen: Der Kapitän des Schiffes soll sich auch mal ausruhen dürfen.

„Was ist am Sabbat erlaubt - Gutes zu tun oder Böses, ein Leben zu retten oder es zu vernichten?" Mk 3,4 Die moralische Differenz gut und böse übersetzt Jesus hier in eine ethische Differenz Leben retten vs. Leben vernichten. Moralisch gut bin ich, wenn ich den Geboten Gottes folge. Wird von Jesus transformiert in: Ethisch gut bin ich, wenn ich Leben rette bzw. Leben fördere.

Interessanterweise hat Matthäus diesen Satz gestrichen und durch eine transzendente Begründung ersetzt. Der Menschensohn ist Herr über den Sabbat. Ihm war anscheinend die immanente Begründung unheimlich oder nicht ausreichend.

Ein weiteres Beispiel: „An ihren Früchten sollt ihr sie erkennen." Mt 7,20 Dies ist ein immanentes Kriterium, ob etwas gut oder schlecht ist. Jesus nimmt hier die pragmatische Philosophie eines Charles Peirce vorweg.

Aber nicht nur bei Jesus finden wir Impulse für eine immanente Ethik. Ich fragte einmal den erfahrenen Exerzitienmeister Franz Jalics: Woran erkennt man, dass jemand sinnvoll Exerzitien macht? Er antwortete, dass es dafür zwei Kriterien gibt. Das eine finden wir bei Ignatius selbst. Bei Exerzitien muss es auf und ab gehen. Wenn jemand über Tage keine Veränderung zeigt, dann macht er nicht richtig Exerzitien, die sinnvoll sind. Auch wenn er meint, dass es ihm gut geht. Ja, wenn wir Schiffe auf dem Meer sind, dann muss es mal friedliche und mal stürmische See geben. Das zweite Kriterium, das Jalics anführte: Mittelfristig müsse sich sein Leben in eine bessere, friedlichere, lebensförderliche Richtung entwickeln. Auch das ist ein rein immanentes Kriterium. Es stimmt mit Jesu Kriterium von den Früchten überein.

Nun könnte man als frommer Christ einwenden: Wo ist da dann Gott, wenn ich alles immanent betrachten soll? Nun, der Heilige Geist wirkt nicht anders als immanent. Auch hier können wir wieder Ignatius anführen. Er erkannte, dass beim Vergleich der beiden Tagträume, Heiliger zu werden oder Ritter zu werden, dass er bei dem einen nachher sich getrösteter fühlte als bei dem anderen. In diesem Unterschied erkannte Ignatius das Wirken des Heiligen Geistes in ihm selbst. Und Henry Newman sagte: "Wenn ich ... einen Toast auf die Religion ausbringen müsste, würde ich auf den Papst trinken. Aber zuerst auf das Gewissen. Dann erst auf den Papst." Das Gewissen ist die letzte Entscheidungsinstanz. Der Papst ist nicht der absolute Leuchtturm. Sondern auch er ist ein Schiff auf dem Meer. Er hat sicherlich eine Autorität, deswegen sollte ich sein Wort ernst nehmen. Aber das befreit mich nicht von der Aufgabe, selbst zu denken. Oder mit Kant: „Habe Mut, Dich Deines eigenen

Verstandes zu bedienen!" Denn erstens gibt es noch andere Autoritäten neben dem Papst bzw. dem Lehramt, wie z. B. die Heilige Schrift, die Theologie, die Tradition, die Zeichen der Zeit usw. (Ich führe in diesem Kontext Autoritäten an, die den christlichen Glauben betreffen.) D. h. ich muss mich zu den verschiedenen Autoritäten als Christ verhalten. Und das ist immer ein Lernprozess ohne absolute Gewissheiten. Und zweitens: Selbst mein eigenes Gewissen muss ich reflektieren, in Frage stellen, genauso wie die anderen Autoritäten.

Wenn wir in unsere moderne Zeit des 21. Jahrhunderts schauen, dann zeigt sich: Wir haben, wenn wir als Christen nicht in eine „Sonderwelt" abtauchen wollen, sondern wirklich in der Welt von heute mit all den unterschiedlichen Menschen, Kulturen und Religionen gut wirken wollen, nur die Möglichkeit, eine immanente Ethik zu kultivieren und zu leben, die für andere Menschen, Atheisten wie Anders-Gläubige, auch anschlussfähig ist.

Aber wie kann eine solche immanente Ethik für Christen ausschauen? Und wenn wir den traditionell engen Sündenbegriff verabschiedet haben, welche Begriffe und Vorstellungen beschreiben den vielfältigen Mist, durch den Menschen „Schiffbruch" erleiden?

Dafür lohnt es sich, bei dem Immanenzphilosophen par excellence „in die Lehre zu gehen".

Ein spinozistisches Unternehmen

Spinoza ist ein beeindruckender Philosoph, der wesentlich die Aufklärung und die Moderne geprägt hat. Wenn ich nun dieses Buch auch als ein spinozistisches Unternehmen bezeichne, dann meine ich das besonders hinsichtlich der Ausrichtung und dem besonderen Blick auf verschiedene Untersuchungsfelder.

Ich werde hier keine Darstellung des gesamten philosophischen Werkes von Spinoza darbieten. (Siehe andere Bücher von mir dazu: „Deleuze – seine philosophischen Welten für Einsteiger. Band II" oder „Spinoza und Rosenberg") Ich will vielmehr „im Stil Spinozas" untersuchen. Ich greife viele moderne Untersuchungen und Theorien auf, die auf ihre Weise in ihrem Gebiet gewissermaßen spinozistisch weiterarbeiten.

Dabei will ich auch nicht der Frage aus dem Weg gehen, inwieweit Spinozas Philosophie nicht zu einem Amoralismus führe. Omri Böhm z. B. versteht Kants Moralphilosophie als scharfe Gegenreaktion gegen die angebliche Sackgasse der Ethik Spinozas. Aber zu dieser spannenden Frage kommen wir erst später an verschiedenen Stellen. Jetzt erst einmal die positiven Impulse Spinozas, die ich aufgreifen will.

- Spinoza selbst hat die Bibel philosophisch-kritisch untersucht, um Aberglauben, die Verwirrungen, die negativ wirkenden Vorstellungen und Illusionen zu entlarven. Dies hat Spinoza insbesondere in seinem Theologisch-politischen Traktat durchgeführt. Ähnliches soll in diesem Buch auch geschehen. Schon die Analyse einiger Texte aus dem Messbuch hat gezeigt, welche Verwirrung und negative Wirkungen Formulierungen und dahinterliegende Vorstellungen haben können. Aber wir werden auch die Paradiesgeschichte und verschiedene Deutungen dieser zentralen Bibelstelle, die Vorstellung vom Opfertod Jesu und Paulus´ Theologie dazu untersuchen. Genauso wie Spinoza fragen wir dabei immer, ob dies oder jenes zu freudigen und aktiven Affektionen führt, ob es für das Vermögen eines Menschen förderlich ist oder nicht.

- Warum jubeln Menschen ihrem Unterdrücker zu, als sei er ihr Erlöser? Diese Frage stellt Spinoza am Anfang seines Theologisch-politischen Traktats. Für Deleuze und Guattari ist das die wichtigste Frage der politischen Philosophie. Sie hat zwei Aspekte: einen individuellen Aspekt, warum jubelt die einzelne Person dem Unterdrücker zu? Und einen gesellschaftspolitischen Aspekt, warum fördert eine Gesellschaft den Boden dafür, dass einzelne ihrem Unterdrücker zujubeln, als sei er ihr Erlöser? Eine Antwortspur legt Spinoza in seiner Ethik mit seiner Theorie der inadäquaten Ideen. Wir werden hier u. a. die Polyvagaltheorie anführen und zeigen, dass Menschen gerade in einem verkrampft sozialen Modus dazu tendieren, ihrem Unterdrücker zuzujubeln, als sei er ihr Erlöser.

- Spinoza ging davon aus, dass Menschen meist mit inadäquaten Ideen beginnen und somit erst einmal gar nicht genau wissen, wie sie etwas verzerrt wahrnehmen und aus dieser Verzerrung auch oft inadäquat reagieren. Statt Sünde im klassisch christlichen System gibt es bei Spinoza die inadäquaten Ideen und die passiven traurigen Affektionen. Mit dem entscheidenden Unterschied, dass Spinoza die Menschen, die nur ihren inadäquaten Ideen folgen, nicht moralisch verurteilt, sondern aufzeigt, warum sie eigentlich nicht anders können. Um Wege aus dieser Verfangenheit und Unfreiheit aufzuzeigen, versucht er in seiner Ethik, die Mechanismen der Verwirrungen und der Affektionen genauer zu analysieren, um dann zu zeigen, wie man damit souveräner umgehen kann. Das gleiche versuchen wir auch, indem wir z. B. die modernen psychologischen Untersuchungen der eingefleischten Verzerrungen, also der Biases aufgreifen oder indem wir z. B. die Wolfssprache (Begriff der „gewaltfreien Kommunikation") und ihre Mischmasch-Sätze entwirren.

- Spinoza schrieb mit seinem Hauptwerk eine immanente Ethik. Er lehnte in all seinen Werken ab, dass Gott wie ein Fürst Gebote erlässt, an die man sich unhinterfragt halten müsse. Wir wollen hier auch Elemente für eine immanente Ethik zusammenstellen. In meinem Buch „Spinoza und Rosenberg" habe ich ausführlich die gewaltfreie Kommunikation als immanente, spinozistische Ethik beschrieben. Aber das soll in diesem Buch nicht das einzige Element sein. Besonders das Bild vom „Wir sind Schiffe auf dem Meer ohne Leuchtturm und ohne Werft auf dem Festland" verdeutlicht anschaulich, was für eine immense Herausforderung eine immanente Ethik für uns ist. Angesichts unserer modernen Situation ist das aber der einzig redliche Weg.

- Spinoza hat den Geist nicht über den Körper gestellt. Nietzsche wird diese Position von Spinoza übernehmen (wie auch einige weitere Positionen.) Der Geist ist nicht der Reiter und der Körper das Pferd, so dass der Reiter einfach dem Pferd Befehle geben könne. So schreibt Spinoza: „Freilich, was der Körper vermag, hat bisher noch niemand festgestellt, das heißt niemand hat sich bisher durch Erfahrung darüber unterrichtet, was der Körper nach den bloßen Gesetzen der Natur, sofern diese bloß als körperlich betrachtet wird, zu tun vermöge, und was er nicht vermöge, wenn er nicht vom Geiste dazu bestimmt wird."[32] Die Leibfeindlichkeit, die uns Augustinus´ Erbsündenlehre eingebrockt hat, haben wir sicherlich teilweise schon im Christentum überwinden. Aber die tiefe Einsicht, dass wir durch den Körper in die Welt, in die Natur, in unser Umfeld eingebettet sind, haben wir sicherlich noch nicht alle ganz begriffen. Philosophen wie z. B. Merleau-Ponty oder Deleuze haben den Körper zentral in ihre Philosophie hineingestellt und Spinozas Satz ernst genommen, dass wir noch nicht wissen, was ein Körper vermag. Wir nehmen z. B. vieles unbewusst wahr, unser Körpersystem reagiert, bevor wir in unserem bewussten Denken etwas davon bemerken. In diesem Buch versuche ich die Wichtigkeit des Körpers dadurch zu unterstreichen, dass ich bei dem Bild „Wir sind Schiffe auf dem Meer" noch weiter gehe und sage: „Wir sind quasi auch Nixen." Die Polyvagaltheorie vertieft unser Verständnis, was der Körper vermag…

- Spinoza hat seine Ethik als Heillehre verstanden, die heilende Impulse geben soll. Menschen soll geholfen werden, ihre Irrungen und Wirrungen zu durchschauen, Abstand zu ihren seelischen Leiden zu bekommen und durch das Verstehen sich neue Freiheitsräume erobern zu können. Spinoza fordert deswegen nie auf. Er stellt kein Ideal auf, das Menschen erreichen sollen – und ereifert sich dann, wenn die Menschen seinen Idealen nicht folgen. Ein guter Pädagoge fordert auch nicht auf: „Mach das!" – ohne dem Kind Lernhilfen zu geben, ohne sich kritisch zu fragen, ob das Kind das lernen will und lernen kann, ob das Umfeld des Kindes förderlich ist usw. Deswegen schimpft Spinoza über die Moralphilosophen:

„Die meisten, welche über die Affekte und die Lebensweise der Menschen geschrieben haben, scheinen nicht von natürlichen Dingen zu handeln, die den allgemeinen Naturgesetzen folgen, sondern von solchen, die außerhalb der Natur stehen. Ja sie scheinen den Menschen wie einen Staat im Staate aufzufassen. Denn sie glauben, dass der Mensch die Ordnung der Natur mehr störe, als ihr folge, und dass er über seine Handlungen eine absolute Macht habe und von nirgendsonst her als von sich selbst bestimmt werde. Des weiteren schreiben sie den Grund der menschlichen Ohnmacht und Unbeständigkeit nicht der allgemeinen Naturkraft zu, sondern ich weiß nicht welche Gebrechen der menschlichen Natur, die sie deshalb beweinen, belachen, verachten oder, was am häufigsten zu geschehen pflegt, verwünschen. Und wer die Ohnmacht des menschlichen Geistes recht gut und scharf herunterzumachen versteht, der wird wie ein göttliches Wesen angesehen. [...] allein die Natur und die Kräfte der Affekte und was hinwiederum der Geist zu deren Bemeisterung vermag, das hat, so viel ich weiß, noch keiner festgestellt.“[33] Das, was noch keiner festgestellt hat, will Spinoza in seiner Ethik untersuchen. Und seine Untersuchungen haben auf verschiedene Weise andere fortgesetzt, wie wir in diesem Buch zeigen wollen. Wenn wir uns mit vielen psychologischen Theorien beschäftigen, dann aus diesem Grund, Heilung durch Aufklärung zu ermöglichen. Nur wer sich selbst besser versteht, kann auch ins Vermögen gesetzt werden, besser mit sich und anderen umgehen zu können.

Nochmals anders formuliert: *„Ontologische Voraussetzung statt deontologischer Begründung*. Spinozas Ethica schlägt keine deontologische Ethik vor, die unbesehen der psychophysischen Verfasstheit des Menschen auf die Frage antwortet, was man tun soll. Ausgehend von den Strukturen und Gesetzmäßigkeiten der Natur und der menschlichen Existenz erörtert sie, welche Art des glücklichen und selbstbestimmten Lebens Menschen möglich ist. Spinozas Ethica ist eine Theorie der Natur und eine Theorie des Menschen, in der eine Theorie darüber entwickelt wird, was für Menschen gut ist. [...] *Naturalismus*. Spinoza vertritt einen Naturalismus, der alles Seiende, das die Natur in irgendeiner Weise transzendieren soll, leugnet. Nicht nur die anthropologischen Ressourcen moralischen Handelns, sondern auch die Güter werden als etwas Natürliches begriffen. Die Ethik, auf die Spinoza zusteuert, schließt jegliches bonum morale aus. Sie geht stattdessen davon aus, dass es stets ein bonum naturale ist, was uns mehr oder weniger zuverlässig glücklich und frei macht.“[34]

• Spinoza schlägt keine deontologische Ethik wie später Kant vor. Dieser formuliert mit dem kategorischen Imperativ eine Pflicht, die nicht fragt, ob die Person das umsetzen kann. Hier zeigt sich eine grundsätzliche

Spannung zwischen Spinoza versus Kant. In der modernen Philosophie wiederholt sich diese Spannung zwischen Deleuze und Derrida/Levinas. Sie erscheinen als unüberwindliche Gegensätze. Deleuze propagiert eine immanente Ethik. Eine Ethik soll Wege aufzeigen, wie jemand sein Vermögen erweitern kann und sich aus seinen Abhängigkeiten befreien kann und aktiv werden kann. Aber diese Wege müssen zu ihm und seinem Vermögen passen. Derrida dagegen macht universale Werte wie Gerechtigkeit stark und zeigt, wie eine Erfüllung des Ideals immer scheitern muss und dass gerade diese frustrierende Spannung notwendig ist. Deleuze dagegen kritisiert an dieser transzendenten Morallehre: Dieser Frust an der Unerreichbarkeit des Ideals koppelt uns von unseren eigenen aktiven und kreativen Vermögen ab. Es ist eine spannende Frage, ob dies in allen Fällen stimmt. Sie verbindet sich meines Erachtens mit der Frage, ob und wenn ja wie wir mit Spinoza und Deleuze zum Beispiel den ersten Satz des Grundgesetzes begründen können: Die Würde des Menschen ist unantastbar. Für die Beantwortung dieser Fragen könnte meines Erachtens Bergsons Analyse der zwei Quellen der Moral und der Religion (sein letztes Werk) hilfreich sein.

• Spinoza untersuchte die Affekte in seiner Ethik sehr ausführlich. Dabei ging er nicht davon aus, dass sich die Vernunft über die Affekte erheben könne. Genauso wie er die Vorstellung ablehnt, dass der Geist sich über den Körper erheben könne. Es gibt Interpreten der spinozistischen Philosophie, die seine Philosophie sehr stoisch verstehen. Bei den Stoikern erhebt sich die Vernunft über die traurigen Gefühle und dominiert sie. Für Spinoza dagegen bleibt auch die vernünftige Einsicht auf der Ebene der anderen Affektionen. Also auch hier vermeidet Spinoza eine Transzendenz, eine Überhebung der Vernunft über die anderen Affekte. Das ist eine bescheidene, „demütige" aber auch realistische Sichtweise auf den Menschen. Diese Sichtweise finde ich auch beim „Inneren Familiensystem" wieder: Innere Teile kann man zu nichts zwingen. Nur im guten Kontakt mit ihnen können sie sich wandeln. Oder Julius Kuhl hat in seiner PSI-Theorie, ein Modell des menschlichen Geistes, immer betont, dass es auf die Zweit-Reaktion ankommt. Es ist eine Illusion, dass wir einmal so gereift und vernünftig sind, dass wir gleich immer mit der Erst-Reaktion souverän vernünftig reagieren.

• Wenn wir keinen Leuchtturm haben, dann müssen wir die Sprache der Wellen, der Winde, der Wolken, der Schiffe und die Gewohnheiten ihrer Interaktionen lernen, um uns orientieren zu können. Genau diese Arbeit hat Spinoza in seiner Ethik begonnen. Und diese Suche nach Orientierung ohne Leuchtturm haben andere fortgesetzt und weitere wichtige Einsichten gewonnen. Z. B. immanente Regeln von Systemen aller Art, ob psychisches System, soziale Systeme usw., die Bedürfnisse aller Menschen, das feinjustierte System unseres autonomen Nervensystems für die Interaktion mit der Umwelt usw. Daraus ergeben sich dann auch ethische Erkenntnisse und ethische Empfehlungen.

- Für Spinoza gibt es ein intrinsisches Motiv, tugendhaft zu leben. Denn für ihn ist es eine aktive Freude, Tugenden zu leben. Es braucht keine externe Motivation, z. B., dass ich in den Himmel komme, wenn ich tugendhaft lebe.

Im Kapitel zur gewaltfreien Kommunikation werden Spinozas Philosophie expliziter darlegen. Ansonsten werden wir in den einzelnen Kapiteln immer wieder Spinoza einfließen lassen. Dieses Vorgehen zeigt deutlicher, wie viele Theorien heute noch kritisch im Sinne Spinozas analysieren und wie aktuell und wertvoll seine Impulse sind.

Wir haben schon drei Transzendenz-Vorstellungen abgeschafft. Nun werden wir im Folgenden anhand verschiedener Immanenz-Betrachtungsebenen entlang gehen und fragen, welche Erträge das für eine immanente Ethik ergibt.

- Gott ist nicht jenseitig, sondern immanent und seine Gnade wirkt immanent. Zwei Kapitel widmen sich dieser Einsicht, nämlich das Kapitel, das Peirces Kategorienlehre auf die Gnadenlehre anwendet, und das Kapitel zu Whiteheads Prozessphilosophie.

- Gut und böse muss immanent bestimmt werden, also ist etwas für irgendjemand lebensförderlich oder lebenshinderlich/lebenszerstörend? Mit Spinoza haben wir die ethische Differenz gut versus schlecht, die aber auch die gewaltfreie Kommunikation benutzt.

- Der Geist ist nicht transzendent über dem Körper. Besonders das Kapitel über das Polyvagalsystem und das Kapitel über die PSI-Theorie im zweiten Band verdeutlichen das.

- Die Vernunft ist nicht über den anderen Affektionen, sondern muss durch Beziehungsarbeit wirken und Einfluss nehmen. Das „innere Familiensystem" und die PSI-Theorie der menschlichen Psyche haben diese Einsicht umgesetzt.

- Jesus Christus sühnt nicht für irgendeine abstrakte Schuld, für irgendwelche abstrakten Sünden, sondern er heilt durch echten Kontakt, durch Solidarität. Er offenbart mit Kreuz und Auferstehung Gottes unendliches Erbarmen. Deswegen müssen wir nach neuen, besseren Deutungen für den Kreuzestod Christi suchen.

- Ein Schiff ist ein System und muss sich an Systemregeln halten. Das Schiff (hier muss man das Bild aufbrechen und erweitern) ist wesentlich mit anderen Schiffen und dem Ozean verknüpft. Diese Einsicht entfalten wir besonders im Kapitel zu Systemen und ihren Regeln im zweiten Band.

- Spinozas Einsicht, dass wir immer mit Verzerrungen beginnen, ist Anlass und Impuls, die modernen psychologischen Untersuchungen zu Biases aufzugreifen und wesentliche Erkenntnisse darzustellen. Auch im Kapitel zur gewaltfreien Kommunikation werden wir diese Einsicht entfalten.

- Spinozas Einsicht, dass wir Gemeinbegriffe bilden können, können wir mit der gewaltfreien Kommunikation auch auf Bedürfnisse ausweiten. Dadurch ergibt sich ein gutes Fundament für eine allgemeine, immanente Ethik, mit der wir dann auch die Identitätsideologie kritisieren können.

- Wie wird ein destruktiver Mensch immanent erklärt? Hier kann das Enneagramm und das innere Familiensystem, besonders mit der Entdeckung von Täterteilen einiges erläutern.

- Einen Aspekt haben wir schon behandelt: Karl Rahner hat in seiner Predigt zu Mariä Himmelfahrt ein Verständnis vom ewigen Leben bei Gott vorgestellt, das ohne Hölle auskommt.

Ein vernetztes, komplexes, sensibles Navigationssystem

Wenn wir Schiffe auf dem Meer sind, können wir nur gut überleben und leben, wenn wir ein hochkomplexes und hochsensibles Navigationssystem haben. Das System muss Winde, Strömungen, Treibgut, andere Schiffe und deren Fahrtrichtung, Geschwindigkeit und evtl. sogar ihre Absichten erkennen, um passend navigieren zu können.

Gerade unsere Kapitel zur Polyvagaltheorie und zur PSI-Theorie zeigen auf, wie hochkomplex unser Navigationssystem ist: Es agiert auf mehreren Ebenen, viele basale Ebenen sind für unser Bewusstsein größtenteils verborgen. Rückkopplungsschleifen zur Energieversorgung in den Zellen spüren wir nur „integral" im Hungergefühl.

In diesem System gibt es viele Feinjustierungen, die eine gegenseitige Ausbalancierung ermöglichen. Das können wir z. B. bei der PSI-Theorie gut studieren. Aber es geschehen auch Verzerrungen, die die Forschung als Biases bezeichnet. Diese werden wir schon im ersten Band näher kennenlernen.

Die Goldene Regel – eine immanente Ethik, die Jesus empfiehlt

Es ist erstaunlich, dass die Goldene Regel in unserer Verkündigung eigentlich keine zentrale Rolle einnimmt, obwohl Jesus von ihr sagt: Darin besteht das Gesetz und die Propheten. Mt 7,12 Vielleicht liegt es daran, dass die goldene Regel eine immanente Ethik darstellt. Man erhoffte doch, dass die Gebote vom transzendenten Gott geoffenbart sind. Und nun soll all das, was das Gesetz und die Propheten ausmachen in dieser einen Regel stecken? „Alles, was ihr wollt, dass euch die Menschen tun, das tut auch ihnen!" Da kommt Gott gar nicht explizit vor! Der Vollzug der Goldenen Regel ist folgender: Man frage sich, was man von den anderen erwartet, um selbst gut leben zu können. Und genau das, was man von den anderen erwartet, tut man ihnen. Keine transzendente Regel, die ein jenseitiger Gott befohlen hat, ist für die Anwendung dieser Regel nötig. Und sie enthält nach Jesus das ganze Gesetz plus die Propheten. D. h. vielleicht sogar, dass wir wohl alle wertvollen, sinnvollen Regeln, die irgendwann einmal transzendent begründet wurden, in eine immanente Sichtweise übersetzen können.

Ich will die Goldene Regel spinozistisch so auslegen. Die Goldene Regel lädt uns ein, eine Transformation und einen „ersten Schritt" zu vollziehen. Sie beginnt mit unserer eingeschränkten Sichtweise. Ich sehe erst einmal egozentrisch nur, was ich will. Andere Menschen sollen für mich etwas tun. Ich bin vielleicht traurig, frustriert, enttäuscht, weil andere nicht tun, was ich mir erwünsche. Dann stecke ich in meinen passiven traurigen Affekten fest. Und ich sehe dabei verzerrt und vermischt nur, wie die Handlungen anderer auf mich wirken und wie ich darauf mit Gefühlen reagiere. Dann aber lädt mich die Goldene Regel ein: Tue das, was du von anderen erwartest auch ihnen. Das ist aber nur möglich, wenn zwei Zwischenschritte vollzogen werden, die hier implizit vorausgesetzt werden.

Erstens muss ich für mich positiv formulieren, was ich gerade wirklich will. Und zweitens muss ich dann verstehen, dass die Mitmenschen diese Bedürfnisse mit mir gemeinsam haben. Ich bilde also – wie Spinoza sagt – einen Gemeinbegriff, indem ich mich selbst übersteige und mich in die anderen Menschen hineinversetze. (Z. B. „ich wünsche mir wie sie/er Respekt, Toleranz usw." Dann habe ich Gemeinbegriffe gebildet, die wir beide gemeinsam haben.) Wenn ich mich dann auch noch etwas von außen betrachte, kann ich überlegen: Was passiert, wenn ich das, was ich vom anderen erwarte, ihm/ihr zukommen lasse? Dann erahne ich, dass dieser erste

Schritt für uns beide ein guter Impuls für eine bessere Entwicklung sein könnte, in der beide mehr Freude und Sinn erleben können.

Die Goldene Regel geht also nicht davon aus, dass wir schon Heilige sind, dass wir vernünftig und souverän immer alles überblicken. Sie beginnt mit uns, wenn wir in unseren traurigen, passiven Frustrationen verheddert sind, und zeigt uns dann einen Weg hinaus. Dieser Weg führt über die Einsicht von gemeinsamen Bedürfnissen, von Gemeinbegriffen, die wir aktiv bilden.

Ich habe dieses Kapitel gleich so früh positioniert, weil es anhand der Goldenen Regel in kompakter Form zeigt, dass eine immanente Ethik für Christen möglich ist, dass eine immanente Ethik im „galiläischen Ursprung", bei Jesus schon vorhanden ist.

Erstaunlich ist auch, dass die Goldene Regel ohne die Begriffe Sünde und Schuld funktioniert. Sie zeigt nur einen Weg auf, wie man von einer passiv traurigen Affektion („Die anderen machen nicht, was ich will!") zu einer aktiv freudigen Erkenntnis („Wir haben Bedürfnisse gemeinsam!") und damit zu einer aktiven Handlung kommt, die einen Impuls in eine gute Richtung setzt („Ich mache den ersten Schritt!"). Ich muss mich nicht schämen, ich muss mich nicht unrein fühlen, ich muss keine Angst vor Ausschluss haben.

Die Goldene Regel impliziert nur, dass man sich sowohl in andere Menschen hineindenken und einfühlen kann (Wie geht es jetzt dem anderen wohl? Wie würde ich mich an seiner Stelle fühlen?), als auch dass man sich von außen betrachten kann (Wie erleben mich, mein Reden und Handeln, andere Menschen?) Wenn ein Mensch nicht ab und zu dies vollziehen kann oder will, dann wird das Zusammenleben mit ihm schwierig…

Wie können wir die Paradiesgeschichte lebensförderlich deuten?

Wir haben eine Deutung der Paradiesgeschichte kennengelernt, die selbst auf der Meta-Ebene viel Verwirrung, Leid und Unterdrückung bewirkte: Die Deutung des Augustinus. Greenblatt hat in seinem Buch „Die Geschichte von Adam und Eva. Der mächtigste Mythos der Menschheit" eine große Palette von Deutungen vorgestellt. Ich will hier nur zwei lebensförderliche Deutungen vorstellen, die für unser Projekt hilfreich sind.

Deutung der Schöpfungsgeschichte mit „Richtet nicht!"

Ich will eine Deutung von Gen 2-3 darlegen, die mir eine christliche Kontemplationslehrerin erzählte. Sie kombiniert in ihrer Deutung Gen 2-3 mit Jesu Wort: Richtet nicht! Was siehst du den Splitter im Auge deines Bruders, den Balken in deinem Auge aber nimmst du nicht wahr? Zieh zuerst den Balken aus deinem Auge. Dann wirst du klar genug sehen, um den Splitter aus dem Auge deines Bruders herauszuziehen. Vgl. Mt 7,3ff
Wie wendet sie nun das auf Gen 2-3 an? Die Schlange behauptet: Wenn Adam und Eva von der Frucht des Baumes des Lebens essen, dann werden sie wie Gott sein und Gut und Böse erkennen. Die Schlange verheißt also, wie ein Gottrichter über andere richten zu können. „Du bist gut! Und Du bist böse!" Durch diese Verheißung der Schlange meinen Adam und Eva zu wissen, was gut und böse ist. Nach dem Sündenfall meint der Mensch, er wisse genau, was gut und böse ist. Das ist aber eine Illusion. Denn nie weiß man genau, was gut und böse ist.
Jesus ermahnt uns: Urteilt nicht, enthaltet euch klarer Festschreibung „Der ist böse!" Man muss auch nicht immer urteilen und richten. Man kann sich auch etwas im Urteilen zurückhalten. Die stoischen Philosophen nannten diese Haltung Epoché, Zurückhaltung seines Urteils. Wie weise das sein kann, zeigt folgende Geschichte: Der Zen-Mönch relativiert die schnellen moralischen Urteile seiner Mitmenschen mit der Frage „Ist das so?":
„In einer Stadt in Japan lebte der Zenmeister Hakuin. Er war hoch geachtet, und die Menschen strömten zu ihm, um sich spirituell belehren zu lassen. Nun geschah es, dass die junge Tochter seines Nachbarn schwanger wurde. Als ihre verärgerten Eltern sie ausschimpften und in sie drangen, wer der Vater des Kindes sei, antwortete sie ihnen schließlich, es sei Hakuin, der Zenmeister. Da liefen die Eltern voller Entrüstung zu Hakuin, machten ihm

Vorwürfe und erzählten ihm empört, dass ihre Tochter ihnen gestanden hätte, er sei der Vater des Kindes. Alles, was er darauf entgegnete, war „Ist das so?" Der Skandal verbreitete sich wie ein Lauffeuer in der Stadt und über die Stadtgrenzen hinaus. Der Meister verlor seinen guten Ruf. Ihn störte das nicht. Niemand suchte ihn mehr auf. Auch das berührte ihn nicht. Als das Kind geboren war, brachten es die Eltern zu ihm. „Ihr seid der Vater, also kümmert Euch auch darum." Der Meister nahm sich liebevoll des Kindes an. Ein Jahr später gestand die Kindesmutter ihren Eltern reuevoll, dass der wirkliche Vater des Kindes der junge Mann aus dem Fleischerladen sei. Vollkommen zerknirscht gingen die Eltern erneut zu Hakuin, um sich zu entschuldigen und seine Vergebung zu erbitten.

„Es tut uns aufrichtig leid. Wir sind gekommen, um das Kind abzuholen. Unsere Tochter hat uns gestanden, dass Ihr gar nicht der Vater seid." „Ist das so?", soll Hakuin gesagt und ihnen den Säugling zurückgegeben haben."

Wie oft beurteilt man einen Menschen und dann stellt er sich als anders heraus! Wir sind zu schnell im Urteil „Der ist super!", „Der ist blöd!" *Die Sünde ist nach dieser Deutung die klare Festschreibung, die Hybris und Arroganz genau wissen, was gut und böse ist, und zu meinen, dass man Recht habe.*

Außerdem besteht im sozialen Miteinander immer die Gefahr der selbsterfüllenden Prophezeiung: Wenn man jemand als böse tituliert und ständig als blöd, böse usw. behandelt, dann verändert er sein Verhalten und Charakter. Aus Frust über die Ablehnung wird er aggressiv und/oder depressiv. Dann wird das Vor-Urteil Wirklichkeit. Die Illusion wird Wirklichkeit. Das kann katastrophale Folgen haben. Z. B. Die Hutus und Tutsis waren vor der Kolonisierung, als es noch keinen Pass gab, in dem diese „Volkszugehörigkeit" eingetragen werden musste, gar nicht zerstritten. In Sarajewo lebten Kroaten, Serben, Bosnier usw. friedlich zusammen, es gab viele Mischehen. Erst die ethnischen Hetzer, die sagten: Wir sind besser und die anderen wollen uns beseitigen, bewirkte in Sarajewo den Bürgerkrieg wie in Rest-Jugoslawien. Also die klare Zuteilung von gut-böse und das Spiel mit der Angst und Hass kann Bürgerkriege und Genozide bewirken.

Diese Verwirklichung von Vor-urteilen (zuerst das Urteil ohne ausreichenden Beleg) läuft schon Jahrtausende. Und dadurch entstehen immer neu Herrschaftsstrukturen und Unterdrückungsmechanismen: Die Herrschenden halten sich für besser und meinen, nur durch Unterdrückung die Bösen und Dummen anderen leiten zu können. So erhoben sich die Weißen über die Schwarzen und machten sie zu Sklaven. Aber auch heute verhindert diese Sicht friedliche Prozesse. Die Politikberaterin Jessica Chen Weiss warnte: „Ein Republikaner hat kürzlich mit Bezug auf China gesagt: „Wir

Amerikaner sind die Guten." Mich beunruhigt diese Aufteilung der Welt in Helden und Schurken. Da kann es keine friedliche Koexistenz geben, da geht es dann nur noch um totalen Sieg oder totale Niederlage." (ZEIT 13/2023) Von dieser Deutung her betrachtet ist die Interpretation des Sündenfalls von Augustinus eine totale Katastrophe. Denn Augustinus deutet mit einem Vor-Urteil die ganze Geschichte folgendermaßen: Gott ist absolut gut, deswegen kann er keine Verantwortung für das Leid in der Welt haben. Deshalb bleiben nur die Menschen als Schuldige übrig. Somit gilt: Alle Menschen sind böse! Der Ursprung dieser Bosheit liegt im Sündenfall, der durch Vererbung weitergegeben wird. Somit ist Sex böse, der Körper ist böse. Durch Vererbung sind alle im Schlammassel. Es braucht eine Kirche, die die Gnade von außen mitteilt. Somit gibt es die Guten, die durch Unterdrückung und Machtmittel die Bösen auf den richtigen Pfad bringen können: Die Pastoralmacht der Priester und Bischöfe mit ihren Sakramenten und Predigten! Was für eine Arroganz, so genau wissen zu meinen, was gut/böse ist! Das Augustinus-Menschenbild ist selbst eine Meta-Sünde, weil in dieser Deutung Augustinus wie ein Gottrichter sich anmaßt, genau zu wissen, wer böse und gut ist. Ignatius von Loyola mit seiner Lehre der Indifferenz war da anders. Er empfahl im Prinzip und Fundament seiner Exerzitien Indifferenz, das wir mit dem deutschen Wort „Gelassenheit" übersetzen können: „Deshalb ist es notwendig, uns indifferent zu machen gegenüber allen geschaffenen Dingen, daß wir von unserer Seite nicht mehr Gesundheit wollen als Krankheit, Reichtum als Armut, Ehre als Unehre, langes Leben als kurzes." Wie die Geschichte des Zen-Mönches zeigt: Die angeblich klaren Urteile können sich als trügerisch erweisen.

Der Balken im eigenen Auge ist unsere feste Überzeugung, dass wir genau wissen, was gut und böse ist. Die Sünde dieser Arroganz überwinden wir, wenn wir bescheiden unsere Urteile immer wieder hinterfragen und in die Haltung kommen: Ich weiß es nicht, ich lasse mich überraschen... Die offene Haltung des Nicht-Wissens...

Deutung der Schöpfungsgeschichte – die Anmaßung nach eigenem Gutdünken

Die folgende Deutung fand ich in dem Buch von Meinrad Limbeck „Abschied vom Opfertod: Das Christentum neu entdecken". Limbeck ist Exeget und kann aus seiner tieferen Analyse des ursprünglichen Textes neue Einsichten gewinnen. Er erläutert, warum unsere Übersetzungen einen falschen „Zungenschlag" in die Paradiesgeschichte bringen. Die richtige

Übersetzung lautet: „Von allen Bäumen des Gartens wirst du essen, ja essen! [Also: greif zu!] Nur von diesem einem Baum wirst du nicht essen; denn sonst wirst du zwangsläufig sterben. [D. h.: von diesem Baum zu essen, ist tödlich – und ich, Gott, will nicht, dass du dein Leben verlierst. Lass also die Finger davon!]" Seite 131f Es ist also kein moralisches Verbot, sondern eine Warnung, deren Missachtung für Adam selbst lebenszerstörend sein kann. Wir aber tendieren üblicherweise dazu, den Text als Verbot zu verstehen.

Es ist schon erstaunlich: Der „Baum der Erkenntnis von Gut und Böse" ist etwas Einmaliges! Ihn gibt es nur in dieser biblischen Erzählung. So müssen wir fragen: Was meint hier Erkenntnis? „Erkennen" meint in der hebräischen Sprache nicht nur den bloßen Denkakt, sondern auch den sachgemäßen Umgang mit dem Erkannten. Zum Beispiel: Wenn ich eine Axt erkenne, weiß ich nicht nur, welcher Gegenstand in der Hütte eine Axt ist, sondern ich kann auch mit ihr so umgehen, dass ich mich nicht verletze.

„Der Baum der Erkenntnis von Gut und Böse verkörpert damit die Fähigkeit, zwischen gutem und bösen, zwischen lebensförderlichen und lebensabträglichen unterscheiden und sich deshalb jeweils sachgemäß, also gut und richtig verhalten zu können. Wir entschärfen demnach die Brisanz dieses Baumes, wenn wir annehmen, er verkörpere lediglich das kognitive Wachstum – Gott habe also die Menschen in einem „naiven Kinderglauben" halten wollen, als er ihnen gebot, nicht von den Früchten dieses Baumes zu essen. Weit mehr steht auf dem Spiel: *Wer nach den verlockenden Früchten dieses paradiesischen Baumes greift, meint, durch ihren Genuss „so gescheit wie Gott" zu werden und deshalb nach eigenem Gutdünken entscheiden zu können, wie man am besten mit diesen oder jenen umgeht, da man ja nun ungefragt zu wissen meint, wozu dieses oder jenes gut und brauchbar sei und verwendet werden könnte. [kursive Hervorhebung von Michael Pflaum]* Gewiss eine verlockende Versuchung! Doch wer ihr nachgibt, läuft Gefahr, wie einst Adam und Eva das mögliche Paradies zu verspielen und Unheil zu schaffen."[35]

An einem Beispiel wird es klarer, auf was Limbeck hinauswill: Ein süchtiger Spieler meint, dass er die Kraft habe, zum richtigen Zeitpunkt aufzuhören. Aber er hat das Glücksspiel eben nicht souverän im Griff! Der größenwahnsinnige Faust, der im 2. Teil ein immer größeres Imperium aufbauen will, bekommt nicht mit, dass man sein Grab schaufelt. Faust dachte auch, nach eigenem Gutdünken entscheiden zu können, wie er mit diesen oder jenen umgeht. Er schaute nur auf den eigenen Nutzen. So zerstörte er nach eigenem Gutdünken die Hütte von Philemon und Baucis, nur um an diesem Platz einen Turm zu bauen, von dem aus er sein ganzes Reich überblicken kann.

Unser modernes Wirtschaften ist derselben Hybris verfallen: Wir produzieren so viele Dinge, ohne zu wissen, welche externen Schäden diese Produktion bewirkt. Inzwischen merken wir, dass wir die Ökosysteme belasten und zerstören, zu viel Plastikmüll einfach in die Meere kippen usw. Die Sünde „nach eigenem Gutdünken" finden wir in ganz vielen Bereichen, z. B. Politiker, die ohne Kontrollen Spenden verwenden, wie sie wollen. Wir reißen Pflanzen aus ihrem Ökosystem heraus, transportieren diese übers Meer und setzen diese Pflanzen in andere Ökosysteme und wundern uns, dass sich in unseren einheimischen Landen manche Arten invasiv vermehren, fremde Pflanzen für unsere Insekten nutzlos sind usw. Mit diesen Beispielen wird die folgende Ausführung von Limbeck verständlicher:

„Nun, angenommen, alles, was ist, trägt – wie jede Spende durch den Willen des Spenders – bereits einen bestimmten Sinn in sich, weil alles sozusagen Atem Gottes ist, kann es dann nicht so sein: *alles Seiende kann dort seinen Sinn nicht verwirklichen, wo wir Menschen es rücksichtslos nach unseren eigenen Gutdünken verwenden und einsetzen – in der Überzeugung, allem einen Sinn, unseren Sinn geben zu können, sodass wir es nicht mehr nötig hätten, uns „von anderswo her" sagen zu lassen, was wir mit dem zur Verfügung stehenden tun können und was wir lassen sollten? und so verspielen wir immer wieder das Paradies*, weil wir auch heute noch wähnen, von uns aus nach eigenem Gutdünken bestimmen zu können, was in unserem privaten und gesellschaftlichem Leben, im Bereich der Politik, der Wirtschaft und der Technik gut und was böse, was lebensförderlich und was Lebens abträglich sein soll. Das ist es, was uns die Bibel mit ihrer Erzählung vom Paradies bewusst und klarmachen möchte."[36]

Die zwei Deutungen ähneln und ergänzen sich gegenseitig. Beide sehen die „Ursünde" in einer Hybris des Menschen. Einerseits tendiert er dazu, sich einzubilden, dass er genau wisse, was gut und böse sei. Anderseits tendiert er dazu, sich einzubilden, dass er mit Anderen (Mitmenschen, Dingen, Pflanzen, Tieren, Systemen usw.) nach Gutdünken einfach umgehen könne. Mit Spinoza könnten wir sagen: Menschen haben die Illusion, richtig zu handeln, obwohl sie weit von einer adäquaten Erkenntnis entfernt sind. Philosophisch ausgedrückt überschätzt sich der Mensch sowohl im Bereich der Erkenntnis, „Was kann ich wissen?", als auch im Bereich des Handelns, „Was soll bzw. kann ich tun?" Die Hybris ist gepaart mit einer Unwissenheit, von der man nichts weiß.

Das ist alles heute sehr aktuell. In den sozialen Medien gedeiht die Hybris, andere beurteilen zu können, in neuen Dimensionen. Shitstorms können sich dann plötzlich entwickeln und Menschen seelisch zutiefst verletzen. Durch die Klimakrise und das Artensterben erkennen wir immer mehr, dass wir die

Ökosysteme nach unserem eigenen Gutdünken ausgenutzt haben, ohne ihren inneren Sinn und ihre inneren Zusammenhänge auch nur annähernd verstanden zu haben. Heilung kann nur geschehen, wenn wir mit Fleiß, Neugier und Demut bereit sind zu lernen. Z. B. reicht es nicht, irgendein Samentütchen „Blumenwiese" zu kaufen, nebst Insektenhotel, um etwas gegen das Insektensterben zu tun. (Siehe dazu mein Buch „Gärtnern – Exerzitien der Schöpfungsliebe") Lesen wir nochmals Limbecks Worte: „alles Seiende kann dort seinen Sinn nicht verwirklichen, wo wir Menschen es rücksichtslos nach unseren eigenen Gutdünken verwenden und einsetzen – in der Überzeugung, allem einen Sinn, unseren Sinn geben zu können, sodass wir es nicht mehr nötig hätten, uns „von anderswo her" sagen zu lassen, was wir mit dem zur Verfügung Stehenden tun können und was wir lassen sollten". Schön formuliert und doch enthält es eine Leerstelle: Was meint er „von anderswo her"? Ein transzendenter Gott, der irgendwie uns Gebote schickt? Nein, das „anderswo" müssen wir in den Dingen selbst suchen. Eine immanente Ethik fordert uns auf, die Dinge selber zu befragen, was wir mit ihnen gut tun können. Was können wir mit einem Ökosystem gut tun? Was können wir in einer Gesellschaft gut tun? Die Fragen sind nicht einfach zu beantworten. Aber wir gehen nur verantwortlich mit Dingen, Menschen, Systemen usw. um, wenn wir diese Fragen stellen, dazu lernen, verantwortungsvoll ausprobieren und wieder reflektieren.

So verstanden, wäre Gen 2-3 eigentlich ein machtvolles Korrektiv gegen das Gefahrenpotential des Satzes: „Macht euch die Erde untertan!" (Gen 1,28) Denn dieser Satz wurde leider zu oft als Aufforderung gelesen, die Erde und ihre Dinge, Pflanzen und Tiere rücksichtslos auszunutzen. Dass es unnötig sei, erst einmal die Dinge selbst zu befragen, wie wir mit ihnen gut umgehen können. Aber leider wurde Gen 2-3 selten so verstanden. Augustinus' Deutung hat wie ein invasives Unkraut alle Alternativen verdrängt und sich in der Theologie, in den Köpfen der Menschen wie ein Krebsgeschwür ausgebreitet.

Freiheit nicht ohne Verantwortung Eine Konsequenz aus dieser Deutung wäre, wieder einmal einen alten Grundsatz dick zu unterstreichen. Freiheit ist nie absolut und Freiheit ist erst recht nicht frei von Verantwortung. Wie aktuell diese Einsicht auch im gesellschaftlichen Bereich ist, zeigen zwei Irrwege von Freiheitsverständnis in zwei Ländern. Wir (z. B. in Europa) schütteln den Kopf über die laxen Waffengesetze in den USA. In der Außenperspektive ist es völlig klar, dass die Waffenverfechter Freiheit zu weit auslegen und letztlich die Verantwortung nicht übernehmen wollen, dass die laxen Waffengesetze in USA zu viel mehr Amokläufen und ähnlichen Katastrophen führen als in anderen Ländern.

Andere Länder schütteln den Kopf über Deutschland, dass es kein Tempolimit auf Autobahnen gibt. In anderen Ländern fährt man ruhiger, gelassener, entspannter, die Unfälle sind weniger und ein Tempolimit würde auch den CO_2-Ausstoß im Verkehr reduzieren. Aber die Autokonzerne und die Autolobby wollen die „Freiheit" verteidigen, so schnell fahren zu können, wie man will. Aber das ist eine zu platt verstandene Freiheit. Freiheit muss sich nach Kierkegaard zur Spannung von Möglichkeit und Notwendigkeit verhalten. – Und nicht allein nur das Mögliche voll ausschöpfen.

Man könnte noch viele andere Beispiele anführen, die zeigen: Wir haben nicht nur eine persönliche Verantwortung, wie wir mit unserer Freiheit umgehen. Sondern als Gesellschaft haben wir auch eine kollektive Verantwortung, wie wir Freiheitsmöglichkeitsräume gestalten!

Weitere „Sünden" in der Paradiesgeschichte

Die Paradiesgeschichte ist so „komisch", als Ganzes und in ihren Einzelteilen, dass sie über die Jahrhunderte vielfältig ausgelegt wurde. Wenn ich nun drei Aspekte auf meine Weise deute, will ich nicht behaupten, dass ich damit den ursprünglichen Sinn des „Autors", des biblischen Schriftstellers erkannt habe. Ich nehme den Text eher als Anregung, um der Frage des Buches nachzugehen, welche Arten von „Mist" fabrizieren Menschen und wie können wir diesen „Mist" gut auf Begriffe bringen.

Übertreibung Diese Frage der Schlange „Hat Gott wirklich gesagt: Ihr dürft von keinem Baum des Gartens essen?" (Gen 3,1) enthält eine Übertreibung. Gott hat ein solches Verbot für alle Bäume gar nicht ausgesprochen. Auch diese Verwirrungstaktik ist heute noch aktuell: Man übertreibt, verallgemeinert, generalisiert, um Emotionen hoch kochen zu lassen.

Adam bekommt Furcht, als Gott ihn rief, und versteckte sich, weil er sich als nackt erkannte. **Selbst gefangen im Urteilsspiel gut/böse** Wenn wir Menschen der Hybris verfallen zu wissen, was gut und böse ist, dann ist das Gefährlichste, dass jemand anderes mich selbst für böse hält. Wir können vielleicht die Nacktheit im übertragenen Sinne deuten: Adam fühlt sich ertappt, eigentlich weiß er, dass er nicht das Wissen hat, um urteilen zu können, was gut und böse ist. Und er hat Angst, dass Gott ihn für böse hält. Adam ist somit ganz in das gut/böse-Spiel eingestiegen und sieht nun alles mit dieser für ihn neuen Brille. Wie kann er einen Ausweg finden? Eine verbreitete „Lösung" ist das **Schwarze-Peter-Spiel**.

Als Gott ihn fragt, ob er die Frucht des Baumes gekostet hat, schiebt er den Schwarzen Peter weiter an die Frau. „Sie ist schuld!" Und die Frau gibt gleich den Schwarzen Peter an die Schlange weiter.

64

Zur Auslegung des Neuen Testaments

Natürlich ist die Auslegung der Bibel ein riesiges Feld, das hier keineswegs auch nur ansatzweise und skizzenhaft überflogen werden soll. Vielmehr will ich nur drei Themen herausgreifen, die für unser Thema auf unterschiedliche Weise relevant sind. Denn es geht uns ja um die Überwindung des alten Sünden-Christentums und seiner Verzweigungen, um den Weg zu einem befreienden, ermächtigenden Christentum vorzubereiten.

Von Schuld zurück zu Schulden – Nietzsches Kritik und Jesu Blick auf die Schulden

Beim klassischen katholischen Gottesdienst ist vorgesehen, nach der Eröffnung die eigene Schuld zu bekennen. Viele Menschen finden das Schuldbekenntnis zurecht beklemmend. (Deswegen bete ich es sehr selten und auch das Kyrie ist für mich kein „kleines" Schuldbekenntnis, sondern eine freudige Begrüßung von unserem Herrn in unserer Mitte.)

Erstaunlicherweise finden wir bei Jesus selbst eher den Begriff „Schulden" und nicht den Begriff „Schuld". Sogar im Vaterunser heißt es eigentlich: Und vergib uns unsere Schulden, wie auch wir vergeben unseren Schuldigern. Jesus hat viele Gleichnisse über Schuldner erzählt. Wenn jemand in der Antike einem anderen Geld schuldete, das er nicht zurückzahlen konnte, musste er dafür eine Strafe, eine Ersatzleistung ableisten. Z. B. wurde er für eine gewisse Zeit ins Gefängnis geworfen. Jesus hat in seinen Gleichnissen öfters dieses Szenario aufgegriffen. Ein gewisser Umgang mit Schulden ist also für Jesus zentral für das Wachsen des Reiches Gottes.

Was ist nun der Unterschied zwischen Schulden und Schuld? Schulden können irgendwie tilgbar sein! Schuld dagegen ist ein moralisches Konzept: Ich habe etwas Böses gemacht und habe deswegen Schuld. Ja vielmehr ich selbst bin böse und deswegen schuldig. Ich frage mich dann verzweifelt: Wie komme ich aus dieser Nummer heraus? In dieser Zwickmühle saß der junge Luther und war verzweifelt und gelähmt. Trotz aller Sakramente hatte er weiterhin ein schlechtes Gewissen und Skrupel. Er befreite sich durch ein „zugleich": Ich bin Sünder und zugleich Erlöster! Aber erst einmal muss man als christlicher Prediger den Gläubigen immer klar machen, dass sie Sünder sind. Erst, wenn sie zerknirscht sind, dürfen sie sich die Gnade von außen schenken lassen. Aber es bleibt das „zugleich". So heißt es in einem bekannten evangelischen Lied „Nun freut euch, lieben Christen g'mein":

2. Dem Teufel ich gefangen lag, im Tod war ich verloren, mein Sünd mich quälte Nacht und Tag, darin ich war geboren. Ich fiel auch immer tiefer drein, es war kein Guts am Leben mein, die Sünd hatt' mich besessen.

3. Mein guten Werk, die galten nicht, es war mit ihn' verdorben; der frei Will hasste Gotts Gericht, er war zum Gutn erstorben; die Angst mich zu verzweifeln trieb, dass nichts denn Sterben bei mir blieb, zur Höllen musst ich sinken.

Erst nachdem das schlechte Gewissen installiert ist, kommt die Rettung:

6. Der Sohn dem Vater g'horsam ward, er kam zu mir auf Erden von einer Jungfrau rein und zart; er sollt mein Bruder werden. Gar heimlich führt er seine Gewalt, er ging in meiner armen G'stalt, den Teufel wollt er fangen.

7. Er sprach zu mir: „Halt dich an mich, es soll dir jetzt gelingen; ich geb mich selber ganz für dich, da will ich für dich ringen; denn ich bin dein und du bist mein, und wo ich bleib, da sollst du sein, und soll der Feind nicht scheiden.

8. Vergießen wird er mir mein Blut, dazu mein Leben rauben; das leid ich alles dir zugut, das halt mit festem Glauben, den Tod verschlingt das Leben mein, mein Unschuld trägt die Sünde dein, da bist du selig worden.
(Evangelisches Gesangbuch 341)

Das Entscheidende ist: Schulden sind irgendwie von einem Menschen tilgbar. Schuld ist dagegen in diesem christlichen Verständnis untilgbar. „Das moralische Konzept einer als untilgbar definierten ›Schuld‹ basiert auf der ökonomischen und rechtlichen Konzeption von grundsätzlich tilgbaren Schulden."[37]

Nietzsches Kritik Wenn aber Gottes Sohn alle Schulden für uns tilgt, stehen wir ihm aufgrund seines Todesopfers nicht unendlich in seiner Schuld?! Also bleiben wir ihm alles schuldig. „Geniestreich des Christentums bestand für Nietzsche in der Selbstopferung Gottes. Indem sich Gott als Gläubiger für den Schuldner opfert, trägt er dessen Schuld ab und macht sie zugleich ewig und untilgbar. Aus dem wahnhaften Willen nach Schuld und Strafe wurde der christliche Gott geboren und eine Schuld geschaffen, die durch keine Strafe mehr beglichen werden kann. Diese neue Schuld gegenüber Gott mündete in dessen totale Vergötterung zum höchsten Richter und Henker, der Antithese des Menschen, die zugleich zum ultimativen Instrument der menschlichen Selbstpeinigung wurde."[38]

Der Mensch hat zwar in dieser Logik einen freien Willen. Doch seine niederen Instinkte verführen ihn chronisch. Nur indem man den Menschen durch Schuldgefühle maßregelt, ist überhaupt ein Zusammenleben in Gesellschaft möglich.

„Hinsichtlich der modernen Gesellschaften konstatiert Nietzsche, dass die Strafe nicht mehr länger als Ausfluss des menschlichen Begehrens nach Lust und Herrschaft, sondern vielmehr als Konsequenz eines göttlichen Urteils aufgefasst wird. Aus Scham über seine grausamen Instinkte hat der Mensch den freien Willen erfunden, um das Leiden zu rechtfertigen. Nun erscheint die Strafe als verdient, weil man auch anders hätte handeln können. Derart erweckt die moralische Funktion der Strafe das Gefühl der Schuld, das als Instrument zur Herausbildung eines schlechten Gewissens dient. Dieser Genese stellt Nietzsche seinen ›originären‹ Befund der Entstehung des schlechten Gewissens zur Seite: Das schlechte Gewissen ist eine ernsthafte Krankheit, die die Menschen befällt, sobald sie erstmals eine Gemeinschaft bilden. Nach Nietzsche gleicht es, womöglich als Wiederholung, jenem schicksalhaften Ereignis, das den Meerestieren widerfuhr, als sie gezwungen wurden, an Land zu leben. In beiden Fällen wurden alle vormaligen Instinkte schlagartig entwertet und suspendiert. Unter Vorwegnahme von Freuds Modell des Triebverzichts argumentiert Nietzsche, dass sich die Instinkte nun mangels Abfuhr nach innen wenden."[39] Dieses Zitat fasst sehr gut wichtige Grundgedanken von Nietzsches „Genealogie der Moral" zusammen. Wir werden diese Gedanken nochmals aufgreifen im Kapitel zur Polyvagaltheorie und dem Phänomen „verkrampft sozial zugewandt".

Von „Schuld" zu „Schulden" So kann es umgekehrt sehr befreiend sein, wenn man „Schuld" wieder als „Schulden" ansieht, wenn man ein Reframing durchführt. Ein Beispiel soll das verdeutlichen: Eine Frau hat ein Kind und arbeitet in einer Firma. Das Kind wird nun krank. Sie muss sich einige Tage oder Wochen evtl. verstärkt um das Kind kümmern. Wie soll sie das mit ihrer Arbeit anstellen? Oder umgekehrt der Fall: Sie arbeitet in einer Firma und ein schwieriges Projekt steht auf der Kippe. Sie müsste Überstunden machen oder sie müsste den Familienurlaub streichen, um die Krise mit dem Projekt zu überwinden. Was soll sie tun? Vargas von Kíbed betont in seinen Seminaren: Moralisches Schulddenken kann blockieren. Ökonomisches Schuldendenken macht frei, Ausgleichslösungen zu finden.

Wenn die Mutter nun ihr Dilemma rein moralisch sieht, dann kann sie sich schnell mit Gewissensbisse blockieren und denken: Ich bin eine schlechte Mutter! Oder: Ich bin eine schlechte Mitarbeiterin! Wenn die Mutter dagegen ihr Dilemma als „Schulden" und nicht als „Schuld" deutet, dann kann sie nach Ausgleichslösungen Ausschau halten. Wenn das Kind krank ist, kann sie in der Firma sagen: „Mein Kind ist krank. Ich müsste früher heimgehen. Aber wenn es wieder gesund ist, arbeite ich alles nach." Oder umgekehrt: Wegen einem großen Projekt in der Firma muss der Familienurlaub ausfallen. Dann kann sie der Familie sagen: „Im Moment braucht mich die Firma mehr für das Projekt. Danach wende ich mich wieder verstärkt euch zu. Dann kommt ein Ausgleich, z. B. ein verlängertes Wochenende, das wir jetzt schon planen können."

Wichtig dabei ist, dass die Frau mit der jeweils benachteiligten Seite offen redet, ihr Dilemma klar beim Namen nennt und einen Ausgleich anbietet. Dieser muss nicht völlig in gleicher Höhe sein. Wichtiger ist, dass beide Seiten merken, dass sie in ihren Bedürfnissen adäquat ernst genommen werden. Dann werden auch Einschränkungen im Ausgleich akzeptiert.

Jesu Blick auf die Schulden Jesus selbst hat in seinen Gleichnissen nie von Schuld, sondern vielmehr von Schulden gesprochen. Sogar im Vater unser heißt es: „und erlass uns unsere Schuldigkeiten, wie auch wir erließen unseren Schuldnern" (Mt 6,12; Übersetzung Münchner Neues Testament, das sehr nah am Urtext übersetzt) Jesus predigt also eine Befreiung von Schulden durch Güte und nicht ein unendliches Schuldgefühl! Selbst Deleuze gibt mit Nietzsche zu: „Wird im übrigen Christus einmal als persönlicher Typus ins Auge gefasst, dann lässt sich unschwer leugnen, in welch starkem Maße ihm Ressentiment und schlechtes Gewissen abgehen; er definiert sich vielmehr durch eine frohe Botschaft, und gibt uns ein Leben vor, das nicht das des Christentums ist – wie auch das Christentum eine Religion ist, die nicht Christi Religion ist." (NPh, S.157)

Und was Deleuze und Nietzsche vielleicht nicht glauben mögen, daran halte ich wie Bergson und Whitehead fest: Dass über Jesus Christus Menschen zu einem aktiven, lebensbejahenden Leben kommen können. Aber – da ist Nietzsches Kritik wertvoll und berechtigt – dafür muss man vieles an der christlichen Lehre und kirchlichen Struktur kritisieren und Lasten über Bord werfen! Dann kann man auch in der Kirche immer wieder Orte finden, in denen Fluchtlinien ausgelebt werden (wie Deleuze sagen würde), Kontraste und kreativ Neues entstehen (wie Whitehead sagen würde), wie der Elan vital uns weitertreibt (wie Bergson sagen würde) …

Die problematische Suche nach dem ursprünglichen Sinn am Beispiel der Jüngerregel

Im vorherigen Abschnitt habe ich einen belasteten Begriff kritisiert und einen alternativen Begriff stark gemacht, den Jesus selbst verwendete. Dadurch veränderte sich einiges in der Perspektive. Wir gingen also von einem verzerrten, belasteten Verständnis, das sich im Christentum „festgesetzt" hatte, zurück zum ursprünglichen Verständnis Jesu: Von Schuld zu Schulden.

Im jetzigen Abschnitt beginnen wir mit einem zentralen Satz Jesu und erahnen seine ursprüngliche Bedeutung. Dann betrachten wir, dass dieser Satz verschieden in der Geschichte des Christentums gedeutet wurde und sehen, dass die neuen Deutungen gar nicht verzerren, sondern vielmehr bereichern. Also gewissermaßen ist das das Gegenteil zum vorherigen Fall.

Die Jüngerregel lautet: Wer mein Jünger sein will, (verleugne sich selbst), nehme sein Kreuz auf sich und folge mir nach. Sie steht bei allen drei Synoptikern an zentraler Stelle, nach der Zurechtweisung des Petrus, der Jesus vom Leidensweg abhalten will.

Meinrad Limbeck erklärt die Jüngerregel durch die singuläre Situation, in der Jesus war. Jesus wusste, dass er, wenn er nach Jerusalem hinaufging, deutliche und provozierende Zeichen setzen werde, die ihn nicht nur in Konfrontation mit den Hohen Priestern, sondern auch mit den Römern führen würde. Er plante wohl eine Aktion gegen den Tempel. Den Aufruhr, den er mit seiner Aktion verursachen werde, würden die Römer als eine reale Gefahr ansehen und würden sofort eingreifen. Jesus rechnete also mit der Todesstrafe durch die Römer. Denn eine Kreuzigung ist keine jüdische Strafe, sondern eine Hinrichtung durch die Römer. „Wenn einer hinter mir nachfolgen will, verleugne er sich selbst und nehme sein Kreuz auf und folge mir!" (Markus 8,34) „Da Jesus diese Aktion aber nicht allein unternehmen würde, drohte auch denen, die ihn dabei begleiteten, die Hinrichtung. Deshalb: „wer nicht sein Kreuz aufnimmt und hinter mir nachfolgt, ist meiner nicht wert." (Matthäus 10,38)

Die Jüngerregel mag in einer singulären Situation entstanden sein und Jesus mag diesen Satz auch nur auf die Situation bezogen haben, dass man sich entscheiden muss, ob man nun mit ihm nach Jerusalem mit hinaufzieht oder nicht. Aber in dieser besonderen Situation befinden wir uns nicht. Trotzdem hat der Satz ein Potential, Deutungsfolie für ganz viele Lebenssituationen zu werden. So wurde die Jüngerregel zu einer universellen Formel. Ich selbst habe in meinen Predigten diese Formel auf verschiedene Bereiche angewendet.

Ich kann sie auf Alltägliches anwenden: Wenn ich einem Mitmenschen aufmerksam zuhöre, verleugne ich mich selbst – ich kreise nicht um meine Probleme, nehme das Kreuz auf mich – ich trage wie Simon von Cyrene das Kreuz des anderen mit, und ich folge Jesus nach – ich vertraue auf die heilende Kraft, wenn Menschen von Herz zu Herz reden, wenn man empathisch zuhört.

Ich kann die Jüngerregel auf das kontemplative Gebet anwenden: Ich folge Jesus nach – ich schaue auf ihn, indem ich mich auf die Gegenwart ausrichte, in den Körper und den Atem spüre und den Namen Jesus Christus ausspreche und in den Namen hinein lausche. Ich nehme mein Kreuz auf mich – ich schaue alle Dunkelheiten, die kommen, dunkle Gefühle, grübelnde Gedanken, unerklärliche Körperschmerzen absichtslos, akzeptierend, aufmerksam an und gehe wieder in die Ausrichtung auf Jesus Christus. Ich verleugne mich selbst – ich folge nicht meinen üblichen Abwehrmechanismen. Wenn ich merke, dass ich aus dem Gebet ausgestiegen bin und grübele, verkrampft verdränge oder was da ist ablehne, dann gehe ich zurück zum Gebet und verlasse diese Abwehrmechanismen.

Traumatherapien: Wenn ich eine Traumatherapie mache, verlasse ich meine alten Strategien und Abwehrmechanismen – ich verleugne mich selbst. Ich lasse dosiert und nur behutsam das schlimme Ereignis und die traumatischen Wunden hochkommen, ohne dass ich überschwemmt werde – ich trage mein Kreuz. Ich halte Kontakt mit einem sicheren Ort, mit einem Anker, der mich hält, z. B. Körperwahrnehmung, Atem oder auch Gebet – ich folge Jesus nach, verbinde mich mit seiner Kraft.

Die Jüngerregel wurde spiritueller Leitfaden für viele Heilige, Ordensgründer, einfach Gläubige. Die Jüngerregel ist ein konkreter Leitfaden für das eigene christliche Leben geworden. Die eigenen Leiderfahrungen konnten neu gedeutet werden, so dass Geduld mit sich und anderen wuchs. Der Tendenz, um sich selbst zu kreisen und andere für eigene Zwecke zu benutzen, kann man entgegentreten. Der Blick auf Jesus gibt Orientierung und Halt. Seine Botschaft, aber auch sein Wirken, sein Stil im Umgang mit Menschen wird zum inspirierenden Vorbild. Mit der Jüngerregel kann ich mich durch Begeisterung für ihn aufschwingen und überwinde Egoismen und Gruppenegoismen.

Natürlich gab es auch hier Verzerrungen und gefährliche Straßengräben. „Sich selbst verleugnen" z. B. wurde oft dafür benutzt, um Menschen in unterdrückerische Abhängigkeiten zu bekommen. Gerade in Ordensgemeinschaften wurde dies benutzt, um schlechtes Gewissen aufzubauen und Gehorsam einzufordern: Du bist noch zu egoistisch, du musst selbstloser werden und dein Ich verleugnen. Wenn man dazugehören will, können solche Ermahnungen der Oberen zur Unterjochung benutzt werden. Dann passiert spiritueller Missbrauch. (zu all den Missverständnissen rund ums Ego siehe Essays zu dem Thema in „Exerzitien der Selbstliebe")

Die Jüngerregel hat also, trotz aller möglichen und tatsächlichen verzerrenden Deutungen, eine universale Bedeutung bekommen und kann als universale „Regel" richtig verstanden ein lebensförderlicher Leitfaden für jeden Christen werden.

Mit Deleuze können wir sagen: Dann wird die Differenz wiederholt. Die Differenz (ich übersetze diesen Begriff aus Deleuzes Philosophie hier an dieser Stelle kompakt mit: Kreativpotential) wird umgesetzt, aktualisiert, also wiederholt. Die Jüngerregel, mag Jesus sie ganz singulär ausgesprochen haben, sie wurde universell in der Wirkung.

Der ambivalente Paulus

Beim ersten Fall „Schuld und Schulden" konnten wir zu einem ursprünglichen Begriff und Verständnis zurückkehren, der dann lebensbejahender war als die verzerrte Variation, die leider im Christentum über Jahrtausende dominant war. Beim zweiten Fall, der Jüngerregel, fanden wir einen Reichtum wertvoller, lebensförderlicher Deutungen und Anwendung. Sie ist universal positiv wirkend geworden, obwohl sie vielleicht nur für eine ganz bestimmte Situation von Jesus ausgesprochen wurde.

Bei Paulus, seinen Briefen, sein Wirken und seiner Theologie, ist es noch komplizierter. Denn einerseits kann man viel Wertvolles aus Paulus herausholen. Ich lernte Paulus intensiv durch die Paulus-Vorlesung von Paul Hoffmann im Grundstudium kennen. Ich war fasziniert, wie leidenschaftlich aber auch sich selbst korrigierend er mit den Korinthern korrespondierte. Ich selbst habe einige Predigten über diese positive Seite des Paulus verfasst. Drei Predigten sollen hier aufgeführt werden, um diese positiven Aspekte des Paulus für unseren christlichen Glauben wenigstens mit ein paar Aspekten zu würdigen.

Andererseits enthält Paulus' Theologie auch einige problematische Engführungen und Verzerrungen, so dass für Nietzsche und viele andere Paulus der Hauptschuldige ist, dass Jesu Botschaft stark verzerrt und letztlich in ihrer Wirkung umgedreht wurde: Aus einer lebensbejahenden Botschaft wurde eine lebensverneinende. Auch das werde ich anhand Meinrad Limbecks Analyse der paulinischen Theologie näher ausführen. Aber wir werden auch bei Paulus' Kreuzestheologie feststellen, dass man sie auch anders verstehen und deuten kann, wie z. B. die Interpretation von Christof Gestrich. Sie ist so überraschend anders! Ich habe hier nur zwei Ausschnitte aus einer unüberschaubaren großen exegetischen Literatur und Diskussion zu Paulus herausgegriffen. Aber sie zeigt schon: Wir haben also einen höchst ambivalenten Paulus vor uns, wobei sich auch die Exegeten nicht einig sind, wie Paulus zu interpretieren ist.

Wie kann man die Spreu vom Weizen trennen? Welche Kriterien haben wir dafür? Wir sehen, wenn wir die drei Fälle zusammen betrachten, dass wir auch in der Schriftauslegung Schiffe auf dem Meer ohne stabilen Leuchtturm sind. Wir können nicht sagen: Das genau ist Gottes Wort und zwar rein, daran kann ich mich einfach halten. Und es ist unredlich und unvernünftig, ins andere Extrem zu verfallen und die ganze Bibel als intolerant oder lebensverneinend abzulehnen.

Beginnen wir mit den positiven Seiten des Paulus:

Predigt: Paulus nach Alain Badiou

1 Kor 7,29-31

1997 erschien ein Buch über Paulus – geschrieben von einem französischen Philosophen, einem Atheisten namens Alain Badiou. Wer dieses Buch liest, bekommt neue Einsichten in das Denken des Apostels Paulus. Einige Lesefrüchte möchte ich präsentieren.

Badiou ist fasziniert von Paulus, weil ein Ereignis, die Begegnung mit dem Auferstandenen, ihn seiner Identität beraubte und er herausgefordert war, sich radikal neu zu verstehen. Christus ist in das Leben von Paulus plötzlich eingebrochen. Die Begegnung mit Christus war ein Ereignis, das sein Denken komplett umänderte. So wurde Paulus Apostel Christi.

Ein Apostel ist kein Philosoph und kein Prophet. Ein griechischer Philosoph versucht die Ordnung des Kosmos zu erkennen. Der jüdische Prophet schaut auf die Ausnahmen in dieser Ordnung, die Zeichen, die auf die Transzendenz Gottes verweisen. Und der Apostel? Paulus selbst: Juden fordern Zeichen, Griechen fragen nach Weisheit, wir aber predigen den gekreuzigten Christus. 1 Kor 1,23f

Die Griechen wie die Juden gehen von Herrschaft und Macht aus. Die Christen aber beginnen mit dem Kleinen und Ohnmächtigen „Und das Niedrige in der Welt und das Verachtete hat Gott erwählt: das, was nichts ist, um das, was etwas ist, zu vernichten, damit kein Mensch sich rühmen kann vor Gott." 1 Kor 1,28f

Die Ohnmacht führt zur Gnade, der Wegfall aller Sicherheiten führt zu Vertrauen auf Jesus Christus allein. Denn seine Auferstehung ermöglicht neuen Sinn, Sieg über den Tod. Seine singuläre Auferstehung führt zur universalen Auferstehung.

Die Auferstehung ermöglicht eine Neustrukturierung der Person. Paulus hat dies selbst an sich erlebt. Diese Neustrukturierung ist ein Prozess, wo man zwischen Altem und Neuem auch hin und her gerissen sein kann. Aber die Gnade wandelt uns um.

Das Alte ist: Ich befolge Regeln, um zu Gott zu kommen! Paulus nennt das „unter dem Gesetz sein" oder Weg des Fleisches. Das schafft auch Abgrenzung, z. B. grenzte sich das jüdische Volk gegenüber anderen Völkern durch seine Gesetze ab. Beschneidung, Speisegesetze, der Sabbat trennten die

Juden von anderen Völkern. Das Neue ist: Ich glaube an die Gnade! Es ist der Weg des Geistes, durch die Gnade mehr und mehr Mitarbeiter Gottes (1. Korinther 3,9) zu werden.

Als-ob-nicht-Haltung In unserer heutigen Lesung lädt uns Paulus zu diesem Wandel ein. Paulus lädt uns ein, in einer besonderen Haltung zu leben. In der als-ob-nicht-Haltung. Zum Beispiel: Habe etwas, als ob du es nicht hast. Benutze die Welt, als ob du sie nicht nutzt. Damit lädt uns Paulus zu einer Gewichtsverlagerung ein. Normalerweise haben die meisten Menschen ihr Standbein in der Welt, sie vertrauen ihren Versicherungen und richten sich ganz mit ihrem Leben und ihr Eigentum ein – und ab und zu beschäftigen sie sich mit Gott oder der Ewigkeit. Mit der als-ob-nicht-Haltung lädt uns Paulus ein, unser Standbein auf Gott zu setzen und nur noch mit dem Spielbein in der Welt zuhause zu sein.

Paulus, Hegel, Nietzsche Der Philosoph Alain Badiou setzt Paulus Hegel entgegen: Hegel denkt dialektisch. Erst die These, dann das Gegenteil die Antithese, das treibt zur Synthese. So ist der Tod für Hegel nur Durchgang zu Auferstehung. Auferstehung ist Synthese, Negation der Negation. Es gibt keine wesentlich erlösende Funktion des Leidens und des Martyriums. Für Paulus bedeutet nach Badiou der Kreuzestod: Christus solidarisiert sich mit unserer innersten menschlichen Zerrissenheit, er geht ganz in sie hinein. Damit ist die vermeintliche Trennung zu Gott aufgehoben: Gott selbst wird dem zerrissenen Menschen ganz nahe. Und genau an diesem Ort des Kreuzes geschieht die Auferstehung!

So kritisiert Badiou auch Nietzsche, der Paulus zum Priester macht, der einen Hass auf das Leben hat. Jedoch übersieht Nietzsche: die Hölle wird in der Paulinischen Predigt nirgends erwähnt. Paulus predigt keine Furcht, sondern Mut: Tod, wo ist dein Sieg? Nietzsche und Paulus sind keine Gegner, sondern ähnliche Rivalen. Dasselbe Verlangen, eine neue Epoche der Menschheitsgeschichte einzuleiten, dieselbe Überzeugung, der Mensch in seiner Zerrissenheit könne überwunden werden, dieselbe Gewissheit, dass mit der Schuld und mit dem Gesetz Schluss gemacht werden müsse. Dieselbe manchmal brutale Mischung aus Heftigkeit und heiliger Sanftheit, dieselbe Empfindlichkeit, dieselbe Gewissheit persönlicher Auserwähltheit. Und schließlich dieselbe Universalität der Adresse: das geht alle Menschen an![40]

Jenseits der Teilungen Der Auferstandene ist der, der uns alle zu Söhnen macht. Darum werden die Differenzen zwischen den Menschen durch die Auferstehung Christi verändert. Weder Jude noch Grieche, weder Frau noch Mann, weder Sklave noch Freie! Es gibt einen Gott für alle. Das Eine gibt es nur, wenn es für alle da ist. Das Gesetz bezeichnet jedoch für Paulus immer eine Teilgruppe, die sich an das Gesetz hält – somit entsteht ein Unterschied,

73

eine Einteilung, eine Hierarchie. Die Gnade geht über die starren Einteilungen des Gesetzes immer hinaus.

Gesetze schaffen innere Zerrissenheit: denn ich tue nicht, was ich will; sondern was ich hasse, das tue ich. Wenn ich aber das tue, was ich nicht will, so gebe ich zu, dass das Gesetz gut ist. (Römer 7) Der Buchstabe des Gesetzes trennt uns von unserer eigenen Lebendigkeit. Das ist Absonderung, Sünde.

Gibt es dann gar keine Gesetze bei Paulus? Ist dann alles erlaubt, wie einige Korinther glaubten. Es scheint paradox zu sein. Einmal sagt Paulus: 1. Christus ist das Ende des Gesetzes, Römer 10,4. Dann sagt er: 2. So ist nun die Liebe des Gesetzes Erfüllung, Römer 13,10. Die Lösung des scheinbaren Widerspruches ist:

Die Liebe ist das neue Gesetz, das der Universalität nicht widerspricht! Die Liebe schließt nicht aus. Wer der Liebe folgt, ist nicht innerlich zerrissen, wie es Paulus im Römerbrief beschrieben hat. In der Liebe findet sich die lebendige Einheit von Denken und Handeln wieder. Die Liebe ist Gesetz jenseits des Gesetzes. Dazu gehört das öffentliche Bekenntnis: Man muss weitererzählen, wovon das Herz voll ist. Der Glaubende bekennt öffentlich, dass die vom Gesetz verursachte subjektive Zerrissenheit nicht die einzig mögliche ist. Und: Der Glaube ist nur kraftvoll, wenn er durch die Liebe tätig ist. (Gal 5,6)[41] Etwas kompliziert ausgedrückt: Die Vielzahl der Gesetze wird reduziert auf eine einzige, positive, bejahende nicht objektbezogene Maxime, die nicht durch eine Überschreitung eines Verbotes innerlich zerreißt.

Weil Christus auferstanden ist, kann ich mich auch selbst lieben, denn Gott selbst hat sich mit all meiner Zerrissenheit solidarisiert und mich zu neuem Leben geführt. Diese Wahrheit ist nicht partikulär, sondern universal. Die Liebe macht die Wahrheit von der Auferstehung kraftvoll und bezieht die Erlösung auch auf meinen Mitmenschen.

Liebe allein ist Leben der Wahrheit, Freude der Wahrheit, setzt den Glauben wirklich um und umfasst alle Menschen, ist wirklich universal. Für diesen Weg der Liebe braucht es Geduld und **Hoffnung.** In der Hoffnung spüren wir: Es ist sinnvoll, zu glauben und zu lieben.[42] Nochmal: Paulus argumentiert nie mit der Hölle! Wenn man mit der Hölle argumentiert, dann ist die Legitimierung des Glaubens und der Liebe durch die Hoffnung rein negativ. Die Hoffnung ist dann von Hass auf die anderen, von Ressentiment durchzogen. Dann allerdings ist die Hoffnung schwer vereinbar mit einer universalen Versöhnung in Liebe.

Universalität heißt nicht, dass man die Unterschiede ignorieren oder missachten dürfte. In der Welt gibt es Unterschiede. Aber wer universal ausgerichtet ist wie der Apostel der Völker Paulus, der muss das Wahre auf verschiedene Weise weitergeben, er muss „inkulturieren". Er darf die

74

Differenzen und Gebräuche nicht verteufeln, sondern er muss sich ihnen anpassen, so dass durch sie hindurch und in ihnen sich die Wahrheit entfaltet.[43]

Paulus ist genial darin, einerseits an seinen Prinzipien absolut treu festzuhalten und andererseits im partikularen sehr flexibel zu sein. Den Juden bin ich geworden wie ein Jude; den Schwachen bin ich geworden ein Schwacher, auf dass ich die Schwachen gewinne. 1. Kor 9,19-22

Die Differenzen lassen sich nur überwinden, wenn man mit Wohlwollen und Gelassenheit gegenüber den Gebräuchen und Meinungen auftritt. Daher finden wir bei Paulus ein Misstrauen gegenüber jeder Regel, jedem Ritus, das dem Christentum wieder seine Universalität rauben könnte. Denn was Paulus nicht will, dass wir uns gegenseitig kritisieren und richtend über den anderen stellen. Vgl. Römer 14,10-13. Das wäre gegen das Gesetz der Liebe!

Predigt: Paulus schreibt den Korinthern

1 Kor 1, 1-3

Korinth - eine Hafenstadt

Korinth ist eine Hafenstadt, die sogar zwei Häfen vorzuweisen hat. Zwischen den beiden Häfen liegt nur eine schmale Landenge. Deswegen konnte Korinth für den Handel zwischen Ost und West, zwischen dem ägäischen und dem adriatischen Meer als zentraler Umschlageplatz dienen. Es war sozusagen das Hamburg der Griechen. Besonders die Athener schimpften über die Lasterhaftigkeit der Korinther. Eine große Hafenstadt hat schon in der Antike wie in der heutigen Zeit die verschiedensten Leute angezogen. 146 v. C. wurde das alte Korinth auf Grund eines Aufstandes von den Römern völlig zerstört. Julius Cäsar gründete 44 v. C. die Stadt neu als römische Kolonie. Deswegen war die Bevölkerung sehr gemischt: Römer, Griechen, Orientalen und auch Juden waren dort zu finden.

Die christliche Gemeinde in Korinth

Bei seiner zweiten Missionsreise gründete Paulus die christliche Gemeinde in Korinth. Nachdem Paulus 18 Monate in Korinth gewirkt hatte, wurde er auf Anklage der Juden im Frühjahr 52 n. C. vor den Richterstuhl des Prokonsuls Gallio gestellt, der jedoch die Klage abwies.

In sozialer Hinsicht bestand die Mehrheit der Gemeinde in Korinth aus kleinen Leuten, Handwerkern, Sklaven, Hafenarbeitern. Aber neben Armen, die zum gemeinsamen Mahl nichts mitbringen konnten, gab es auch Wohlhabende, die über reiche Vorräte verfügten, Häuser besaßen und die sozial Schwachen unterstützten. Auch Frauen engagierten sich in der Gemeinde wie zum Beispiel Priska und Phöbe. In religiöser Hinsicht bestand die Gemeinde vorwiegend aus ehemaligen Heiden. Es gab aber auch einige Judenchristen.

Warum hat Paulus diesen ersten Korintherbrief geschrieben? Eine Gesandtschaft aus der Gemeinde, angeführt von Chloe, besuchte Paulus und stellte ihm einige Fragen. In den 16 Kapiteln des ersten Korintherbriefes versucht Paulus auf die Fülle von Fragen zu antworten. Es gibt sogar Hinweise, dass im 1. Korintherbrief zwei Antwortschreiben des Paulus nachträglich zusammengefasst worden sind.

Fünf Streitthemen

Ich möchte fünf Themen aus dem Brief auswählen, die immer mit der Auffassung von Paulus zusammenhängen, dass alle Mitglieder einer christlichen Gemeinde die Geheiligten in Christus Jesus sind, berufen als Heilige. So wie er es am Anfang des Briefes deutlich verkündet!

Paulus kritisiert z. B. Missstände bei der Abendmahlsfeier: Die Reichen beginnen schon früher das Essen. Wenn die armen Hafenarbeiter von ihrer Arbeit zur Versammlung gehen, ist nichts mehr zu essen da. „Was ihr bei euren Zusammenkünften tut, ist keine Feier des Herrenmahles mehr; denn jeder verzehrt zugleich seine eigenen Speisen, und dann hungert der eine, während der andere schon betrunken ist." 1 Kor 11,20.

Ebenso peinlich ist es für Paulus, dass einige Mitglieder der Gemeinde miteinander streiten und diese Streitigkeiten vor einem weltlichen Gericht austragen. Er macht zwei Lösungsvorschläge: In der Gemeinde sollen Schiedsgerichte eingesetzt werden; noch besser aber wäre es, auf sein Recht zu verzichten, als es sich zu erstreiten.

Bei beiden Fällen wird deutlich: Wenn ich meinen Mitbruder, meine Mitschwester in Christus nicht auch als Geheiligte ansehe, dann warte ich nicht und fange egoistisch an zu essen oder ich lasse einen Streit eskalieren. All das kann nicht die richtige Praxis zwischen Menschen sein, die berufen sind als Heilige.

Nicht nur meinen Mitmenschen soll ich als heilig achten, auch mich selbst. Das zeigt das dritte Thema. In Korinth kursierte ein Schlagwort "Alles ist mir erlaubt". Weil ich durch die Taufe in die Auferstehung mit aufgenommen worden bin, bin ich ja schon in Sicherheit! Dieses Schlagwort wurde in Korinth verwendet, um den Verkehr mit Dirnen zu rechtfertigen. Aber Paulus argumentiert: Weil Gott den Leib auferwecken wird, ist es nicht belanglos, was durch ihn geschieht. Deswegen sagt er: "Alles ist erlaubt" - aber nicht alles nützt mir. Alles ist mir erlaubt, aber nichts soll Macht haben über mich. Vgl. 1 Kor 6,12. Dieses Beispiel macht deutlich: Ich muss auch meine eigene Person als zur Heiligkeit berufen ansehen.

Auch wenn er die Gemeinde begründet hat und Apostel ist, lässt sich Paulus auch korrigieren und lernt dazu. Wir erkennen gerade beim Thema Götzenopferfleisch, dass Paulus zuerst streng und heftig reagiert, dann aber evtl. nach einem Gespräch mit den Leuten der Chloe milder und differenzierter reagiert. (Im 1. Brief an die Korinther sind zwei Briefe des Paulus zusammengebastelt worden, um die Weitergabe zu vereinfachen.)

Christus ist unser Herr und Erlöser – auf ihn sind alle getauft!

Die Heiligkeit bekommen wir nur von einem geschenkt und vermittelt: Jesus Christus. So kommen wir zum letzten Streitthema: Am Anfang des Briefes kommt Paulus auf Spaltungen in der Gemeinde zu sprechen. In Korinth haben sich in der Gemeinde Gruppen gebildet, die sich auf wichtige Persönlichkeiten berufen. Neben Paulus sind das Apollos, ein Judenchrist aus Alexandria, der in Korinth gewirkt hat, und Kephas, also Petrus, von dem wir aber nicht sicher wissen, ob er selbst in Korinth war. Paulus geht nicht auf die unterschiedlichen Meinungen in der Gruppe ein, sondern kämpft grundsätzlich gegen die Spaltungstendenzen. Wer die Gemeinde teilt, zerteilt Christus, auf dessen Kreuzestod die Gemeinde gegründet ist und auf dem alle getauft sind. Möglicherweise hat die Frage, von wem einer getauft wurde, bei der Gruppenbildung eine Rolle gespielt. So wurden vielleicht die Leute von der Gruppe des Apollos von Apollos selbst getauft. Deswegen ist Paulus richtig froh, dass er ganz wenige getauft hat. Denn ihm ist wichtig, dass wir uns auf den Herrn ausrichten. Auf ihn allein werden wir getauft! Wenn wir uns dessen bewusst sind, kann es auch keine Spaltungen in der Gemeinde geben.

Wir sind am Ursprung der Heiligkeit angelangt. Wenn wir berufen sind als Heilige, dann müssen wir Christus nachfolgen und sein Evangelium verkünden. Von ihm her ergibt sich unsere Heiligkeit in Bezug zu mir selbst und im Bezug zu meinen Mitmenschen.

Predigt: Paulus – Garant von Ostern! Zeuge der Trotzdem-Liebe Gottes! Offenbarer des inneren Lehrers

Von Anfang an gab es Skeptiker! Gleich nach Ostern gab es Gerüchte, die Jünger hätten selbst das Grab leergeräumt. Matthäus erzählt, die Hohenpriester hätten die Soldaten bestochen, so dass sie dieses Gerücht verbreiteten. Mt 28,12f.

Ja es ist aus der skeptischen Sicht folgendes denkbar: Die Jünger waren nach dem Tod Jesu erst einmal völlig am Boden. All ihre Hoffnungen waren zerstört. Sie waren nicht nur voller Trauer, auch ihr Weltbild war dahin. – Wenn einer der Jünger eine angebliche Vision des wieder erstandenen Jesus gesehen hat, dann kann für den Skeptiker auch der Wunsch der Vater der Vision sein. Alle Ostererfahrungen doch nur eine kollektive Einbildung, die durch eine unglaubliche Stresssituation ausgelöst wurden? Die Ostererfahrungen nur ein Symptom von durchgedrehten, psychisch kranken, traumatisierten Jüngern? Immerhin ermöglicht die Ostervision der Jünger, dass sie ihr zerstörtes Weltbild wiederherstellen können. Oder war es ein bewusster Schachzug, eigentlich Betrug? Auch diese Vermutung haben Skeptiker immer wieder geäußert. Denken wir nur an Reimarus in der Zeit der Aufklärung!

Garant von Ostern Aber einer macht all den Argumenten der Skeptiker einen Strich durch die Rechnung: Paulus!

Er hat die Christen verfolgt! Er hatte keinen Grund, diesem Jesus plötzlich zu folgen. Ganz im Gegenteil – er hat die Christen verhöhnt.

Aber plötzlich erscheint ihm, der Christen verfolgt, Jesus Christus, der Auferstandene! Gott sei Dank ist Christus Paulus erschienen! Denn die Logik der Skeptiker funktioniert nicht bei Paulus. Er muss nicht ein zerstörtes Weltbild durch eine Christusvision wieder herstellen. Er muss nicht durch eine Betrugsgeschichte eine Gruppe zusammenhalten. Ganz im Gegenteil, er will doch die Jesus-Anhänger verfolgen. Wenn ihm Jesus Christus erschien, dann ist wirklich der Auferstandene auch anderen Jüngern erschienen!

Für die Wahrheit von Ostern ist Paulus immens wichtig. Seine Bekehrung ist das stärkste Argument, dass Ostern passiert ist, dass der Auferstandene wirklich Jüngern erschienen ist. Und ich staune darüber, dass Jesus Paulus ausgewählt hat, dass der Auferstandene dem Verfolger erscheint und bekehren kann.

Trotzdem-Liebe Gottes Aber die Bekehrung verdeutlicht auch ein Geheimnis des Kreuzestodes und der Liebe Gottes. Im Römerbrief schreibt er: „Christus ist schon zu der Zeit, da wir noch schwach und gottlos waren, für uns gestorben. Gott aber hat seine Liebe zu uns darin erwiesen, dass Christus für uns gestorben ist, als wir noch Sünder waren." Röm 5,6.8. Wenn die Liebe Gottes so groß ist, dann umfängt sie alle Menschen! Im Kreuz zeigt sich die Liebe Gottes allumfassend und als eine unfasslich große Trotzdem-Liebe!

Ja Paulus sieht es als reine Gnade, unbegreifliche Gnade, dass Jesus gerade ihm erschien: Er konnte doch nichts vorweisen – ganz im Gegenteil, er hat Christen verfolgt. Aber ihm, der Missgeburt, wie er sich selbst im Korintherbrief bezeichnet (1Kor 15,8), ist er begegnet. Christus „hat mich für treu gehalten und in seinen Dienst genommen, obwohl ich ihn früher lästerte, verfolgte und verhöhnte." 1 Tim 1,12f. Und so begreift Paulus ganz tief an sich selbst das Geheimnis Gottes, das er im Kreuz offenbart: Gott macht den ersten Schritt. Gott schenkt trotz allem einfach seine Gnade! Alles ist letztlich Gnade! Mit der Gnade beginnt alles – und endet alles! Diese Gnade ist Trotzdem-Liebe auch zu den Ablehnern und Verwirrten und Ungläubigen. Das erlebt Paulus an sich selbst – und kapiert damit: das gilt für alle Menschen!

Der innere Lehrer Aber was macht Paulus nach seiner Bekehrung? Er geht nicht nach Jerusalem, um sich erzählen zu lassen, was der historische Jesus gepredigt hat! Nein, er geht in die Wüste und vertieft in der Stille der Wüste seine innere Beziehung zu Jesus Christus. Die Jünger, die mit Jesus unterwegs waren, haben Jesus als äußeren Lehrer erlebt. Er steht ihnen gegenüber, lehrt sie mit seinen Predigten und Gleichnissen, mit seinen Handlungen, mit seinem Vorbild, mit seinen Haltungen und Einstellungen.

Aber Paulus erlebt Jesus Christus als inneren Lehrer. Er spürt in sich hinein und vertieft sich in seine Beziehung zum Auferstandenen. Er weiß, dass der Heilige Geist ihn in alles einführt – warum sollte er dann sich Geschichten anhören, was Jesus zu seinen Lebzeiten im Einzelnen gepredigt hat. Das war für ihn nicht nötig!

Und so haben wir im Neuen Testament beides: Vier Evangelien, die uns von Jesus erzählen, wie die Jünger ihn erlebt haben. Und Briefe von Paulus, die uns zeigen, was der innere Lehrer, der auferstandene Christus ihn gelehrt hat. **Beides sind unterschiedliche UND sich gegenseitig ergänzende Wege zu Jesus Christus.** Uns stehen heute beide Wege weiterhin offen: Wenn wir die Evangelien lesen, lernen wir Jesus als Meister und Lehrer uns gegenüber kennen. Wenn wir in die Stille lauschen, wenn wir uns in Jesus Christus, dem Auferstandenen, der hier und jetzt da ist, vertiefen, folgen wir dem inneren Lehrer in uns, horchen wir auf den Heiligen Geist in uns. Beide Wege ergänzen sich auch heute noch.

Manche sehen Paulus als einen Verzerrer der ursprünglichen Botschaft des Jesus von Nazareth. Aber meine drei Punkte zeigen etwas ganz anderes:

Paulus ist: Garant von Ostern! Zeuge der Trotzdem-Liebe Gottes! Offenbarer des inneren Lehrers!

Ich glaube, Jesus Christus wollte uns gerade mit Paulus zeigen, dass zum Christsein beide Wege gehören! Jesus Christus wollte zeigen, dass Ostern kein Wunschtraum ist, sondern wirklich die Erfahrung des Auferstandenen! Und Jesus wollte in der Berufung des Paulus uns zeigen, dass seine Liebe schon beginnt, als wir noch Sünder waren, dass seine Liebe alle umfasst, sogar die größten Missgeburten! Unfassbare Liebe Gottes!

Der problematische Paulus

Die Kreuzestheologie des Apostels Paulus ist nach dem katholischen Exegeten Meinrad Limbeck zunächst nur die theologische Lösung eines ganz persönlichen Problems, das sich für Paulus ergeben hat. In Galater 3,13 zitiert er 5. Buch Mose 21,23 „Verflucht ist jeder, der am Pfahl hängt." Paulus nahm die Bibelstelle ernst und fragte somit: Wie konnte der am Pfahl hängende und damit verfluchte Jesus von Gott auferweckt worden sein? Wegen dieses Widerspruchs hat Paulus auch die ersten Christen verfolgt. Paulus wuchs in der Diaspora, in der heidnischen Welt auf. Es war in der Diaspora nicht einfach, Jude zu sein, die Eigenständigkeit aufrecht zu erhalten. Deswegen war für die orthodoxen Juden in der Diaspora Gehorsam wichtig. Jesus forderte nie zum Gehorsam auf. Paulus betonte dagegen an 15 wichtigen Stellen in seinen Briefen, dass man Gott Gehorsam schuldet. Für Paulus galt, dass Gott mit Zorn auf jede Missachtung seiner Gebote reagiert. „Jesus, den er von den Toten auferweckt hat und der uns dem kommenden Zorn Gottes entreißt." (1 Thess 1,10)

Jesu positive Verkündigung, in der er Gott als den barmherzigen Vater, den guten Hirten, den Bräutigam seines Volkes Israel darstellt, hat auf Paulus Gottesbild nach Limbeck leider keinen Einfluss gehabt. Paulus geht davon aus, dass Gott auch heute und morgen den Sündern zürnt. „Nur wenn wir diese Differenz zwischen Jesu Gottesbild und dem Gottesbild des Paulus ernst nehmen, erschließt sich uns die Eigenart der paulinischen Theologie wirklich."[44]

Wie ist nun die neue Sicht des Paulus? Der Gekreuzigte bleibt der Verfluchte. Aber Paulus sah im Kreuzestod das alles entscheidende Heilsereignis. Christus nimmt als Stellvertreter aller Menschen den Fluch auf sich, der eigentlich uns Sündern, Juden wie Heiden, drohte und der uns vernichtet hätte, hätte er uns getroffen. „Christus hat uns vom Fluch des Gesetzes freigekauft, indem er für uns zum Fluch geworden ist; denn es steht in der Schrift: verflucht ist jeder, der am Pfahl hängt" (Gal 3,13)

Christus wurde dadurch zu Gottes Werkzeug. Das Kreuz wurde zum Zentrum seines Evangeliums und seiner Theologie. Deswegen hatte Paulus auch keinen Grund, sich für das Leben, die Botschaft und das Wirken des irdischen Jesus von Nazareth zu interessieren. Jesus ist kein bloßer Mensch, sondern Gottes sündenloser Sohn, wie der Philippushymnus beschreibt. (Phil 2,6 – 8) Die Kreuzigung war für Paulus ein von Gott seit Urzeiten vorher bestimmtes Heilsereignis für die Erlösung der Menschen.

Fassen wir nochmals zusammen: Gottes Zorn gilt allen, die durch ihr Fehlverhalten und ihr Vergehen die Wahrheit Gottes in dieser Welt verdunkeln. Da alle Menschen Sünder sind, wird niemand von diesem göttlichen Zorngericht ausgenommen. So steuert die Geschichte der Menschheit unaufhaltsam auf das göttliche Zorngericht zu. Gott selbst kann nur noch Rettung schaffen. Dies hat Gott getan im Gekreuzigten. Christus nahm den Fluch auf sich, der uns vernichtet hätte. Gott bietet uns den gekreuzigten Christus als Möglichkeit der Rettung an. Wir müssen nur die rettende Hand ergreifen, die wir durch die Taufe gereicht bekommen.

Jesus hat in seinen Gleichnissen die Trotzdem-Liebe-Gottes betont und er hat sie auch vorgelebt: der Hirte läuft dem einen Schaf nach, der barmherzige Vater nimmt freudig dem verlorenen Sohn auf. Jesus lädt sich beim Zöllner Zachäus ein und lässt sich von der Sünderin die Füße waschen. Wenn Lukas Jesus am Kreuz die Worte in den Mund legt „Vater vergib ihnen; denn sie wissen nicht, was sie tun.", dann versteht Lukas die Kreuzigung als Offenbarung der Trotzdem-Liebe-Gottes.

Das Tragische ist nun folgendes: Paulus erlebte, dass Christus ihn anspricht und ihn einlädt umzukehren, obwohl er die Christen verfolgte. Christus berief ihn, die Missgeburt, zum Apostel. Paulus erlebte die Trotzdem-Liebe-Gottes. Dennoch verharrte er in der Logik des drohenden Zornes Gottes. Paulus hat – *wenn man ihn so liest, und viele haben ihn so verstanden* – die Barmherzigkeit Gottes verdunkelt, obwohl er es selbst anders erlebt hat. Das ist tragisch – mit fatalen Folgen für die ganze Geschichte der Christen. Denn trotz Erlösung durch Christus bleibt bei dieser Sichtweise im Hintergrund der Zorn Gottes über die ganze sündige Menschheit seit Adam. Augustinus′ Weltbild ist in nuce schon da…

Das Kreuz anders verstehen

Wenn wir uns in die Situation der Jünger von damals versetzen, dann müssen wir uns klarmachen, dass die Jünger durch den Kreuzestod zutiefst verstört waren. Ja vielleicht kann man sogar sagen: sie waren traumatisiert. Ihr Vorbild, ihr Lehrer, ihr Messias wurde verurteilt und gekreuzigt. Sie machten dann die Erfahrung, dass der Gekreuzigte durch Gottes Kraft auferstand. Aber dadurch ist das Kreuzesereignis noch nicht „eingeordnet". Für sich allein betrachtet ist die Kreuzigung nur sinnlos zerstörerische Gewalt der herrschenden Machthaber. Dass die frühen Christen in ihren Deutungen teilweise extrem reagierten, z. B. den Juden die Schuld zuschoben, ist nachvollziehbar. Die Wirkungsgeschichte dieser Passage zeigte dafür das zerstörerische Potential dieser extremen Deutungen. „Wir können aus der Distanz von zwei Jahrtausenden den an Jesu Passion Beteiligten eher gerecht werden als diejenigen, die in Jesu Passionsgeschichte direkt eingebunden waren. Eine einfache schwarz-weiß-Zeichnung ist für uns heute nicht mehr möglich."[45] Unser zeitlicher Abstand hilft uns also, nüchterner abzuwägen. Außerdem können wir auf mehr Quellen und Hilfsmittel zurückgreifen. „Wir können zum besseren Verständnis all der Vorgänge, die zu Jesu Verurteilung und Hinrichtung geführt hatten, auf die Erkenntnisse der modernen Geschichts- und Sozialwissenschaften und der Psychologie zurückgreifen. Für Jesu Jünger und Jüngerinnen hingegen gab es nur eine vertrauenswürdige Instanz, von der sie eine Antwort erhoffen konnten, wenn sie Jesu Kreuzigung verstehen wollten: Ihre Heilige Schrift, unser sogenanntes Altes Testament."[46]

Aber trotz dieses Vorteils müssen wir auf ihre Deutungen zurückgreifen. Nicht um sie unreflektiert zu übernehmen, sondern um ihre Erfahrungen als erste Jünger und Auferstehungszeugen ernst zu nehmen. Die Jünger haben nach dem Tod Jesu verschiedene Deutungen für Tod und Auferstehung Jesu ausgearbeitet. Wir dürfen auch eine Vielfalt von verschiedenen Deutungen entwickeln. Trotzdem gibt es Grenzen und Holzwege, die man beachten sollte. Abzulehnen ist z. B. das Verständnis von Anselm von Canterbury: allein der Opfertod Jesu Christi konnte die Ehre Gottes wiederherstellen. Die Sünde ist unendliche Beleidigung Gottes nur ein Mensch, der für die ganze Menschheit steht, Gottessohn, der der Ehre Gottes würdig ist, konnte Genugtuung leisten.

Und es gibt unzureichende Versuche, die unterkomplex sind: Auferstehung vom Tod heißt nicht Klassenkampf, politische Revolution, Sieg über die Gesellschaftskräfte, die unser Leben bisher niederhielten. Diese politische Dimension gehört auch dazu und sie wurde sicherlich oft zu wenig beachtet, sie allein ist aber nicht ausreichend.

Es braucht eine Pendelbewegung auch zu den Anfängen, zum Neuen Testament zurück: Wie hat Jesus selbst seinen Tod verstanden? Das wissen wir nicht! Wir wissen nur, dass Jesus vor einer drohenden Verurteilung und Hinrichtung nicht geflohen ist.

Es ist schwer zu sagen, „in wessen Interesse Jesus vor seiner Verurteilung zum Tode nicht geflohen ist. Im Interesse seiner Anhängerinnen und Anhänger? Oder im Interesse ganz Israels, zu dem er sich gesandt wusste? Oder im Interesse der ganzen Menschheit? Oder im eigenen Interesse? Oder um dem zu entsprechen, was Gott wollte? Hier spüren behutsame Ausleger nun, dass sie sich besser nicht auf eine einzige Deutung versteifen sollten, weil hier auch ein ganzes Bündel von Richtigem infrage kommen könnte."[47]

Die Apostel spürten, dass sie mehrere Deutungen und Bilder für den Tod und Auferstehung und ihren Sinn brauchten. In Jesaja 53 fanden sie eine Entschlüsselungshilfe: "auf Jesus fiel ein "Zorn", ein Geist des Schreckens und des Todes, der allen Menschen gebührt bzw. für sie unausweichlich ist,

jedoch von ihm nun getragen und weggetragen worden ist. Er war bereit dazu."[48] Aber sie haben das Lied vom Gottesknecht nicht 1 zu 1 auf den Tod Jesu übertragen
sie haben andere biblische Texte dazu genommen wie z. B. Psalm 22, die Erfahrung der Gottesferne. Oder das Bild vom Stein, den die Bauleute verworfen haben und der zum Eckstein geworden ist. (Psalm 118,22)
Rudolf Bultmann stellte die spannende Frage, ob das nach der Auferweckung Jesu von den Aposteln verkündigte Evangelium gegenüber der Predigt Jesu irgendetwas Neues brachte. Ich glaube schon, dass wir einige Aspekte finden können, siehe „Einige wertvolle Zugänge zum Kreuz Jesu Christi". Aber zuerst widmen wir uns einigen Holzwegen, aus denen wir einige Grundsätze zum Thema eruieren können.

Unbrauchbare Deutungen des Kreuzestodes Jesu

Reduzierung auf Überwindung der Sünde

Eine besonders wichtige Korrektur bringt Christof Gestrich am Anfang seines Artikels vor. Er schreibt: „Das Verständnis der Versöhnung (im Sinne des neuen Testaments) bleibt immer dann theologisch unterbestimmt, wenn sie allein auf die Vergebung und Sühnung menschlicher Schuld, auf Jesu Christi stellvertretendes Kreuzesleiden hin, bezogen wird – und nicht auch auf den "Generalsieg" über den Tod "und alle Übel" durch Jesu Christi Auferweckung."[49]

Es gibt eben nicht nur die Schuldangst, sondern auch die Todesangst. Die Todesangst ist ein Existential. Es prägt uns zutiefst. Wir können mit Gott hadern, weil wir sterben müssen. Wir versuchen aus dem kurzen Dasein das angenehmste herauszuholen, auch auf Kosten anderer. *Heil ist dann erst einmal: die urchristliche Freude, dass dem Tod die Macht genommen ist.*

Die alte Sünden-Theologie hat aber alles von der Sünde her entwickelt. Aber es ist falsch zu sagen, der Tod wird erst durch den Fall in die Sünde zum Übel und ist Strafe für unsere begangenen Sünden. Wie wir die im ersten Kapitel die Verengung auf die Beziehung zu Gott kritisiert haben, können wir nun die Verengung auf die Sünde kritisieren.

Jesus antwortet den Jüngern des Johannes: „Blinde sehen wieder und Lahme gehen; Aussätzige werden rein und Taube hören; Tote stehen auf und Armen wird das Evangelium verkündet." Matthäus 11,5 Damit wird die Überwindung von drei Grundübel angekündigt:

- Physische, psychische oder soziale Schmerzen und Leiden
- Die Todesangst und der Tod selbst
- Der Sog der Sünde

Es ist also eine Verengung, sich nur auf die Sünde zu beziehen. Und es ist eine Verwirrung, die zwei anderen Übel aus der Sünde abzuleiten. Man darf auch nicht Versöhnung und Erlösung als zwei Heilstatsachen ansehen, oder sogar Versöhnung als die Voraussetzung der Erlösung betrachten. Das Heilsgeschehen ist unteilbar. So bittet das Vaterunser sowohl um die Vergebung der Schulden wie auch um die Erlösung vom Bösen, vom Übel.

Leider sind nicht wenige Bibelstellen, die auch Eingang in die Messtexte gefunden haben, von der Verengung auf die Sünde geprägt. Z. B. „Seht das Lamm Gottes, das hinwegnimmt die Sünde der Welt." Oder „Nehmet und trinket alle daraus: Das ist der Kelch des neuen und ewigen Bundes, mein Blut, das für euch und für alle vergossen wird zur Vergebung der Sünden."

Die Bibel ist da weiter: Hiob haderte mit Gott, weil er zu Unrecht leiden musste und dem Tod verfallen ist. Auch Kohelet fragt: Was nützt dem Menschen die Gottesbeziehung, wenn er wie die Tiere in die Grube hinab Muss?

Wir Menschen hadern also wissentlich oder unwissentlich mit Gott: warum hat unser Schöpfer uns das angetan? „Warum überhaupt sollen wir mit Gott versöhnt werden? Das ist eben eine viel schwierigere Frage als sie denen vor Augen steht, die hier nur zu antworten wissen, „weil wir gesündigt haben"."[50]

Das Kind mit dem Bade ausschütten

Der Psychoanalytiker Tilmann Moser hatte schon Recht, wenn er scharf das Gottesbild eines zornigen Gottes kritisiert, der nur durch Blut entzürnt werden kann. Gott hielt Abraham noch davon ab, den eigenen Sohn zu opfern. „Bei deinem eigenen Sohn warst du dann ungenierter und hast deinem Sadismus freien Lauf gelassen. Man hat mir weismachen wollen, dass du mit seiner Opferung am Kreuz den neuen Bund der Liebe hast einläuten wollen [...] Wie schlecht muss ich sein, dass es einer solchen Inszenierung bedarf, um mich zu erlösen! Seltsam, seltsam – keiner von den Predigern hat je Verdacht geschöpft, dass vielleicht nicht mit uns, sondern mit dir etwas nicht stimmt, wenn du vor lauter Menschenliebe deinen Sohn schlachten lassen musstest."[51]

Ähnlich berechtigte Kritik kommt z. B. aus der feministischen Theologie. Natürlich muss man die Vorstellung von Gott kritisieren, dass er ein Opfer bräuchte, um sich mit ihm versöhnen zu lassen. Die Kreuzesverkündigung diente auch immer wieder der Unterdrückung von Menschen.

Ein patriarchaler Vater wird auf Gott projiziert und bildet das Gottesbild. Opfer in Bezug auf Frauen heißt: die Frauen sollen sich für die Familie aufopfern.

So lehnen die feministischen Theologinnen zurecht ab: "die Kreuzigung Jesu als Zentrum eines göttlichen Heilsplanes, dargestellt als Sühnetod für die

Sünden, Loskauf aus der Macht des Bösen, Opfer zum Heil der Welt, oder als Genugtuung für die Vergehen der Menschen gegenüber Gott."[52]

Was ich aber nicht verstehe, dass mehrere feministische Theologinnen das Kreuz als Akt der Solidarität Gottes mit den Leidenden als Deutung für das Kreuz ablehnen.[53] Ich denke da z. B. an eine hochtraumatisierte Frau, die im Krankenhaus lag und als sie aufwachte, auf ein Kreuz schaute. Der Gekreuzigte war für sie eine Stärkung, weil er wusste, wie es ihr jetzt am Bett erging.

Man kann das Kind auch mit dem Bade ausschütten wie Christa Mulack: „Für mich hätte er nicht sterben brauchen!"[54] Man kann diesen Satz schwach verstehen. Dann denke ich an eine Christin, die mich fragte: „Weißt Du, Michael, warum immer gesagt wird: Wegen unserer Sünden ist er gestorben. Ich habe doch gar nicht so viel Sünden, dass er deswegen hätte sterben müssen." Mit dieser Frage traf sie in den wunden Punkt der Verengung auf die Sünde. Man kann diesen Satz auch stark verstehen. Z. B. mit Kant, für den eine stellvertretende Übernahme von Schuld und Strafe nach den Maßstäben der Vernunft ausgeschlossen war.[55] Es wird dann gar nicht mehr nach einem anderen Sinn jenseits der Sündentilgung gesucht. Es wird gar nicht mehr angenommen, dass das Kreuz – natürlich nur mit Ostern zusammengedacht – irgendeine tiefere Heilsbedeutung haben könne. Ähnlich Elisabeth Moltmann-Wendel: Jesus Christus ist für sie moralisches Vorbild. Sein Tod am Kreuz ist „vor mir" statt „für mich".

Positiv können wir festhalten: „das theologisch berechtigte Anliegen dieser Ausführungen liegt in der Kritik an einer Vorordnung der Rede von Sünde vor der Vergebung in der theologischen Anthropologie. Das könnte in der Tat dazu führen, Menschen im Sinne Nietzsches „klein" zu machen."[56] Aber Gunda Schneider-Flume kritisiert zurecht: „Die Hermeneutik springt in die Augen: Nicht der neutestamentliche Text oder das alte Bekenntnis sind Maßstab der Auslegung, sondern die angenommenen Unterdrückungs-erfahrungen von Frauen und die Vorstellung von Autonomie."[57] Sogar die realen Glaubenserfahrungen von Frauen von heute werden nicht ausreichend berücksichtigt, wie das eine Beispiel zeigte.

Halten wir also fest: *In der Hermeneutik braucht es eine Pendelbewegung zwischen den Erfahrungen der biblischen Tradition und den Erfahrungen von Menschen von heute.*

Immer wieder gibt es die Tendenz, das Kreuz zu verstecken. Viele Christen schämten sich, als Kardinal Marx, Erzbischof Schick und Landesbischof Bettfort-Strohm auf dem Tempelplatz ihr Kreuz versteckten. Es gibt sogar immer wieder den Wunsch, das Kreuz aus der Mitte der Kirchen zu entfernen. Wenn wir das tun, dann trennen wir die Kirche als kuscheligen Sakralraum von der Welt als Raum möglicher Gewalt ab. Aber am Kreuz geht Gott selbst in die Mitte menschlicher Gewalt und Macht hinein. Wie ist das zu begreifen? Wer darauf nicht eine Spur von Antwort hat, der bleibt hinter dem eigentlichen theologischen Problem zurück.

Halten wir einige zentrale Aspekte und Grundsätze fest:

- Die Kreuzigung Jesu ist erst einmal ein politischer Mord und ein historisch kontingentes Ereignis.

- Erst mit der Ostererfahrung kann aus diesem sinnlosen Gewaltereignis Kreuz ein Heilsereignis werden.

- Die ersten Christen deuteten den Kreuzestod Jesu Christi 1. Aufgrund der Ostererfahrung, 2. Mit der Erinnerung an Jesu Leben, Wirken und Reden und 3. Im Licht der Schrift des Alten Testaments

- Im Neuen Testament gibt es keine einheitliche Lehre vom Tod Jesu. „Keine Deutekategorie und kein Interpretationsmodell aus dem Strafrecht, dem Besitzrecht, der Opfer-, Sühne- und Kulttradition und der antiken Freundschaftsethik hat eine Leitfunktion."[58]

- Auch heute dürfen wir eine Vielfalt von Deutungen haben. Und gleichzeitig können wir einige Deutungen als unpassend, irreführend, unterkomplex zur Seite legen.

- „Leitend allein ist die Logik des Erbarmens, in der Gott sich für Menschen erschließt."[59]

- Zu kritisieren sind alle Interpretationen, die irgendwie den Tod Jesu Christi so deuten, dass der Zorn des himmlischen Vaters durch ein Opfer beschwichtigt werden müsse.[60]

- Einerseits dürfen und müssen wir eine Vielfalt von Deutungen zulassen, als Bereicherung, um sich einem Glaubensgeheimnis zu nähern.. Andererseits brauchen wir für so ein zentrales Ereignis des Glaubens wenigstens einen gewissen Konsens, wie wir das Ereignis deuten.

- Die verschiedenen Deutungen des Kreuzestodes Jesu sind oft „Kinder ihrer Zeit". Wir können auch nicht einfach frühere Deutungen wiederholen. Denn manchmal sagen dieselben Worte heute nicht mehr das gleiche!

Ein Beispiel zum letzten Grundsatz: Opfer in alttestamentlicher Vorstellung bedeutet, dass sich der gegenwärtige segnende Gott im Opfer offenbart. Das Opfer ist die von Gott gewährte Chance der Begegnung von Gott und Menschen. Das ist eine andere Vorstellung als die Annahme eines grausamen Gottes, der Opfer fordert.[61]

Das damalige Verständnis von Sünde und Sühne

Der Neutestamentler Helmut Merklein hat in „Bibel und Kirche" schon 1986 in einem Artikel sehr gut beschrieben, dass das damalige Verständnis von Sünde und Sühne von unserem heutigen üblichen Verständniszugang abweicht. Man sollte sich also diesen Unterschied klarmachen, weil man ansonsten immer mit einer „falschen Brille" die Texte liest. „Überspitzt ausgedrückt, dürften unsere Schwierigkeiten gerade daher rühren, dass wir uns angewöhnt haben, Sühne unkultisch, d. h. vorwiegend juristisch-forensisch, zu denken."[62] Sünde ist dann Verstoß gegen die moralische Ordnung, eine Übertretung der Gebote Gottes. Die Schuld kann dann nur durch Vergebung oder durch eine angemessene Strafe getilgt, gesühnt werden. Der biblische Horizont versteht aber Sünde und Sühne anders.

„Zunächst ist Sünde weniger eine Beleidigung Gottes als vielmehr eine Störung der menschlichen Lebenssphäre, als welche Gott Recht und Gerechtigkeit über diese Erde gebreitet hat. Durch die Sünde wird gleichsam die Atmosphäre und der Lebensraum des Menschen vergiftet. […] Erst wenn der Täter vernichtet ist, wenn also der Strahlungsherd der Tat-Wirklichkeit Sünde beseitigt ist, ist die Sünde aus der Welt geschafft."[63]

Die alttestamentlichen Sühnerituale werden dann erst ins rechte Licht gerückt. Kein Gott soll durch Opfer besänftigt werden, sondern der Priester handelt als Repräsentant Gottes: in den Ritualen handelt Gott selbst. „Gott schenkt dem Sünder die Möglichkeit, der Tat-Wirklichkeit der Sünde zu entrinnen." Die Sünde ist tod-bringend, wird aber auf einen Ersatzträger, dem Opfertier übertragen. Stellvertretend trägt das Tier das Zerstörerische der Sünde.

Die ersten Christen deuteten also Jesu Tod in diesem Kontext. Es braucht keine weiteren Opfertiere. Vielmehr hat Jesus Christus für alle das Zerstörerische der Sünde auf sich genommen und überwunden. „Das eschatologische Verständnis der im Tod Jesu gewährten Sühne […] machte den Tempelkult christlich überflüssig."[64]

Merklein vermutet, dass die biblische Sichtweise von Sünde als Tat-Wirklichkeit, als Störung und Vergiftung für uns heutige Menschen Sinn machen kann. Er nennt die Zerstörung und Vergiftung der Ökosysteme als Beispiele. Oder er macht deutlich, dass die zerstörende Wirklichkeit der Nazi-Taten und ihre Folgen auch durch keine Wiedergutmachungszahlungen oder Wort der Vergebung beseitigt werden können. (Merkleins Beispiele haben auch die Komponente der „strukturellen Sünde". Wir werden im zweiten Band den von der Befreiungstheologie eingeführten Begriff „strukturelle Sünde" beleuchten und Beispiele dafür aufführen.)

Daraus ergibt sich folgende Deutung, die für uns Menschen heute noch wertvoll sein kann: Der Gekreuzigte hat die Tat-Wirklichkeit der Sünde überwunden und den Teufelskreis der Sünde, die auf den Täter zurückschlägt, ist von Gott aufgehoben. Aber dies eine Glaubenswahrheit, die uns ermutigen soll. Die jetzige Welt ist offensichtlich noch vergiftet. Doch: „Wer sich zu Jesus Christus als dem von Gott gewährten Sühneort (vgl. Röm 3,25) bekennt, gewinnt erst die Kraft, sich wirklich und mit offenen Augen seiner, durch aus von Sünde geprägten Erfahrungswirklichkeit zu stellen. [...] Die am Kreuz gewährte Sühne erlaubt es, unsere von Sünde gezeichnete und damit selbstzerstörerische Erfahrungswirklichkeit als Möglichkeit göttlicher Neuschöpfung zu deuten."[65] Neben dieser wertvollen Deutung wollen wir uns noch weiteren sinnvollen Zugängen zu Kreuz Jesu Christi zuwenden.

Einige wertvolle Zugänge zum Kreuz Jesu Christi

Zum Glück können wir den Kreuzestod auf verschiedene Weise wertvoll deuten. Hier einige Möglichkeiten:

Gottes Solidarität mit allen Leidenden

Wir können z. B. die Kreuzigung als Ausdruck der Solidarisierung Gottes mit allen Leidenden verstehen. Nicht nur Jesus Christus zeigt sein Mitleiden, mit der Prozesstheologie können wir sagen: Gott selbst zeigt hier sein Mitleiden. Und die Auferstehung offenbart, dass dieses Mit-leiden Gottes auch wirklich heilende und lebens-spendende Macht hat. In dieser Deutung muss nicht ein Graben zwischen Gott und Mensch überwunden werden. Sondern Kreuz und Auferstehung offenbaren, was verdeckt schon da ist, dass Gott immer schon mit-leidet und mit seiner lebens-spendenden Macht alles trägt und begleitet und damit Potential zur Transformation anbietet.

Gerade mit der Prozesstheologie können wir sagen: Gott ist wirklich mitleidend beim Kreuzestod Jesu Christi. Das gehört zu seiner Folgenatur! Aber schon Paulus schrieb: „Gott war in Christus" 2 Korinther 5,19 Wenn aber Gott als allmächtig verursachend, von ferne planend gedacht wird, kann das Kreuz nicht mehr als Ereignis der Liebe Gottes verstanden werden. Also falsch ist eine Deutung des Satzes „musste nicht Christus dies erleiden?", in der Gott als allmächtiger Himmelsplaner vorgestellt wird, der sich die Weltgeschichte mit dem Kreuzestod Jesu als Höhepunkt ausgedacht hat.

„musste nicht Christus dies erleiden" Lukas 24,26 deutet Gunda Schneider-Flume mit Hosea 11,8 "8 Wie könnte ich dich preisgeben, Efraim, / wie dich ausliefern, Israel? Wie könnte ich dich preisgeben wie Adma, / dich behandeln wie Zebojim? Gegen mich selbst wendet sich mein Herz, / heftig entbrannt ist mein Mitleid. 9 Ich will meinen glühenden Zorn nicht vollstrecken / und Efraim nicht noch einmal vernichten. Denn ich bin Gott, nicht ein Mensch" Gott ist im Innersten seines Herzens barmherzig und mitleidend. Erbarmen ist ein göttliches Muss!

In der größten Verlassenheit bin ich nicht allein

Wenn Jesus Christus am Kreuz betet „Mein Gott, mein Gott, warum hast du mich verlassen", dann erlebte er am Kreuz tiefe Gott-Verlassenheit. Wahrscheinlich ist dies das einzige der sieben Worte Jesu am Kreuz, das der historische Jesus wirklich gesprochen hat. (Das Argument für diese Vermutung: Für die Evangelisten Markus und Matthäus war es wohl eher peinlich, dass Jesus am Kreuz diese Gott-Verlassenheit kundgab. Wenn sie es trotzdem überliefern, haben sie es nicht aktiv Jesus in den Mund gelegt, sondern haben es von Ohrenzeugen überliefert bekommen.)

Und trotzdem ruft Jesus in dieser Gottes-Finsternis Gott an: Mein Gott. Er bleibt in Beziehung mit seinem Vater, obwohl er ihn nicht mehr spürt. Parallel dazu zerreißt der Vorhang im Tempel, was ausdrücken mag, dass Gott nicht im Tempel ist, sondern überall, gerade auch in der Gottesfinsternis, die Jesus am Kreuz erlebt.[66]

Das offenbart, dass mich nichts von der Liebe Gottes trennen kann, auch nicht die größte Gottes-Finsternis und der Tod. „Denn ich bin gewiss: Weder Tod noch Leben, weder Engel noch Mächte, weder Gegenwärtiges noch Zukünftiges noch Gewalten, weder Höhe oder Tiefe noch irgendeine andere Kreatur können uns scheiden von der Liebe Gottes, die in Christus Jesus ist, unserem Herrn." Röm 8,38f

Aus diesem Gedanken ergibt sich eine positive Bedeutung von Stellvertretung, die wir auch im Gottesknechtslied finden: „Jesus Christus trat mit seinem Sterben „für uns" an unsere "Stelle", d. h. an den Ort auswegloser Gottesferne und Todesverfallenheit."[67]

Hier wird das Subjekt nicht verdrängt, sondern Christus nimmt den Platz ein, den wir aus eigener Kraft nicht einnehmen können, nicht allein aushalten würden. Nämlich den Ort auswegloser Gottes Ferne und Todesverfallenheit.

Gegen die Beherrschungssucht

Von den ersten zwei Deutungen her bekommt die dritte Deutung ihren Sinn und ihre Kraft. Denn erst einmal sind Paulus´ Sätze im Korintherbrief unverständlich: „Die Juden fordern Zeichen, die Griechen suchen Weisheit. Wir dagegen verkünden Christus als den Gekreuzigten: für Juden ein Ärgernis, für Heiden eine Torheit, für die Berufenen aber, Juden wie Griechen, Christus, Gottes Kraft und Gottes Weisheit. Denn das Törichte an Gott ist weiser als die Menschen und das Schwache an Gott ist stärker als die Menschen." 1 Kor 1,22-24

Die Weisheit der Welt tendiert dazu, alles möglichst im Griff zu haben. Wir planen und organisieren, schließen Versicherungen ab, legen Checklisten an, um jegliches Risiko zu minimieren und alles juristisch wasserdicht zu machen. „Diese Beherrschungsweisheit [...] hat deshalb auch Probleme mit dem Sterben, denn dort kündigt sich das große Ausgeliefertsein an. Deshalb wird auch da versucht zu bewältigen und zu meistern."[68]

Jesus dagegen liefert sich aus freien Stücken der Ohnmacht des Todes aus. Ist das nicht törichte Hingabe an die Schwachheit? Aber so, wie sich in der Gott-Verlassenheit Gottes Gegenwart zeigt, so zeigt sich in der Schwachheit Gottes Kraft. Paulus erlebt das auch an sich selbst: „Er aber antwortete mir: Meine Gnade genügt dir; denn die Kraft wird in der Schwachheit vollendet. Viel lieber also will ich mich meiner Schwachheit rühmen, damit die Kraft Christi auf mich herabkommt." 2 Kor 12,9

Die Wundmale unseres Lebens werden nicht ausgeklammert

Für Thomas ist die entscheidende Frage: Hat die Erscheinung Wundmale? Nur wenn er Wundmale aufzeigt, nur dann ist er der wahre Auferstandene. Dann ist der Auferstandene der Gekreuzigte. Eine strahlende Lichtgestalt erscheint unverwundbar. Aber unverwundbar sein wollen ist eine Versuchung.

Die Wundmale zeigen, dass Gott nicht unverwundbar ist. Die Wundmale zeigen, dass Gott die Menschwerdung bis zuletzt ernst nimmt. Die Wundmale zeigen, dass all das Leid der Menschen Gott im Innersten berührt. Die Wundmale zeigen, dass jedes Leid der Geschichte in der Ewigkeit nicht vergessen ist.

So verstanden ist Thomas nicht der ungläubige Thomas. Sondern seine Bedingung, die Wundmale sehen zu können, wird zum Wegweiser für den richtigen Glauben.

Die Wundmale verbinden Zeit und Ewigkeit: Unsere Geschichte wird bei Gott geheilt, vollendet und gewürdigt. Unsere Geschichte wird im Himmel nicht beiseitegelegt und vergessen.

Auch wir werden mit Wundmalen in die Herrlichkeit kommen: die Wunden, die uns andere zugefügt haben und die Wunden, die wir mit unseren Taten anderen zugefügt haben, d. h. Wunden von vertaner und missbrauchter Zeit und Möglichkeiten.

Die Überwindung der Wenn-Dann-Logik

Die Wundmale verbinden Karfreitag und Ostern. Karfreitag ist nicht nur einfach zeitlich vor Ostern. Es gibt eine viel tiefere Verbindung, als dass Jesus erst sterben muss, um auferstehen zu können. Diese tiefere Verbindung entdecken wir, wenn wir der Frage nachgehen: Warum ist das Kreuz Zeichen des Heils?

Jesus war noch gebunden an das religiöse Denken seiner Umwelt. Und wie diese Umwelt dachte er auch in Wenn-dann-Strukturen. Ganz allgemein formuliert: Wenn Ihr das tut, bekommt Ihr dies, erreicht Ihr dies. Auch wenn Jesus viel deutlicher als alle anderen vor ihm die barmherzige Liebe des Vaters in seinen Gleichnissen predigt, so hat er doch auch Streitgespräche mit den Pharisäern und muss sie kritisieren und provozieren: Ihr kehrt nicht genug um, ihr seid auf dem falschen Weg.

Das Kreuz durchbricht und überwindet die Wenn-Dann-Struktur. Das Kreuz offenbart radikal und auf ewig gültig, dass Gott trotz allem alle Menschen heilt und erlöst. Wenn Jesus am Kreuz betet: „Vater, vergib ihnen, denn sie wissen nicht, was sie tun.", dann offenbart er die totale Trotzdem-Liebe Gottes.

Wir brauchen im normalen Umgang immer ein Gemisch von Liebe, die bedingungslos geschenkt wird, und Wenn-Dann-Strukturen. Auch bei Jesu Predigt finden wir das Gemisch vor. Deswegen droht auch Jesus mit Gericht. Es sei aber betont, dass Jesus das Gericht im semitischen Weltbild denkt. Semiten denken geschichtlich. Deswegen verstand Jesus sein Gerichtswort nie endgültig und absolut ewig. Wir verstehen Gerichtsworte bei Jesus als ewig, weil wir eher durch das griechische Denken beeinflusst sind, das das Leben nach dem Tod als ewig und unwandelbar verstand. Wer aber auch das Gericht in Jesu Predigt semitisch versteht, der weiß, dass der Mensch in diesem Gericht Reue, Umkehr und Neuanfang erfahren kann.

Aber das Kreuz ist die Offenbarung der tiefsten Liebe Gottes, die völlig bedingungslos ist, die alle Wenn-Dann-Strukturen übersteigt. Diese Liebe schauen wir in der Ewigkeit, in unserem ewigen Osterfest. Deswegen ist Ostern und Karfreitag tief verbunden: Gottes Liebe umfasst alles und alle Menschen. Sie hat die Welt erschaffen. Sie offenbart sich in der Schöpfung. Sie zeigt sich unüberbietbar im Kreuz. Und sie vollendet sich in den Wundmalen des Auferstandenen. Die Trotzdem-Liebe Gottes heilt und vollendet die Geschichte aller Menschen. Die Trotzdem-Liebe Gottes überwindet das Böse der Welt gerade, weil sie sich im Kreuz als ohnmächtig und solidarisch zeigt, und deswegen auf ganz andere Weise mächtiger ist als das Böse: Der Sieg Gottes an Ostern ist ein Geheimnis. Wir können dieses Geheimnis nicht fassen. Deswegen ist das Grab leer. Ostern und Karfreitag sind innigst verschränkt. Der Auferstandene trägt die Wundmale.

Diese Liebe Gottes am Kreuz ist nicht billig, sondern Totaleinsatz Gottes. Gottes Liebe widmet sich mit Schmerz auch allen Tätern. So wie Eltern leiden aber ihre Liebe nicht verkleinert wird, wenn ihre Kinder schlimme Wege gehen.

Wir denken auch heute noch in Wenn-Dann-Strukturen. Sie werden vielleicht wieder stärker, denn die Gesellschaft treibt uns alle dazu, uns ständig zu verbessern.

Wenn Du diese Fortbildung machst, kannst Du Abteilungsleiter werden. Wenn Du Qigong oder Yoga machst, werden deine Rückenschmerzen besser. Wenn Du einen Kurs in gewaltfreier Kommunikation absolvierst, dann kriegst du dein Eheproblem wieder hin.

Auch im Religiösen und Spirituellen kennen wir diese Wenn-Dann-Sätze: Wenn Du diese Exerzitien machst, kommst Du in Deiner Gottesbeziehung weiter.

Auch die Evangelisten sind in die alten Wenn-Dann-Strukturen zurück-gefallen. Matthäus z. B. erweitert das Gleichnis vom Hochzeitsmahl: Nur wer ein passendes Gewand hat, darf drin bleiben. Oder die „törichten" Jungfrauen müssen draußen bleiben: Nur wenn man rechtzeitig sich ums Öl gesorgt hat, kommt man mit zum Hochzeitsfest.

Aber was ist mit den Menschen, die all das nicht machen, die nicht das Wissen oder die Kraft oder den Willen haben, irgendwelche Lösungswege zu gehen? Wenn der Auferstandene Wundmale hat, weil er am Schandpfahl geendet ist, dann hat er sich mit allen Menschen solidarisiert, auch mit den Schwächsten, den Verwirrtesten, den Hoffnungslosesten, und gibt ihnen durch seine verklärten Wunden Würde und Hoffnung zurück!

Wenn wir Jesus nachfolgen und unser Kreuz aufnehmen, dann übersteigen wir auch unsere eigenen Wenn-dann-Gedanken und kommen zur Hingabe jenseits unserer Vorstellungen, wie es laufen soll. Wir werden so auch auf irgendeine Weise zu einer Trotzdem-Liebe zu Gott und zu den Mitmenschen und zu uns selbst finden. Denn Jesus berührt mit seinen Wundmalen unsere Wunden, damit sie heilen mögen und zu Quellen neuen Lebens werden.[69]

Das Neue durch Kreuz und Auferstehung wäre u. a. folgende drei Punkte:
Ausweitung des Heils auf alle Menschen, das lernte Jesus zwar auch schon bei der Syrophynizierin. Aber in der Radikalität lernten die Jünger es erst nach Ostern
Überwindung der Wenn-dann-Struktur
Gottes Macht zeigt sich in der Ohnmacht
Gerade in Tod und Auferstehung Jesu zeigt sich, dass zum Werden des Reiches Gottes eine Ohnmacht gehört, in der aber gerade ihre Macht vorscheint.

Nicht Menschen oder irgendjemand muss Sühne leisten, damit Gott als Empfänger dieser Sühne milde gestimmt wird. Gott ist selbst Subjekt des Sühnegeschehens. So wie Hosea in Hos 11,8f: Gott folgt nicht seinem Zorn, sondern seiner Barmherzigkeit. Aber wie kann man das genauer verstehen? Dazu haben wir eine interessante bei Gestrichs Artikel gefunden.

Paulus für eine Überraschung gut: Gott bittet um Versöhnung

In seinem Artikel „Warum sollen wir versöhnt werden?" kommt Christof Gestrich im letzten Teil zu einer neuen und ungewohnten Interpretation von Paulus´ Kreuzes- und Sühnetheologie:. Er baut direkt Spannung bei den LeserInnen auf: „Ist Paulus auch für die heutige Theologie noch einmal für eine Überraschung gut?"[70] Gestrich geht von 2 Korinther 5,20 aus: "Wir sind also Gesandte an Christi statt und Gott ist es, der durch uns mahnt. Wir bitten an Christi statt: Lasst euch mit Gott versöhnen!"
Wenn wir diese Stelle beim Wort nehmen, dann bittet also Gott selbst, durch Jesus Christus! Im heutigen Deutsch kann man sagen: „Lasst euch jetzt, bitte, mit Gott versöhnen! Das ist dringend!" Gestrich kommentiert diese Stelle dann folgendermaßen: "Hat Paulus an anderer Stelle etwas noch Kühneres gedacht? Steht hinter dieser Bitte gar der nicht nur revolutionäre, sondern auch anstößige Gedanke, Gott bekunde, dass ER, der Schöpfer, die Menschheit in eine schlechte Lage gebracht, aber diese ganze Situation nun mit Bedauern zurücknehme, ja, sie bereits beseitigt habe? Entschuldigt Gott sich? Bittet Gott [...] um Verzeihung? Bekundet ER - sich selbst Leiden/Verzicht auferlegend -, er übernehme selbst die Verantwortung dafür, dass die Menschen sündigen, er schiebe diese Verantwortung nicht länger "einseitig" den mit einem relativ freien Willen ausgestatteten Menschen zu?"[71]
Mit dieser Deutung würde Paulus das Gegenteil von Augustinus vollziehen. Augustinus wollte Gott von jeder Verantwortung rein waschen und hat deswegen den Schwarzen-Peter ganz den Menschen zugeschoben. Aber mit diesem Paulus nimmt Gott die Verantwortung für die Zerrissenheit der Welt auf sich! Er schiebt den Schwarzen-Peter nicht weg!
In der Antike ist die Bitte eigentlich ein Eingeständnis von Armut. Wenn Gott selbst die Menschen bittet, dass sie sich mit ihm versöhnen, dann steigt Gott vom glänzenden Thron herab. Auf Augenhöhe bittet Gott um Versöhnung mit den Menschen. Gott hat damit erfolgreich verhindert die Möglichkeit, dass der Mensch aus der Gemeinschaft je wieder herausfallen kann: "Denn ich bin gewiss: Weder Tod noch Leben, weder Engel noch Mächte, weder Gegenwärtiges noch Zukünftiges noch Gewalten, 39 weder Höhe oder Tiefe noch irgendeine andere Kreatur können uns scheiden von der Liebe Gottes, die in Christus Jesus ist, unserem Herrn." Röm 8,38f

Wenn Paulus Jesus Christus immer als Sohn Gottes, ja damit als Gott sieht, dann heißt folgender Vers "Er hat den, der keine Sünde kannte, für uns zur Sünde gemacht, damit wir in ihm Gerechtigkeit Gottes würden." 2 Kor 5,21 „In diesem zur Sünde gemachten Jesus Christus war auch "Gott selbst" (2 Kor 5,19). Es scheint mir evident, dass ein Gedanke wie dieser, der ja im Klartext auch Gott selbst ins "Sündigen" (in das Sich-Abtrennen) mit hinein zieht, nicht zum Inhalt der Reich-Gottes-Predigt des historischen Jesus gehört haben kann."[72]

Die traditionelle Interpretation des Kreuzes sagt: Jesus Christus leidet am Kreuz für uns verlorenen Schafe, stellvertretend. Aber nach dieser Deutung ist Paulus viel radikaler: „Jesus hängt am Kreuz auch stellvertretend für Gott."[73]

Damit offenbart das Kreuz einen zerrissenen Gott. Dieser Riss in Gott ist für einige moderne Philosophen kein Ärgernis, sondern die einzige Möglichkeit, Gott adäquat zu denken. So lobt Deleuze Whitehead, weil bei seiner Prozessphilosophie Gott den Rissen der Welt nicht ausweicht. Gott wählt nicht wie bei Leibniz die beste aller möglichen Welten aus: „Selbst Gott hört auf, ein Sein zu sein, das die Welten vergleicht und die reichste kompossible Welt auswählt; er wird Prozess, ein Prozess, der die Inkompossibilitäten bestätigt und sie zugleich durchläuft."[74] Gott durchläuft bei Whitehead die Diskontinuitäten der Welt, die Brüche der Welt, die Inkompossibilitäten.

„Der zerrissene Gott" hat Ottmar Fuchs sein Trinitätsbuch genannt. Gott muss zerrissen sein. Stellen Sie sich einen Gerichtssaal vor. Gottvater sitzt nicht auf dem Richterstuhl, sondern auf der Anklagebank. Der Sohn Jesus Christus mit seinen Wundmalen hat den Platz des Klägers eingenommen. Hinter ihm stehen Millionen von Menschen. Geschundene, Leidende, Kranke, Ausgenutzte, Arme erkennt man. In ihrem Namen spricht Jesus Christus. Er stellt die Frage, die er schon am Kreuz gestellt hat:

„Warum? Warum hast Du diese Welt so geschaffen, dass viele Menschen so viel Leid erfahren mussten? Warum hast Du die Menschen so erschaffen, dass zu oft Gewalt, Egoismus, Machtmissbrauch über Kooperation, Mitleid und Lernbereitschaft siegte? Obwohl doch ihre innere Natur dem widersprechen sollte? Warum die vielen Irrwege und Umwege und Sackgassen? Nur weil die Freiheit so wertvoll sei? Das verstehen wir nicht! Siehe die Menschen hinter mir. Ich bin ihr Anwalt. Am Kreuz habe ich mich völlig auf ihre Seite gestellt und bringe ihr Leid vor Dich!"

Was Gottvater darauf antwortet, weiß ich nicht. Aber wir ahnen vom Glauben her etwas anderes. Der Heilige Geist hat in dieser Gerichtsverhandlung die Aufgabe eines Vermittlers. Wie ein Mediator öffnet er sein Ohr und Herz beiden Seiten. Er ist mit seiner Liebe der einzige, der die Zerrissenheit zwischen Gottvater und Sohn aushalten und heilen kann.

Weil Gott erhaben gut und erhaben mächtig ist, muss er die Verantwortung für seine Schöpfung und damit für das Böse und das Leid übernehmen. Warum hat er es geschehen lassen? In dieser Gerichtsverhandlung legt der Sohn den Finger in diese Dunkelheit Gottes.

Gott muss zerrissen sein, sonst nehmen wir irgendetwas zu wenig ernst: Gott als Schöpfer, Gottes Kreuzesopfer, das Leid der Welt, das Böse in der Welt, die Vollendung bei Gott. Wie kann das alles zusammengedacht werden?

Gott muss so zerrissen sein, wie es die obige Gerichtsverhandlung beschreibt. Trinität ist dann nicht ein abstraktes Spezialthema verstaubter Dogmatiker. Trinität macht unseren christlichen Gottesglauben glaubwürdig!

Was Ottmar Fuchs allgemein und in Bezug auf die Vollendung durchdacht hat, hat Christof Gestrich in Bezug auf die Deutung des Kreuzes bei Paulus ausgeführt. Mit seiner Deutung können wir uns auch wieder mit Paulus „versöhnen".

„In göttlicher Demut werden die Menschen nun gebeten, Versöhnung anzunehmen. Nehmen wir sie an, so ist Gott in gänzlich neuer Weise der Unsere geworden. Wir stehen mit ihm auf gleicher Augenhöhe und werden von ihm in unseren eigenen Leiden getröstet und unterstützt. [...] Die traditionelle Auslegung der Darlegungen des Paulus zur Versöhnung tendiert freilich in eine ganz andere Richtung: die Sünden der Menschen sei insgesamt so groß und schwer, dass Gott schließlich (als alles andere nicht mehr half) sein Liebstes, seinen unschuldigen Sohn, opfern musste, um uns die Augen für unsere Sünden zu öffnen, aber vor allem, um uns durch diesen „Blitzableiter" vor Zorn und Strafen zu bewahren. Jetzt ist uns vergeben. Durch Jesu Leiden und Sterben am Kreuz sind wir mit Gott unverdientermaßen wieder ins Reine gekommen: allein aus Gnade. [...] Diese traditionelle Auslegung, gegen die sich heute viele empören, steht keineswegs auf der Höhe der von Paulus tatsächlich angesagten Versöhnung! Sie steht überhaupt nicht auf der Höhe des Christentums! Ihre große theologische Fehlerhaftigkeit hinterließ zuletzt in der Moderne Abscheu oder ein ständiges schlechtes Gewissen darüber, durch eigene Schuld so viel fremdes Leiden veranlasst und unverdientermaßen so viel Gutes erhalten zu haben. Und genau zu dieser Abscheu und zu diesem schlechten Gewissen besteht, wenn wir Paulus folgen, nun gar kein Anlass! Der Hintergrund unserer Versöhnung ist so nicht! Das menschliche Selbstbewusstsein wurde hier auch nicht auf seinen Tiefpunkt gebracht, sondern im Gegenteil zur höchsten Integrität erhoben und neu geboren!"[75]

Hat nun Paulus das Kreuz so verstanden, wie Gestrich es deutete oder wie Limbeck oder nochmals anders? Ich weiße es nicht... Aber ich weiß, dass ich Gestrichs Deutung in meinen Gemeinden predigen werde... Trotzdem muss man schon sagen, dass wir für die traditionelle Auslegung nicht nur bei Paulus, sondern auch bei anderen Autoren des NTs „Keime" finden können, wie z. B. 1 Joh 4,10 „Nicht darin besteht die Liebe, dass wir Gott geliebt haben, sondern dass er uns geliebt und seinen Sohn als Sühne für unsere Sünden gesandt hat."

Kriterien für die Unterscheidung der Geister

Wenn wir auf diese Fälle zurückschauen, merken wir, dass gute Impulse auch schon in der Bibel ihre positive Wirkkraft verlieren können. Allein die Veränderung von Schulden zu Schuld bewirkte eine Verzerrung, die fatal sein kann. Oder denken wir an das schöne Bild vom Weinstock und den Rebzweigen, das der Evangelist Johannes selbst trübte und abschwächte, indem er mehrere „Wenn...dann..."-Sätze einbaute.

Deleuze bezeichnete einen schöpferischen, befreienden Impuls als Fluchtlinie. Er untersuchte mit Guattari in „Tausend Plateaus" auf verschiedene Weisen, wie sich Fluchtlinien verhärten und verkrusten können, ja sich in ihr Gegenteil umwenden können. Man muss also in der Unterscheidung der Geister höchst aufmerksam sein. Es gibt keine Garantie, dass irgendetwas (ein Text, eine Institution, eine Bewegung, ein Mensch...) auf ewig gut ist und immer, auch in der Wirkung und Weiterführung von wem auch immer, positive Früchte hervorbringt. Ganz banal bedeutet das z. B., dass man nicht sagen kann, liberales Christentum ist gut und konservatives Christentum ist schlecht oder umgekehrt.

Die Ambivalenz geht bis an die Wurzel: Wenn sogar Paulus zutiefst ambivalent ist bzw. wir ihn als ambivalent nur fassen können, wenn man auch Jesu Worte weiter entwickeln und ins heute transformieren muss (siehe Jüngerregel), dann stellt sich die Frage nach den Kriterien. Zwei Kriterien möchte ich an dieser Stelle als hilfreich angeben:

1. An den Früchten werdet ihr sie erkennen. Hier stellt Jesus selbst das grundlegend pragmatische Kriterium auf.
2. Prozesse sollten auf und ab gehen, es sollte kein „dogmatischer" Stillstand entstehen. Das wäre ein Hinweis für Verkrustungen. Ignatius hat dieses Kriterium für den Verlauf von Exerzitien angegeben.

Wir werden im Verlauf dieses Buches noch weitere Kriterien herausarbeiten. Den Begriff Sünde werden wir nie völlig im Christentum „beseitigen" können. Dafür ist er zu tief schon in den Schriften des NTs verbreitet. Aber wir können in unserer Verkündigung das Denken des „alten" Sünden-Christentums überwinden und vielfältiger und differenzierter über Begriffe wie Sünde, Kreuz, Sühne und Versöhnung, Schuld usw. predigen.

Besonders für die Bibel gilt: Verschiedenste Theologen haben angemahnt, dass wir von einem Kanon im Kanon ausgehen sollen. Die Gleichnisse Jesu sind z. B. zentraler als der nachträglich in die Korintherbriefe eingefügte Text, dass die Frauen im Gottesdienst schweigen sollen. Auch diese Unterscheidung wird uns keinen sicheren Leuchtturm geben. Und was zum Kanon im Kanon gehört, kann man nur immer vorläufig grob durch kritische Diskussion festlegen. Aber trotzdem ist die Unterscheidung als Kriterium wichtig. Denn nur so kann man begründet mit zentraleren Bibelstellen andere, problematische Bibelstellen kritisieren.

Gottes Gnade wirkt in der Welt – Peirces Kategorienlehre

Vorbemerkungen

Die traditionelle Dogmatik vor dem II. Vatikanum hatte ein großes Interesse daran, klare Abgrenzungen zu markieren. Man musste also Unterschiede postulieren, um Hierarchien irgendwie zu begründen. Man nutzte Stockwerkdenken und Wesensunterschiede, um Ausgrenzung und Abgrenzung zu begründen.

Eine Episode mag das verdeutlichen: Ich hielt einen Gottesdienst zum Stiftungsfest einer Studentenverbindung. Drei aktive Studenten mit der Uniform der Verbindung zogen mit mir zum Festgottesdienst ein. Bei der Kommunionausteilung wollte keiner die Kommunion empfangen. Ich sprach sie nach dem Gottesdienst an. Ein Student vertrat eine sehr konservative Sichtweise: Er selber konnte nicht kommunizieren, weil er noch nach 24 Uhr Alkohol getrunken habe und deswegen nicht nüchtern sei. (Diese Nüchternheitsgebote sind nach dem II. Vatikanum gestrichen worden.) Und seine zwei Kollegen dürfen nicht kommunizieren, weil sie evangelisch seien. Beim Mittagessen ließ ich mir es nicht nehmen, ihn in eine theologische Diskussion zu verwickeln. Ich sagte ihm, dass bei mir evangelische Christen sehr wohl zur Kommunion gehen dürfen. Er erwiderte, er sei der Senior der aktiven Studenten, deswegen müssen die beiden ihm folgen. Interessant, dachte ich mir, wie er die Hierarchien benutzt, um seinen Kopf durchzusetzen. Denn eigentlich bin ich in der kirchlichen Hierarchie eindeutig über ihm.

Ich griff seine Vorstellungen grundsätzlicher an: Sowohl die Bedingung, nüchtern zu sein, als auch die Bedingung, katholisch zu sein, widerspricht Jesu Praxis. Jesus hat dem Zöllner Zachäus nicht gesagt: Gebe dein Geld, das du zuviel abverlangt hast, zurück. Dann werde ich Dich besuchen. Jesus machte es umgekehrt: Er lud sich ohne Vorbedingung beim Zöllner Zachäus ein. Also – so argumentierte ich – sollten wir uns nicht anmaßen, soviel Bedingungen für die Teilnahme an der Eucharistie vorzuschreiben. Dagegen erwiderte er: Das Mahl, das Jesus mit dem Zöllner Zachäus gefeiert habe, sei nur ein einfaches Mahl gewesen und sei im Wesen nicht vergleichbar mit einer Eucharistiefeier. Hier wird nicht die heilbringende Gnade, sondern nur natürliche Gnade verschenkt. Zachäus sei außerdem dem Menschen Jesus begegnet. Wir begegnen in der Eucharistie der göttlichen Natur.

Diese Unterscheidung lehnte ich kategorisch ab. Das sei einfach schlechte Theologie. Wenn sich der leibhaftige Jesus bei Zachäus einlädt und mit ihm isst und dieses Mahl mit Jesus das Leben des Zachäus an der Wurzel umändert, dann ist da die volle Gnade, die durch eine Begegnung mit Jesus Christus geschenkt werden kann, geflossen. Warum soll das wesentlich eine Stufe niedriger sein als eine Eucharistiefeier?

Man erkennt an diesem Beispiel, wie die traditionelle Dogmatik versucht, durch Unterscheidungen, Hierarchien, Stockwerke Abgrenzungen zu schaffen, die nichts mit echten Glaubensvollzügen im Leben von Menschen zu tun haben. Sie haben vielmehr die Funktion, institutionelle Macht zu begründen.

Die Ausübung dieser institutionellen Macht hat aber schon oft Menschen verletzt und die Glaubwürdigkeit der Kirche beschädigt. Eine evangelische Frau wird von einem Kaplan nach der Messe ermahnt, dass es nicht okay ist, wenn sie zur Kommunion geht. So etwas ist einfach brüskierend und keineswegs pastoral-seelsorgerisch.

Grund genug, eine Gnadenlehre ohne Hierarchien und Abgrenzungen, ohne irgendwie transzendent begründete Aufteilungen, die nur der institutionellen Machterhalt dienen, vorzustellen. Die Kategorienlehre des Philosophen Peirce kann die philosophische Grundlage für eine solche Gnadenlehre sein. Wir werden sehen, dass diese Gnadenlehre mit Peirce Kategorien dem Immanenzdenken treu bleibt.

Dieses Kapitel eröffnet die Reihe von drei weiteren Korrekturen in der Theologie, die jeweils durch einen Philosophen inspiriert ist:

- Die Gnadenlehre, inspiriert durch Peirce
- Die christliche Ethik und die Ekklesiologie, inspiriert durch Bergson
- Die Gotteslehre, inspiriert durch Whitehead

Die drei Ebenen, Gottes Gegenwart zu betrachten

Es ist eine Glaubenswahrheit, dass Gott in der Welt gegenwärtig ist. Aber diese Gegenwart Gottes kann auf unterschiedliche Weise betrachtet werden.

Gott ist da - die Gegenwart Gottes an sich

Gott ist in gewisser Weise einfach da - nicht mehr und nicht weniger. Genügend Beispiele und Belege lassen sich in der Bibel und Theologiegeschichte finden. Gott zeigte sich dem Mose im brennenden Dornbusch als Jahwe: als Gott, der da ist. Für Jesus hat das Reich Gottes zuerst einen einfachen präsentischen Charakter. "Denn das Reich Gottes ist mitten unter euch." Lk 17,21.[76] Paulus in seiner Rede vor dem Areopag sagt:

"Denn in ihm leben wir, bewegen wir uns und sind wir" Apg 17,28. In der Spiritualität des Ignatius von Loyola ist die Übung, in allen Dingen die Gegenwart Gottes zu suchen, zentral. Die dahinterstehende Wahrheit drückt folgendes Zwiegespräch eindrucksvoll aus: "Ein Schüler fragt seinen Rabbi: Sag mir, wo Gott ist! Darauf antwortet der Rabbi: Sag mir, wo er nicht ist!"[77] Das Wichtige dieser Betrachtungsweise ist, dass keine Unterschiede in der Gegenwart Gottes gemacht werden. Gott ist erstens einfach da und zweitens überall (von ihm aus) "gleich" da. Seine Gegenwart durchdringt in immer gleicher Weise alles Bestehende.[78]

Das Reich Gottes wächst und ihm wird Gewalt angetan - Lebensweltliche Gnade

Diese zweite Betrachtungsweise wendet unseren Blick auf das Wirken der Gegenwart Gottes in der Geschichte. Z. B. ist Jahwe nicht nur der Gott, der da ist, sondern auch der Gott Israels, der das Volk aus Ägypten befreit. Der Begriff "Reich Gottes" enthält eine große Dynamik: Das Reich Gottes wächst an. Es ist besonders für Arme, Hungernde und Traurige da. Aber dem Reich Gottes wird auch Gewalt angetan (vgl. Mt 11,12). Diese zweite Betrachtungsweise nimmt also die Gnade Gottes und ihr Wirken in der Lebenswelt der konkreten Menschen in den Blick.

Mit dieser zweiten Betrachtungsweise erscheint uns die Gegenwart Gottes nicht mehr als überall gleich. Sondern Gott ist besonders für die Ausgestoßenen da. Er ergreift Partei. Es gibt Orte und Menschen, die Gott ablehnen und somit seine Gegenwart verdunkeln. Jesus wird von seinen Jüngern als ein Mensch erfahren, der in besonderer Weise Gottes Gegenwart verkörpert. Aber genau an diesem Jesus können wir zeigen, dass bei dieser Betrachtungsweise man nicht den Fehler machen darf, eine simple Skala der Gegenwart Gottes zu erstellen. Denn Jesus ruft am Kreuz: "Mein Gott, mein Gott, warum hast du mich verlassen?" So erscheint gerade in der Kreuzigung eine Paradoxie: In den Zeiten der Gottesferne ist uns Gott nahe. Das bezeugt die Auferstehungsbotschaft; in dieser bezeugt Gott: "Ich war bei diesem Jesus in seiner Todesstunde, obwohl er mich ferne glaubte."

Gegenwart in Wort und Sakrament

Bei der dritten Betrachtungsweise wird uns Gottes Gegenwart offenbar durch Zeichen. Wir Menschen brauchen sowohl ausgezeichnete Orte als auch besondere Zeiten, in denen wir uns bewusst machen, dass Gott für uns da ist. Rituelle Gegenstände und Handlungen erfüllen diese ausgezeichneten Orte und besonderen Zeiten. Sie sind Sakramente, Zeichen für die Gegenwart Gottes und Werkzeuge unserer Bewusstmachung dieser Gegenwart.

Dazu ein Beispiel: Am Muttertag kann man manchmal im Radio oder Fernsehen Diskussionssendungen verfolgen, in denen Menschen die

Forderung aufstellen, dass man den Muttertag abschaffen sollte. Es wäre viel besser, man würde sich jeden Tag seiner Mutter widmen, jeden Tag für die eigene Mutter dankbar sein und diesen Dank jeden Tag zeigen. Der Muttertag verführe dazu, dass man der Mutter nur an einem Tag des Jahres Dank zeige. Ich stelle die Behauptung dagegen: Wenn man den Muttertag abschafft, dann werden die meisten Menschen nicht jeden Tag, sondern an gar keinem Tag der Mutter deutlich Dank erweisen. Ich denke damit nicht schlecht von den Menschen, sondern nur realistisch. Wir Menschen brauchen Höhepunkte, zeitlich wie örtlich, die uns aus dem Getriebe des Alltags herausnehmen, damit wir uns der lebensnotwendigen Konstanten bewusst werden. Der Muttertag erinnert uns an die eigene Mutter. Das Kirchenjahr führt uns durch das unser Leben tragende Mysterium der Heilsgeschichte. Die sieben Sakramente kennzeichnen lebensweltliche Höhepunkte, die gleichzeitig Glaubenshöhepunkte sind. Die gesprochenen Worte lassen uns Zusammenhänge erkennen, deuten Handlungen, fördern die Bewusstmachung, lassen uns erinnern und können auffordern. Es ist eine tiefe menschliche Weisheit: Einebnen der Höhepunkte führt zur Nivellierung. Die Höhepunkte sollen dagegen die allgemeine Achtsamkeit fördern. Der Muttertag kann bewirken, dass man auch insgesamt der Mutter gegenüber dankbarer ist.

Mit Peirces Kategorienlehre die drei Betrachtungsebenen analysiert

Nach der Darlegung der drei Betrachtungsebenen stellt sich die Frage: Wie hängen diese zusammen? Gibt es Abhängigkeiten? Peirces Kategorienlehre kann uns bei diesen Fragen wichtige Hinweise geben, die aber danach theologisch eingeholt werden müssen. Daraus ergeben sich Elemente einer Kriteriologie.

Die drei Betrachtungsebenen wurden bis jetzt rein theologisch beschrieben. Vergleicht man sie aber mit den drei Kategorien von Peirce, dann ergibt sich eine eindeutige Konvergenz.

Die erste Betrachtungsebene, die Gegenwart Gottes an sich, lässt sich als Erstheit (Qualität) beschreiben, die zweite Betrachtungsebene, die lebensweltliche Gnade, als Zweitheit (Aktionen und Reaktionen zwischen Ich und Nicht-Ich), die dritte Betrachtungsebene, Worte und Sakramente, als Drittheit (Vermittlung, Synthesis).

Ohne auf eine weitere Charakterisierung der drei Kategorien und eine Auseinandersetzung mit der Parallele einzugehen, möchte ich gleich die entscheidenden Hinweise aus Peirce's Kategorienlehre anführen:

1. Die Erstheit kann unabhängig von den beiden anderen Kategorien gedacht werden. Die Zweitheit setzt die Erstheit voraus. Die Drittheit setzt die Erstheit und die Zweitheit voraus.[79]

2. Die Erstheit realisiert sich in der Zweitheit, die Erstheit und die Zweitheit drücken sich in der Drittheit aus.

Man muss die Zusammenhänge von 1. und von 2. unterscheiden.

In 1.) werden Abhängigkeiten thematisiert. Die Zweitheit z. B. ist fundiert in der Erstheit, man kann sie ohne die Erstheit nicht denken.

Beim 2.) geht es um die natürliche Dynamik von der Erstheit zur Zweitheit und dies reflektierend in der Drittheit.

Wir können die drei Kategorien auch anthropologisch-theologisch durchspielen:

Die Erstheit ist die Würde des Menschen, sie ist einfach da. Wir sind Kinder Gottes, Geschöpfe Gottes. Das ist einfach so.

Die Zweitheit zeigt sich in den Charismen und Begabungen eines Menschen und der Entfaltung derselben in der Lebenswelt.

Die Drittheit zeigt sich z. B. in einem Dankeschön, in einer Wertschätzung, in einer Geburtstagsfeier.

Ein Mensch mit einem gesunden Selbstwert-Gefühl weiß, dass sie/er unabhängig von jeder Leistung eine Würde von Gott hat, dass sie/er Begabungen hat, die sie/er gerne entfaltet und dass sie/er auch gerne ein Kompliment, eine Würdigung entgegennimmt und als Seelennektar wertschätzt.

Durch diese Ordnung ergeben sich wichtige Einsichten:

Keine Sünde zerstört die Gegenwart Gottes an sich

Die Zweitheit setzt die Erstheit voraus. Die lebensweltliche Gnade setzt die Gegenwart Gottes an sich voraus. Theologisch negativ formuliert lautet die Aussage: Keine Sünde zerstört die Gegenwart Gottes an sich. Nochmals anders formuliert: Es gibt nach dem Sündenfall keine Totalverderbtheit des Menschen. Abstrakter formuliert: Die Zweitheit setzt die Erstheit voraus und nicht umgekehrt.

Deswegen ist es eine „Meta-Sünde", wenn man diese Ordnung durcheinanderwirbelt, wie es Augustinus getan hat. Für ihn ist die Sünde des Adam so tief, dass Adam und – über die Erbsünde – wir alle von uns aus unfähig sind, Gutes zu tun. Luther folgt hier ganz Augustinus. Erasmus kritisiert zurecht Luther: „Unter den vielen Schwierigkeiten, die einem in der Heiligen Schrift begegnen, ist kaum ein so unergründlicher Irrgarten wie der vom freien Willen. Vor kurzem wurde dieser Gegenstand wieder hervorgeholt von Martin Luther. Alles, was Menschen tun – und seien sie noch so fromm – wäre Sünde, die ewige Verdammnis eintrüge, wenn nicht der Glaube und Gottes Barmherzigkeit sich ins Mittel legte." Denn „sola gratia" – „allein durch Gnade", so Luther, werde der Mensch von Gott gerechtfertigt.

Um die Wirkung zu demonstrieren, übertrage ich diese falsche Logik auf die Eltern-Kind-Beziehung. Wenn Eltern sagen „Du bist böse, wenn Du das machst", dann verändert die Zweitheit die Erstheit angeblich. Denn mit diesem Satz sagen die Eltern nicht nur „Wenn Du das machst, ist das, was du da tust, nicht gut und hat schlechte Folgen.", sondern sie sagen vielmehr: „Du bist in deinem Sein, in deinem Wesen böse." So muss das Kind verzweifelt eine Strategie finden, um die Gunst der Eltern wieder zu erreichen, damit sie das Urteil fällen: „Du bist ein gutes Kind!" Aber es ist abhängig von der „Gnade" der Eltern. Wenn das Kind aber in einer haltenden Umgebung aufwächst, hat es das Vertrauen, dass es geliebt wird, auch wenn es etwas tut, das nicht richtig war. Vielleicht schämt sich das Kind nach einer Zurechtweisung, aber die Scham dringt nicht so tief ein, dass es sich für böse und verstoßen und beschmutzt hält.

Augustinus wie Luther machen den Fehler, dass sie das Wirken des Heiligen Geistes nicht in der Natur selbst wahrnehmen wollen. (Sie schaffen damit Stockwerke im Sein.) Genau das aber betonte Pelagius. Er wurde leider missverstanden und abgelehnt. "Im Widerspruch zu Augustinus, der die menschliche Natur als Gegensatz zur göttlichen Gnade sehen wird, betont Pelagius: Schon die menschliche Natur ist Gnade. Aus dieser Grundgnade heraus haben alle Menschen die Fähigkeit, das ihnen ins Herz geschriebene Gesetz Gottes zu erfüllen. [...] Allerdings nimmt Pelagius, was in der Polemik übersehen wird, eine zweite schöpfungsmäßige Grundgnade an: Der Schöpfer begleitet sein menschliches Geschöpf, d. h. alle Menschen mit einer jeweils aktuellen Hilfe [...]. Diese universale, aktive Beistandsgnade wird allen Menschen angeboren. [...] So ist die Realisierung der Fähigkeit, sündenlos zu leben, nicht ein isoliertes menschliches, sondern ein mit Gottes Gnadenhilfe durchgeführtes Werk. [...] Ergänzend zu diesen Schöpfungsgnaden gibt es nach Pelagius noch spezielle heilsgeschichtliche Gnadenerweise Gottes. Sie sind nach dem Fall Adams zum Heil der Menschen nötig geworden. Denn der Fall hat mehrfache schlimme Folgen gehabt: Die Vernunft der Menschen ist verdunkelt und ihr Wille ist geschwächt; [...] Die Macht der Sünde hat aufgrund von schlechtem Beispiel und Gewohnheiten überhandgenommen."[80] Augustinus und Luther sehen das anders: "Während Adam vor dem Fall [...] den vollen, auch zum Guten fähigen freien Willen hat und durch das eigene Verdienst der Ausdauer die Fülle des Glücks erhalten hätte, bleibt dem Menschen nach dem Fall gar nichts Gutes mehr, keinerlei Kraft [...]. Die Menschheit ist im Gefolge der Erbsünde ein gänzlich dem Bösen verfallener, völlig ohnmächtiger Haufen: eine Masse der Sünde, eine Masse des Verderbens, eine Masse der Verdammnis. Aus dieser gerechten Verdammnis aller gibt es nur eine einzige Rettung: die Gnade Gottes, vermittelt durch den Erlöser Jesus Christus. [...] Die absolute Gratuität der Prädestination bewirkt, dass niemand dem sich mit eigenen Verdiensten brüstenden Stolz verfallen kann."[81]

Beiden Positionen liegt eine unterschiedliche Bestimmung des Verhältnisses von Schöpfung und Christusereignis zugrunde. Nach dem Sündenfall wirkt bei Pelagius weiterhin Gnade, auch wenn sie von der Sünde verdunkelt oder überdeckt wird. Die Offenbarung Gottes durch Christus macht diese wirkende Gnade wieder offensichtlich. Bei Augustinus aber wird die Schöpfung nach dem Sündenfall absolut von dem Stand der nur durch Christus gerecht gemachten Menschen unterschieden. Die zwei Positionen haben eine völlig unterschiedliche Bewertung des Verhältnisses von Schöpfungslehre und Christologie zur Folge.

Fassen wir zusammen: Die Gegenwart Gottes an sich ist also durch den Sündenfall nicht zerstört. In der Lebenswelt "inkarniert", "aktualisiert" bzw. "vergeschichtlicht" sich die Gegenwart Gottes an sich. Hier stößt sie auch auf Widerstände, die sie verdunkelt und verzerrt.[82] Aber wo sie sich aktualisiert, ist sie lebensweltliche Gnade. Sie zeigt sich z. B. in den Charismen, im Wachsen von Glauben, Liebe und Hoffnung.

Nun kommen wir zu einem weiteren Fall, bei dem die Ordnung durcheinandergewirbelt werden kann.

Sakramente sind in der Lebenswelt verortet

Die Drittheit setzt die Zweitheit voraus. Die Sakramente sind in der Lebenswelt verortet. Sakramentale Gnade ist in lebensweltlicher Gnade eingebettet, sie symbolisiert und feiert jene. Diese Feier stärkt dann wieder für den Alltag. Die sakramentale Gnade ist Zeichen der Gnade, die in der Lebensgeschichte, in der Lebenswelt, in Gemeinschaften, in Geschichten, in Geschichte überhaupt wirkt.

Negativ formuliert: „Am Sonntag gehen sie in die Kirche, aber unter der Woche verhalten sie sich gar nicht wie Christen." Wenn Mitchristen so etwas über ihre Nachbarn sagen, dann setzen sie genau diesen Zusammenhang voraus. Lebenswelt und kirchliches Feiern kann nicht und soll nicht auseinanderfallen, ansonsten wird es unglaubwürdig, scheinheilig!

Diese These geht davon aus, dass es neben der lebensweltlichen Gnade keine gesonderte sakramentale Gnade gibt und dass die sakramentale Gnade nicht die Quelle der lebensweltlichen Gnade sein kann.

Die These soll hier durch die Praxis untermauert werden. Denn in der Sakramentenpraxis und pastoralen Praxis hat man immer gewusst und immer wieder festgestellt, dass die sakramentale Gnade in der lebensweltlichen Gnade eingebettet ist. Einige Beispiele sollen dies aufzeigen:

Eine Partnerschaft für das ganze Leben einzugehen, ist ein Wagnis, zu dem man nur aus einem gewordenen Vertrauen heraus ja sagen kann. Die Verlobung vor der Ehe verweist darauf, dass vor dem Ja in der Eheschließung eine gemeinsame Zeit des Prüfens sinnvoll und notwendig (die Not einer falschen Entscheidung abwendend) ist. In der Verlobung sagen zwei Menschen zueinander: Ja, ich glaube, dass wir ein gutes Paar ergeben können. Wir gönnen uns nun eine Zeit, um nachzuspüren, ob zwischen uns die Gnade der Liebe gedeiht. In der Verlobungszeit soll sich der lebensweltlichen Gnade versichert werden, oder ganz salopp formuliert: Ob die zwei zueinander passen und sich wirklich mögen. Denn dieses Sich-mögen ist wirklich Gnade!

Gerade bei der Ehe ist es wohl jedem einsichtig, dass die sakramentale Gnade in die lebensweltliche Gnade eingebettet ist, jene symbolisiert und feiert und dann auch rückwirkend stärkt. Wenn die lebensweltliche Gnade fehlt, scheitert die Ehe – auch wenn diese Ehe nicht öffentlich getrennt wird.

Die lebensweltliche Gnade beim Weihesakrament wird als Berufung bezeichnet. Um einer Berufung sicher zu sein, gibt es drei klassische Kriterien, die ganz auf der Ebene der Lebenswelt liegen: 1. Die Person muss ein Können, ein Vermögen bzw. passende Charismen besitzen. (Wenn jemand nicht malen kann, ist er nicht zum Maler berufen.) 2. Die Person muss wollen, sie muss der Berufung zustimmen. (Wenn jemand nicht malen will, wird er nicht Maler werden.) 3. Die Berufung muss bei den anderen Menschen auf Resonanz stoßen. (Wenn keiner die gemalten Bilder anschauen will, dann ist er letztlich kein Maler.) Vor der Weihe sollen deswegen die Kandidaten früh genug erstens sich ihrer Fähigkeiten und Schwächen (an denen sie ja arbeiten können) bewusst werden und zweitens auch ihre Entschiedenheit zu diesem Weg überprüfen. Das dritte Kriterium hat seinen Niederschlag direkt in einem Teil der Weiheliturgie, wenn der Regens dem Bischof antwortet: Das Volk und die Verantwortlichen wurden gefragt, ob er würdig ist. Auch bei diesem Sakrament kann die lebensweltliche Gnade Defizite vorweisen. Die Kirche als Institution konnte im Donatistenstreit nicht anders entscheiden. Sie musste die lebensweltliche Gnade des Spenders aus der Frage nach der Wirksamkeit der Sakramente ausschließen. Eine andere Entscheidung hätte wohl unmenschliche Konsequenzen beschert. Trotzdem kann man die Differenz zwischen der lebensweltlichen Gnade und dem Sakrament nicht vertuschen. Der Fundamentaltheologe Elmar Klinger formuliert dies so: "Sakramente sind wirksame Zeichen, sind Zeichen der wirksamen Gnade Christi und wirken ex opere operato kraft ihrer eigenen Verwiesenheit auf seine Person. Aber sie wirken nicht automatisch, man kann ihnen Widerstand entgegensetzen, dadurch ihren Sinn verfehlen und ihre Wirksamkeit verhindern."[83]

Wer die Lebenswelt als total sündenverderbt seit dem Sündenfall annimmt, der wird die obige These ablehnen. Für diesen theologischen Denker verwirklicht sich die Gegenwart Gottes an sich in der Lebenswelt nur durch die Sakramente bzw. durch das Wort. Daran sieht man, dass die obige theologische Position hier ihre Auswirkungen hat und dass die Abhängigkeit der Drittheit von der Zweitheit eine Abhängigkeit der Zweitheit von der Erstheit voraussetzt. Wenn ein Priester augustinisch denkt und Stockwerke im Sein sieht, tendiert er dazu, sich als „sakrosankte" Person zu inszenieren, die die Gnade weiterzugeben hat. Sein Kirchenbild tendiert dazu, die Kirche von der Welt abzusetzen.

Aber auch die Kirche als Sakrament ist in der Lebenswelt verortet. Der Theologe Sobrino unterscheidet deswegen zwischen sekundärer und primärer Ekklesialität. "Die Kirche als Institution ist in diesem Fall Treuhänderin des Glaubensgutes und Garantin der letztgültigen Wahrheit. Das setzt eine Realität voraus, die noch davor liegt und die wir *primäre Ekklesialität* nennen: die gemeinsame Verwirklichung des Glaubens an Christus und die Vergegenwärtigung Christi in der Geschichte, insofern er das Haupt seines Leibes, der Kirche, ist. Unter der primären Ekklesialität verstehen wir, dass sich innerhalb der Kirche deren Wesen verwirklicht, insofern in ihr Glaube, Hoffnung und Liebe werden bzw. - christologisch formuliert - Nachfolge Jesu realisiert wird. Wenn die Kirche das tut und ist, wird sie zum Sakrament im Hinblick auf Christus, sie wird zu seinem Leib in der Geschichte."[84] Ein gutes Beispiel für diesen Zusammenhang ist Paulus' Kritik an den Korinthern, dass die Reichen der Gemeinde schon vorzeitig das Essen beginnen und nicht auf die Ärmeren warten. In einer solchen Lebenswelt, in der so miteinander umgegangen wird, kann der Sinn des Sakramentes nicht voll zum Tragen kommen.

Eine positive Aussage ist keine exklusive - Sakramente verweisen auf die Gegenwart Gottes an sich

Wenn die Zweitheit die Erstheit voraussetzt und die Drittheit die Zweitheit, dann ist auch die Drittheit in der Erstheit verortet. Theologisch bedeutet dieser Zusammenhang, dass eine positive Aussage keine exklusive ist. Oder anderes formuliert, dass die Sakramente auf die Gegenwart Gottes an sich verweisen. Der Theologe Simonis wendet dieses Prinzip an. Gleich am Anfang seiner Dogmatik schreibt er zu LG 16: "Während die Kirche früher hinsichtlich des Heiles eine exklusive Aussage traf und diese Exklusivität (nur in der Kirche ist Heil) noch einmal durch eine weitere negative Aussage (außerhalb der Kirche ist kein Heil) zum Ausdruck brachte, spricht das Vatikanum II von Heil und Heilsmöglichkeiten in positiver und nicht exklusiver Weise. (...) Dass die Kirche der "Raum des Heiles" ist, diese Überzeugung teilt die Kirche der Gegenwart selbstverständlich mit der ganzen Tradition. Aber Lumen gentium sieht darin einen positiven Sachverhalt, dessen Positivität nicht erst dadurch einleuchtend wird oder gemacht werden muss, dass er zu einem exklusiven erhoben wird; und dies gar dadurch, dass gesagt wird: Alle, die nicht zu Kirche gehören, die nicht getauft sind, können nicht gerettet werden."[85]

Simonis zeigt am Beispiel der Eucharistie auf, wie eine Missachtung dieses Prinzips negative Folgen haben kann. Die Realpräsenz Jesu Christi in der Eucharistie ist eine Glaubensüberzeugung der Kirche. Wenn man aber dem Leitsatz "lieber etwas zu viel als zu wenig Wunder"[86] folgt anstatt dem Prinzip, dass eine positive Aussage keine exklusive ist, dann wird der Zusammenhang zwischen der Gegenwart Jesu Christi in der Eucharistie und der Gegenwart Christi im ganzen Kosmos vernachlässigt: "Die Theologie selbst suchte das besonders Wunderbare, das Mirakulöse, und geschehe es auch nur unsichtbarerweise. Damit verrät sie zum einen, dass sie mehr affirmativ als distanziert erhellend dem religiösen Bedürfnisse des Volkes verhaftet ist; zum anderen aber auch, dass sie fixiert auf das eine "Wunderbare", nicht mehr den Zusammenhang des Ganzen sieht, das in der Tat ein bleibendes Wunder ist und zudem auch und erst recht das Mysterium der Realpräsenz gehört."[87]

Wichtig ist die Hochhebung des Gesamten anstatt der Hervorhebung eines Besonderen auf Kosten des anderen Teils der Realität, anders formuliert: Sakramente sind Lernorte, um Gott in *allen Dingen* zu entdecken; sie sind dazu da, das ganze Leben als heilig zu entdecken, die ganze Welt als Sakrament Gottes, und nicht, um eine kleine heilige Welt inmitten des Jammertals „Welt" zu schaffen, um diesem Jammertal zu entfliehen.

Konkretisierung und Gestaltwerdung

Neben diesen drei Abhängigkeiten ergab sich aber aus der Kategorienlehre von Peirce auch, dass die Erstheit sich in der Zweitheit realisiert und die Zweitheit sich in der Drittheit ausdrückt. Die Erstheit hat einen "natürlichen Drang", sich in der Zweitheit zu konkretisieren und in der Drittheit Gestalt zu werden. Auch diese grundsätzliche Ordnung findet sich in der Glaubenswelt wieder: die christlichen Mystiker zum Beispiel bleiben nicht bei der reinen Gottesschau stehen, sondern sie wollen Gottes Gegenwart und Gnade in der Lebenswelt, also unter den Menschen konkret werden lassen. Wer bei der reinen Gottesschau stehen bleibt, der lehnt entweder die Welt als nicht wesentlich oder durch die Sünde total verdorben ab oder er möchte die Gottesschau für sich genießen und ist ein Egozentriker, der das Wesen der Gegenwart Gottes nicht verstanden hat. Deswegen lobt Bergson die christlichen Mystiker, weil sie im Gegensatz zu Plotin eine aktive und den Nächsten liebende Kontemplation pflegten und pflegen. Deswegen warnen große Zenmeister vor der Gefahr, nach einer Erleuchtung in der Welt der Leere, d. h. in der Erfahrung der reinen Gegenwart des Absoluten (die Erstheit pur!), stecken zu bleiben.

Die Kraft des Zeichens, auf die Gegenwart Gottes zu zeigen

Der skeptisch fragende Leser wird mir vielleicht nun folgenden Fall vorlegen: angenommen, ein Mensch lebt in einer Lebenswelt, in der Hass und Gewalt herrschen oder in der er sich einsam und verlassen fühlt. Können und müssen dann nicht die Sakramente wirkliche Zeichen für die Gegenwart Gottes an sich sein jenseits dieser Lebenswelt? Kann sich die Drittheit auf die Erstheit jenseits der Zweitheit beziehen?

Ich muss diesem Einwand Recht geben: die Sakramente können und müssen eine Kraftquelle sein auch in einer dunklen und zerrissenen Lebenswelt. Aber die Rituale der Sakramente dürfen nicht zu einer Sonderwelt werden, in der sich dieser Mensch auf Dauer zurückzieht. Wenn die Sakramente wirklich Zeichen der Gegenwart Gottes für diesen Menschen werden, dann führt diese Erfahrung, ja muss diese Erfahrung dazu führen, dass dieser Mensch in seiner dunklen und zerrissenen Lebenswelt ein Lichtschein sein will. Dieser Gedankengang hat natürlich seinen Bezug zur klassischen dogmatischen Lehre, dass die Sakramente unabhängig von der Würdigkeit des Spenders sind und dass Jesus Christus der eigentliche Geber der Sakramente ist.

Die Erstheit entzieht sich dem Zugriff - die Gegenwart Gottes ist Geschenk

Der Schriftsteller Gerhard Hauptmann ist bekannt für seine Sozialkritik. Er ist somit ein Kämpfer für eine bessere Lebenswelt. Umso mehr erstaunt es, dass er in seinem Jesusroman "Der Narr in Christo Emanuel Quint" das Reich Gottes als etwas entdeckt, das sich zwar in der Lebenswelt aktualisiert, das sich aber darauf nicht reduzieren lässt. Kuschel schreibt dazu: "Dieses Reich ist - folgen wir dem Roman - offensichtlich nicht einfach durch Anstrengungen eigener Sittlichkeit oder Programme gesellschaftlicher Praxis herbeizuführen. Es ist radikal Gnade, immer nur von Gott geschenkt, und besteht bedingungslos aus dem Gebot der "Selbstlosigkeit", das jegliches Verfügen über das Reich als "Lohn" sittlichen Tuns oder als Sozialprogramm außer Kraft setzt. In dieser Perspektive erscheint Quints Narrentum als Ausdruck einer Gottunmittelbarkeit, die "unbegreiflich" und "anormal" wirkt, weil sie sich jeder menschlichen Verfügung entzieht. Geschieht dies dennoch, wie bei den Anhängern des Predigers, die Quint für ihre Messias- Hoffnungen funktionalisieren, vergreifen sie sich an ihn. Sie haben nicht begriffen: das Gottes Reich [...] leuchtet nur auf in der Präsenz der Gottes- und Geistesfülle, der auf Seiten des Menschen die radikale Selbstlosigkeit entspricht."[88]

Gott ist und bleibt anders, absolutes Geheimnis und damit immer unverfügbar. Ich kann Gott nicht „einspannen"!

Der Philosoph Levinas hat etwas Unverfügbares auch im Anderen, im Mitmenschen entdeckt. „Hier hingegen ist das Antlitz für sich allein Sinn. Du, das bist du."[89] Im Antlitz erkenne ich den Anderen als Geheimnis.

Aber Levinas fehlt meines Erachtens dann die Einsicht, dass ich mir dann auch selbst Geheimnis bin. Deleuze dagegen war das klar: „Denn der Andere ist kein anderes Ego, sondern das Ego ein anderes, ein gespaltenes Ego."[90] Um mich oder den Anderen als Geheimnis zu entdecken, muss ich aber meine festen Beschreibungen (z. B. Pfarrer dreier Gemeinden, ungewöhnlicher Prediger usw.) überschreiten. Sloterdijk wies daraufhin, dass sich Musil für den „Mann ohne Eigenschaften" von der christlichen Mystik inspirieren ließ: „Martin Buber hatte 1909 ein Büchlein unter dem Titel Ekstatische Konfessionen herausgegeben, eine Sammlung "mystischer Zeugnisse aller Zeiten und Völker". Dieses Buch hatte Musil zeitweilig auf seinem Schreibtisch liegen, als er an seinem Roman schrieb. Das Eigenschaftsloswerden gilt in der deutschen Mystik des 14. und 15. Jahrhunderts als höchster Zustand der christlichen Seele."[91] In diesem Leerwerden zeigt sich dann das Geheimnis, das Unverfügbare.

Folgerungen für den Sündenbegriff

Von dieser Analyse der drei Ebenen mit Peirces Kategorienlehre ergeben sich neue Aspekte für das Sündenverständnis. Sünde geschieht, wenn diese Ordnung, die wir in „Mit Peirces Kategorienlehre die drei Betrachtungsebenen analysiert" skizziert und danach entfaltet haben, durcheinandergebracht wird. Einige Beispiele:

Gott einspannen wollen: Das kann auch in der Rede über Gott geschehen, genau zu meinen, wo Gott gewirkt hat. Ich hörte in einer Austauschrunde auf einem christlichen Festival folgende Aussage einer Frau: „Gott hat mich hier zu diesem christlichen Festival geführt. Eigentlich wollte ich nicht hin. Aber er schubst mich dann. Wenn wir auf ihn hören, führt er uns immer gute Wege." Ich halte dieses Weltbild für problematisch. Gott wird zu menschlich, zu klein gedacht. Außerdem blenden dieses Weltbild und Gottesbild die immensen Leiderfahrungen und Erfahrungen von Sinnlosigkeit aus.

Anderen die Gnade absprechen: Schon Jesus kritisierte seine Jünger, als sie ihm erbost meldeten: Da treibt jemand in deinem Namen Dämonen aus. Das darf er doch nicht. Abstufungen wie z. B. Papst Benedikt vorgenommen hat, die evangelische Kirche sei keine Kirche sondern nur eine kirchliche Gemeinschaft, ist anmaßend. Diese Abstufungen blenden auch aus, dass lebensweltlich gesehen in manchen Bereichen der evangelischen Kirche „mehr" Christentum gelebt wird als in vielen Bereichen der katholischen Kirche…

Potemkinsche Dörfer: Dass die Fassade nicht zum Hintergrund passt, dass die Verpackung einen anderen, besseren Inhalt vorgaukelt, das gibt es nicht nur in der Kirche. Aber gerade im Zusammenhang der Sakramente erleben das leider viele Menschen: Gottesdienste, Messfeiern werden immer auch einfach „abgewickelt". So gibt es Priester, die bei jeder Beerdigung dieselbe Predigt halten! Oder Ministranten, Mesner und Lektoren erleben in der Sakristei einen cholerischen Priester, der dann vor der Gemeinde Schönwetter macht.

Verurteilungen: „Du bist böse!" – Das ist eine Aussage über das Wesen, die Natur des Menschen. Dieses Urteil bewirkt eine tiefe Scham, die nicht positiv zu einer Verhaltensänderung führt, sondern das Urteil zersetzt Selbstbewusstsein und Urvertrauen.

Rückzug in die Innerlichkeit: Wenn man ein Taborerlebnis geschenkt bekommt, kann man nicht drei Hütten bauen und verweilen. Man muss wieder ins Tal zurück und die Gnade in der Welt wirken lassen. Dafür sind Taborerlebnisse da!

Die klassische Dogmatik hat in ihrer Sakramentenlehre auch ein triadisches Zeichen-Modell: res sacramenti, res et sacramenti, sacramentum tantum. Man kann diese drei Aspekte einfach den drei Ebenen Erstheit, Zweitheit, Drittheit zuordnen. Da stellt sich die Frage, warum ich für diesen Artikel nicht die alten Begriffe benutzt habe, sondern neue eingeführt habe. Die Einführung dieser neuen Begriffe war insofern wertvoll, weil sie die Differenzierungen deutlicher herausheben können und die Kriterien, welche Abhängigkeiten, Beziehungen, Dynamiken und auch partiellen Eigenständigkeiten bestehen und welche nicht, klarer präzisieren können.

Eine immanente Ethik – die gewaltfreie Kommunikation und Spinozas Ethik

Die Goldene Regel ist ein Ansatz zu einer immanenten Ethik im Neuen Testament (und in vielen anderen Religionen und Kulturen, wie Hans Küng belegte.) Die gewaltfreie Kommunikation von Marshall Rosenberg entfaltet gewissermaßen diese Ethik der Goldenen Regel.

Die gewaltfreie Kommunikation bietet gegenüber dem klassischen Sündenverständnis eine andere Sichtweise auf den Menschen und seine „Sünden" an. Wie wir schon bei der Erbsündenlehre des Augustinus gesehen haben, kann es „Sünden", also Absonderungen vom Lebensförderlichen auch auf der Meta-Ebene geben. Diese Einsicht hatte Rosenberg in ganz allgemeiner Weise und unterscheidet deswegen Wolfssprache, die lebenshinderlich ist, und Giraffensprache, die lebensförderlich ist. So können wir auch sagen: Das verurteilende Sünden-Christentum ist ein konkretes Beispiel für Wolfssprache.

Ich habe in dem Buch „Spinoza und Rosenberg" versucht aufzuzeigen, dass die gewaltfreie Kommunikation eine spinozistische Ethik ist. Die zentralen Gedankengänge dieses Buches greife ich hier auf und ergänze sie an einigen Stellen. So können wir einerseits die gewaltfreie Kommunikation darlegen und andererseits einiges aus Spinozas Philosophie und Ethik kennenlernen.

In „Exerzitien der Nächstenliebe" habe ich durch die Verknüpfung mit Bibelstellen darlegen können, dass die gewaltfreie Kommunikation ganz im Sinne der Ethik Jesu ist. Wen es interessiert, warum die GfK gewissermaßen eine Ausformulierung der Ethik Jesu ist, lese bitte dieses Exerzitienbuch.

Rosenbergs persönliche Erfahrungen

Rosenberg entwickelte seine GfK aus mehreren prägenden Erfahrungen. Einige dieser Erfahrungen kreisen um die Sünde der Gewalt.

In Detroit erlebte er während des Kriegsendes die Rassenkrawalle. „Ich habe gelernt, dass Menschen sich aufgrund ihrer Hautfarbe gegenseitig verletzen und umbringen. Und als ich zur Schule ging, bekam ich zu spüren, dass mein jüdischer Nachname Aggressionen bei anderen auslöste. Also bin ich mit der Frage aufgewachsen: Was bringt Menschen dazu, andere zu verletzen? Was gibt es ihnen, jemanden leiden zu sehen?

Gleichzeitig hatte ich das Glück, in meiner Familie das genaue Gegenteil zu erleben. Als meine Großmutter sterbenskrank war - sie war am ganzen Körper gelähmt -, kam jeden Abend mein Onkel zu uns und hat meiner Mutter

geholfen, sich um meine Großmutter zu kümmern. Und ich konnte sehen, wie er dabei gestrahlt hat; ihn schien das mit tiefer Freude zu erfüllen. Und ich dachte: Warum ist das so, warum gibt es Menschen wie meinen Onkel und warum gibt es Menschen, die fähig sind, andere zu töten? […]
Mittlerweile bin ich davon überzeugt, dass es um Sprache und Kommunikation geht. Die Antwort auf die Frage nach der Ursache von Gewalt liegt in der Art und Weise, wie wir gelernt haben zu denken, zu kommunizieren und mit Macht umzugehen."[92]
In seiner Arbeit als Therapeut entdeckte er auch das Phänomen der strukturellen Sünde: „Die meisten Menschen, die zu mir kamen, waren Frauen mit Depressionen. Und ich habe immer deutlicher gespürt, dass ich als Therapeut die ganze Zeit nur mit den individuellen Symptomen beschäftigt war, deren Ursache in meinen Augen ganz woanders, nämlich in den gesellschaftlichen Strukturen, in unserer Sprache, in den Machtverhältnissen zu finden waren. Diese Frauen waren nicht depressiv, weil sie krank waren. Ich meine, die Rolle, die Frauen seinerzeit hatten, würde vermutlich fast jeden Menschen in Depressionen stürzen. Also warum nicht lieber die Strukturen verändern, wenn sie zerstörerisch sind für die Menschen, die in ihnen leben?"
Die weit verbreitete Wolfssprache ist also theologisch betrachtet eine strukturelle Sünde, die Menschen zu Gewalt oder Depression führt. Genau diese strukturelle Sünde möchte Rosenberg mit der gewaltfreien Kommunikation überwinden. Sein Heilungsansatz ist eine neue Art der Kommunikation, die wirkliche Empathie enthält: „Meine Arbeit mit den Klientinnen, die mit Depressionen zu mir kamen, war deshalb so erfolgreich, weil ich ihnen zugehört habe. Ich hätte ihnen eine Diagnose stellen, sie hätten Antidepressiva nehmen können, aber was ihnen geholfen hat, war: Ich habe ihnen, ihrem unglaublichen Schmerz und ihrer Verzweiflung, Empathie gegeben. Und das war es, was ihnen geholfen hat, was ihnen die Kraft gegeben hat, etwas zu tun, um ihre Lebenssituation zu verändern."
Halten wir fest: Wenn Menschen sich wirklich empathisch begegnen, kann Heilung geschehen!
Wir werden diese Einsicht im IFS-Kapitel vertiefen und präzisieren: Wenn jemand vom Selbst geführt zuhört, sowohl einen anderen Menschen als auch seinen eigenen Teilen, dann hat das Potential heilend, befreiend, entlastend, gesund ordnend zu wirken. Das merkt man auch in der Traumatherapie: Das Wichtigste ist die vertrauensvolle Beziehung zwischen Traumatisierten und BegleiterIn.

Kurzeinführung in die gewaltfreie Kommunikation anhand eines Beispiels

Für alle, die sich noch nie mit gewaltfreier Kommunikation beschäftigt haben, sei hier eine Kurzeinführung anhand eines Beispiels präsentiert.

Chef: „Ich habe verstanden, dass Sie mir die Vertriebszahlen bis heute Mittag zusenden und jetzt kann ich keine E-Mail von Ihnen in meinem Postfach sehen. Ich bin enttäuscht, weil mir wichtig ist, mich auf Absprachen verlassen zu können. Sind Sie bereit zu sagen, was Sie davon abgehalten hat sicherzustellen, dass ich die Zahlen bekomme?" (Aufrichtigkeit in 4 Schritten)

Der Chef spricht sein Anliegen mit den vier Schritten der GfK an: Beobachtung, Gefühl, Bedürfnis, Bitte.

In diesem konkreten Fall ist die **Beobachtung:** Wir haben vereinbart, dass ich bis heute Mittag die Vertriebszahlen bekomme, und ich sehe keine E-Mail von Ihnen in meinem Postfach.

Gefühl: enttäuscht (da könnte man auch ein anderes Wort wählen). **Bedürfnis:** Ich will mich auf Absprachen verlassen können. **Bitte:** Einladung, dies im Gespräch zu klären. (Er hätte auch eine Handlungs-Bitte äußern können: Sagen Sie mir bitte, bis wann bekomme ich die Vertriebszahlen.)

Warum ist dieser Einstieg gewaltfrei, ohne das Problem unter den Teppich zu schieben?

Der Chef beginnt mit Tatsachen schildern und verurteilt nicht und stellt keine Vermutungen auf. Er könnte ja auch sagen: „Sie haben wohl nicht das Zeug dazu, die Vertriebszahlen pünktlich abzuliefern." Oder: „Statt zu arbeiten wohl zu oft in der Raucherecke gewesen?"

Dann sagt der Chef schon ehrlich, welches Gefühl er hat. Aber er begründet es mit einem Bedürfnis, das nicht erfüllt ist. Er macht nicht die Angestellte für die eigenen Gefühle verantwortlich. Er könnte auch sagen: „Ich bin echt enttäuscht von Ihnen. Ich habe mehr von Ihnen erwartet." Denn es ist ja noch gar nicht für ihn klar, was passiert ist. Vielleicht hat sie die Betriebszahlen erstellt und die E-Mail landete im Spam. Oder sie hat es aus irgendwelchen Gründen nicht geschafft. Dieses Nichtwissen übertüncht er nicht mit einer Vor-verurteilung zu.

Zuletzt äußert der Chef die Bitte, ein Klärungsgespräch zu beginnen, anstelle einer Forderung oder einer Drohung. Er könnte auch sagen: „Das war das letzte Mal, dass Sie das nicht hinkriegen, ansonsten können Sie Ihre sieben Sachen packen."

Müller: „Äh, entschuldigen Sie, soll nicht mehr vorkommen."

Chef: „Sie bedauern, dass das so gelaufen ist?" (Empathie)

Jetzt wechselt der Chef in die Zuhörer-position. Er äußert nicht mehr sein Anliegen, sondern er versucht in seinen Nachfragen die Gefühle und Bedürfnisse seiner Mitarbeiterin zu verstehen.

Müller: „Ja, klar. Es ist halt nun mal so viel zu tun."

Chef: „Ich kann nachvollziehen, dass Sie viel Arbeit haben, allerdings dürfte trotzdem immer noch Zeit sein, mir Bescheid zu geben, wenn Sie einen Termin nicht einhalten können. Ich möchte vermuten, irgendetwas hat Sie davon abgehalten? (A)

Das Zuhören braucht oft etwas Geduld. Es ist wertvoll, dranzubleiben, um die Tatsachen und Vorgänge mitgeteilt zu bekommen, die man noch nicht weiß. Und gleichzeitig kann man mehrmals Gefühl und Bedürfnis heraushören und als Vermutung anbieten. So bleibt der Chef mit ihr in Kontakt und hilft ihr weiter.

Sie etwas zögerlich: „Hhm, ja, ich kann Ihnen doch nicht sagen, dass ich's nicht schaffe. Wie stehe ich denn dann da?"

Chef: „Wie stehen Sie denn jetzt da?" (A)

Müller nach einer Pause: „Ist mir sehr peinlich."

Chef „Und genau davor wollten Sie sich schützen?" (E)

Frau Müller nickt.

Chef: „Hatten Sie Angst davor, wie ich reagieren könnte, wenn Sie mir sagen, dass Sie es nicht schaffen?" (E)

Das ist eine empathische Nachfrage nach dem Gefühl: Der Chef vermutet das Gefühl „Angst".

Müller: „Mein früherer Chef hat mich dann immer unter Druck gesetzt und dann hab ich nur noch mehr Fehler gemacht und bin erst recht nicht fertig geworden."

Er nickt: „Sie wollten die Aufgabe zu Ende zu führen, weil das Ihrer Vorstellung von Verantwortung entspricht?" (E)

Und nun fragt der Chef das eigentliche Bedürfnis hinter der Angst nach. Das Bedürfnis formuliert er positiv: eine Aufgabe zu Ende führen, verantwortlich sein wollen.

Müller: „Ja."

Chef: „Frau Müller, mir ist auch wichtig, dass delegierte Aufgaben vollverantwortlich zu Ende geführt werden. Gleichzeitig möchte ich eine Chance haben, meine eigenen Vereinbarungen mit anderen einzuhalten. Haben Sie eine Idee, wie wir das künftig sicherstellen können?" (A)

Jetzt betont der Chef eine Gemeinsamkeit: Wir haben beide gleiche Bedürfnisse, nämlich verantwortlich Aufgaben erledigen. Dann fragt der Chef nach der Umsetzung. Das Vermögen der Mitarbeiterin soll ruhig aktiviert werden. Eigene Ideen sind besser als Ratschläge.

Müller: „Ich weiß nicht. Ich dachte ja, ich schaffe es, aber es hat nicht geklappt."

Chef: „Heißt das, Sie wollen gerne die Verantwortung für delegierte Aufgaben übernehmen, fragen sich aber, wie Sie effizienter arbeiten können?" (E)

Müller: „Ja, schon."

Chef: „Nun, wie wär's, wenn wir es nächsten Monat noch mal versuchen. Einer von den alten Hasen, die das früher gemacht haben, Herr Kohlhaus, kennt sich sehr gut mit Tabellenkalkulation aus. Der kann Ihnen helfen, die Daten zu filtern. Wie ist das für Sie?" (A)

Der Chef fordert nicht: Das müssen Sie aber schaffen. Sondern er bietet einen Lern-Weg an, wie sie ihre Werte, die ihr wichtig sind, z. B. Aufgaben verantwortlich zu erledigen, auch umsetzen kann.

Müller: „Super, vielen Dank! Am liebsten möchte ich gleich anfangen."

Chef: „Können Sie, ich rufe Herrn Kohlhaus gleich mal an. Frau Müller, ich lege darauf Wert, dass Sie mich unverzüglich informieren, falls trotzdem Gründe eintreten, die Sie von der Einhaltung unserer Vereinbarung abhalten. Sind Sie damit einverstanden?" (A)

Zum Schluss kommt der Chef zu seinem Bedürfnis zurück: Ich möchte informiert werden, wenn Vereinbarungen nicht klappen. Und auch hier fragt er: Sind Sie damit einverstanden.

Müller: „Ja, Sie wollen, dass ich anrufe, wenn noch was zu retten ist und nicht erst, wenn Sie schon unter Druck stehen."[93]

Nach diesem Einführungsbeispiel noch die zwei Grundprinzipien der GfK:

Die zwei Prinzipien und Ziele der GfK

1.   Es ist leichter, Kontakt zwischen Menschen herzustellen, wenn wir davon ausgehen, dass Menschen alles, was sie tun, aus der Absicht heraus machen, ihre Bedürfnisse zu erfüllen.

2.   Kooperation und Kontakt mit anderen Menschen fallen leichter, wenn wir davon ausgehen, dass alle Menschen gerne zum Wohlergehen anderer beitragen - wenn sie dies freiwillig tun können.[94]

Zu 1.) negativ formuliert: Es ist sehr viel schwerer, Kontakt herzustellen, wenn wir davon ausgehen, dass Menschen wirklich aus Bosheit und ohne guten Grund etwas tun und dass Menschen feste unveränderliche böse Eigenschaften haben.

Zu 2.) negativ formuliert: Ich kann andere drängen, zwingen, manipulieren, dass sie etwas für mich tun. Aber dafür zahle ich immer einen Preis. Denn sie tun es nicht freiwillig. Das verhindert, dass sie es wirklich gerne tun.

Indem ich empathisch zuhöre und Gefühle und Bedürfnisse versuche herauszuhören, handle ich nach dem 1. Prinzip. Indem ich mein Anliegen in

4 Schritten formuliere, gebe ich dem anderen die Möglichkeit, freiwillig an dem Wohlergehen von mir beizutragen – ich handle nach dem 2. Prinzip.

Eine neue ethische Differenz anhand Spinozas Sündenfall-Deutung

Rosenberg und die GfK verwenden statt „gut versus böse" die Differenz „lebensförderlich vs. lebenshinderlich". Das ist die erste Verbindung mit Spinoza und seiner Ethik, die wir betrachten wollen.

Jenseits von gut und böse ist für Spinoza gut und schlecht. Spinoza lehnt die ethische Differenz „gut versus böse" ab und ersetzt sie durch die ethische Differenz „gut versus schlecht". Was bedeutet das?

Erst einmal muss klar sein: Jede Ethik braucht eine ethische Differenz. Denn jede Ethik beschreibt in irgendeiner Hinsicht etwas, was gut ist bzw. sein soll, und etwas, was nicht gut ist bzw. nicht sein soll. Ohne irgendeine solche ethische Differenz ist eine Lehre keine Ethik!

Aber wer gibt vor, was gut ist? Für wen ist was gut? Was bedeutet gut? Und wie wird das Gegenteil, das Ungute bestimmt? Wie erreiche ich das, was gut ist? Und was passiert bzw. was soll passieren, wenn ein Mensch nicht das Gute wählt und macht? In der Beantwortung dieser Frage unterscheiden sich die verschiedenen ethischen Konzepte!

In Spinozas Ethik treten wir schnell ein, wenn wir Spinozas Antworten auf diese Fragen anhand eines berühmten Beispiels anschauen: Nämlich seine Interpretation der Paradieserzählung!

Adam und zwei Ethiktypen An Willem van Blyenbergh schreibt Spinoza: „Das Verbot an Adam bestand also allein darin, dass Gott dem Adam offenbarte, dass das Essen von dem Baum den Tod verursache, gerade so wie er auch uns durch den natürlichen Verstand offenbart, dass das Gift für uns tödlich ist."[95] (Diese Deutung von Spinoza ist sehr ähnlich der von Limbeck.) Spinoza stellt zwei Ethiktypen gegenüber.

Der erste Typ: Die Gebotsethik, die Ethik des Alten Testaments (in der Deutung Spinozas). Gott ist Gesetzgeber und Richter. Er erlässt Gesetze und Gebote. Wer sie übertritt, bekommt eine Strafe. Wer sie befolgt, wird belohnt. Gott gab Adam ein Gebot. Adam hielt sich nicht daran. Deswegen bestrafte Gott Adam mit der Paradiesvertreibung.

Der zweite Typ: Spinozas Ethik. Gott will Adam aufzeigen, dass das Essen des Apfels für Adam so schlecht ist wie das Essen von Gift. Es bringt Nachteile für Adam, evtl. den Tod! Adam versteht Gottes Empfehlung jedoch als Gebot! Also nach dem ersten Typ.

Spinoza will aufzeigen, dass es einen Gott, wie die Gebotsethik sich Gott vorstellt, gar nicht geben kann. Das erkennen wir aus dem folgenden Zitat: „Wenn also beispielsweise Gott zu Adam gesagt hat, er wolle nicht, dass er vom Baum der Erkenntnis des Guten und Bösen esse, so läge ein Widerspruch darin, dass Adam doch von jenem Baume hätte essen können; es wäre unmöglich gewesen, dass Adam davon aß, denn jener göttliche Befehl hätte eine ewige Notwendigkeit und Wahrheit in sich schließen müssen. Wenn die Schrift aber doch erzählt, Gott habe es den Adam verboten und nichtsdestoweniger habe Adam davon gegessen, so muss man notgedrungen annehmen, Gott habe dem Adam nur das Übel offenbart, dass ihn notwendig treffen sollte, wenn er von jenen Baume aß, aber nicht die Notwendigkeit des Eintretens jenes Übels. So kam es auch, dass Adam in jener Offenbarung keine notwendige und ewige Wahrheit sah, sondern nur ein Gesetz, d. h. eine Verordnung, die Lohn oder Strafe im Gefolge hat, aber nicht aus der Notwendigkeit und der Natur der vollbrachten Handlung, sondern allein nach dem Gutdünken und dem unbedingten Befehl eines Herrschers. Also bloß in Bezug auf Adam und wegen seiner mangelhaften Erkenntnis war jene Offenbarung eingesetzt und Gott gewissermaßen ein Gesetzgeber oder Herrscher."[96]

Kommen wir zurück zur ethischen Differenz. Allgemein formuliert Spinoza seine ethische Differenz im 39. Lehrsatz im 4.Teil der Ethik: „Was da bewirkt, dass das Verhältnis von Bewegung und Ruhe, welches die Teile des menschlichen Körpers zueinander einnehmen, erhalten bleibt, ist gut; und umgekehrt ist dasjenige schlecht, was bewirkt, dass die Teile des menschlichen Körpers ein anderes Verhältnis der Bewegung und Ruhe zueinander bekommen."

Deleuze kommentiert diesen Lehrsatz folgendermaßen: „Gut wird jeder Gegenstand genannt, dessen Verhältnis sich mit dem meinigen zusammensetzt (Übereinstimmung) – schlecht wird jeder Gegenstand genannt, dessen Verhältnis das meine auf die Gefahr hin, sich mit anderen zusammenzusetzen, zersetzt (Nichtübereinstimmung).

Ohne Zweifel wird die Lage im Detail zusehends komplizierter. Einerseits haben wir viele konstituierende Verhältnisse, die so geartet sind, dass ein gleicher Gegenstand in einem Verhältnis mit uns übereinstimmen, in einem anderen nicht mit uns übereinstimmen kann. Andererseits erfreut sich jedes unserer Verhältnisse selbst eines gewissen Spielraums; insofern es sich – von der Kindheit bis zum Alter und zum Tod – beträchtlich verändert. [...] Für alle jene Fälle und ihre Komplexität gilt das Modell der Vergiftung. Es gilt nicht nur für das Böse, das wir erleiden, sondern auch für das Böse, das wir tun.

Wir sind nicht nur vergiftet, sondern auch Vergifter; wir handeln wie Toxine und Gifte.

Blyenbergh erwähnt selbst drei Beispiele. Beim Attentat zersetze ich das charakteristische Verhältnis eines anderen Körpers. Beim Raub zersetze ich das Verhältnis, das den Mensch mit seinem Besitz vereint. Auch beim Ehebruch ist das, was zersetzt wird, das Verhältnis mit dem Ehegatten, jenes charakteristische Verhältnis eines Paares."[97]

Wir sehen, dass Spinoza „Sünde" neu beschreibt: als „Vergiftung". Das Gift zerstört in einem Bereich Leben, ist also lebenshinderlich oder lebenszerstörend.

Wir können nun gut eine andere Passage Spinozas verstehen: „Wir nennen das gut oder böse, was zur Erhaltung unseres Seins nützt oder schadet […], d. h. […] was unser Tätigkeitsvermögen vermehrt oder vermindert, erweitert oder einschränkt. Sofern wir daher wahrnehmen […], daß ein Ding uns mit Lust oder Unlust affiziert, nennen wir es gut oder böse; und folglich ist die Erkenntnis des Guten und Bösen nichts anderes als die Idee der Lust oder Unlust, welche notwendig aus dem eigentlichen Affekt der Lust oder Unlust erfolgt […]."[98]

Mit dieser Erläuterung von Deleuze und Passagen aus der Ethik können wir nun die ethischen Fragen beantworten und Spinozas Ethik etwas genauer skizzieren:

Wer gibt vor, was gut ist? Mein Körper gibt mir Hinweise, was gut für mich sein kann. (Wenn ich etwas Verdorbenes esse, erbreche ich es. Wenn ich in einer „vergifteten" Atmosphäre hineingerate, fühle ich mich beklemmt.) Mit meinem Verstand muss ich herausfinden, was gut für mich ist.

Für wen ist was gut? Die Definition von gut ist nach Spinoza logisch gesehen für alle gleich. Gut wird immer auf einen Körper bezogen. Gut ist eine Bewertung, die relativ ist, die immer in Bezug auf einen Körper getroffen wird. Also etwas ist gut, lebensförderlich für mich, z. B. eine Begegnung mit einem Freund.

Was bedeutet gut? Eine Begegnung, ein Kontakt mit einem anderen Menschen ist für mich gut, wenn ich erhalten bleibe oder sogar gefördert werde.

Und wie wird das Gegenteil, das Ungute bestimmt? Eine Begegnung, ein Kontakt mit einem anderen Menschen ist für mich schlecht, wenn ich nicht erhalten bleibe, wenn ich verletzt, geschwächt oder sogar zerstört werde.

Wie erreiche ich das, was gut ist? Durch adäquate Erkenntnis, die ich dann in Handlung umsetze. Normalerweise spüre ich nur Wirkungen und habe noch keine adäquate Einsicht in die Zusammenhänge. Die muss ich mir erst erarbeiten. Ja wir tendieren immer im ersten Moment dazu, etwas verzerrt zu begreifen. (Das führen wir später genauer aus.)

Und was passiert bzw. was soll passieren, wenn ein Mensch nicht das Gute wählt und macht? Tugendhaft handeln bewirkt direkt für Spinoza Freude. Wir werden nicht extern belohnt, wenn wir tugendhaft handeln. Sondern Nächstenliebe, Güte, Dankbarkeit, Großzügigkeit usw. erfüllt mich in sich mit Freude. Ich muss dafür nicht extra belohnt werden. (Mathe lernen kann in sich schön sein. Dann brauche ich nicht die gute Note als externen Ansporn!)

Umgekehrt gilt: Wenn ich schlecht handle, dann vergifte ich andere Körper und/oder meinen Körper, dann zersetze ich irgendwie etwas; einen anderen Menschen, mich selbst und/oder eine Beziehung usw. Hass bewirkt zersetzende Worte und Handlungen gegenüber dem anderen. Hass bewirkt aber auch in mir traurige, passive Affekte, die mich niederdrücken! Usw.

Wir können nun diese Antworten einer Gebotsethik gegenüberstellen, die Spinoza ja überwinden will:

Wer gibt vor, was gut ist? Gott und seine Gebote.

Für wen ist was gut? Das Gute ist an sich gut, unabhängig davon, welche Konsequenzen es bei einzelnen bewirkt.

Was bedeutet gut? Was gut ist, gibt Gott durch seine Gebote vor.

Und wie wird das Gegenteil, das Ungute bestimmt? Böse ist die Übertretung der Gebote Gottes.

Wie erreiche ich das, was gut ist? Durch Gehorsam und Unterdrückung meiner bösen Tendenzen.

Und was passiert bzw. was soll passieren, wenn ein Mensch nicht das Gute wählt und macht? Dann muss der Mensch bestraft werden. Die Strafe zwingt ihn dazu, sich mehr an die Gebote zu halten.

Wir können den Unterschied der beiden Ethiktypen auch mit einer typischen Szene zwischen Eltern und Kinder verdeutlichen. Das Kind fragt: Warum darf ich das nicht?

Die Eltern antworten: Weil ich es sage und du gehorchst! Oder: Weil es Dir schadet aus den und den Gründen!

Selbstverständlich gibt es nicht nur diese zwei Ethiktypen. Wenn wir die fünf Fragen der Pflichtethik Kants, der Tugendethik Aristoteles´, der Diskursethik, der utilitaristischen Ethik usw. stellen würden, ergäben sich andere Antworten und ein größeres Panorama an ethischen Konzepten. Aber wie wir an den Auszügen aus dem Messbuch oder dem Weltkatechismus gesehen haben, wird diese Gebotsethik weiterhin in der katholischen Kirche vermittelt.

Spinoza lehnt Gebote nicht kategorisch ab. Sie sind aber nur inadäquate Hilfen für Menschen mit beschränktem Wissen. Gebote können aber auch zu Unterdrückung führen.

Können wir nun eine ähnliche ethische Differenz auch in der GfK finden?

Erst einmal lassen einige Aussagen Rosenbergs uns vermuten, die GfK hätte gar keine ethische Differenz. Immer wieder gern zitieren Rosenberg und seine Schüler den Satz von Rumi: „Jenseits von richtig und falsch liegt ein Ort, dort treffen wir uns."[99] Zu Straftätern sagte Rosenberg z. B.: „Nein, ich sage nicht, dass es richtig war, ich sage nicht, dass es falsch war, ich sage, dass du es nicht getan hättest, wenn es nicht deine Bedürfnisse erfüllt hätte. Bei allem, was wir Menschen tun, geht es um die Erfüllung unserer Bedürfnisse."[100] Wenn wir jedoch wichtige Schlüsselunterscheidung der GfK zusammennehmen, erkennen wir schon eine ethische Differenz in der GfK:

- Bedürfnis und Strategie
- Lebensförderlich und lebenshinderlich (etwas tun, das uns mit dem Leben verbindet vs. Etwas tun, das uns vom Leben trennt)
- Bedauern vs. Schuldgefühl und Scham
- Moralisches Urteil vs. Bewertung aufgrund von Bedürfnissen

Nehmen wir ein Beispiel von Blyenbergh, um diese Unterscheidungen zu erläutern: Raub, Diebstahl. Wenn jemand etwas stiehlt, erfüllt er sich ein Bedürfnis oder mehrere Bedürfnisse. Das können ganz unterschiedliche Bedürfnisse sein: Zum Beispiel kann ein Junge etwas klauen, um durch diese Mutprobe Aufnahme in eine Gang zu erreichen. Er möchte dazugehören. Er hat das Bedürfnis nach Anerkennung, nach Gemeinschaft, vielleicht auch das Bedürfnis nach Abenteuer. Diese Bedürfnisse sind allgemein. Er hat erst einmal grundsätzlich viele Möglichkeiten, sich die Bedürfnisse nach Anerkennung, Gemeinschaft und Abenteuer zu erfüllen. Würde er versuchen, den Anschluss bei den Pfadfindern zu bekommen, würde er ganz andere Strategien wählen als Stehlen. Er würde vielleicht intensiv beim Zeltlageraufbau mithelfen. Aber in der Situation, als er stahl, erkannte er wohl schwer oder gar nicht, welche alternativen Strategien er sonst noch hätte wählen können. Daraus folgt: Sich Bedürfnisse zu erfüllen ist an sich immer „richtig". Es ist unser Wesen: Wir Menschen erfüllen uns nach dem Menschenbild der GfK immer Bedürfnisse.

Die entscheidende Frage ist: Führen die gewählten Strategien auch zu adäquaten Bedürfniserfüllungen? Diese Frage führt uns zur ethischen Differenz der GfK!

Meine Wahl einer Strategie, z. B. Raub, erfüllt mir wohl zeitweise einige meiner Bedürfnisse. Aber sie verhindert auch die Erfüllung anderer

Bedürfnisse, die in mir da sind: z. B. das Bedürfnis nach gegenseitigem Respekt oder nach Unbeschwertheit usw.

Außerdem wichtige Bedürfnisse des Beraubten werden durch den Raub nicht erfüllt. Z. B. das Bedürfnis nach Sicherheit, nach Achtung des Eigentums, nach Respekt, nach Unversehrtheit usw. Die entscheidende Frage kann ich also präzisieren und erweitern: *Führen die gewählten Strategien auch zu adäquaten Bedürfniserfüllungen aller Beteiligten?* Mit dieser Frage entfalten wir die Goldene Regel und ihre Logik, ihren internen Prozess, den ich schon erklärt habe.

Genau das ist ja das ethische Ziel der GfK: Indem ich meine Bedürfnisse transparent äußere und empathisch die Bedürfnisse der anderen aufnehme, schaffe ich durch Kommunikation eine Würdigung aller wichtigen Bedürfnisse aller Beteiligten, so dass aus einer solchen Kommunikation heraus der Boden geschaffen wird, um gemeinsam passende Strategien zu finden.

Wenn ich etwas tue, das die Bedürfnisse der Beteiligten bzw. Betroffenen erfüllt, dann handle ich lebensförderlich, dann bin ich mit dem Leben verbunden.

Wenn ich etwas tue, das nicht die Bedürfnisse der Beteiligten bzw. Betroffenen erfüllt, dann handle ich lebenshinderlich, dann bin ich vom Leben getrennt.

Denn Leben heißt für die GfK: auf Bedürfnisse hören und sich diese passend erfüllen! (Es müssen nicht immer alle Bedürfnisse erfüllt werden. Oft reicht es, manche Bedürfnisse bewusst wahrzunehmen, zu würdigen und dann die Erfüllung aufzuschieben oder zurückzustellen, weil andere Bedürfnisse nun Vorrang haben.)

Die gegnerische Position

Auch die Beschreibung ihrer jeweiligen Gegnerposition, die sie überwinden wollen, zeigt verblüffende Parallelen zwischen GfK und Spinoza: Die GfK möchte die Wolfssprache, das Wolfsdenken und die Dominanzstruktur überwinden. Genauso wie Spinoza seine Leserinnen und Leser vom Joch der Gebotsethik befreien will.

Wolfssprache, Wolfsdenken und Dominanzstruktur

Der Autoaufkleber: „Mean People Suck!" („Fiese Leute sind zum Kotzen!") impliziert, dass diese fiesen Leute *in ihrem Wesen* fies sind! Dahinter steht die Denkform: Ich *kann* Menschen einteilen in gut oder böse, klug oder dumm, einfühlsam oder unsensibel, vollkommen und unvollkommen. Gegen diese Denkform wehren sich Spinoza und Rosenberg gleichermaßen.

122

(Und wir können sogar die Paradiesgeschichte so deuten, dass sie auf diese Sünde abzielt, wie wir gesehen haben.)

Wer in dieser Denkform denkt, kommt zwangsläufig zu dem Schluss: Diese fiesen Leute muss man meiden, überwachen, bestrafen. Gegen ihr Wesen muss man sie mit Druck umformen oder ausklammern! Wenn dieser Mensch in seinem Wesen böse ist, nützt es nicht, auf Einsicht zu hoffen, nützt kein Mitgefühl oder der Versuch, Verbindung aufzubauen, um dadurch Veränderung zu erreichen. Das ist der Kern des „Wolfsdenkens"! Dazu gehört untrennbar die Wolfssprache. Denn in dieser Sprache formulieren wir diese Denkform!

Die Wolfssprache ist eine statische Sprache: Der ist faul, der ist gut, der ist böse, der ist … Diese statische Wolfsprache beinhaltet die grundsätzliche Verwechslung zwischen, was ein Mensch tut oder getan hat oder öfters getan hat UND was ein Mensch im Wesen ist. (Entlarvend sind folgende Phänomene: Unter gewissen extremen Bedingungen tun viele Menschen Dinge, die sie nicht für möglich gehalten hätten. Z. B. Überlebende eines Flugzeugabsturzes essen aus Verzweiflung Menschenfleisch. Oder ebenso entlarvend ist die existentielle „Was, wäre wenn… Frage": Wie würde ich mich verhalten, wenn ich in einer Drogenmafiafamilie aufwachsen würde?)

Die Wolfssprache arbeitet gerne mit folgenden Mitteln:

- Bewerten, Etikettieren und Kategorisierung.
- Vorurteile, vorgefasste Meinungen, Pauschalurteile
- Das Schwarz-Weiß-Denken: entweder - oder, etwas ist richtig oder falsch, jemand hat Recht oder nicht.
- Ratschläge: „Bei dir ist das und das falsch. Mache dies und jenes, und dann ist wieder alles in Ordnung."
- Schuldzuweisungen, Vorwürfe
- Vergleiche, Verurteilungen
- Drohen
- Ganz bestimmte Handlungen mit Lob und ganz bestimmte andere Handlungen mit Strafe belegen

In dieser Denkform ist es ideal, wenn die Guten dominant sind und leiten, befehlen, Gebote vorgeben und bei Bedarf bestrafen. Hierarchische Machtstrukturen entstehen. Einige wenige haben das Sagen über die große Mehrheit. Kontrolle und Ordnung werden oft unter Anwendung von Zwang oder irgendeiner Form von Gewalt aufrechterhalten. Wer die Spitze erreicht hat, wird versuchen, die anderen zu kontrollieren, vor allem durch Strafen und Belohnungen.

Und wenn alle Menschen fies sind, wie Thomas Hobbes annahm? Dann braucht es erst recht eine starke Obrigkeit, die durch Zwang Ordnung schafft:

„Geht man davon aus, dass Menschen selbstsüchtig und gewalttätig sind, scheinen Strafen und Belohnungen die wirksamsten Mittel zu sein, sie zu lehren, wie sie sich benehmen sollen. [...] Wir lernen, dass unser Wert als Mensch davon abhängt, ob wir von einer Autorität anerkannt werden oder nicht. Dieses Menschenbild rechtfertigt, dass die Überlegenen das Recht haben, den Ton anzugeben und andere zu kontrollieren, weil wir Menschen auf diese Weise lernen, was richtig und falsch ist."[101]

Und wenn viele oder alle Menschen eigentlich fies sind, müssen sie zum Guten gedrängt werden, am besten indem sie schamhaft erkennen, wie schlecht sie sind: „Eine solche Handlungsweise basiert auf dem Glauben, dass Menschen neue Verhaltensweisen am besten dadurch lernen, dass sie sich selbst hassen und für schlecht halten, indem sie nämlich Schuld, Scham oder Angst vor Strafe fühlen."[102] Wer an der Spitze steht, bestimmt auch, wer zu den Guten, den Besseren, und zu den Schlechteren und zu den Bösen gehört.

Es ist offensichtlich, dass dieses Denken in der Kirche über Jahrhunderte vorherrschend war. Die Priester und Bischöfe sind die Guten, die leiten und befehlen. Die Könige begründeten ihre Macht im Mittelalter damit, dass sie von Gottes Gnaden sind. Gott, das absolut Gute, vergibt Gesetze und beauftragt sowohl Könige als auch die Kirche, das Gute auf der Welt durchzusetzen.

„Spinoza erwähnt in seinem ganzen Werk durchgängig drei Persönlichkeitstypen: der Mensch mit trübsinnigen Leidenschaften; der Mensch, der aus seinen trübsinnigen Leidenschaften nutzen zieht, der sie braucht, um seine Macht zu erhalten; und schließlich der Mensch, der sich an der Bedingung des Menschseins und den menschlichen Leidenschaften überhaupt betrübt (er kann ebenso gut spotten, sich entrüsten, dieser Sport selbst ist ein schlechtes Lachen). Der Sklave, der Tyrann und der Priester... Moralische Dreifaltigkeit"[103]

Um dieses Denken zu durchbrechen, muss Spinoza ganz oben anfangen. Deswegen bekämpfte Spinoza das Bild, dass Gott Gebote vergibt und wie ein König zu denken ist. „Denn man sagt, Gott habe die Gewalt, alles zu zerstören und in nichts zu verwandeln. Ferner vergleicht man sehr oft Gottes Macht mit der Macht der Könige."[104] Auch Whitehead hat einige Jahrhunderte später dieses Gottesbild kritisiert und in der schon zitierten Stelle betont, dass es nicht mit Jesu Gottesbild übereinstimmt: „Es gibt jedoch im galiläischen Ursprung des Christentums noch eine andere Anregung, die zu keinem der drei Hauptsträngen des Denkens so richtig passt. Sie legt das Schwergewicht weder auf den herrschenden Kaiser, noch auf den erbarmungslosen Moralisten oder den unbewegten Beweger."[105]

Die Gebotsethik verhindert tiefere Erkenntnis. Wenn die Eltern sagen „Du darfst das nicht, weil ich es sage", dann versteht das Kind die Zusammenhänge nicht. Spinoza stellt gleiches bei der Beziehung zu Gott fest: „Die Illusion der Werte geht einher mit der Illusion des Bewusstseins: weil das Bewusstsein wesentlich unwissend ist, weil es die Ordnung der Ursachen und der Gesetze ignoriert, und weil es sich damit begnügt, deren Auswirkungen zu erwarten und zu empfangen, verkennt es die gesamte Natur. Nun reicht es zu moralisieren aus, nicht zu verstehen. Es ist offensichtlich, dass uns ein Gesetz, sobald wir es nicht verstehen, in der moralischen Gestalt eines „du sollst/du musst" erscheint. Auch wenn wir die Regel des Dreisatzes nicht verstehen, wenden wir sie an und beachten sie wie eine Pflicht. Wenn Adam die Regel der Beziehung zwischen seinem Körper und der Frucht nicht versteht, versteht er das Wort Gottes als Verbot. [...] das Moralgesetz ist eine Pflicht und hat keine andere Wirkung, keinen anderen Endzweck als den Gehorsam. Mag sein, dass dieser Gehorsam unerlässlich ist, mag sein, dass die Befehle gut begründet sind. Das ist nicht das Problem. Das Gesetz, ob moralisches oder soziales, bringt uns keinerlei Erkenntnis, es lässt uns nicht erkennen. Schlimmer noch – es verhindert die Bildung von Erkenntnis (das Gesetz des Tyrannen). Bestenfalls bereitet es die Erkenntnis vor und macht sie möglich (das Gesetz Abrahams oder Christi). Zwischen diesen beiden Extremen ersetzt es bei denen, die dazu aufgrund ihrer Existenzweise nicht fähig sind, die Erkenntnis (das Gesetz von Moses)."[106]

Rosenberg lebte in der Moderne, nach dem II. Weltkrieg. Kein König beruft sich mehr auf Gottes Gnadentum. Jedoch die Dominanzstruktur ist in verwandelter Form immer noch wirksam, auch wenn sie nicht mehr mit Gottes Geboten und Gottes Gnadentum begründet wird. Die Dominanzstruktur wirkt und verwirklicht sich in einer modernen Demokratie anders als in einer Monarchie mit klarer Hierarchiestruktur. (Z. B. Michel Foucault untersuchte die Macht-Strukturen der Moderne genauer.) Deswegen muss Rosenberg sie auch anders entlarven und überwinden als Spinoza:

Die gewaltfreie Kommunikation will den Teufelskreis von Wolfsdenken, Wolfssprache und Dominanzstruktur durchbrechen. Denn diese drei „Elemente" stützen sich ja gegenseitig! Dafür beginnt Rosenberg an einem Punkt des Teufelskreises: Der Kommunikation. Gegen die Wolfssprache empfiehlt und trainiert er die Giraffensprache mit ihren vier Schritten, um das eigene Anliegen aufrichtig und fair zu äußern, und mit dem empathischen Nachfragen von Gefühlen und Bedürfnissen, um eine Brücke zum anderen zu bauen.

Wenn sich die Sprache und das Denken wandelt – so die Hoffnung von Rosenberg –, dann ändern sich auch in Institutionen Dominanzstrukturen und eine neue „Kultur der Macht" entsteht: eine „Macht mit" statt eine „Macht über", eine beschützende Macht statt einer bestrafenden Macht! (Vielleicht geht Rosenberg nicht weit genug, eventuell muss man erst bzw. gleichzeitig die alten Machtstrukturen aufbrechen, damit eine Giraffensprache sich wirklich ehrlich durchsetzen kann.) Die GfK will die destruktive Konfliktkultur in eine partnerschaftliche Konfliktkultur wandeln. Die gewaltfreie Kommunikation will auch den Teufelskreis von Wolfsdenken, Wolfssprache und Dominanzstruktur durchbrechen, indem sie das grundlegende Menschenbild „Es gibt Menschen, die von Natur aus schlecht, böse, fies sind" entlarvt und dekonstruiert:

Drei Argumente gegen dieses Menschenbild:

Die Wirklichkeit ist viel komplexer als diese einfache schwarz-weiß Einteilung.

Menschen handeln immer, um sich Bedürfnisse zu erfüllen, und sie tun dies mit den Möglichkeiten, die sie haben. Sie wählen diese ungünstigen Strategien, weil sie es oft nicht besser wissen, gelernt haben. Dies soll nicht bedeuten, dass ich sie als unfrei bezeichne und aus ihrer Verantwortung entlasse. (Siehe ausführliche Diskussion in meinem Buch „Spinoza und Rosenberg" das Kapitel: „Nur ein bester Versuch? Freiheit und Bedürfniserfüllung")

Die statische Sichtweise bewirkt Umgangsformen, die zu Wechselwirkungen führen, die die statische Sichtweise bestätigen: negative selbsterfüllende Prophezeiung. Ein nachgewiesenes Beispiel für negativ selbsterfüllende Prophezeiung: Wenn man vor einem Test in Mathematik nebenbei bemerkt, dass Mädchen durch ihr Wesen schlechter in Mathe sind, dann schneiden die Mädchen schlechter ab als in der Kontrollgruppe, in denen die Bemerkung nicht gefallen ist. In diesen Kontrollgruppen sind Mädchen und Jungs gleich gut.

Die gewaltfreie Kommunikation zeigt die Folgen dieser Denkform auf:

- Trennung vom anderen. Ich gut, der andere böse! Ich bin unfähig, mich in seine Bedürfnisse einzufühlen.
- Trennung von meinen Bedürfnissen, Trennung von mir: Ich merke nicht, was genau mein Bedürfnis ist.
- Trennung von meinen Möglichkeiten: Ich bin ohnmächtig, weil der andere nicht so handelt, wie ich will!
- Mangelland: Meine Kreativität und Offenheit für neue Wege und Strategien ist getrübt.

Das sind vier Absonderungen, Trennungen, „Sünden". Die „Ur-sünde" der gewaltfreien Kommunikation ist also dieses gefährliche Menschenbild: Es gibt Menschen, die von ihrem Wesen her böse, fies, schlecht sind. Sie sind nicht wandlungsfähig, lernfähig!

Daraus ergeben sich dann Handlungen, die lebensbehindernd sind. Mindestens einer der folgenden Komponenten muss da sein, so dass „etwas tun, was uns vom Leben trennt", eintritt.

> Nicht alle Bedürfnisse aller Beteiligten wird beachtet und gewürdigt. (Man kann nicht immer alle Bedürfnisse erfüllen. Das ist nicht das Problem. Wichtig ist: Alle Beteiligten mit ihren Bedürfnissen sollen beachtet und gewürdigt werden.) Oft stellt einer seine Bedürfnisse über die der anderen und verhält sich so egozentrisch.

> Es wird keine Freiheit gelassen: Subtil oder offen werden Taktiken eingesetzt, damit jemand sich mit seinen Bedürfnissen und Wünschen und Vorstellungen durchsetzen kann.

> Der Fokus verengt sich auf eine (oder einige) Strategien, anstatt von den Bedürfnissen auszugehen, die die Weite der Möglichkeiten eröffnen. Wenn eine Gruppe von Menschen ihr Bedürfnis nach Essen stillen will, ist es eine große Verengung von Möglichkeiten, wenn einer meint, dass man unbedingt ein fränkisches Lokal aufsuchen müsse.

Somit gibt es zwei Straßengräben: Wenn ich mich „aufopfere", dann erfülle ich mir unbewusst mit diesem Verhalten ein Bedürfnis und andere Bedürfnisse von mir kommen zu kurz. Vielleicht will ich Ansehen beim Vorgesetzten erreichen, vielleicht will ich Harmonie in der Familie erreichen. Aber andere Bedürfnisse kommen dann zu kurz, wie z. B. Selbstbestimmung, Erholung, Entlastung. Dann scheint die Selbstliebe nicht ausreichend verwirklicht. Insofern gab es im katholischen Milieu immer eine gefährliche Tendenz mit dem Spruch: „Du musst Dich aufopfern!" Also gehorche ich! So wurden nicht wenige ausgenutzt und andere profitierten davon!

Das ist der eine Straßengraben, der andere Straßengraben, der Egoismus, lässt sich so beschreiben: Ich will mir meine Bedürfnisse erfüllen, auch auf Kosten von anderen. Deren Bedürfnisse sind mir nicht so wichtig, eigentlich egal. Und wenn ich nicht bekomme, was ich will, dann muss ich irgendwie Druck machen: Drängen, dem anderen schlechtes Gewissen einreden, umwerben, Vorwürfe machen, drohen, zwingen, evtl. durch Gewalt. Und nicht nur irgendwie müssen meine Bedürfnisse erfüllt werden, sondern genauso wie ich es will.

Fazit: Die gewaltfreie Kommunikation hat also eine ethische Differenz und ist auch eine Ethik! Sie hat Züge von einer spinozistischen Ethik: Die GfK will von den Menschen ausgehen, wie sie sind. Sie will gangbare Wege aufzeigen, wie Menschen kooperativ sein können und sich gegenseitig unterstützen, ihre Bedürfnisse zu erfüllen, anstatt ein moralisches Ideal und

127

Pflichten vorzugeben, ohne Hilfen zu geben und ohne zu fragen, ob es den Menschen in ihrer jetzigen Lage entspricht.

Die Bedürfnisse sind uns gemeinsam

Eine immanente Ethik steht vor der Herausforderung, wie sie Gemeinsames, Verbindliches für das Zusammenleben finden und begründen kann. Eine Moral, die sich auf Gottes Gebote, die vom Himmel gefallen sind, beruft, hat dieses Problem nicht. Weil Gott Gott ist, sind seine Gebote für alle verpflichtend.

Wenn wir Menschen aber alle „Schiffe" auf dem Meer sind, keinen externen Leuchtturm haben, dann wollen wir alle irgendwie miteinander klarkommen. Genau diesen Willen haben wir „gemeinsam". Dieses Gemeinsame können wir immanent weiter ausformulieren. Rosenberg nennt nun dieses Gemeinsame Bedürfnisse.

Die Bedürfnisse sind in der gewaltfreien Kommunikation das Herzstück. Denn sie sind das alle Menschen Verbindende! Zum Beispiel:

Jeder Mensch hat Hunger, Durst, will in Sicherheit leben, respektiert werden usw. Die Umsetzung, die Strategie, um sich das Bedürfnis zu erfüllen, ist jeweils sehr unterschiedlich. Wir streiten uns sehr oft darüber, welche Strategie gewählt werden sollte. Streit, Gewalt, Trennung entsteht nicht auf der Ebene der Bedürfnisse, sondern auf der Ebene der Strategien.

Ich möchte Ihnen nun eine Liste von solchen allgemeinen Bedürfnissen und Werten präsentieren und lade Sie ein, sich zu fragen:

Wünsche ich das im Prinzip jedem Menschen?

Ist das Bedürfnis unabhängig von kulturellen, religiösen, weltanschaulichen und persönlichen Unterschieden?

Sind diese Bedürfnisse Bausteine für ein gutes Leben für jeden Menschen?!

Abwechslung, Achtsamkeit, Akzeptanz, Aufrichtigkeit, Austausch, Balance von Geben und Nehmen, Balance von Arbeit und Freizeit, Balance von Sprechen und Zuhören, Bewegung, Bildung, Ehrlichkeit, Einfachheit, einen Beitrag leisten, Einfühlung, Empathie, Engagement, Entspannung, Entwicklung, Erfolg, Flexibilität, Freiheit, Freundlichkeit, Frieden, Geborgenheit, Gemeinschaft, Gleichwertigkeit, Gelassenheit, gesehen werden, Herausforderung, Hilfe, Humor, Intimität, innerer Friede, Klarheit, Konfliktfähigkeit, Kontakt, Nahrung, Luft, Kreativität, Kultur, Lebensfreude, Leichtigkeit, Menschlichkeit, Offenheit, Ordnung, Orientierung, partnerschaftlicher Umgang, Lernfähigkeit und persönliches Wachstum, Privatsphäre, Respekt, Rücksichtnahme, Selbstdisziplin, Selbstvertrauen, Sinnhaftigkeit, soziales Engagement, Spiritualität, Tatkraft, Toleranz, Trost,

Unterstützung, Verantwortung, Verbindung, Vergnügen, Freude, Spaß, Verlässlichkeit, Vertrauen, Wertschätzung, Zeit sinnvoll nutzen und effektiv nutzen.

Es müssen nicht immer alle Bedürfnisse gleichzeitig erfüllt werden, damit jemand ein zufriedenes Leben führen kann. Aber unsere Gefühle zeigen uns, wenn ein Bedürfnis zu kurz gekommen ist und es wieder Zeit ist, diesem Bedürfnis Raum zu geben.

Vater und Sohn Skidelsky haben sieben Grundbedürfnisse aufgestellt. (Es gibt natürlich noch andere Möglichkeiten, eine Liste von Grundbedürfnissen zu erstellen) *Gesundheit, Sicherheit, Respekt, Selbstbestimmung, Harmonie mit der Natur, Freundschaft, Muße.*[107] Wir können die vielen Bedürfnisse einem der sieben Grundbedürfnisse zuordnen.

Bedürfnisse sind allgemeine Begriffe. *Bedürfnisse zeigen an, was zum Leben, zu einem guten Leben immer wieder mal erfüllt sein müsste. Oder anders ausgedrückt: Wir „ Schiffe " auf dem Meer brauchen für eine gute Fahrt, dass Bedürfnisse immer wieder erfüllt werden.* Manche Bedürfnisse müssen regelmäßig erfüllt werden (Trinken, Nahrung). Manche Bedürfnisse können leicht und ohne Probleme aufgeschoben werden. Menschen haben für gewisse Bedürfnisse Vorlieben. Teenagern z. B. ist häufig Autonomie sehr wichtig. Aber wir können mit unserer Vernunft sofort verstehen: Die Bedürfnisse sind kultur-, generationen-, religions-übergreifend.

Sie sind somit Werte, die alle Menschen miteinander teilen. Wenn ich mir Bedürfnisse erfülle, wird mein Leben lebenswert. *Da es auch soziale Bedürfnisse/Werte (Respekt, Verbindung, Unterstützung, Verständnis) und Metabedürfnisse (Fairness, Balance von Geben und Nehmen, die Bedürfnisse aller Beteiligten beachten) gibt, wird offensichtlich, dass Bedürfniserfüllung kein Egoismus bedeutet, sondern auch altruistisches Handeln und Gemeinschaftsförderung hervorbringt.* (Dies ist mir besonders wichtig zu betonen. Denn man missversteht die GfK, wenn man Bedürfniserfüllung eng egoistisch versteht. Wenn ich jemand helfe, dann erfülle ich mir das Bedürfnis nach gegenseitiger Unterstützung und vielleicht auch nach Lebenssinn. Diese Bedürfniserfüllung ist nicht egoistisch berechnend, nach dem Motto: Wenn ich ihm jetzt helfe, dann wird er mir mal helfen. Das wäre nämlich eine Strategie, um eigentlich andere Bedürfnisse zu erfüllen.)

Indem ich nach Bedürfnissen in der GfK suche, erreiche ich:

1. Ich verbinde mich mit mir!
2. Ich verbinde mich mit meinen Mitmenschen!
3. Ich kläre auf!
4. Ich schaffe Freiheitsräume!
5. Ich verwandle meine innere Atmosphäre und Haltung!

6. Ich verbinde mich durch meine Bedürfnisse und durch die Bedürfnisse meiner Mitmenschen mit Gott.

Ich verbinde mich mit mir: Rosenberg fragte die Menschen immer wieder: Was ist jetzt in Dir lebendig? Diese Frage kann ich sehr gut mit Bedürfnisbegriffen beantworten. Z. B. ich suche nach Freude, Entspannung. Ich wünsche mir partnerschaftlichen Umgang. Oder ich will einen Beitrag leisten. Wenn ich den passenden Bedürfnisbegriff gefunden habe, bin ich mit mir selbst verbunden, habe ich Klarheit darüber, was gerade in mir lebendig ist. (Evtl. brauche ich dazu mehrere Bedürfnisbegriffe. Aber ich spüre irgendwann, dass mit diesen passenden Begriffen mein Anliegen gut ausgedrückt ist.)

Ich verbinde mich mit anderen: Wenn ich mein eigenes Bedürfnis äußere, klage ich den anderen nicht an, dass er etwas falsch gemacht hätte. Das positive Äußern eines Bedürfnisses ist an sich nie trennend und nie verurteilend. Vielmehr biete ich dem anderen mit der Äußerung meiner Bedürfnisse an, dass er zustimmt: Ja das Bedürfnis kenne ich auch. Ja ich verstehe, dass Du dieses Bedürfnis hast. Umgekehrt kann ich im empathischen Nachfragen ein bestimmtes Bedürfnis beim anderen vermuten und biete im fragend ein Bedürfniswort an: Bist Du traurig, weil Du Dir Ehrlichkeit wünschst? Der andere merkt durch dieses Nachfragen, dass ich ihn verstehen möchte, dass ich mit den Bedürfnisbegriffen klar auf den Begriff bringen kann, was in ihm lebendig ist. (Und wenn es nicht passt, dann wird er offen sagen: Nein, eher… Weil ich ihm fragend den Bedürfnisbegriff angeboten habe.) Die Allgemeinheit des Bedürfnisbegriffes zeigt an: Ich wünsche mir auch Ehrlichkeit, wie Du! Bedürfnisbegriffe schaffen Gemeinsamkeiten, weil sie allgemein sind und allen Menschen gemeinsam sind!

Ich kläre auf: Eine Zentrifuge klärt eine Lösung durch Aufteilung auf. Schwere Teilchen gehen nach unten, leichtere nach oben. Die gewaltfreie Kommunikation lädt uns immer wieder ein, Wolfssprache in Giraffensprache zu übersetzen. Wir assoziieren mit Wolfssprache verurteilende Sprache und mit Giraffensprache freundliche, faire, aufrichtige Sprache. Aber was vielleicht bei vielen GfK-Büchern zu wenig deutlich wird: Die Übersetzung von Wolfssprache zu Giraffensprache ist ein Klärungsprozess. Es werden Vermischungen aufgetrennt wie bei einer Zentrifuge. (Ich werde das noch genauer ausführen.)

Indem ich klar mein Bedürfnis benenne, vermeide ich mehrere Vermischungen und verworrene Unklarheiten: Ich begründe transparent, warum ich gerade das Gefühl X habe. Ich begründe klar, warum gerade in dieser Situation etwas für mich schlecht (oder gut) ist.

Schon Spinoza betonte die Relativität von gut und schlecht: Es muss auf eine Person und Situation bezogen (Relation!) werden. Nur so verstehe ich Zusammenhänge in dieser Situation. „Was das Gute und Böse betrifft, so bedeutet auch dies nichts Positives in den Dingen, nämlich wenn man sie an sich betrachtet, sondern es sind nur Modi des Denkens oder Begriffe, die wir daraus bilden, dass wir die Dinge miteinander vergleichen. Denn ein und dasselbe Ding kann zu derselben Zeit gut und böse und auch indifferent sein. Die Musik z. B. ist für den Missmutigen gut, für den Trauernden böse [lieber Spinoza: naja manche Musik ist für den Trauernden störend, kommt wohl auf die Musik an], für den Tauben aber weder gut noch böse. Obgleich sich aber die Sache so verhält, müssen wir doch diese Wörter beibehalten." Vorrede IV Wenn der Nachbar musiziert, kann dies erfreuend sein, wenn ich gerade mit Freunden zum Kaffee zusammensitze. Es kann aber auch störend sein, wenn ich gerade von der Nachschicht heimkomme und schlafen will. Seine Musik ist nicht an sich störend. Ich begründe also mit meinem Bedürfnis meine Bitte: „Könnten Sie das Musizieren verschieben? Ich komme gerade von der Nachtschicht und sehne mich nach Schlaf!"

Ich schaffe Freiheitsräume: Wenn ich passend das Bedürfnis benenne, eröffne ich einen großen Möglichkeitsraum. Denn es gibt zu einem Bedürfnis mehrere, viele, oft unzählige Strategien, wie man sich ein Bedürfnis erfüllen kann. Wenn ich jedoch auf ein oder einige wenige Strategien fixiert bin, wenn ich nicht unterscheiden kann zwischen Strategie und Bedürfnis, dann enge ich mich ein. Wenn ich z. B. mein Bedürfnis nach Verstehen auf die Strategie einschränke, dass mein Ehepartner mir zuhört, wann ich es will, dann sind Enttäuschungen fast vorprogrammiert. Wenn ich jedoch unterscheide zwischen Bedürfnis (Verständnis) und Strategie (mein Partner hört mir zu), dann kann ich auch erwägen, einen Freund oder eine Freundin anzurufen, in einem Spaziergang mich mit mir selbst zu besprechen oder einen Seelsorger um ein Gespräch bitten usw.

Ich verwandle meine innere Atmosphäre und Haltung: Wenn ich z. B. meine Wut, Empörung oder Traurigkeit spüre, bin ich ja noch beeinflusst von einem negativ bewertenden Gefühl. Es zeigt mir ein nicht erfülltes Bedürfnis an. Wenn ich dann mein passendes Bedürfnis mir selbst positiv zusage, lade ich mich zu einer Haltungsänderung ein, die meine innere Atmosphäre beeinflusst. Wenn ich z. B. zu mir sage: Ich merke nun deutlich, dass ich mir Klarheit und Einfachheit wünsche, dann bin ich mit etwas Positivem lebendig verbunden. Ich kann dann überlegen: Was habe ich für Möglichkeiten, Klarheit und Einfachheit zu erreichen? Indem ich das Bedürfnis mir positiv klar sage, wechsle ich von der Mangellandperspektive bzw. Haltung in die Füllelandperspektive bzw. Haltung. Meine innere Atmosphäre hellt sich auf.

Ich verbinde mich durch meine Bedürfnisse und die Bedürfnisse meiner Mitmenschen mit Gott. Rosenberg meinte begeistert: „Für mich sind die Bedürfnisse der schnellste und naheliegendste Weg, um in Verbindung zu dieser „göttlichen Energie" zu kommen. Alle Menschen haben die gleichen Bedürfnisse – weil wir lebendige Wesen sind."[108] Die Lebendigkeit des Heiligen Geistes spüre ich in meiner Lebendigkeit, in meinen Bedürfnissen.

Die GfK wird durch die ethische Differenz von gut und schlecht und durch ihre Bedürfnisorientierung zu einer universalen, modernen Ethik.

Im Folgenden will ich zeigen, dass wir Bedürfnisse in der GfK als Gemeinbegriffe, wie sie Spinoza versteht, ansehen können.

Die Gemeinbegriffe in der Ethik Spinozas: Wir müssen etwas ausholen, um die zentrale Stellung der Gemeinbegriffe in der Philosophie Spinozas aufzuzeigen.

Gemeinbegriffe sind keine Ausdrücke sinnlicher Wahrnehmungen. Gemeinbegriffe sind auch keine Ausdrücke von Meinungen und Assoziationen. Gemeinbegriffe sind adäquate Ideen über Gemeinsamkeiten mehrerer Modi. Also z. B. Gemeinsamkeiten zwischen zwei Menschen. Die Liebe zur Musik kann so eine Gemeinsamkeit sein. Oder (wenn meine These stimmt) das Bedürfnis nach gegenseitigem Respekt kann eine Gemeinsamkeit sein.

Nach diesem Überblick nun die Ausführung zu den Gemeinbegriffen in der Ethik Spinozas. Die LeserInnen brauchen dafür etwas Geduld. Der ganze Zusammenhang zeigt sich erst gegen Ende der Ausführungen.

Ich treffe immer neu mit anderen Menschen zusammen. Ich spreche mit ihnen, agiere und reagiere. Manche Begegnungen erfreuen mich und erheben mich. Andere Begegnungen frustrieren mich, laugen mich aus, machen mich traurig. Manche Begegnungen sind gut für mich, andere schlecht.

Ich suche aufgrund meines Conatus die guten Begegnungen, die mich erhalten, die mich fördern. Der Conatus (conatus lateinisch: Streben, Versuch, Anstrengung, Drang) ist für Spinoza das immerwährende, natürliche Streben eines Dings, besonders eines Menschen, zu existieren, sein Sein zu erhalten. Der Conatus ist ein zentraler Begriff in der Ethik. Er begründet die ethische Differenz zwischen gut und schlecht: Wenn jeder Mensch durch seinen Conatus bestrebt ist, in der Existenz zu verharren, ist er immer somit auf der Suche nach dem, was für ihn nützlich oder gut ist.

Einen weiteren Begriff von Spinoza muss ich zum Verständnis kurz erläutern: Affektion. Das Wort kommt vom Lateinischen. Das Substantiv affectus kann bedeuten: Zustand, Gemütsverfassung, Gefühl, Leidenschaft. Das Verb afficio kann übersetzt werden mit: den Geist in eine Stimmung versetzen aber auch den Körper schwächen.

Eine Affektion ist also nicht einfach ein Gefühl bei Spinoza. Es bezeichnet erst einmal die Wirkung auf ein Ding (in der Philosophie Spinozas ist das ein „Modus"). Wenn ich jemand begegne, wenn ich etwas wahrnehme, dann wirkt etwas anderes auf mich und hinterlässt Eindrücke, Spuren. Diese Eindrücke sind körperlich. Wenn ich mich stoße, schwillt mein Körper an dieser Stelle an. Aber auch Schallwellen bewirken etwas in meinem Ohr und Gehirn. Affektionen sind Wirkungen eines Modus auf einen anderen Modus (eines Körpers auf einen anderen Körper): Eine Begegnung, eine Wirkung verändert meinen Zustand und bewirkt ein Gefühl: Freude oder Traurigkeit oder irgendwelche anderen Gefühle. Also Affekte. Und jede Begegnung, Wirkung beeinflusst mich, erhöht oder erniedrigt meinen Zustand von Körper und Geist. Ein Virus schwächt mich, ein Apfel stärkt mich. Auch das gehört für Spinoza zur Bedeutung Affektion.

Ich kann die zwei Fälle von Aufeinandertreffen somit auch folgendermaßen formulieren: 1. Ich treffe auf einen Körper, dessen Zusammenhang mit meinem zusammengesetzt werden kann. D. h. er stimmt mit meiner Natur überein und ist nützlich und gut für mich. Dieses Treffen bewirkt eine passive Affektion der Freude. Wir sind in dieser Situation weiterhin getrennt von unserem aktiven Tätigkeitsvermögen, trotzdem wird das Tätigkeitsvermögen durch Freude unterstützt. Aufgrund meines Conatus suche ich Situationen, in denen mein Tätigkeitsvermögen unterstützt wird.

2. Ich treffe auf einen Körper, dessen Zusammenhang sich nicht mit meinen zusammensetzt. Er ist schlecht für mich, bewirkt Traurigkeit und vermindert mein Tätigkeitsvermögen. Im Extremfall zerstört er meinen Zusammenhang und damit meine Existenz. Die Traurigkeit bewirkt Hass, verkettet mit Abneigung, Hohn, Verachtung, Neid, Zorn. Wird der Conatus durch die Traurigkeit bestimmt, hört er nicht auf zu suchen, was für den Körper nützlich ist.[109] Aber Frusterfahrungen schwächen mich.

In der Realität kann ein Gegenstand sogar oft Grund für Freude und Trauer zugleich sein. Für vollkommene passive Freude müssten die Körper, die aufeinandertreffen, völlig übereinstimmen und ansonsten von nichts gestört werden. Da dies unmöglich ist, haben wir auf natürliche Weise wenig Gelegenheit, auf gute Weise aufeinanderzutreffen. Oft haben wir indirekte Freuden, weil wir unsere Gegner gut bekämpft haben: Die Freude ist mit Hass vergiftet. Weil nach Spinoza die Natur nicht zu unserem Nutzen gemacht ist, sondern für eine allgemeine Ordnung, in welcher der Mensch als ein Teil der Natur untergeordnet ist, wird der Mensch vor allem traurige Leidenschaften haben.[110]

Aber wie kann ich aktiv werden? Wie kann ich eine ungünstige, schlechte Begegnung positiv wenden? Wie kann ich aktiv werden, gestalten, anstatt nur reagierend zu schauen, dass ich in gute Begegnungen komme?

Der Weg zu aktiven Affektionen vollzieht sich in zwei Schritten:

1. Schritt: Ich versuche ein Maximum an freudigen Leidenschaften zu empfinden und traurige Leidenschaften zu vermeiden. Die Vernunft hat dabei die Aufgabe, die Zusammentreffen so zu organisieren, dass eben traurige Leidenschaften vermieden und freudige vermehrt werden. (Ich gehe z. B. schwierigen Menschen aus dem Weg, soweit das geht.) Die freudigen Affekte sind aber immer noch passive, die uns von unserem eigenen Tätigkeitsvermögen trennen.

2. Schritt: Ich bringe aktive Affektionen hervor. (Diese sind immer freudig.)[111] Der Sprung von den passiven zu den aktiven Freuden gelingt Spinoza durch die Gemeinbegriffe. Ein Gemeinbegriff ist die Idee einer Gleichartigkeit in der Zusammensetzung existierender Modi (Dinge bzw. Menschen). Die passive Freude wurde von einem anderen Gegenstand verursacht, die aktive Freude durch unser eigenes Vermögen, d. h. wir haben aktiv eine adäquate Idee gebildet. Da die Gemeinbegriffe adäquate Idee sind, können sie den Sprung von passiv zu aktiv ermöglichen.[112]

Die ersten Gemeinbegriffe bilden wir aufgrund von freudigen Affektionen und finden zuerst weniger universale Gemeinbegriffe. Ein Treffen eines uns beglückenden Menschen führt uns dazu, eine innere Gemeinsamkeit zwischen uns als den Grund des glücklichen Einander-Verstehens zu erkennen.

Für Spinoza sind die Gemeinbegriffe keine Transzendentalia (Sein, Ding, Etwas) und keine Universalia (Gattungen, Arten; also Mensch, Pferd). Er lehnt eine abstrakte Art der Bestimmung, um Allgemeinbegriffe zu bilden, ab. Denn abstrakte Bestimmungen berücksichtigen zwischen Dingen nur sinnliche und grobe Differenzen. Gemeinbegriffe sind allgemeine, aber nicht abstrakte Ideen und damit adäquat. Da der Gemeinbegriff eine adäquate Idee ist, drückt er das Wesen Gottes aus und ermöglicht uns eine unmittelbare Erkenntnis des Wesen Gottes.

Der erste Gemeinbegriff ist immer ein weniger universaler, der aus einer passiven Freude herausgebildet wurde. Dieser stärkt uns, schlechte Aufeinandertreffen zu meiden und setzt uns in den Besitz unseres Tätigkeitsvermögens. Mit der Zeit können wir auch universellere Gemeinbegriffe bilden, die es uns ermöglichen auch schlechte, aber unvermeidbare Aufeinandertreffen auszuhalten. Wenn wir Traurigkeit empfinden und daraus einen sehr universalen Gemeinbegriff bilden, der uns auch die Nicht-übereinstimmung verstehen lässt, dann ergibt sich daraus wiederum eine aktive Freude, weil wir etwas verstanden haben bzw. einen Gemeinbegriff gefunden.[113]

Warum sind die Gemeinbegriffe in der Ethik zentral?

1. Sie bewirken den Wechsel von passiv zu aktiv!
2. Sie bewirken Freude!
3. Sie sind die ersten adäquaten, klaren Ideen, die wir bilden können!
4. Sie sind lebendige Begriffe, die die wirkliche Ursache ausdrücken, statt abstrakte Begriffe oder äußerliche Beschreibungen!
5. Durch Gemeinbegriffe bin ich nicht mehr von meinem Wesen bzw. Tätigkeitsvermögen getrennt.[114]
6. Die Gemeinbegriffe führen mich zur Idee Gottes!

Gemeinbegriffe und Bedürfnisse Nirgends kann man in der Ethik Spinozas ein Beispiel für einen Gemeinbegriff finden, der eindeutig ein Bedürfnis ist. Wenn ich nun behaupte, Bedürfnisse sind die „Gemeinbegriffe" in der GfK, Bedürfnisse sind passende Beispiele für das, was Spinoza als Gemeinbegriffe bezeichnet, dann muss ich das in anderer Weise begründen: Ich kann strukturell zeigen, dass die Gemeinbegriffe in der Ethik denselben Stellenwert im System haben wie die Bedürfnisse in der GfK. Ich kann außerdem darlegen, dass Bedürfnisse die Kriterien für Gemeinbegriffe erfüllen.

Indem ich die Zusammenfassungen der zentralen Stellung der Bedürfnisse in der GfK bzw. der Gemeinbegriffe in der Ethik gegenüberstelle, zeigt sich gleich die Strukturähnlichkeit der Begriffe im jeweiligen System:

1. Ich verbinde mich mit mir, wenn ich meine Bedürfnisse erkunde! *Durch Gemeinbegriffe bin ich nicht mehr von meinem Wesen bzw. Tätigkeitsvermögen getrennt.*
2. Ich verbinde mich mit meinen Mitmenschen, indem ich ihre Bedürfnisse nachfrage und meine Bedürfnisse äußere! *Gemeinbegriffe sind lebendige Begriffe, die die wirkliche Ursache ausdrücken, statt abstrakte Begriffe oder äußerliche Beschreibungen!*
3. Ich kläre mit Bedürfniserkundung auf! *Gemeinbegriffe sind die ersten adäquaten, klaren Ideen, die wir bilden können!*
4. Ich schaffe Freiheitsräume, wenn ich mir meiner Bedürfnisse klar werde! *Gemeinbegriffe bewirken den Wechsel von passiv zu aktiv!*
5. Ich verwandle meine innere Atmosphäre und Haltung, wenn ich mir meiner Bedürfnisse positiv klar werde! *Gemeinbegriffe bewirken Freude!*
6. Ich verbinde mich durch meine Bedürfnisse und die Bedürfnisse meiner Mitmenschen mit Gott. *Die Gemeinbegriffe führen mich zur Idee Gottes!*

Wenn ich nun zwei Sätze der Ethik kombiniere, zeigt sich, dass es nicht abwegig ist zu behaupten, dass Bedürfnisse Gemeinbegriffe sind, die alle Menschen miteinander verbinden, die alle Menschen gemeinsam haben:
„Da die Vernunft nichts gegen die Natur verlangt, verlangt sie also selbst, daß jeder sich liebt, seinen Nutzen, das was ihm wahrhaft nützlich ist, sucht, und alles, was den Menschen wahrhaft zu größerer Vollkommenheit leitet, erstrebt und überhaupt, daß jeder sein Sein so viel an ihm liegt zu erhalten strebt."[115] In GfK-Sprache: Jeder Mensch erfüllt sich mit seinen Handlungen immer Bedürfnisse.
„Hieraus folgt, daß die Menschen, welche von der Vernunft geleitet werden, d. h. die Menschen, welche nach der Leitung der Vernunft ihren Nutzen suchen, nichts für sich begehren, was sie nicht auch für die übrigen Menschen wünschten, und daß sie also gerecht, treu und ehrenhaft sind."[116]
In der GfK-Sprache: Bedürfnisse haben alle Menschen gemeinsam und Menschen tragen gerne zum Wohlergehen anderer bei, wenn es ihnen vernünftig erscheint bzw. wenn sie es freiwillig tun.
Wir können auch über den Conatus diese Verbindung begründen: Jeder Mensch hat zentral in seinem Wesen das Bestreben, im Sein zu verharren und sein Tätigkeitsvermögen zu vermehren. Dies Streben erfüllt er sich, wenn er seinen Bedürfnissen folgt: Angefangen vom Essen, über freudige Begegnungen mit Mitmenschen bis hin zu aktiven Freuden durch sinnvollen Einsatz usw. *So möchte ich mich „anmaßen", zwei Lehrsätze der Ethik hinzuzufügen, die „fehlen":*
Lehrsatz: Ein wichtiger Gemeinbegriff, der alle Menschen miteinander gemein haben, ist der Conatus.
Lehrsatz: Auch alle allgemeinen Bedürfnisse sind Gemeinbegriffe. Beweis: Denn ihre Erfüllung dient dem Conatus!
Wir finden bei Spinoza sogar die Erkenntnis, dass – wieder in GfK-Sprache ausgedrückt – Bedürfnisse uns verbinden und die Strategien uns trennen:
„Denn wir nehmen an, Peter habe die Idee eines geliebten Gegenstandes, den er jetzt in Besitz hat, und Paul dagegen die Idee eines geliebten Gegenstandes, den er verloren hat. Daher kommt es, daß dieser von Unlust, jener dagegen von Lust affiziert wird, und sie insofern einander entgegengesetzt sind. Auf diese Weise können wir leicht zeigen, daß die übrigen Ursachen des Hasses davon allein abhängen, daß die Menschen von Natur verschieden sind, nicht aber darin, worin sie übereinstimmen."[117] Peter besitzt z. B. eine Yacht. Paul ist neidisch auf Peter, weil er es sich nicht leisten kann, eine solche teure Yacht zu kaufen. Wenn Paul jedoch sich seiner Bedürfnisse klar wird, sein Bedürfnis nach Erholung, nach Weite, nach Muße, nach Abenteuer, dann wird er erstens erkennen, dass Peter ähnliche Bedürfnisse hat. Dies schafft

Gemeinsamkeit und gegenseitiges Verständnis und überwindet den Neid und den Hass. Er kann außerdem sich dann Strategien überlegen, diese Bedürfnisse zu erfüllen. Er kann Peter fragen, ob er aufs Meer mitfahren kann. Er kann sich selbst ein kleineres Boot für paar Tage mieten. Er kann eine Wanderung im Gebirge machen usw. Zuletzt begreift er, dass der Neid auf Peters Yacht sowohl ihn von Peter trennt als auch seine eigentlichen Bedürfnisse überdeckt hat.

Die Allgemeinheit der Bedürfnisbegriffe macht die GfK zu einer universalen Ethik. Das Gleiche hat Spinoza mit seiner Ethik auch angezielt: „*Universalismus*. Trotz der Zurückweisung eines genuin moralisch Guten sind allgemeine Aussagen darüber möglich, was uns glücklich und frei machen kann. Grund dafür ist, daß die Ethica auf Naturphilosophie und Anthropologie aufbaut: Menschen leben zwar in verschiedenen Umständen, weswegen sie ganz unterschiedliche Wünsche ausbilden und verschiedene Dinge als gut ansehen. Doch sie unterliegen alle denselben Naturgesetzen. Deshalb ist ihnen im Prinzip dasselbe zu- oder abträglich."[118]

Genau diesen Universalismus sieht Omri Boehm bei Spinoza nicht und kritisiert Spinoza scharf. Im folgenden Satz sieht Boehm einen gefährlich nihilistischen Relativismus walten: „Aus diesem allen geht hervor, daß wir nichts erstreben, wollen, verlangen, noch begehren, weil wir es für gut halten; sondern umgekehrt, daß wir deshalb etwas für gut halten, weil wir es erstreben, wollen, verlangen und begehren."[119] Boehm kommentiert: „Da ein Begehren immer *unser* Begehren ist, gehen aus diesem Begriff keine universalistischen moralischen Kategorien hervor."[120] Wenn aber das Begehren immer letztlich auf ein Bedürfnis gründet und die Bedürfnisse Gemeinbegriffe sind, so dass ich immer auch verstehen kann, dass die anderen Menschen dieselben Bedürfnisse haben können, dann ist seine Kritik nicht mehr gerechtfertigt. Nicht durch das Begehren und die Bedürfnisse entsteht die Zwietracht, sondern durch die unterschiedlichen Strategien und die verengte Sicht, dass nur diese oder jene Strategie gut ist.

Gerade in der heutigen Zeit, die durch zu viel postmoderne Skepsis und Relativismus und durch kulturell-religiösem Auseinandertriften bedroht ist, kann die GfK friedensstiftend und verbindend wirken, wenn sie sich bewusst wird, dass sie wie die Ethik Spinozas eine universale Ethik ist! Die Ethik Spinozas wird für viele Menschen – so vermute ich – erst verständlich und als Ethik und Hilfe für ihr Leben wirklich anwendbar, wenn man sie mit GfK konkreter erklärt und man die Bedürfnisse als Gemeinbegriffe versteht. Dann ist die GfK eine moderne und verständliche Ausarbeitung der Ethik Spinozas! Als Fazit bleibt kurz und knapp:

Gemeinsames finden schafft mehr friedliches Zusammenleben und überwinden Gräben!

Wie konkret das sein kann, zeigt ein berühmtes psychologisches Experiment von Muzafer Sherif, das Robbers-Cave-Experiment. 22 Jungen machten ein Ferienlager zusammen und wurden in zwei Gruppen eingeteilt, die Adler und die Klapperschlangen. Die Forscher heizten die Rivalität zwischen den Gruppen, indem sie Wettbewerbe gezielt manipulierten und ungerecht bewerteten und Feindseligkeiten durch Vorurteile schürten. Bald waren sich die zwei Gruppen spinnefeind. Sie schauten nur – wie Spinoza sagen würde – was sie (angeblich) unterscheidet und nicht gemeinsam haben.

Dann aber gaben die Forscher beiden Gruppen eine gemeinsame Aufgabe, die für ihr Überleben entscheidend war: Sie mussten gemeinsam das Problem lösen, wie sie an neues Frischwasser kommen können. Durch dieses Zusammenarbeiten überwanden sie ihre Vorurteile und freundeten sich an.

Wenn Friedensvermittler zwischen verfeindeten Gruppen vermitteln, dann ist ein wichtiges Element immer die Suche nach Gemeinsamkeiten.

Mischmasch auftrennen

Eine gute Gemüsesuppe oder ein herzhaftes Gulasch ist wahrhaft ein schöner Mischmasch. Aber das gilt nicht für jedes Mischmasch. Es kann in anderen Fällen kulinarisch besser sein, die Einzelteile gesondert auf einem Buffet zu präsentieren: Hier die Champions, dort die Auberginen, da die Cremes usw. Aber es ist sehr mühsam, aus einer Gemüsesuppe alle Karottenstückchen herauszufischen. In der Chemie gibt es für diese Herausforderung, ein Gemisch aufzuteilen, verschiedene Trennungsverfahren.

Die gewaltfreie Kommunikation und auch das Innere Familiensystem von Richard Schwartz kann man als zwei psychologische Trennungsverfahren verstehen. Schauen wir uns aus dieser Perspektive die GfK an.

Wenn ich zu einem Mitarbeiter, der im letzten Quartal vier Mal am Montag krank war, sage: „Sie, Herr Meier, haben gestern wieder Ihren Rausch ausgeschlafen? Bald können Sie gleich jeden Tag daheimbleiben.", dann ist das ein Mischmasch, gut mit Pfeffer gewürzt.

Ich mische hier zusammen:

- Tatsachen: vier Mal im Quartal am Montag krank gemeldet
- Gefühl: meine Wut
- Deutung, Vermutung: Maier ist Alkoholiker
- Mein Bedürfnis: Ich brauche zuverlässige, fitte Mitarbeiter
- Ein möglicher Lösungsweg: Ich entlasse den Mitarbeiter

Die gewaltfreie Kommunikation sortiert nun diesen Mischmasch auseinander. Es trennt erst einmal diese fünf großen Teile auf. Dann untersucht es die Einzelteile, ob sie noch Gemisch sind oder schon gesäubert. Die GfK-Lehrerinnen Liv Larsson und Katarina Hoffmann haben ein ganzes Buch über 42 Schlüsselunterscheidungen in der GfK geschrieben. Und jedes dieser Unterscheidungen ist ein „Aufteilungs-Werkzeug". Einige wenige Schlüsselunterscheidungen sind zentral, die weiteren sind ergänzend und erläuternd. Zum Beispiel:

- Drückt diese Formulierung eine Tatsache, die man filmen, fotografieren oder akustisch aufnehmen kann, aus oder ist es eine Tatsache vermischt mit einer Deutung?
- Drückt diese Formulierung ein Gefühl aus, oder ist es ein Gefühl vermischt mit einer Deutung?
- Drückt diese Formulierung ein zentrales Bedürfnis aus, oder ist es ein Bedürfnis vermischt mit einer Strategie?
- Drückt diese Formulierung eine klare Bitte aus, in aller Freiheit, oder ist die Bitte vermischt mit einer Drohung, Manipulation usw.?
- Drückt diese Formulierung aus, dass ich mein Gefühl mit meinem unerfüllten Bedürfnis begründet sehe, oder schwingt mit, dass der andere schuld daran ist, dass es mir schlecht geht?

Der Mischmasch kann bis in einzelne Wörter hineinreichen. In der GfK unterscheidet man zwischen echten Gefühlen und Pseudogefühlen. In den Pseudogefühls-wörtern bzw. -formulierungen stecken immer auch Deutungen und Bewertungen. Ich nenne sie gerne Mischmaschbegriffe: Gefühle und Urteile/Deutungen werden schön zusammengemischt zu einem Brei.

Ich kann den Mischmasch auflösen. In der Chemie macht man das z. B. durch eine Zentrifuge. In der GfK durch bewusstes Sortieren: Was ist das eigentliche Gefühl? Welches Bedürfnis ist nicht erfüllt? Was ist wirklich passiert bzw. welche Tatsachen kann ich klar benennen?

„Ich fühle mich nicht gewürdigt." Diesen Mischmasch kann ich z. B. auflösen: „Ich bin traurig, weil ich von dir kein Wort des Dankes gehört habe und mir positive Rückmeldung wichtig ist."

Die GfK hat eine zentrale Sortierung bzw. Unterscheidung, die oft zur Anwendung kommt: Die Handlung des anderen ist etwas, das mir zustößt. Aber wie ich darauf reagiere, ob ich mich über seine Handlung freue oder unter seiner Handlung leide, hängt auch davon ab, wie ich die Handlung deute und was für Bedürfnisse ich gerade habe.

Spinoza hatte dafür ein anschauliches Beispiel: „Die Musik z. B. ist für den Missmutigen gut, für den Trauernden böse, für den Tauben aber weder gut noch böse.“[121] Wenn die Nachbarin singt oder Klavier spielt, kann mich das erfreuen oder nerven. Wenn ich mich nach einer Nachtschicht ausruhen möchte, ist die Musik für mich störend. Wenn ich Besuch habe, kann die Musik aus der Nachbarswohnung eine schöne Atmosphäre bereiten. Die Musik an sich ist nicht der Grund, warum ich einmal erfreut und ein anderes Mal genervt bin. Die Musik ist immer nur der Auslöser.

Siehe auch allgemein Spinozas Ethik Buch III Lehrsatz 51. „Verschiedene Menschen können von einem und demselben Objekte verschiedenartig affiziert werden, und ein und derselbe Mensch kann von einem und demselben Objekte zu verschiedenen Zeiten verschiedenartig affiziert werden.“

Es gibt natürlich Auslöser, die eindeutig verletzend sind. Eine Ohrfeige ist eine scherzhafte Körperverletzung. Aber von solchen extremen Beispielen abgesehen, haben wir oft verschiedene Möglichkeiten, die Handlung des anderen zu deuten. Für diese Deutung sollten wir Verantwortung übernehmen. Indem ich mir klar mache, welches Bedürfnis erfüllt bzw. nicht erfüllt wird, übernehme ich Verantwortung für meine Gefühle und für meine folgenden Aussagen und Handlungen.

Die Mischmaschbegriffe dagegen vermischen Auslöser und Grund: Du bist schuld, dass ich mich schlecht fühle. Denn Du hast mich betrogen, getäuscht, belästigt, gestört, eingeschüchtert, übergangen, manipuliert, vernachlässigt, bevormundet, provoziert, abgezockt, zurückgewiesen, ignoriert oder ausgenutzt.

Wir beginnen immer mit Mischmasch und Verzerrungen

Wenn ich nun diese Mischmaschbegriffe mit Spinozas Analyse der inadäquaten Ideen verbinde, will ich etwas Wichtiges verdeutlichen: Spinoza öffnet uns die Augen für ein Phänomen, dass ich so nicht in der GfK-Literatur gefunden habe.

Wir beginnen normalerweise immer mit Mischmaschbegriffen. Wir haben immer zuerst inadäquate Ideen.

Nun aber der Reihe nach: Was versteht Spinoza unter **inadäquaten Ideen**? In Spinozas Philosophie gilt folgendes: Es gibt zu unserem Körper eine Idee. Diese Idee ist adäquat und drückt damit auch Gott aus. Aber diese Idee, die wir sind, die Idee, die unsere Seele konstituiert, haben wir nicht. Bewusst sind uns ganz andere Ideen: Zu allen Wirkungen, die andere Körper auf meinen Körper verursachen, gibt es eine Idee, deren wir uns bewusst sind. Wenn mich jemand verletzt (Wirkung), habe ich Schmerzen (Idee). Diese Ideen sind inadäquat, weil sie ein Mixtum sind aus dem Körper, der auf mich wirkt (materiale Ursache), und meinem Vermögen zu denken (formale Ursache). Aus diesem Mixtum kann ich aber weder problemlos das Wesen des Gegenstandes noch mein eigenes Wesen extrahieren. Solche Ideen sind Zeichen, die aber nicht ein Wesen ausdrücken. Sie zeigen die Gegenwart eines wirkenden Körpers und seine Wirkungen auf uns an, schaffen uns Vorstellungsbilder zu dieser Affektion und bilden eine Erinnerungsspur.[122]

Ein Beispiel von Spinoza zeigt deutlich, dass diese Affektionsideen das Wesen des wirkenden Körpers nur unklar und indirekt aufzeigen, weil sie ihre Ursache einschließen, aber nicht ausdrücken; weil sie immer ein Mixtum sind aus den beiden Körpern, die sich begegnen: „So stellen wir uns beim Anblick der Sonne vor, sie sei etwa zweihundert Fuß von uns entfernt. [...] Denn wenn wir auch später zur Erkenntnis kommen, dass sie mehr als 600 Erddurchmesser von uns entfernt ist, so werden wir sie uns nichtsdestoweniger als nahe vorstellen [...], weil der Zustand unseres Körpers das Wesen der Sonne in sich schließt, sofern er von ihr von ihr erregt wird."[123] Wenn ich zur Sonne schaue, habe ich immer den Eindruck, sie sei recht nahe. Ich sehe nicht, dass sie ca. 150 Millionen Kilometer entfernt ist. Auch wenn ich dieses Wissen habe, in meinem sinnlichen Eindruck macht sich dieses Wissen nicht bemerkbar.

Allgemein gesprochen: Die Menschen besitzen nach Spinoza zuerst keine adäquaten Ideen. In dieser Hinsicht ist Spinoza nach Deleuzes Einschätzung Empirist. Im Gegensatz zu den Rationalisten, die Wahrheit und Falschheit als Rechte ansehen und sich wundern, dass die Menschen sie verloren haben, ist es für die Empiristen erstaunlich, dass Menschen ab und zu das Wahre sogar begreifen und sich gelegentlich befreien und sich untereinander verstehen.[124]

Mit was beginnt die Wolfssprache? Nun erscheint ja aber die Wolfssprache als sehr selbstsicher und wahrheitsliebend: „Du bist dumm!" – Hier wird angeblich das Sein eines Menschen beschrieben. Die Wolfssprache ist somit eine statische Sprache.

Spinoza gibt uns vielleicht eine Antwort, wenn wir weiter fragen: Mit was beginnt die statische Wolfssprache? Vielleicht als Tendenz immer schon damit, dass wir bei jeder Begegnung erst einmal inadäquate Ideen bilden: ein Mixtum aus dem Körper, der auf mich wirkt (materiale Ursache), und meinem Vermögen zu denken (formale Ursache). Diese inadäquate Idee drücke ich in Mischmaschbegriffen aus. Ebenso vermische ich Tatsache und Deutung und liefere eine Bewertung, ein Urteil ab. Dieses Urteil erscheint als sehr felsenfest, aber es entsteht oft aus einem Mischmasch.

Wenn Spinoza recht hat, dann bedeutet das: Die Giraffensprache ist immer Arbeit! Sie ist nie das erste nach einer Begegnung. Um sie sprechen zu können, muss ich immer erst mein Mixtum sortieren, auftrennen. Weil ich erst einmal eine inadäquate Idee habe, ist die normale Tendenz, Deutung/Urteil und Tatsache bzw. Gefühl und Deutung/Urteil zu vermischen. **Wir beginnen oft mit der Illusion. Und die Illusion ist durch den Auftrennungs- und Klärungsprozess auch oft nicht ganz weg.** Wir müssen diese Einsicht noch allgemeiner formulieren und mit weiteren Beispielen in ihrer Tragweite verdeutlichen:

Ein ehemaliger Raucher erzählte mir: Immer wieder, wenn ich bei einem Zigarettenautomaten vorbeikomme, kann es passieren, dass es mich überfällt. Ich denke dann: Ach gönne Dir doch die Zigaretten, eine Schachtel nur! Mit innerer Erregung kommen dann weitere Einflüsterungen, wie toll das Rauchen sei. Ich habe inzwischen gelernt, wie sehr diese Sätze auf einer Illusion aufbauen. Ich muss mich dann aktiv daran erinnern, dass Zigaretten mir eigentlich – wenn ich nicht im Suchtmodus bin – nicht schmecken. Natürlich kann ich mich auch daran erinnern, dass Rauchen ungesund ist. Aber das ist als Gegenargument in dem Moment nicht stark genug. Ich muss gegen diese Illusion eine klare andere Empfindung und Erfahrung stellen: Die Zigarette schmeckt eigentlich nicht. Erinnere Dich, dass sie Dich nicht aufgebaut hat, dass kurz danach Du mit Dir unzufrieden warst usw. Er sagte mir: Diese Illusionsattacken werden zwar weniger und schwächer, aber sie sind nie komplett weg gegangen. Ich muss dann immer bewusst gegensteuern. Geholfen hat mir dabei auch, bewusst andere für mich attraktive Gewohnheiten zu kultivieren zu den Zeiten, wo ich früher geraucht habe. (Diese Taktik finden wir auch bei Spinoza: Ethik Buch V LS 2: „Wenn wir eine Seelenaufwallung oder einen Affekt von dem Gedanken der äußeren Ursache trennen und mit anderen Gedanken verbinden, dann wird Liebe oder Haß gegen die äußere Ursache, wie auch das Schwanken der Seele, das aus diesen Affekten entsteht, vernichtet werden.")

Diese Geschichte ist sehr bemerkenswert. Sie zeigt überdeutlich, dass ein ehemaliger Raucher seine Illusion nie völlig abschaffen kann. Wenn sie auftaucht, muss er aktiv dagegen steuern. Kennt das nur der Süchtige? Nein, wir alle neigen dazu, in der ersten Reaktion in eine Illusion, eine Verzerrung oder ähnliches hineinzurutschen.

Zwei alltägliche Beispiele:

Jemand kommt nicht zu einem Geburtstagsfest und der Einladende fragt sich: „Mag er mich nicht mehr? Gut ich habe allgemein eingeladen. Er muss sich nicht abmelden. Aber schon komisch, dass er nicht kommt. Habe ich ihn das letzte Mal verärgert?" Einige Tage später erzählt dieser dem

„Geburtstagskind": Ich wäre gerne gekommen, aber ich musste auf die Enkel aufpassen. Also die Grübelgedanken lagen völlig falsch. Der Grübler hat das Wegbleiben persönlich genommen. Und das war eine Illusion.

Ein anderes Beispiel: Ein Vater in der U-Bahn sitzt einfach nur da, während seine zwei kleineren Kinder Herumtollen. Andere Gäste beschweren sich: „Sie sollten Ihre Kinder zügeln. Sie sind schlecht erzogen. Die dürfen nicht so einen Lärm machen." Der Vater antwortet: „Wir waren gerade im Krankenhaus. Meine Frau bekam die Diagnose Krebs. Ich kann es noch gar nicht fassen. Ich bin froh, wenn die Kinder noch Herumtollen können." Plötzlich schätzten die Gäste die ganze Situation völlig neu ein. Sie haben vorher bewertet, ohne die Ursache des Verhaltens des Mannes und seiner Kinder zu kennen.

Die psychologische Forschung hat inzwischen verschiedene solche Verzerrungen und Illusionen gefunden und untersucht. Sie nennt diese Biases. Nur durch bewusstes Nachdenken, Überlegen, Reflektieren und kritisches Hinterfragen können wir immer im zweiten Schritt diese Biases, diese Verzerrungen und Illusionen überwinden.

Der Philosoph Spinoza war der erste, der dies grundsätzlich erkannte. Oft haben wir nach ihm keine adäquate Erkenntnis, sondern wir beginnen mit einer verzerrten Idee. Diese Idee, was eigentlich los ist, ist verzerrt, weil wir spontan immer nur von den Wirkungen ausgehen, die wir gerade spüren. Die eigentlichen Ursachen sind uns unbekannt. Die Gäste in der U-Bahn sind vom Lärm der Kinder genervt und urteilen dann. Aber sie wissen nichts über die eigentliche Situation, in der diese Familie gerade steckt.

Diese Verzerrungen und Illusionen können sehr tief gehen. Spinoza stellt mit seinem Sonnen-Beispiel fest, dass die Illusion bis in die unmittelbare Wahrnehmung hineinreichen kann. Oder denken wir an den Strohhalm, der im Wasser einen Knick zu haben scheint, obwohl er ganz gerade ist.

Für Spinoza gilt: Wenn ich eine richtige Idee von mir habe, dann weiß ich auch, dass ich in Gott bin und dass Gott die Ursache von mir ist. Aber normalerweise regieren mich vielmehr viele verzerrte Ideen. Wie z. B. die Mitfahrer in der U-Bahn, der Raucher in seiner Illusion oder das Geburtstagskind. Spinoza deutete die Adam-Eva-Geschichte so, dass auch Adam und Eva von Anfang an verzerrte Einsichten hatten, also inadäquate Ideen. In Spinozas Philosophie hat also die Illusion, die verzerrte Erkenntnis einen ähnlichen Stellenwert wie die Erbsünde in der klassischen Theologie eines Augustinus. Aber der große Unterschied zwischen Augustinus und Spinoza: Spinoza macht uns kein schlechtes Gewissen. Vielmehr spornt uns seine Sichtweise an, unsere Vernunft zu gebrauchen, um unser Wirrwarr zu ordnen, was uns mit der Hilfe des Heiligen Geistes zu mehr Freiheit und Einsicht und Weisheit führen wird.

Auch auf heutige Probleme eröffnet uns Spinozas Sicht neue Denkmöglichkeiten, die meines Erachtens fruchtbarer sind als die klassische Erbsündenlehre. Nehmen wir als Beispiel Donald Trump. Für die meisten Deutschen ist klar, dass seine Politik für die USA und für die Welt schädlich ist und dass er notorisch lügt, Dinge verdreht usw. Aber nun kommt der entscheidende Punkt: Donald Trump hält sein Weltbild für richtig. Es ist nicht immer so, dass er lügt und bewusst weiß, dass er lügt, und die Lüge einsetzt, um Erfolg zu haben. Meistens lügt er und er glaubt seinen eigenen Lügen. Was ihm fehlt, ist der kritisch reflektierende Abstand, die andere Sichtweise. JedeR hat sicherlich schon folgendes erlebt: Ich bin auf einen Menschen wütend und urteile über ihn/sie, dass er/sie blöd ist usw. Dann aber, einen Tag später vielleicht, bin ich entspannt und frage mich: Warum war ich so wütend? Ich könnte das alles auch anders sehen… Dieser Wechsel geschieht bei Trump nicht mehr. Er bleibt in seiner illusorischen Trump-Welt gefangen und reißt so viele mit. Das ist Illusion, verzerrte Erkenntnis, Unfreiheit nach Spinoza.

Es bringt uns nicht weiter, wenn wir sagen, Trump ist böse, er ist ein Sünder. Dann begeben wir uns auf seine Ebene nur mit anderem Vorzeichen. Nur wenn wir mit Spinoza Trumps chronische Verzerrungen benennen, können wir begründen, woher seine Irrungen kommen.

Trump hat sich in seinen eigenen Verzerrungen verheddert. Dazu passt folgende Stelle aus Spinozas Ethik: „Diese Ausdrücke entstehen daraus, dass der menschliche Körper, da er ja begrenzt ist, nur eine gewisse Zahl von Vorstellungsbildern zu gleicher Zeit deutlich in sich zu bilden vermag. Wird diese Zahl überschritten, so beginnen die Vorstellungsbilder sich zu verwirren, und wird die Anzahl von Vorstellungsbildern, die der Körper zur gleichen Zeit deutlich in sich zu bilden vermag, weit überschritten, so werden sich alle vollständig untereinander verwirren."[125] Man muss sein Vermögen zu denken trainieren, ansonsten verwirrt man sich selbst.

Das Fazit ist also hier kompakt: *Der erste Gedanke, die erste heftige Reaktion, die erste Empfindung kann sehr verzerrt sein, weil es aus der Wirkung kommt, die ich im Moment spüre.* Also lieber mal innehalten, Nacht drüber schlafen, mit anderen sich selbst reflektieren usw.

Dann können sich klarere und hilfreichere, förderlichere Einsichten einstellen.

Die Ethik und die GfK wollen die inadäquaten Ideen und negativen, passiven Affekte überwinden bzw. die Wolfssprache in eine Giraffensprache transformieren:

„Ziel der *Ethika* ist, dem in eine zunächst übermächtige (Um-)Welt hineingestellten Menschen einen Weg aufzuzeigen, auf dem er sich aus seiner anfänglichen Stellung in der Welt, das heißt seiner Knechtschaft in seiner Unterwerfenheit unter Leidenschaften, zu einem freien, also selbstbestimmten und insofern tugendhaften Leben heraus- und voran arbeiten kann."[126] Sehen wir auch in den „Handreichungen", „Werkzeugen" Ähnlichkeiten zwischen GfK und Spinozas Ethik? Das führt uns zum nächsten Kapitel.

„... immer ein bisschen weniger dumm"

„In der GFK geht es nicht um perfekt sein, sondern darum, immer ein bisschen weniger dumm zu werden." Dieser saloppe Satz von Rosenberg ist einerseits entspannend und erleichternd. Er verhindert, dass wir unseren inneren Kritiker und Perfektionisten aktivieren, um verkrampft zu versuchen, optimal zu kommunizieren. Andererseits lässt er eine Erkenntnis erahnen, die auch Spinoza hatte: Spinoza kritisierte die Stoiker, die sich das Ziel gesetzt haben, völlig ihre Affekte beherrschen zu können und völlige Freiheit im Geiste zu gewinnen. Dieses Ziel hält Spinoza für nicht erreichbar, ja sogar für unnatürlich. Wir können nur „mehr" erreichen. (Ignatius von Loyola empfiehlt auch eine magis-Spiritualität.) „Denn dass wir keine absolute Gewalt über sie [die Affekte] besitzen, habe ich bewiesen. Die Stoiker dagegen waren der Meinung, dass die Affekte absolut von unserem Willen abhängig seien und dass wir sie absolut beherrschen könnten."[127]
Wir können mit der Vernunft mehr Freiheit, mehr aktive freudige Affekte erreichen. Aber wir leben in einer Welt, in der wir nicht alles steuern können. So werden wir immer wieder Begegnungen haben, die in uns traurige Affekte und inadäquate Ideen hervorrufen. Wir werden nicht völlig frei sein können, im Leben nicht und auch im Geiste nicht. Sympathisch, dass Rosenberg und Spinoza mit ihren Empfehlungen uns realistisch „nur" zu mehr Freiheit, Freude und Frieden verhelfen wollen.
So stellen wir Spinoza folgende Fragen: Wie gehe ich vernünftig mit Affekten und inadäquaten Ideen um? Wie werde ich etwas freier, freudiger, friedvoller, tugendhafter? Und welche dieser Empfehlungen von Spinoza finde ich in ähnlicher Weise auch in der GfK?[128]
Mit inadäquaten Ideen beginnen Wie im letzten Kapitel ausgeführt, beginnen wir immer mit inadäquaten Ideen. Aber wenn wir sie überwinden wollen, müssen wir genauer verstehen, was sie eigentlich sind.
„Aus allem oben Gesagten erhellt klar, dass wir vieles wahrnehmen und Gattungsbegriffe bilden. 1. Aus den Einzeldingen, die durch die Sinne

verstümmelt, verworren und ohne Ordnung sich dem Verstand darstellen (siehe Folgesatz zu Lehrsatz 29 dieses Teils); deshalb pflege ich solche Auffassungen eine Erkenntnis aus unsicherer Erfahrung zu nennen. 2. Aus Zeichen, z. B. daraus, dass wir uns beim Hören oder Lesen gewisser Worte der Dinge wieder erinnern, und gewisse Ideen von ihnen bilden, ähnlich denen, durch welche wir die Dinge vorstellen (siehe Anm. zu Lehrsatz 18 dieses Teils). Diese beiden Arten, die Dinge anzusehen, werde ich in der Folge Erkenntnis der ersten Gattung, Meinung oder Vorstellung nennen."[129]

Inadäquate Ideen habe ich also erst einmal aus meinen Erfahrungen: Wenn ich etwas höre, sehe usw., dann bilde ich mir eine Vorstellung, eine Imaginatio. Ich kann diese Vorstellung mit anderen verknüpfen und neue Vorstellungen bilden. Z. B. verbinde ich das Gesehene mit einigen Erinnerungen. Wenn mein Partner 20 Minuten nach der abgemachten Zeit kommt und ich mich an andere Treffen erinnere, sage ich vielleicht: „Jetzt kommst Du wieder unpünktlich!" Oder noch schärfer: „Musst Du immer zu spät kommen?!" Oder sogar: „Du bist ein unpünktlicher Mensch!"

Die GfK kritisiert solche Aussagen, Denn die Verallgemeinerung vermischt die eine Tatsache, dass der Partner 20 Minuten nach der abgemachten Zeit kommt, mit anderen Erinnerungen und es wird ein Urteil, eine Bewertung gebildet. Sie empfiehlt, dass man nur die reine Tatsache bzw. die reine Beobachtung äußert: „Jetzt ist 18.20 Uhr und wir haben 18.00 Uhr vereinbart."

Finden wir diese Differenzierung auch bei Spinoza? Unsere Vorstellungskraft ist schnell dabei, eine Beobachtung mit Erinnerungen zu kombinieren und mit einer schnellen Konstruktion ein Urteil zu fällen. Wir sind dann auch schnell dabei, einen Menschen zu bewerten: Du bist faul, unpünktlich, böse usw. Wir bilden also auch nach Spinoza zu schnell Hilfskonstruktionen, Bewertungen, um uns im ständigen Fluss des Lebens mit seinen vielen Eindrücken zurecht zu finden.

Aber das Entscheidende: Wir sind uns oft nicht bewusst, dass wir Hilfskonstruktionen erstellen. Wir fassen paar Erinnerungen zusammen und sagen vage: Du kommst oft zu spät. Und dann ein Schritt weiter meinen wir, das Wesen des anderen erkannt zu haben: Du bist ein unpünktlicher Mensch! Bewertungen, Urteile, Hilfskonstruktionen werden dann schnell als Tatsache angesehen.

„Der menschliche Geist entwirft sich eine Ordnung seiner Vorstellungen, indem er sich frei wähnt, ohne aber die wahren Gründe seines Entwerfens und Fingierens zu erkennen, weil er an der Naturordnung zwar äußerlich teilnimmt, aber aus einer seiner begrenzten Perspektive sie nicht selbst zu durchschauen vermag. [...] Gleichwohl fungiert die Imaginatio bei Spinoza nicht nur als Negativfolie für das vernünftige, adäquate Erkennen. Die so verstandene „Einbildung" hat nämlich durchaus eine konstitutive Funktion auch für die höheren Erkenntnisarten. Denn sie stellt, in welcher unklaren und undeutlichen „Ordnung" auch immer, die Vorstellungsinhalte menschlichen Denkens bereit."[130]

Spinoza ist kein reiner Rationalist, sondern auch Empirist: Wir müssen mit unseren Erfahrungen beginnen und arbeiten. Wir müssen uns aber bewusst sein, dass sie noch nicht das Wesentliche ausdrücken.

Die GfK beginnt ihre vier Schritte mit einer Beobachtung, mit einer Tatsache. Sie will nicht fantasieren, sondern ihr Ausgangspunkt soll empirisch sein! Das verbindet sie mit Spinoza, der auch (im Gegensatz zu Descartes) mit einzelnen Erfahrungen beginnt.

Aber warum ist nach Spinoza ein Tatsachensatz wie „Jetzt ist 18.20 Uhr und wir haben 18.00 Uhr vereinbart" eine inadäquate Idee? „Denn in der sinnlichen Repräsentation des menschlichen Geistes findet sich nur die den menschlichen Körper konstituierende Relation der Teilkörper, nicht aber jeder Teilkörper nach Maßgabe *aller* ihn ausmachenden Bestimmungen. Auch die Teilkörper äußerer Körper werden nicht in all ihren Bestimmungen, sondern nur in gerade den Leib affizierenden Aspekt präsentiert. Kurz: sinnliche Repräsentationen sind weder klar noch deutlich und daher inadäquat."[131]

Diese allgemeine Aussage wird verständlicher, wenn wir das GfK Gespräch zwischen Chef und Mitarbeiterin als Beispiel heranziehen. Der Chef beginnt sein Gespräch mit der Beobachtung: „Ich habe verstanden, dass Sie mir die Vertriebszahlen bis heute Mittag zusenden und jetzt kann ich keine E-Mail von Ihnen in meinem Postfach sehen." Diese Aussage ist richtig. Aber sie drückt natürlich bei weitem nicht aus, warum das alles so passiert ist. Erst im Gespräch kann die Angestellte einige Aspekte erläutern, die dazu geführt haben, dass sie die Vertriebszahlen noch nicht abgeliefert hat.

Alle sie ausmachenden Bestimmungen sind in dem Beobachtungssatz nicht enthalten. Der Satz präsentiert nur, welcher Aspekt gerade den Chef affiziert hat: Keine E-Mail von Ihnen in meinem Postfach.

Aber indem der Chef aus dieser Beobachtung keine Hypothese zieht und nicht in irgendeine Hilfskonstruktion verfällt und behauptet, seine Angestellte sei zu faul oder zu dumm oder ähnliches, weiß er, dass dieser Satz nur einen Aspekt ausdrückt. Das hat ihn gerade affiziert. Und das löst in ihm Enttäuschung aus. Aber wenn er nun in der Haltung des Nichtwissens die Angestellte fragt und bittet, sie möge erzählen, dann weiß er, dass diese Beobachtung nur die „Spitze" des Eisberges ist. Oder mit Spinoza ausgedrückt: eine inadäquate Idee!

Wenn ich mit einer Beobachtung beginne, mit dem Wissen, dass sie nur einen Aspekt ausdrückt, dass ich eigentlich noch nichts richtig weiß, dann mache ich nach Spinoza und nach Rosenberg den ersten vernünftigen Schritt!

Eine klare und deutliche Tatsachenbehauptung ist zwar nach Spinoza wahr, sie drückt aber nicht die Ursache aus, die sie hervorbringt. Deswegen ist sie keine adäquate Idee: „Nun sieht man wohl, was der inadäquaten Idee oder der Vorstellung fehlt. Die inadäquate Idee ist wie eine Konsequenz ohne ihre Prämissen (II,28, Dem). Sie ist von ihren zwei Prämissen, der formalen und der materiellen, getrennt, ihrer beraubt, weil sie sich formal nicht durch unser Begriffsvermögen erklärt, materiell ihre eigene Ursache nicht ausdrückt, und es bei zufälligen Begegnungen bewenden lässt, anstatt die Verbindung der Ideen zu erreichen. [...] Dennoch gibt es in der inadäquaten Idee etwas Positives: wenn ich die Sonne in 200 Fuß Entfernung sehe, repräsentiert diese Wahrnehmung, diese Affektion wohl die Wirkung der Sonne auf mich, wenn sie auch von den Ursachen, die sie erklären, getrennt ist (II, 35; IV, 1). Was an Positivem in der inadäquaten Idee liegt, muss folgendermaßen definiert werden: Sie *schließt* den niedrigsten Grad unseres Begriffsvermögens *ein*, ohne *sich* durch es zu *explizieren* und *zeigt* ihre eigene Ursache *an,* ohne sie *auszudrücken* (II, 17, Sch.).“[132]

Genieße die Wolfsshow oder Idee der Idee Wenn ich wütend bin und meine Gedanken eine wütende Assoziation nach der anderen produziert, dann empfiehlt Rosenberg: Genieße die Wolfsshow!

Wenn ich in der Wut gefangen bin, dann glaube ich, dass all die wütenden Gedanken richtig sind. Ich bin erst einmal in der Achterbahn meiner Wut und der Waggon fährt mich von einem zornigen Gedanken zum nächsten.

Wenn ich Rosenbergs Rat folge und meine Wolfsshow genieße, dann steige ich aus der Achterbahn meiner Wut aus und setze mich vor sie: Ich sehe immer noch, welche Sätze kommen und gehen. Ich spüre immer noch die Wut. Aber ich sitze nicht mehr in der Achterbahn drin. Ich stehe vor ihr und schaue zu. Ich „genieße" die Wolfsshow!

Allgemeiner formuliert finden wir es bei Spinoza: „Der menschliche Geist erfasst nicht nur die Erregungen des Körpers, sondern auch die Ideen dieser Erregungen." LS 22 II Wenn er diese Erregungen erfasst, kann er eine Idee dieser Ideen dieser Erregungen bilden. Er kann sich selbst wahrnehmen. Er kann seine Gedanken bewusst wahrnehmen. Er kann reflektieren. „Die Idee der Idee von irgendeinem Zustande des menschlichen Körpers schließt eine voll entsprechende Erkenntnis des menschlichen Geistes nicht in sich."[133]

Klar: Wenn ich meinen Wolfsgedanken zuschaue, habe ich noch keine adäquaten Ideen. Aber wenn ich die Wolfsshow genießen kann, bin ich nicht mehr völlig in der Knechtschaft dieser Gedanken und Gefühlen gefangen:

„Angesichts der sich von selbst einstellenden abstrahierenden und assoziativen Verfestigung von Vorstellungsverknüpfungen in der Imagination ist es nicht selbstverständlich, dass der menschliche Geist solche Gemeinsamkeiten, die in adäquaten Ideen gewusst werden, aufspüren kann. Dass er dennoch dazu in der Lage ist, verdankt sich nach Spinoza einer Fähigkeit des menschlichen Geistes, sich mental gleichsam in Distanz zu den intentionalen Gegenständen zu setzen und sich des Denkens dieser Gegenstände *als Denken* bewusst zu sein. [...] Gäbe es diese Möglichkeit inner-mentaler Distanzierung nicht, wäre der menschliche Geist bloß ein den Assoziationsgesetzen unterworfenes geistig-kausalmechanisches Repräsentationsorgan ohne selbsttätige Denkkraft.“[134] Gäbe es nicht die Möglichkeit, die Wolfsshow zu genießen, dann würden wir ständig so im Hamsterrad unserer assoziativen Gedanken gefangen sein.

Vom Auslöser zur Ursache Wenn ich in der GfK meinen Ärger verarbeiten und transformieren möchte, beginne ich in meinem Selbstempathieprozess mit der Feststellung: Was habe ich wirklich deutlich und klar beobachtet, ohne jegliche Deutung? Dann genieße ich meine Wolfsshow. Im nächsten Schritt frage ich mich: Welches Gefühl habe ich unterhalb der Wut und welches Bedürfnis ist gerade lebendig und meldet sich? Oder anders formuliert: Welches nicht erfüllte Bedürfnis ist die Ursache für das Gefühl? Z. B. Ich bin traurig, weil mir Höflichkeit und gegenseitiger Respekt wichtig ist.

Ich formuliere das Bedürfnis positiv. Dadurch lade ich mich selbst ein, von der Mangellandperspektive in die Füllelandperspektive zu wechseln. Wenn ich wütend schimpfe: Dieser unverschämte Kerl, was erlaubt er sich? Dann stecke ich in meiner Ohnmacht und Empörung. Spinoza würde sagen: in meinen traurigen Leidenschaften. Wenn ich jedoch zu mir sage: Ich bin traurig, weil mir Höflichkeit und gegenseitiger Respekt wichtig ist. Dann sage ich mir selbst positiv zu, was mir wichtig ist. Mein Fokus hat gewechselt von Mangel zur Fülle, indem ich meine Bedürfnisse in mir selbst empathisch fühlend wahrnehme und bewusst erkenne.

Gleichzeitig unterscheide ich zwischen Auslöser und Ursache: Auslöser mag das Verhalten eines Mitmenschen sein. Die Ursache meiner Traurigkeit ist mein Bedürfnis nach Höflichkeit und gegenseitigem Respekt.

Wo finden wir diesen Wandel bei Spinoza? Dafür müssen wir Spinozas Verständnis einer adäquaten Idee etwas näher betrachten. Ein mathematisches Beispiel, das auch Spinoza verwendete, hilft uns: Wenn ich einen Kreis zeichnen will, nehme ich eine fixe Strecke, halte sie an einem Ende fest und bewege diese Strecke. Diese Beschreibung ist eine genetische Definition eines Kreises. Ich zeige auf, wie ein Kreis zustande kommt. Bzw.

ich zeige die Ursache, den zureichenden Grund eines Kreises auf, indem ich seine Genese beschreibe. Wenn die Idee eines Dings ihre Genese, d. h. ihre eigene Ursache ausdrückt, dann ist sie eine adäquate Idee.[135]

Auf unsere Selbstempathie nach GfK bezogen bedeutet das: Die Ursache meines Gefühls ist mein unerfülltes Bedürfnis. Wenn ich das erkenne, habe ich den Grund meiner Traurigkeit erkannt, habe ich von diesem Affekt eine adäquate Idee. Und zwar eine Idee mit einem Gemeinbegriff. Damit wechsle ich in meiner Selbstempathie meinen Fokus weg vom Auslöser, dem Verhalten eines Mitmenschen, hin zur Ursache, meinem unerfüllten Bedürfnis. Auch das können wir bei Spinoza finden: Der Affekt wird vom intentionalen Objekt getrennt. Dazu eine wichtige Stelle aus dem 5. Buch:

„Daher muss unser Bemühen hauptsächlich darauf gerichtet sein, dass wir jeden Affekt, soweit es möglich, klar und deutlich erkennen, damit der Geist auf diese Weise von dem Affekt her zum Denken dessen bestimmt wird, was er klar und deutlich erfasst und worin er sich vollständig beruhigt; auf dass der Affekt selbst von dem Gedanken der äußeren Ursache losgelöst und mit wahren Gedanken verbunden werde. […] Und so sind alle Triebe oder Begierden nur insofern Leiden, als sie aus inadäquaten Ideen entspringen, sie werden aber zu den Tugenden gerechnet, wenn sie von adäquaten Ideen hervorgerufen oder erzeugt werden."[136]

Spinoza unterscheidet außerdem zwischen Materie und Form einer adäquaten Idee. Das Ausgedrückte ist die Materie der Idee. Das Ausdrückende ist die Form der Idee: „Das Ausgedrückte ist die Ursache, aber was sich ausdrückt, ist immer unser Vermögen zu erkennen und zu verstehen, das Vermögen unseres Verstandes".[137] Ich möchte dies in GfK-Sprache so übersetzen: Das Ausgedrückte ist das Bedürfnis, der Grund für den Affekt. Was sich ausdrückt, ist meine Selbstempathie. Sie ist die Form bzw. der Prozess der Selbstreflexion, in dem ich das Bedürfnis als Grund erkenne und spüre.

Empathie mit dem anderen Menschen

Gibt es in der Ethik Spinoza auch Empathie mit dem Mitmenschen? „Haß kann überwunden werden, indem man sich vergegenwärtigt, daß der andere aus seinem Selbsterhaltungsstreben heraus gehandelt hat, und nicht um einen zu schädigen."[138] Jeder Mensch hat einen conatus, ein Streben, sich selbst zu erhalten. Und diesem Conatus folgt er, indem er sich Bedürfnisse erfüllt. Wenn jemand mich „beleidigt" bzw. wenn ich sein Verhalten so deute, dass er mich beleidigt, kann ich mich fragen: Welches Bedürfnis erfüllt er sich, wenn er so handelt? In stiller Empathie versuche ich mich in den anderen hineinzudenken bzw. hineinzufühlen. Wenn ein Kollege im Team-Meeting sagt „Mal sehen, ob wir diesen Teil des Treffens auf fünfzehn Minuten beschränken können", kann es sein, dass Sie es als persönlichen Angriff deuten: Du nervst, mach schneller. Aber Sie können sich auch fragen, welches positive Bedürfnis bei ihm hinter diesem Satz wohl steht. Z. B. das Bedürfnis nach einem rücksichtsvollen Umgang mit seiner Zeit und nach korrektem Umgang mit Zeitplänen. Nach dieser stillen Einfühlung beruhigen sich die wütenden Affekte sicherlich.

Ab dem Lehrsatz 27 im III. Teil der Ethik beschreibt Spinoza zwischenmenschliche Vorgänge wie Mitleid oder Nacheiferung. Weil ein Mitmensch mir ähnlich ist, kann ich einen Affekt haben, der seinen Affekt imitiert bzw. ich gehe in Resonanz mit ihm. Moreau schreibt dazu begeistert: „Von 3p27 bis 3p31 taucht ein ganz anderes Universum der Leidenschaften auf, und so sehr Spinoza in seiner Behandlung der Beziehungen unter den Objekten klassisch vorging (außer daß er sie in seinem Bestreben, die ganze Breite des menschlichen Verhaltens aus einer kleinen Anzahl von Tendenzen zu erklären, vereinte und neu verknüpfte, und außer daß er gewisse traditionelle Beziehungen umkehrte oder neu erklärte), so sehr ist sein Vorgehen ab diesem Punkt revolutionär. Es handelt sich jetzt darum, einen beträchtlichen Teil des Verhaltens auf der Basis eines einzigen, fundamentalen Vorgangs, der nichts mit einem Objekt zu tun hat, zu rekonstruieren: der Imitation der Affekte. Spinoza beschreibt nun Leidenschaften, die nicht aufgrund irgendeines äußeren Objektes, sondern aufgrund des Verhaltens eines Dinges oder vielmehr einer Person zu diesem Objekt in uns entstehen. Die Entstehung solcher Leidenschaften hat ihren Grund in der Tatsache, daß diese Person oder dieses Ding uns ähnelt. Es handelt sich also um eine zweite Reihe von Leidenschaften, die so etwas wie ein Wirkungsfeld der Gleichartigkeit beschreibt und begründet."[139]

Heute wissen wir von Spiegelneuronen, die sogar biologisch die Imitation begründen können. In Spinozas Zeit, die von mechanistischem Denken eines Newton und Descartes geprägt war, war es nicht selbstverständlich, diese zwischenmenschliche Sphäre des Mitgefühls klar zu sehen und benennen zu können. Spinoza aber schaute genau hin: „Denn wir machen die Erfahrung, daß die Kinder, weil ihr Körper beständig wie im Gleichgewichte ist, schon deshalb weinen oder lachen, weil sie andere lachen oder weinen sehen, ferner wollen sie, was sie andere tun sehen, sogleich nachahmen, und begehren schließlich alles für sich, wodurch sie sich vorstellen, daß andere sich dessen erfreuen, weil nämlich die Vorstellungen der Dinge, wie wir gesagt haben, die Affektionen des menschlichen Körpers selbst sind, oder Modi, wodurch der menschliche Körper von äußeren Ursachen affiziert und disponiert wird, dieses oder jenes zu tun."[140]

Diese Imitation der Affekte führt uns dazu, dass wir uns vom anderen Respekt, Anerkennung, Aufmerksamkeit wünschen, damit Gegenseitigkeit zwischen uns entsteht: „Wenn wir etwas unseresgleichen lieben, suchen wir, so viel wir können, zu bewirken, daß es uns wieder liebt."[141] Und wir erleben immer wieder, dass, wenn wir Anerkennung, Aufmerksamkeit, Dankbarkeit, Respekt bekommen, diesem Menschen auch Anerkennung, Aufmerksamkeit, Dankbarkeit und Respekt gerne schenken: „Wenn sich jemand vorstellt, daß er von jemand geliebt wird und keine Ursache dazu gegeben zu haben glaubt […], so wird er ihn wieder lieben. […] Erläuterung: Wenn er sich jedoch vorstellt, dass er eine gerechte Ursache zur Liebe gegeben habe, wird er […] stolz sein;"[142]

Die Imitation der Affekte führt nicht immer zu besserem Zusammenleben der Menschen: „Wir sehen also, daß es mit der Natur der Menschen meist so beschaffen ist, daß man die, denen es schlecht geht, bemitleidet, und die, denen es wohl geht, beneidet, und zwar (nach dem vorigen Lehrsatz) mit umso größerem Hasse, je mehr man das Ding liebt, in dessen Besitz man sich einen anderen vorstellt. Wir sehen ferner, daß aus derselben Eigenschaft der menschlichen Natur, aus welcher folgt, daß die Menschen mitleidig sind, auch folgt, daß sie neidisch und ehrsüchtig sind."[143]

Die Ähnlichkeit zwischen Menschen kann z. B. auch zu Neid führen, die dazu verleiten kann, dass einer dem anderen den geliebten Gegenstand stiehlt: „Stellen wir uns vor, dass jemand sich eines Dinges erfreut, das nur einer allein besitzen kann, so werden wir zu bewirken suchen, dass jener dieses Ding nicht besitze."[144] Wir könnten noch mehr Beispiele nennen. Aber das Fazit ist schon jetzt offensichtlich: Weil alle Menschen von solchen Affektvorgängen beeinflusst werden, und weil nicht alle Menschen sich gleichermaßen vernünftig entwickeln, brauchen wir im Zusammenleben eine politische Ordnung. Oder in GfK-Sprache: Menschen wählen sehr oft Strategien, die die Bedürfnisse anderer zu wenig beachten, so dass man beschützende Macht einsetzen muss, um die Bedürfnisse der Benachteiligten auch zu schützen.

Aber wenn ich mit meiner Vernunft mein Leben gestalte, meine Affekte wie oben betrachte und meine Bedürfnisse erkenne, dann führt mich die Imitation der Affekte auch dazu, dass ich klar erkenne: *Auch der andere hat Bedürfnisse wie ich. Ich kann Gemeinbegriffe bilden und erkennen, dass sich der Mitmensch ebenso gegenseitige Anerkennung, Geben und Nehmen, Freundlichkeit usw. wünscht wie ich.* (Damit steht auch in der Ethik Spinozas eine Begründung für die Logik der Goldenen Regel.)

Dieses Hineindenken in den anderen ist aber schwer, fast unmöglich, wenn ich auf ihn wütend bin. Ich muss also normalerweise erst mir selbst Empathie geben bzw. mich von meinem Affekt Wut lösen und eine adäquate Idee von der Idee haben, also das unerfüllte Bedürfnis als Grund der Wut verstehen, bevor ich erahnen kann, welches Bedürfnis den anderen zu seinem Handeln motiviert hat. Aber dann kann ich auch eine Vermutung für eine adäquate Idee haben: eine Vermutung, welches Bedürfnis bei ihm der Grund seines Handelns ist. Genau das passiert bei der stillen Empathie mit dem anderen. Ich erkenne, dass er aus einem Grund heraus handelt, aus einem Bedürfnis heraus, und nicht, um mich persönlich zu ärgern oder zu schaden oder ähnliches.

Ich kann aber auch manchmal zuerst den anderen mit seinem Bedürfnis verstehen. Dieses Verständnis, diese adäquate Idee seines Bedürfnisses, wird in mir einen neuen Affekt auslösen, der gegen meine Wut wirkt. „Wenn wir eine Seelenaufwallung oder einen Affekt von dem Gedanken der äußeren Ursache trennen und mit anderen Gedanken verbinden, dann wird Liebe oder Haß gegen die äußere Ursache, wie auch das Schwanken der Seele, das aus diesen Affekten entsteht, vernichtet werden."[145]

Denkt die GfK den Menschen altruistisch oder egoistisch?

Altruismusforschung und Förderung eines altruistischen Menschenbildes

Matthieu Ricard, der international bekannte französische Buddhist, schrieb ein großes Plädoyer für den Altruismus. In seinem Mammutwerk zeigte er auf, dass erstens Menschen zum Altruismus fähig sind und dass zweitens Altruismus wesentlich ist, um die Herausforderungen unserer Zeit zu meistern.

Das Plädoyer war notwendig, weil viele Lehren in der westlichen Welt von einem egoistischen Menschenbild ausgehen. Zum Beispiel: Der homo oeconomicus, der Mensch in der Lehre der klassischen Wirtschaftslehre, handelt nur nach seinem eigenen Nutzen. Adam Smith schon argumentierte: der Bäcker backt gute Brötchen zu günstigem Preis, nicht aus Menschenfreundlichkeit, sondern weil es im Wettbewerb für seinen eigenen Nutzen am sinnvollsten ist, gute Ware zu einem günstigen Preis anzubieten, um der Konkurrenz die Stirn zu bieten. Bei Thomas Hobbes ist der Mensch ebenfalls rein egoistisch. Eine Staatsgründung ist deswegen notwendig, weil sonst ein Kampf aller gegen alle ausbrechen würde.

Jedoch besonders die letzten Jahrzehnte haben verschiedene Untersuchungen ein Umdenken eingeleitet. Gehirnphysiologie, Psychologie, Soziologie,

Ökonomie entdecken immer mehr, dass der Mensch auch altruistisch sein kann. Und sie untersuchen, unter welchen Bedingungen er eher altruistisch ist oder egoistisch. Ricard fast all diese Ergebnisse zusammen und setzt mit seinem Buch ein Zeichen. Sein Ziel ist es, das Menschenbild im öffentlichen Diskurs zu prägen.

Denn Menschen sind umso mehr altruistisch, umso mehr sie auch daran glauben, dass Menschen altruistisch sein können. Um es überspitzt zu sagen: ob unsere Theorien über die Planeten und die Sterne richtig sind oder falsch, das juckt die Planeten und die Sterne überhaupt nicht. Sie ziehen trotzdem ihre Kreise und explodieren nach ihren Gesetzen. Ganz anders ist es jedoch bei unseren Theorien über den Menschen. Eine Theorie über den Menschen, ein Menschenbild beeinflusst das Verhalten der Menschen, die an dieses Menschenbild bzw. diese Theorie vom Menschen glauben.

Dieser Rückkopplungseffekt gilt ja auch in die andere Richtung. Menschen sind umso egoistischer, umso mehr sie auch daran glauben, dass Menschen im Grunde immer egoistisch sind. Bei experimentellen Forschungen in Deutschland beispielsweise fand man heraus, dass Ökonomiestudenten stärker als andere Studenten korrumpierbar waren – und bereitwillig eine gewünschte Antwort geben –, wenn sich dies für sie persönlich auszahlte. In Israel haben gemäß einer Untersuchung Ökonomiestudenten im 3. Studienjahr altruistische Werte – wie etwa Hilfsbereitschaft, Ehrlichkeit und Loyalität – als weniger wichtig für ihr Leben eingestuft als Erstsemester. Nachdem sie einen Kurs in ökonomischer Spieltheorie absolviert hatten (eine Untersuchung strategischen Verhaltens, die ihren Modellen individuellen Eigennutz zugrunde legt), verhielten sich US-amerikanische Collegestudenten egoistischer und erwarteten dies auch von anderen.[146]

Deswegen ist der öffentliche Diskurs, der aufzeigen soll, dass Menschen altruistisch sein können, wichtig für die Menschheit.

Der Altruismus in den zwei Prinzipien der gewaltfreien Kommunikation
In zwei Prinzipien hat Marshall Rosenberg sein Menschenbild zusammengefasst:

1. Es ist leichter, Kontakt zwischen Menschen herzustellen, wenn wir davon ausgehen, dass Menschen alles, was sie tun, aus der Absicht heraus machen, ihre Bedürfnisse zu erfüllen.

2. Kooperation und Kontakt mit anderen Menschen fallen leichter, wenn wir davon ausgehen, dass alle Menschen gerne zum Wohlergehen anderer beitragen – wenn sie dies freiwillig tun können.

Zu 1.) negativ formuliert: Es ist sehr viel schwerer, Kontakt herzustellen, wenn wir davon ausgehen, dass Menschen wirklich aus Bosheit, ohne guten

Grund etwas tun und dass Menschen feste unveränderliche böse Eigenschaften haben.

Zu 2.) negativ formuliert: Ich kann andere drängen, zwingen, manipulieren, dass sie etwas für mich tun. Aber dafür zahle ich immer einen Preis. Denn sie tun es nicht freiwillig. Das verhindert, dass sie es wirklich gerne tun.

Zu 1.) Indem ich meine Giraffenohre öffne, indem ich empathisch zuhöre und die Bedürfnisse des anderen würdige, handle ich nach dem ersten Prinzip.

Zu 2.) Indem ich mein Anliegen in 4 Schritten formuliere, gebe ich dem anderen die Möglichkeit, freiwillig an dem Wohlergehen von mir beizutragen – ich handle nach dem zweiten Prinzip.

Auf den ersten Blick meint man, die Frage schnell beantworten zu können. Der Mensch ist für die gewaltfreie Kommunikation zu Altruismus fähig. Noch mehr: Kooperation und Kontakt bereichern uns Menschen. Wenn wir altruistisch sind, erleben wir Freude, weil wir am Wohlergehen anderer etwas beitragen können. Altruismus gehört also wesentlich zum Menschsein. Etwas Wesentliches fehlt, wenn man es verlernt hat, am Wohlergehen anderer etwas beizutragen. Man verkümmert als Mensch. All das mag man aus den zwei Prinzipien doch herauslesen.

Gefährlicher Reduktionismus

Jedoch möchte ich ein Erlebnis erzählen, das wahrscheinlich schon viele in einem Seminar für gewaltfreie Kommunikation erlebt haben. Ein Mann schildert folgendes Anliegen: Ihn stört, dass seine Partnerin, wenn die Tochter aus der Schule kommt, regelmäßig erst einmal sie zurechtweist, dass sie ihre Schultasche woanders hinstellen soll anstatt sie freundlich zu begrüßen und ihr Zeit zu geben, gelassen und ruhig anzukommen. Man kann nun im Seminar die vier Schritte üben. Tatsache: Als das letzte Mal deine Tochter aus der Schule kam, hast du ihr gleich gesagt: Stell deine Schultasche nicht hierher! Gefühl: Das ärgert mich. Bedürfnis: Weil das Kind in Ruhe ankommen soll und freundlich empfangen werden soll. Bitte: Begrüße bitte zuerst deine Tochter und frage sie freundlich, wie es in der Schule war.

Dann aber hakt der Lehrer für gewaltfreie Kommunikation ein: Du hast gesagt, das Bedürfnis sei, Ruhe für das Kind. Das ist vielleicht das Bedürfnis des Kindes. Aber was ist Dein Bedürfnis? Der Mann versteht nicht recht: Ich will, dass das Kind in Ruhe ankommen soll und freundlich empfangen werden soll. Ich will Annahme, Entspanntheit. Der Lehrer lässt nicht locker: Was ist dein Bedürfnis? Ich merkte, dass ich innerlich unruhig wurde und ich warf einen Vorschlag ein: Ja vielleicht wünscht er auch für sich eine entspannte Atmosphäre. Wir einigten uns auf diese Formulierung: Eine entspannte Atmosphäre wünscht der Mann wohl für sich *und* für das Kind.

Ich habe so einen Dialog öfters in Seminare für gewaltfreie Kommunikation erlebt. Aber erst, als ich begann das Buch von Ricard „allumfassende Nächstenliebe. Altruismus – die Antwort auf die Herausforderungen unserer Zeit" zu lesen, konnte ich mein unklares Unbehagen während dieser Dialoge reflektieren. Denn es stellt sich die Frage, ob nicht bei vielen Lehrerinnen der gewaltfreien Kommunikation implizit ein gewisser Reduktionismus am Werk ist.

Dieser Reduktionismus besagt: Auf der Oberfläche willst du etwas für jemand anderes tun, in dem Beispiel: eine gute Willkommensatmosphäre für das Kind schaffen. Aber in der Tiefe hast du ein eigenes Bedürfnis: zum Beispiel du wünscht dir eine entspannte Atmosphäre für dich.

Damit wird letztlich gesagt: *Auf der Oberfläche bist du altruistisch, in der Tiefe jedoch egoistisch. Du willst letztlich dir deine eigenen Bedürfnisse erfüllen.*

Und die LehrerInnen der gewaltfreien Kommunikation finden das auch völlig okay. Es gehört eher zur Wahrhaftigkeit, diese tieferen Bedürfnisse zu entdecken und dann auch anzunehmen.

Es ist schon erstaunlich, dass ich selten ein Unbehagen bei einem Seminar für gewaltfreie Kommunikation empfunden habe. Jedoch wenn diese Logik aufkam, dieses Nachbohren nach deinem eigentlichen Bedürfnis, spürte ich einen inneren Widerstreit. Nun kann ich ihn auch deutlich auf den Begriff bringen.

Indem Lehrer der gewaltfreien Kommunikation nachbohren, was das zugrunde liegende eigene Bedürfnis ist, sprechen sie verdeckt und implizit dem Menschen die Fähigkeit ab, altruistisch zu sein, und behaupten, dass der Mensch eigentlich egoistisch ist.

Und das halte ich für äußerst problematisch! Denn damit schwächen diese LehrerInnen der gewaltfreien Kommunikation sowohl die positive Wirkung der gewaltfreien Kommunikation von Rosenberg als auch das Bemühen, in der öffentlichen Meinung ein Menschenbild zu kultivieren, dass der Mensch altruistisch sein könne.

Was sind Bedürfnisse?

Nun mag man einwenden: Aber im ersten Prinzip steht das genauso drin! Es ist leichter, Kontakt zwischen Menschen herzustellen, wenn wir davon ausgehen, dass Menschen alles, was sie tun, aus der Absicht heraus machen, ihre Bedürfnisse zu erfüllen. Um diesen Einwand zu entkräften, müssen wir zwei Begriffe genauer analysieren: Was heißt Bedürfnis und was heißt Altruismus!

Wenn wir eine Liste von Bedürfnissen betrachten, erkennen wir zwei Kategorien. Einige Bedürfnisse beziehen sich auf eine einzelne Person. Das

Bedürfnis nach Nahrung erfüllt sich jeder Mensch allein und einzeln. Ein Stück Brot isst *ein* Mensch. Um das Bedürfnis nach Selbstdisziplin, nach Lernfähigkeit und persönliches Wachstum usw. muss sich ein Mensch selbst kümmern.

Jedoch gibt es viele Bedürfnisse, die nur im Dialog bzw. in Gemeinschaft erfüllt werden können: Akzeptanz, Aufrichtigkeit, partnerschaftlicher Umgang, Balance von Sprechen und Zuhören, Austausch, Balance von Geben und Nehmen, Ehrlichkeit, Konfliktfähigkeit, Kontakt, Respekt, Rücksichtnahme, einen Beitrag leisten, Einfühlung, Empathie, soziales Engagement, Unterstützung, Vertrauen, Wertschätzung usw.

Viele dieser Bedürfnisse kann ich mir auf Dauer nur erfüllen, wenn sie auch bei den anderen Beteiligten erfüllt werden. Zum Beispiel: Kontakt, Balance von Sprechen und Zuhören oder Balance von Geben und Nehmen erreichen wir nur zusammen.

Und als Faustregel gilt für alle diese Bedürfnisse die Goldene Regel: Wenn Dir Vertrauen wichtig ist, dann beginne mit Vertrauen verschenken, dann hast Du die besten Chancen, auch Vertrauen zu bekommen. Gleiches gilt für Empathie, partnerschaftlicher Umgang, gute Atmosphäre usw.

Und es gibt Meta-Bedürfnisse: Das sind Bedürfnisse, die sich auf Bedürfnisse beziehen. Das Wichtigste Meta-Bedürfnis der gewaltfreien Kommunikation: Ich habe das Bedürfnis, dass alle Bedürfnisse der Beteiligten gehört und gewürdigt werden. Fairness, Gerechtigkeit, Balance von Sprechen und Zuhören, Balance von Geben und Nehmen usw. sind somit Meta-Bedürfnisse. Bedürfnisse, die nur im Dialog und in Gemeinschaft erfüllt werden können, und Meta-Bedürfnisse sind deswegen auch soziale Werte!

Wenn der Mann in unserem Beispiel für die Tochter spricht, erfüllt er sich das Meta-Bedürfnis, dass die Bedürfnisse der Tochter beachtet werden. Mit einer gewissen Erfahrung und Einfühlung muss er das nicht bei dem Mädchen erfragen. Er kann es zurecht vermuten. Er kann ihre Augenbewegung sehen, wenn die Mutter sie ermahnt, und sich in sie hineinfühlen.

Wenn der Mann sich das Meta-Bedürfnis erfüllt, dass die Bedürfnisse der Tochter beachtet werden, dann ist sein Handeln altruistisch.

Wenn das dem Lehrer für gewaltfreie Kommunikation nicht reicht und er weiterfragt „Was ist Dein Bedürfnis?", dann nimmt er an, dass der Mann etwas für sich haben will, dass er letztlich egoistisch sich ein Bedürfnis erfüllt. Die Konsequenz ist folgende: Man kann dann eigentlich nur noch sympathische Egoisten und Ellenbogen-Egoisten unterscheiden. Die sympathischen Egoisten beachten auch die Bedürfnisse anderer und wählen Strategien, sich ihre eigenen Bedürfnisse zu erfüllen, so dass sie die Bedürfnisse anderer nicht missachten. Die Ellenbogen-Egoisten missachten die Bedürfnisse anderer und wählen auch Strategien, um andere zu drängen, evtl. zwingen, dass sie ihre Bedürfnisse erfüllen.

Ist diese Unterscheidung sinnvoll? Oder anders gefragt: Sind nicht die sympathischen Egoisten immer wieder auch altruistisch?

Was ist Altruismus?

Wir müssen den Begriff altruistisch schärfer erfassen: „Laut dem Psychologen Daniel Batson, der sein Forscherleben der Untersuchung des Altruismus widmete, ist „Altruismus eine Motivation, die im letzten darauf abzielt, das Wohlbefinden eines anderen zu erhöhen." Er unterscheidet klar Altruismus als oberstes Ziel (mein ausdrückliches Ziel ist es, dem anderen Gutes zu tun) und als Mittel zum Zweck (ich tue dem Anderen Gutes mit der Absicht, mir selbst Gutes zu tun). *Eine Motivation ist in seinen Augen dann altruistisch, wenn das Wohl des anderen ein Selbstzweck ist [...]* Altruismus erfordert kein persönliches Opfer: er kann sogar persönliche Annehmlichkeiten mit sich bringen, sofern dieses nicht der Hauptzweck, sondern lediglich Nebeneffekte unseres Handelns sind. Kurz um, Altruismus beruht also auf der Motivation, die unser Verhalten lenkt. Solange das Wohl des anderen unser Hauptanliegen darstellt, kann er als authentisch betrachtet werden, auch wenn dieses Anliegen noch nicht konkret in unserem Handeln Gestalt angenommen hat. Im Gegensatz dazu gibt sich der Egoist nicht damit zufrieden, sich selbst in den Mittelpunkt seines Strebens zu stellen, sondern er betrachtet außerdem die anderen als Instrumente im Dienst seiner Interessen. Wenn dies zum Erreichen seiner Ziele nützlich erscheint, zögert er nicht, das Wohl anderer zu missachten oder gar zu opfern."[147]

Aus dieser Definition ergibt sich folgendes:

- Eine altruistische Tat muss nicht immer mir Nachteile bringen. Wer meint, eine altruistische Tat müsse mir Nachteile bringen, um echt zu sein, der folgt einem Schwarz-Weiß-Denken, das nicht für ein Sowohl-als auch-Sichtweise offen ist. Ich kann als Hauptzweck haben, dem anderen Gutes zu tun, gerne für sein Wohlergehen beizutragen (siehe 2. Prinzip der GfK) UND Freude bei mir, Sinnerfahrung usw. sind schöne Nebeneffekte dabei. Das schmälert keineswegs den Altruismus! Jesus folgt dieser Logik des Sowohl-als auch-Sichtweise ebenso: Sucht zuerst das Reich Gottes, alles andere wird euch dazu gegeben!

- Genauso wie viele Bedürfnisse soziale Werte sind und einige Meta-Bedürfnisse sich auf die Beachtung der Bedürfnisse aller Beteiligten beziehen, kann ich im Hauptzweck danach trachten, für andere Gutes zu tun, und im Nebeneffekt, den ich aber nicht als Ziel gehabt habe, wurde Gutes für mich dazu geschenkt.

Fazit: Wenn GfK-Lehrer unerbittlich weiterbohren mit der Frage „Und was ist Dein Bedürfnis?", wenn jemand „Anwalt" für die Bedürfniserfüllung eines anderen ist, dann verneinen sie, dass jemand wirklich das ausdrückliche Ziel haben kann, dem anderen Gutes zu tun. Sie sollten ihr implizites Menschenbild korrigieren: Ein „sympathischer Egoist" ist ein Mensch, der zum Altruismus fähig ist und immer wieder altruistisch handelt.

Kritik des Kontraktualismus bei Tugendhat und Aufbau einer autonomen Moral

Diese Überlegungen können wir in ähnlicher Weise aber philosophisch bei Tugendhat z. B. wiederfinden. Er stellt die These auf, dass der Kontraktualismus nicht ausreicht, um eine Moral zu begründen. Philosophen wie Gauthier (Morals by Agreement) oder Peter Stemmer (Handeln zugunsten anderer) wollen zeigen, dass quasi alle Menschen aus eigenem Interesse eine Moral wollen müssen. Eltern können zu ihrem Kind sagen: Du willst doch sicherlich in einer Welt leben, in der Menschen sich gegenseitig nicht belügen, schlagen, beklauen usw. Statt einer transzendenten Begründung „Du darfst das nicht, weil Gott Dir das verbietet", eine immanent konstruktivistische Begründung: Stell Dir vor, wir haben alle untereinander einen Vertrag geschlossen, dass wir so miteinander umgehen, weil das für uns alle – allein wenn jeder rational, d. h. in diesem Fall egoistisch die Gesamtsituation betrachtet – zum Vorteil ist. Aber wie soll erreicht werden, dass sich alle daran halten? Allein durch moralische Verpflichtung? „Im normalen Kontraktualismus ergibt sich hier also eine Lücke."[148] Dann entstehen nur Tauschverhältnisse: Ich helfe dem anderen, bin „pseudo"-altruistisch, weil ich weiß, dass der andere mir bald auch hilft.

Die von Schopenhauer vertretene Mitleidsmoral dagegen vollzieht die Bewegung, die ich anhand der Goldenen Regel schon beschrieben habe. „Die Eltern können das Kind bei seiner Frage, warum es andere nicht verletzen oder warum es ihnen helfen soll, auf sein Mitleid und seine Fähigkeit, sich in einen anderen zu versetzen, verweisen, und dieser im Gefühl wurzelnde Altruismus kann als der genuinere erscheinen." Halten wir fest, dass Tugendhat mit Schopenhauer (und Ricard und vielen anderen) Menschen zutraut, Mitleid zu empfinden, sich empathisch in andere einzufühlen und altruistisch handeln zu können.

Aber auch hier sieht Tugendhat Grenzen wie beim egoistisch begründeten Kontraktualismus. "Aber diese Fähigkeiten sind in den Menschen ungleich vorhanden und häufig nur bezogen auf bestimmte Personen oder auch Tiere, und es gibt moralische Tugenden, auf die man aus der Perspektive des Eigeninteresses Wert legt, wie zum Beispiel Verlässlichkeit, die sich von dieser Motivation her nicht verstehen lassen. Es ist vor allem wieder der Begriff des Verpflichtetseins, der sich so nicht verstehen lässt."[149] Eine für alle gültige Moral lässt sich mit dem Gefühl des Mitleids allein nicht aufbauen, auch wenn es ein wichtiger Bestandteil ist!

Eine immanente Ethik muss nach Tugendhat ein Verpflichtetsein dadurch begründen, dass es „auf die Interessen aller Mitglieder der moralischen Gemeinschaft, auf die eigenen und auf die der anderen" aufbaut. „Der Unterschied zum Kontraktualismus ist scheinbar nur ein geringer, denn auch in ihm muss ja jeder auch auf die Interessen der anderen Rücksicht nehmen, aber das doch nur, weil sonst keine Vereinbarung zustande kommt, während bei einer wechselseitigen Begründung von Normen die Rücksicht auf die Interessen aller zur Absicht der Begründung gehören."[150]

Was also nun bei dieser wechselseitigen Begründung im Gegensatz zum reinen Kontraktualismus und zur Mitleidsethik dazu kommt, ist der soziale Druck. (Schon Spinoza in seiner Ethik weist darauf hin, dass wir Menschen voneinander Anerkennung haben möchten. „Wenn sich jemand vorstellt, daß er von jemand geliebt wird und keine Ursache dazu gegeben zu haben glaubt [...], so wird er ihn wieder lieben. [...] Erläuterung: Wenn er sich jedoch vorstellt, dass er eine gerechte Ursache zur Liebe gegeben habe, wird er [...] stolz sein;" LS 41 III Moreau betont, dass hier Spinoza eine Meta-Ebene erreicht hat: „Es handelt sich also um eine zweite Reihe von Leidenschaften, die so etwas wie ein Wirkungsfeld der Gleichartigkeit beschreibt und begründet."[151]) Der soziale Druck entsteht, weil ich mich fragen kann: Wie schauen mich meine Mitmenschen an, wenn ich mich nicht so verhalte, wie sie es von mir erwarten, ja fordern? Ja sie werden mit Empörung und Entrüstung reagieren. Und das wird bei mir vielleicht Scham auslösen, Schuldgefühle etc. Tugendhat schreibt zusammenfassend: „Wenn man sich überlegt, was es heißt, dass man das Befolgen der wechselseitigen Normen intersubjektiv fordert, findet man, dass dieser Forderungscharakter darin liegt, dass, wenn nicht so gehandelt wird, diese Gefühle bei sich und bei den anderen reziprok aufkommen."[152]

Die Schiffe auf dem Meer korrigieren sich also gegenseitig! (Und wir erahnen, dass die Scham und das Schuldgefühl höchst ambivalent sind: Einerseits wird es wohl nie eine Erziehung geben ohne Scham. Aber entscheidend ist meines Erachtens: Können die Eltern einerseits das Kind ermahnen, dass es eine Grenze überschritten hat, und andererseits dem Kind gleichzeitig zeigen, dass es auch weiterhin geliebt wird und deswegen keinen

„ewigen" Makel hat? Dann kann eine Portion Scham auch soziales Lernen fördern.)

Tugendhat hat mit dieser Begründung des „Müssens" über den sozialen Druck einen anderen Weg als Kant beschritten. „Einzig Kant hat einen solchen Begriff entwickelt, wie das moralische Sollen zu verstehen sei, aber er erscheint mir irrig."[153] Weil bei Kant nur die Vernunft des einzelnen Subjekts den kategorischen Imperativ aufstellt und somit keine echte Wechselseitigkeit zwischen allen Beteiligten einer Gemeinschaft entsteht.

Tugendhat bildet mit dieser Moralbegründung, wechselseitig und für alle, meines Erachtens einen Gemeinbegriff gemäß Spinoza plus der menschlichen Fähigkeit, sich von außen mit den Augen anderer zu betrachten: "Aber man kann es auch so sehen, dass es sich hier um eine gemeinsame Autonomie handelt, und man könnte sagen, es ist diese Idee einer gemeinsamen Autonomie, auf die es in einer aufgeklärten Moral ankommt."[154]

Aber diese Moral funktioniert nur, wenn Menschen auch als altruistisch fähig angesehen werden. „Hingegen kann man sich klarmachen, dass die Moral der gemeinsamen Autonomie das Mitleidsmotiv aufnehmen kann und vielleicht muss."[155] Daraus folgert Tugendhat, dass es zwei Arten von altruistischem Handeln gibt: Den Altruismus aus dem Gefühl des Mitleids. Und den Altruismus aufgrund eines moralischen Gebotes. „Ein wesentlicher Teil jeder Moral und allemal in einer autonomen Moral besteht darin, altruistisches Verhalten, also ein Verhalten im Interesse anderer zu gebieten."[156]

Wir haben also nun eine komplette nicht-heteronom begründete Moral aufgebaut (heteronom = fremdgesetzlich): „Das Eigeninteresse und der gefühlsmäßige Altruismus sind offenbar die zwei Quellen einer nicht-heteronomen Moral, und dabei ist das Eigeninteresse das Primäre, weil sich nur so ein wechselseitiges Forderungssystem aufbauen kann; aber die in dem Eigeninteresse gründende Moral führt unweigerlich dazu, dass sie selbst die andere Quelle in sich aufnimmt, und wenn das einmal geschehen ist und das Mitleid dadurch generalisiert wird, gibt es keinen zwingenden Grund, das Mitleid auf den durch das eigen Interesse vorgegebenen Bereich einzuschränken [...]. Im Zusammenhang des generalisierten Mitleids stößt man auf das, was man Herzensgüte nennt, womit so etwas ein generalisiertes Wohlwollen ohne Berechnung gemeint ist."[157]

Tugendhat hat also hier in seinem Aufbau einer nicht-heteronomen Moral den gleichen Weg beschritten wie wir im Vollzug der Goldenen Regel: Wir beginnen mit dem Eigeninteresse. Aber durch zwei Bewegungen kommen wir zu einer wechselseitigen Begründung von Normen: Ich versetze mich in den anderen hinein, Empathie, Mitleid (Schopenhauer), und ich schaue mich mit den Augen der anderen von außen an, Wechselseitigkeit und sozialer

Druck wird aufgebaut. (Bergson wird das die Moral der sozialen Verpflichtung nennen.)

Tugendhat nennt hier zwei Quellen, das Eigeninteresse und das Mitleid, das uns zu Altruismus und moralischem Handeln antreibt. (Eigeninteresse meint nicht gleich egoistisch.) Beide Quellen finden wir auch bei den zwei Prinzipien der GfK wieder. Das 1. Prinzip bezieht sich auf das Eigeninteresse, das 2. Prinzip auf den Altruismus.

1. Es ist leichter, Kontakt zwischen Menschen herzustellen, wenn wir davon ausgehen, dass Menschen alles, was sie tun, aus der Absicht heraus machen, ihre Bedürfnisse zu erfüllen.

2. Kooperation und Kontakt mit anderen Menschen fallen leichter, wenn wir davon ausgehen, dass alle Menschen gerne zum Wohlergehen anderer beitragen – wenn sie dies freiwillig tun können.

Edelsinn bei Spinoza

Bei Spinoza finden wir auch diese beiden Quellen für eine autonome Moral. Spinoza nennt das altruistische Verhalten Edelsinn und das Verhalten zum Eigeninteresse Willenskraft! Viele schätzen Spinoza so nicht ein, dass es in seiner Ethik Altruismus überhaupt geben könne. Sie meinen, seine Ethik zerstöre die Moral der Menschen. So schreibt Omri Boehm: „Da ein Begehren immer unser Begehren ist, gehen aus diesem Begriff keine universellen moralischen Kategorien hervor; daher die Lehre, dass die Vernunft keine Pflichten, sondern Interessen impliziert, dass es keinen Unterschied zwischen dem Guten oder Gerechten und den Mächtigen."[158] (Omri Boehm hat die Goldene Regel wohl nicht richtig gelesen: Sie beginnt ja auch mit dem eigenen Begehren. „Was ihr von anderen erwartet...")

Aber was lesen wir in der Erläuterung zum Lehrsatz 59 im 3. Buch der Ethik: „Alle Tätigkeiten, welche aus Affekten folgen, die den Geist betreffen, sofern er erkennt, rechne ich zur Geisteskraft, die ich in Willensstärke und Edelsinn einteile. Unter Willensstärke meine ich nämlich die Begierde, mit der jeder bestrebt ist, sein eigenes Sein nach dem bloßen Gebot der Vernunft zu erhalten. Unter Edelsinn aber verstehe ich die Begierde, mit der jeder bestrebt ist, nach dem bloßen Gebot der Vernunft die übrigen Menschen zu unterstützen und sich dieselben in Freundschaft zu verbinden. Die Handlungen also, die nur den Nutzern des Handelnden bezwecken, rechne ich zur Willensstärke, und diejenigen, welche auch den Nutzen eines anderen zum Zwecke haben, zum Edelsinn. Mäßigkeit, Nüchternheit, Geistesgegenwart den Gefahren usw. sind also Arten der Willensstärke; Bescheidenheit dagegen, Milde usw. Arten des Edelsinns."

Der Edelsinn ist für Spinoza also eine aktive Freude! 59. Lehrsatz: „Unter allen Affekten, die den Geist, sofern er tätig ist, angehen, gibt es keine anderen als solche, die sich auf Freude oder Begierde beziehen." Der Mensch ist also im Edelsinn in seinem aktiven Vermögen zu denken und zu handeln. Folglich ist auch für Spinoza ein bewusster Altruismus, der aus einer echten Freude, aus dem aktiven Vermögen und Verstehen eines Menschen kommt, Edelsinn!

Wenn wir uns das klar machen, kommen wir zu dem erstaunlichen Schluss, dass Spinoza mit seiner Philosophie die Entscheidung von Maximilian Kolbe, anstatt eines Familienvaters, der für seine Familie da sein soll, in den Tod zu gehen, nachvollziehen können. Es wäre gemäß Spinoza eine Entscheidung mit Edelsinn gewesen!

Und Spinoza ist auch nicht in seinem Leben dem reinen Lebenserhalt auf niedriger Stufe und dem Wohlfühlen gefolgt. Sonst hätte er das Angebot, Professor für Philosophie in Heidelberg zu werden, angenommen. Aber seine Hingabe an seine philosophische Einsicht, oder – wie Bergson sagen würde – seine philosophische Intuition, war ihm wichtiger. Spinoza folgte seinem Edelsinn für die Philosophie. Das übersehen meines Erachtens viele scharfe Kritiker!

Reue, Bedauern und Sakrament der Versöhnung

Immer wieder mal erlebte ich als Beicht-Hörender folgendes. Nach dem Kreuzzeichen ging der Beichtende die 10 Gebote und sagte, welches Gebot er seit der letzten Beichte wie verfehlt habe. Ich lasse dann die Liste über mich ergehen und frage dann: „Was möchten Sie besonders Jesus Christus vor die Füße legen?" Immer nach dieser Frage wurde es interessant. Der Beichtende kam zu den eigentlichen Themen, die ihn beschäftigten, die ihn sorgten und umtrieben. Oft hatten sie mit der Liste wenig oder sogar gar nichts zu tun.

Diese eine Frage reicht, dass die Menschen den Rahmen wechseln: Von Gott, der mir Gebote auferlegt, wie der Direktor die Schulordnung, zu Gott, der mir freundlich, heilend, fürsorglich, beistehend entgegenkommt.

Beim Ausfüllen des Brautprotokolls vor einer kirchlichen Hochzeit stößt man als Pfarrer auf die Anweisung: Man möge das Brautpaar auf den Empfang des Beichtsakraments vor der Eheschließung hinweisen. Ich kommentiere inzwischen diese Anweisung bei einem solchen Gespräch folgendermaßen: Jetzt vor der Hochzeit schnell zu beichten halte ich nicht für notwendig und sinnvoll, außer jemand will es von sich aus. Aber liebes Brautpaar: Irgendwann wird es mal einen Streit geben, Enttäuschungen, eine heftige

Meinungsverschiedenheit o. ä. Und dann ist es sinnvoll, wenn Sie sich an diesen Rat erinnern. Denn nach so einem Konflikt kann ein Beichtgespräch hilfreich sein. Man erkennt die eigenen Anteile an dem Konflikt und kann mit einem unbeteiligten Dritten über den Vorfall reden.

Natürlich haben wir irgendwann **Gewissensbisse und Reuegefühle**. Sie erinnern uns daran, dass unser Verhalten Konsequenzen für andere hat. Solange wir uns nicht innerlich zerfleischen, ist Reue wertvoll. Spinoza hat angemerkt: „Der, der eine Handlung bereut, ist zweifach elend."[159] Wenn uns das schlechte Gewissen so sehr plagt, dass es uns nur Trübsal bereitet, dass wir uns noch mehr zwischen Idealbild und realen Verhalten zerreiben, aber es uns die Kraft nimmt, unser Verhalten zu verändern, dann sind wir wirklich zweifach elend dran.

Wir können Schuldgefühle verdrängen. Wir können uns von einem Freund oder einer Freundin einreden lassen, dass wir uns nicht schuldig fühlen müssen. Aber damit verändern wir nicht das Problem selbst, nämlich wie wir leben. Nehmen wir aber Schuldgefühle wie andere Gefühle auch als ein Signallämpchen, dann zeigen uns Schuldgefühle: Hier hast Du anderen Probleme bereitet. Hier kannst Du an Dir arbeiten. Es ist wie das Signallämpchen „Motorprobleme". Diese Probleme sind nicht weg, indem wir über das Lämpchen etwas kleben.

Schuldgefühle und Dankbarkeit haben mehr gemeinsam, als wir denken. Wenn wir unser Geben und Nehmen in unseren Beziehungen anschauen, können Schuldgefühle auftreten, weil wir mehr erhalten haben. Es kann aber auch Dankbarkeit aufkommen, weil wir reich beschenkt wurden. Beides zusammen kann in eine Haltung der Demut münden. Reue und Schuldgefühle sind gut, wenn sie uns antreiben, in der Gegenwart dazu zu lernen und in der Dankbarkeit und in der Demut zu wachsen. Aber dann dürfen wir auch wieder die Schuldgefühle gehen lassen. Echte Reue ist vielleicht auch eine Gnade: „Oft entstehen spontan Gefühle der Reue und des Bedauerns, doch willentlich können wir sie nicht erzeugen. Und wir können diese Gefühle auch nicht von anderen fordern – etwas bereuen zu können ist keine Leistung, sondern eher etwas, das uns gegeben wird."[160] Doch wir können trotzdem uns disponieren – wie Ignatius sagen würde: Ich kann nämlich mich fragen: Welche meiner Bedürfnisse kamen zu kurz?

Bedauern ausdrücken mit GfK

In der GfK nennt man die Reue Bedauern. Ich bedauere eine Handlung von mir, wenn diese nicht im Einklang mit meinen zentralen Bedürfnissen war. Dafür muss ich aber eine Selbstreflexion vollziehen: Welche Bedürfnisse kamen zu kurz? Was ist mir eigentlich wichtig, was ich in jener Situation zu wenig beachtet habe?

164

Diese Selbstbetrachtung bezieht keine „göttlichen Gebote" mit ein, sondern geht von den eigenen Bedürfnissen und Werten aus. Ich bedaure etwas und empfinde Reue, wenn ich mich von meinen eigenen wichtigen Bedürfnissen abgesondert habe.

Das kann ich auch jemand anderem mitteilen: Ich sage, dass mein Verhalten in jener Situation mit meinen Bedürfnissen, wie man miteinander umgeht, nicht übereinstimmt und dass ich das bedaure, dass es mir leid tut. Damit mache ich mich nicht insgesamt schlecht. Aber ich ziehe mich auch nicht aus der Verantwortung heraus und sage nicht: Ich kann nichts dafür.

Ein gutes Beichtgespräch wäre dann eine begleitete Selbstreflexion mit der Leitfrage: Welche wichtigen Bedürfnisse habe ich vernachlässigt? Bedürfnisse zeigen ja immer die Richtung zu mehr Leben an. Deswegen ist die Frage nach den Bedürfnissen für Rosenberg eine Spur, die liebende göttliche Energie im Leben zu entdecken. Oder christlicher formuliert: Ich bin bei der Frage nach den wichtigen Bedürfnissen dem Wirken des Heiligen Geistes in mir auf der Spur.

In diesem Beichtgespräch versöhne ich mich mit Unterstützung der Liebe des Heiligen Geistes mit mir selbst, indem die verschütteten Bedürfnisse wieder hochgeholt werden und ich wieder neu beginne mit mir selbst.

Die eigentliche Unversöhntheit liegt doch in meiner Beziehung zu mir selbst. Und genau diese wird angesichts der Liebe Gottes geheilt im Sakrament der Versöhnung.

Biases und Co

Mit diesem Kapitel will ich Spinozas Einsicht, dass wir oft mit inadäquaten Ideen beginnen, vertiefen. Denn die psychologische Forschung hat inzwischen viele unbewusste Verzerrungen, Biases, zu denen wir gerne tendieren, herausgefunden. So führe ich das Leit-Bild fort: Wir sind nicht nur Schiffe auf dem Meer ohne Leuchtturm. Wir haben auch noch Messinstrumente, die unscharf sind! Wir glauben aber, dass sie scharf sind! Nur in der Auseinandersetzung mit anderen Schiffen auf hoher See merken wir allmählich, dass die Messinstrumente unscharf sind. Die einen Schiffe merken es schneller und korrigieren ihr Verhalten, andere Schiffe brauchen länger, wieder andere bleiben stur und kommen dadurch immer mehr ins Strudeln!

Schon Jesus hat uns auf eingefleischte Biases hingewiesen. Wenn er uns ermahnt, den Balken im eigenen Auge nicht zu übersehen, wenn wir den Splitter im Auge des anderen herausziehen wollen, dann spricht er die Verzerrung an, dass wir Fehler bei anderen viel stärker sehen, und betonen als unsere eigenen Fehler und Schwächen. Die eigenen Macken erscheinen uns selbst klein und die Macken der anderen groß, obwohl es vielleicht sogar umgekehrt ist. Deswegen nimmt Jesus, um uns herauszufordern, auch einen Splitter und einen Balken. Wir sehen – verzerrt – eher einen Balken im Auge des anderen, der unbedingt beseitigt werden muss, damit die Welt besser wird.

Biases - wie die moderne Psychologie Spinozas Entdeckung weiter erforschte

Spinoza hat vielleicht als erster in der Geistesgeschichte ein Bias festgestellt: Wir nehmen die Sonne viel näher wahr. Ihre tatsächliche Entfernung ist viel größer als unser unmittelbares Empfinden und Einschätzung. Wir können diese unmittelbare Wahrnehmung auch nicht „korrigieren", wir können nur das adäquate Wissen daneben stellen.

Die moderne Psychologie hat inzwischen die verschiedensten Biases herausgefunden. Drei Bücher haben der Öffentlichkeit das Phänomen unbewusster Verzerrung bekannter gemacht.

Daniel Kahneman: „Schnelles Denken, langsames Denken". Wir haben ein schnelles, instinktives und emotionales System (System1) und ein langsameres, Dinge durchdenkendes und logischeres System (System 2). (In der PSI-Theorie werden diese zwei Systeme nochmals differenziert, so dass

Kuhl auf vier Systeme kommt.) Das Buch schildert kognitive Verzerrungen im Denken von System 1 und bietet dabei einen breiten Querschnitt von Forschungen zu Faustregeln und unbewussten Biases.

Rolf Dobelli: Die Bücher „Die Kunst des klaren Denkens" und „Die Kunst des klugen Handelns" behandeln insgesamt 104 Biases. Mit vielen Beispielen insbesondere aus der Wirtschaftswelt beschreibt Dobelli die Fallstricke der unbewussten Verzerrungen. Seine Bücher wurden Ländern auf der ganzen Welt zu Bestsellern. Dass die Einsicht dieser Fallstricke uns hilft, falsche Entscheidungen zu vermeiden und klüger zu agieren, hat somit besonders Dobelli einem breiten Publikum vermittelt.

Gerd Gigerenzer: „Bauchentscheidungen. Die Intelligenz des Unbewussten und die Macht der Intuition" Wenn Kahnemann und Dobelli sich darauf konzentrieren, die Fallstricke des schnellen Systems aufzuzeigen, dann bietet uns Gigerenzer das wertvolle Gegengewicht: Bauchentscheidungen sind oft praktisch sinnvoll, Faustregeln erleichtern den Alltag und bringen immer wieder bessere Ergebnisse als langes Nachdenken. Das System 1 hat also auch seine guten Seiten, wenn es zur rechten Zeit eingesetzt wird. Und das System 1 kann auch durch bewusstes Lernen besser werden. Besonders gut funktionieren Bauchentscheidungen, wenn sie auf Fachwissen beruhen. Gigerenzer beschreibt einen Fall, wo sich Kunsthistoriker über den Ankauf eines Torsos durch das Getty Museum beunruhigt zeigten. Später wurde das Kunstwerk als Fälschung entlarvt.

Unbewusste Biases sind ein Grund für die Untauglichkeit des Sündenbegriffs

Das klassische Sünden-Christentum geht von Menschen aus, die keine unbewussten Biases haben. Natürlich will man die unleugbaren Phänomene erklären, dass Menschen Mist machen und sogar sehr zerstörerisch wirken können. Weil dieses Weltbild aber nichts vom Unbewussten, von unbewussten Biases weiß, führte sie den Sünden-begriff als Erklärung ein. Dieser Begriff ist aber wie eine Konfektionsgröße, er passt nicht richtig! Er kann die vielen Schattierungen und Grautöne, die vielen Ambivalenzen gar nicht erfassen. Wir wenden z. B. oft unbewusst Faustregeln, Heuristiken an, um schnell in Situationen reagieren zu können. Das ist nicht selten vorteilhaft, aber nicht immer. Biases sind die dunkle Seite pragmatischer, unbewusster Faustregeln, die wir anwenden. Z. B. tendieren wir dazu, die Informationen, die unsere Ansichten bestätigen, aufzugreifen, und konträre Ansichten zu verdrängen. So sieht man bei einem Schiedsrichter die Fehlentscheidungen, wenn sie das gegnerische Team bevorzugen, Fehlentscheidungen, die das eigene Team bevorzugen, ignoriert man. Dieses Beispiel zeigt, dass wir ungerecht werden aufgrund von eingefleischten und unbewussten Verzerrungs-Tendenzen. Wir wähnen uns im Recht und merken gar nicht, dass wir durch die Verzerrung unfair werden.

Ganz konkret: Bringt es etwas dem Fan, wenn er im Beichtstuhl beichtet? „Ich bin auf dem Spielfeld zornig gewesen! Ich habe gesündigt!" Ich vermute, dass er beim nächsten Spiel wieder ausflippt und den Schiedsrichter beschimpft, weil er diese Verzerrung nicht durchschaut hat. Oder er unterdrückt seine Wut mit dem inneren Dialog: Ich will kein zorniger Mensch sein. Auf den ersten Blick erschreckt es sicherlich einen braven Christen, wenn Spinoza schreibt: „54. Lehrsatz: Reue ist keine Tugend." Aber mit diesem Beispiel kann es klarer werden. Wenn mit der Reue keine adäquate Einsicht verbunden ist, dann kann man auch nicht wirklich aus dem Ereignis lernen und dann kann daraus keine Mehr an Tugend werden. Die Sünden-Weltsicht verhindert aber eine adäquate Einsicht, weil sie ja nichts von den unbewussten Biases weiß.

Wenn aber dieser brave Katholik einen weisen Beichtvater hat, könnte dieser ihm diese „Myside Bias" erklären, der wir alle auf den Leim gehen können. Das ist die unbewusste Ausblendung bzw. Missachtung von Informationen und Sachverhalten, die einem missfallen und nicht ins eigene Weltbild passen. Mit dieser Erklärung hätte der Fan eine adäquatere Einsicht. Beim nächsten Fußballspiel könnte er sich bei einer ähnlichen Situation fragen, ob der Schiedsrichter auch schon bei der eigenen Mannschaft ein Foul übersehen hat und merken, dass er das mit Erleichterung kurz wahrgenommen hat und dann „vergessen" hat.

Was wir mit dem PSI-Modell noch stärker verstehen werden: Wir müssen unsere verschiedenen Tendenzen und Reaktionsmechanismen kennenlernen, um sie passend zur Situation einzusetzen oder um im richtigen Moment gegenzusteuern und in der Zweitreaktion anders weiterzumachen. Wir werden nie ein komplettes Wissen erlangen, deswegen wird immer auch ein „try-and error" dabei sein. Aber das Lernen bewirkt, dass wir immer ein bisschen weniger dumm handeln.

Die verschiedenen konkreten Ratschläge, die das alte Sünden-Christentum parat hat, sind nicht kompletter Unsinn. Viele von ihnen können in der passenden Situation zu einem besseren Leben führen. Unkontrolliert den Zorn heraus lassen ist selten passend. Manchmal ist Schweigen besser als Reden („Reden ist Silber, Schweigen ist Gold").

Aber das hat ja auch schon Spinoza betont, dass es Regeln des Zusammenlebens braucht, dass Menschen, die in der Erkenntnis nicht so weit sind, sich auch nur durch gewissen äußeren Druck sozial verträglich verhalten. Bestenfalls kann dann das Sünden-Sprachspiel für diese Menschen eingesetzt werden, damit sie sich sozial einordnen. So schreibt Spinoza in der Erläuterung zum 54. Lehrsatz: Erläuterung: „Weil die Menschen selten nach dem Gebote der Vernunft leben, darum bringen diese beiden Affekte, nämlich Demut und Treue, und außer ihnen auch Hoffnung und Furcht immerhin mehr Nutzen als Schaden ein; und wenn denn einmal gefehlt werden soll, so ist es mithin besser nach dieser Richtung hin zu fehlen. Denn wenn die Menschen von geringer Seelenstärke alle gleichmäßig hochmütig wären, sich wegen keiner Sache schämten und sich vor nichts fürchteten, wie sollten sie dann durch gemeine Bande vereinigt und zusammengehalten werden? Schrecklich ist die Menge, sobald sie nichts fürchtet. Es kann deshalb nicht Wunder nehmen, dass die Propheten, die nicht auf den Nutzen einiger weniger, sondern auf den der Allgemeinheit bedacht waren, Demut, Reue und Ehrfurcht so sehr empfohlen haben."

Schlimmstenfalls aber wird das Sünden-Sprachspiel eingesetzt, um andere Menschen zu unterdrücken und manipulieren. Deswegen brauchte der Tyrann den Priester, um die Bevölkerung zu „versklaven". Heute passiert Missbrauch des Sünden-Sprachspiels z. B. beim spirituellen Missbrauch. (siehe ausführlicher zweiter Band.)

Fazit: Das Sünden-Sprachspiel wird nie ganz aus der Welt zu schaffen sein. Das müssen wir auch nicht anstreben. Aber wir sollten es mit neuen Vorstellungen füllen und alte unpassende Vorstellungen öffentlich entlarven. Wir sollten mit neuen Einsichten von Philosophen und Psychologen und Theologen dazulernen und in den Sprachspielen, wie den Mist der Menschen benennen, vielfältiger und flexibler werden, damit wir passender im Leben agieren können.

Beispiele für Biases

Sogar in einem Interview mit einem Sterne-Koch kommt das Thema Biases auf, auch wenn der Begriff nicht genannt wird. Vincent Klink mahnt an, dass Menschen zu sehr *auf visuelle Schönheit fixiert* sind. Ein Gericht mag schön aussehen, kann aber auch fad schmecken. Klink: Dieser visuelle Wahn überall – alles muss heute gut aussehen und adrett dekoriert sein, der Geschmack ist zweitrangig. Bei dem Wort Deko läuft es mir immer eiskalt den Buckel runter. Diese Oberflächlichkeit zieht sich durch alle Lebensbereiche. Der Fokus aufs Äußere, um nicht zu sagen Augenbetrug, lenkt uns ab."[161] Dies hat weitrechende Folgen. Supermärkte bieten nur schöne Äpfel und Tomaten an. Die schrumpeligen Früchte, auch wenn sie gut schmecken, werden schon vorher aussortiert und meist leider weggeworfen und vernichtet. Der visuelle Wahn bringt unnötige Verschwendung hervor. Im zwischenmenschlichen nennt man diesen Bias *Halo-Effekt*. Ein attraktiver Bewerber wird für kompetent gehalten, auch wenn es dafür keine wirklichen Belege gibt.[162]

Klink schiebt noch zwei weitere Biases nach: „Der permanente Vergleich entmenschlicht uns, wir haben ein absurdes Schwarz-Weiß-Denken entwickelt."[163] Die Schwarz-Weiß-Malerei lässt keine Grauzonen zu. Dadurch verzerren wir komplexe Sachverhalte und werden gerade allen sozialen Themen, vom Zwischenmenschlichen bis zur Politik, selten gerecht. Beim Vergleichen mit anderen übersehen wir oft, dass wir eigentlich Äpfel mit Birnen vergleichen. Ich kann natürlich nicht so gut Klavier spielen wie Marc-Andre Hamelin. Aber ich habe auch viel weniger geübt, habe nicht Musik, sondern Theologie studiert... Deshalb muss ich nicht verdrießlich sein, wenn ich manche Stücke, die er brillant spielen kann, nie einstudiert bekomme, und wieder andere Stücke nur langsamer und weniger brillant meistere.

Weitere Biases sind z. B.

Selbstwertdienliche Verzerrung: Ein Schüler schreibt gute Noten seinen Fähigkeiten zu, schlechte Noten der Inkompetenz des Lehrers.[164] Reiche und erfolgreiche Menschen tendieren dazu zu übersehen, wie sehr sie ihrem Erfolg auch anderen Menschen und Institutionen (dem Elternhaus, dem Gymnasium und dort bestimmten Lehrern, Fürsprechern usw.) verdanken. Sie überbetonen ihren Eigenanteil an der Erfolgsgeschichte. Gesellschaftlich führt diese Verzerrung zum Meritokratie-Märchen: Leistung muss sich lohnen! Ein zentrales Ergebnis der PISA-Studien zeigt jedoch, „dass die statistische Wahrscheinlichkeit, ein Gymnasium zu besuchen, bei Schüler/inne/n aus Facharbeiterfamilien [...] bei gleichen kognitiven Grundfähigkeiten und gleicher Lesekompetenz, um mehr als 50 Prozent geringer ist als bei Schüler/inne/n, deren Eltern der Kategorie der sogenannten oberen Dienstklasse zugeordnet werden können."[165]

An diesem Biases wie an dem Biases, auf die visuelle Schönheit fixiert zu sein, sehen wir, dass Biases nicht nur individuelle, sondern auch gesellschaftliche Konsequenzen haben! Diese sozialen Auswirkungen werden in den Artikeln und Listen über Biases meistens übersehen.

Gruppendenken: Solomon Asch hat in seinem berühmten Experiment die Tendenz zum Gruppenzwang nachgewiesen. Auf einer Karte wurde eine Linie dargeboten. Neben dieser Referenzlinie wurden drei weitere Linien unterschiedlicher Länge gezeigt und es war die Aufgabe der Personen, einzuschätzen, welche dieser drei Vergleichslinien gleich lang wie die

Referenzlinie war. Die eigentliche Versuchsperson saß mit eingeweihten Personen in einem Raum, die andere Versuchspersonen spielen sollten. Wenn nun diese eingeweihten Personen bei einigen Durchgängen mehrheitlich falsche Urteile abgaben, ließ sich meistens die eigentliche Versuchsperson verunsichern und stimmte genauso ab wie die Mehrheit.

In einer Firma z. B. kann dies zu Fehlentscheidungen führen: Der Geschäftsführer schlägt etwas vor, keiner argumentiert dagegen, um die Harmonie nicht zu stören, und jedeR glaubt, alle seien damit einverstanden.

Biases erkennen und überwinden mit GfK, Naikan und The Work

Schon in meiner Promotion ging es mir darum, Wege zu einem guten Leben aufzuzeigen. Dieses Thema zieht sich wie ein roter Faden durch die verschiedenen Werke.

Im Jahr 2015 kam mir die Idee, „Exerzitien der Nächstenliebe" zu entwerfen und dafür die gewaltfreie Kommunikation, Naikan und The Work als Übungswege einzubauen, um in der Nächstenliebe zu wachsen. Nun im Rückblick wird mir klar, dass alle drei Wege für uns Handwerkszeuge sind, um uns aus den Straßengräben herauszuführen, in die uns Biases, Fehlschlüsse und Abwehrmechanismen führen können.

Alle drei Wege berufen sich nicht auf eine externe Instanz, Ideal oder ähnliches. Sie nehmen also alle drei radikal ernst, dass wir Schiffe auf dem Meer ohne Leuchtturm sind. Wenn wir Schiffe auf dem Meer ohne Leuchtturm mit unscharfen Messinstrumenten sind, dann brauchen wir Praktiken, um auf dem Meer die Verzerrungen durchschauen zu können. Und genau das können diese drei Wege uns bieten.

Die gewaltfreie Kommunikation sucht nicht nur nach Gemeinbegriffen, nach Bedürfnissen, die uns positiv verbinden. Es deckt auch durch Sortieren Biases, Fehlschlüsse und Abwehr-mechanismen auf. Was ist z. B. nur eine Strategie? Dann überlege, welches Bedürfnis dahintersteckt, dann hast Du eine weitere Sicht auf Deine Möglichkeiten. Wenn die GfK besonders die Wolfssprache und ihr Denken kritisiert, dass zu schnell geurteilt wird und ein Mensch zu Unrecht verurteilt wird, dann deckt sie den Bias *„fundamentaler Attributionsfehler"* auf. Bei dieser Tendenz schließt man von einem Verhalten auf den Charakter und blendet andere Einflussfaktoren aus. Wenn an einem Tag in einem Restaurant das Essen versalzen ist, muss der Koch nicht „prinzipiell" schlecht sein. Vielleicht hatte er an diesem Tag Liebeskummer.

171

The Work untersucht mit der Lupe Stresssätze, inwieweit sie durch inadäquate Ideen, also Biases, Fehlschlüsse oder Abwehrmechanismen entstanden sind. Der Prüfungsweg von The Work akzeptiert, dass wir Schiffe auf dem Meer ohne Leuchtturm sind. Deswegen stellt man sich selbst skeptische Fragen und prüft den „Wahrheitsgehalt" von gegenteiligen Sätzen, um aus seiner „Gedankenblase" auszubrechen. (Die Ideologie um The Work herum baut teilweise wieder Dogmen, also illusorische Leuchttürme auf.)

Naikan entlarvt Fehlschlüsse und Biases, indem durch die Beantwortung der drei Naikan-Fragen der ausgeblendete Kontext wieder hervorgeholt wird. Mir wird deutlicher, wo ich anderen Schwierigkeiten bereitet hatte, die ich vergessen habe, die ich wenig beachtet habe. Ich erkenne, wo die Verbindung zu jemanden stärker durch Geben und Nehmen ist, als ich gedacht habe. Naikan wirkt also insbesondere gegen die *Negativitätsbias:* Versäumnisse und Enttäuschungen in einer Beziehung bleiben stärker in Erinnerung als erfüllte Erwartungen und positive Erlebnisse.

Abwehrmechanismen und Fehlschlüsse

Biases, Verzerrungen, Fehlschlüsse können immer wieder auch durch Abwehrmechanismen verursacht werden. Abwehrmechanismen sind psychische Mechanismen, um unangenehme Gefühle oder dunkle Impulse abzuwehren, zu verdrängen oder wenigstens zu reduzieren. Abwehrmechanismen haben eine Schutzfunktion. Manchmal kann der Schutz sinnvoll sein, aber nicht immer. Abwehrmechanismen sind also ambivalent. Wir müssen uns auch vor einiges schützen. Aber wenn wir zu viel Abwehrmechanismen einsetzen, dann verpassen wir etwas. Wir lernen nichts dazu, ursprüngliche Probleme werden nicht gelöst. Auch soziale Beziehungen können darunter leiden.

Einige klassische Abwehrmechanismen sind folgende

Entwertung: Um den eigenen Selbstwert zu schützen, werte ich andere Menschen ab. Wenn A B kritisiert, kann B innerlich A abwerten, damit die Kritik nicht an B ankommen muss. „Ach, der hat doch eh keine Ahnung! Oder: Die ist doch viel zu alt, um das zu beurteilen."

Aus dem Abwehrmechanismus der Entwertung kann z. B. im Gespräch der Fehlschluss „Ad hominem" entstehen: Statt mit echten Argumenten und Gründen wird die Person angegriffen. „Du hast doch keine Ahnung!" Oder man verzerrt die gegnerische Argumentation: „Du bist dafür, den CO_2-Ausstoß zu verringern? Also du willst mir mein Auto wegnehmen!"[166]

Aber wenn man ganz viel über andere lästert und zu viel andere entwertet, dann kann sich das Umfeld von einem distanzieren. Besonders wenn man bei jedem über alle anderen lästert.

Verschiebung: A ist auf Chef wütend, kann aber diese Wut nicht ausleben, lässt dann Wut an anderen aus, Menschen auf der Straße, eigene Kinder oder Partner... Diese Verschiebung passiert natürlich unbewusst.

Projektion: Eigene unangenehme Gefühle unterstelle ich anderen. A ist sauer auf B und fragt B: "Bist du sauer auf mich? Du bist komisch heute!" Bei den Fehlschlüssen nennt man das „Tu quoque", „Du auch": „Papa sagt, ich soll mit dem Rauchen aufhören, weil es ungesund ist, dabei raucht er selber!"[167]

Intellektualisierung: Unangenehme Gefühle werden nicht gefühlt, sondern mit intellektuellem Gerede übertüncht. Z. B. der Partner hat einen verlassen. Man will den Schmerz nicht spüren und redet sich ein: "Die romantische Liebe ist nur ein Konzept." Dabei passiert häufig ein „Cherry Picking": Man sucht sich das aus an Fakten, Beispielen, Theorien etc., was man für seine Intellektualisierung brauchen kann.

Sublimierung: Unangenehme Gefühle werden in sozial akzeptierte Aktionen umgewandelt, z. B. Schmerz wird in künstlerische Werke ausgedrückt oder Wut wird in viel Sport ausgelebt. Was wäre die Kultur ohne Sublimierung! An diesem Beispiel sieht man, dass Abwehrmechanismen auch sehr positiv sein können und teilweise eine Verarbeitung sein können.

Verena Fiebiger und Sina Haghiri haben in ihrer Podcastfolge von „Die Lösung" zum Thema Abwehrmechanismen folgendes Beispiel durchgespielt. Ich bekomme nach der Probezeit gesagt, dass ich nicht übernommen werde, weil sie nicht mit meinen Fähigkeiten und Leistungen zufrieden sind.

Entwertung: Die Firma ist eigentlich eh Mist. Und der Chef hat keinen Style.

Verschiebung: Ich schreie einen anderen Fahrradfahrer beim Heimfahren ein.

Projektion: Zur Freundin "Jetzt, wo du keinen Job hast, fühlst Du Dich dann wertlos?" Aber eigentlich fühlt sich die Person selbst wertlos und frustriert.

Intellektualisierung: Ich habe gerade Marx gelesen und verstanden, dass ich in der Firma nur entfremdet werde.

Sublimierung: Ich schreibe eine Kurzgeschichte. Oder ich renoviere meine Wohnung.

Wie kann man Abwehrmechanismen erkennen und überwinden

Erstens: Man sollte bewusst zurückschauen und dann erst einmal in der Rückschau einen Abwehrmechanismen feststellen. (In der IFS würde man sagen: Ein Teil war da mit einem Abwehrmechanismus aktiv.) Mit der Zeit und etwas Übung kann ich auch den Abwehrmechanismus während der Aktion entdecken.

Zweitens: Ich kann mich dann fragen „Was hat das mit mir zu tun? Welches Bedürfnis ist bei mir unerfüllt?" Wenn ich das ergründet habe, was der Abwehrmechanismus eigentlich verdecken will, und nach der GfK ist das immer ein unangenehmes Gefühl und ein unerfülltes Bedürfnis, dann kann ich mich positiv diesem Bedürfnis zuwenden und dadurch den Abwehrmechanismen abschwächen oder sogar überwinden. Ich kann neue Strategien finden, um mir dieses Bedürfnis zu erfüllen usw.

Problematische Menschenbilder entlang des Enneagramms

Abwehrmechanismen, Fehlschlüsse, auch Verzerrungen, also Bias werden oft durch problematische Menschenbilder, die wir bewusst oder unterbewusst haben, verstärkt. Deswegen lohnt es sich, hier auch einige einengende Menschenbilder zu benennen.

Ich ordne die problematischen Menschenbilder den neun Enneagrammtypen zu, wobei diese Zuordnung auch anders ausfallen könnte. Denn ein Enneagrammtyp kann von mehreren ungünstigen Menschenbildern geprägt sein. Man muss für diese Aufzählung nicht die einzelnen Enneagrammtypen kennen. (Siehe ausführlich das Enneagramm im zweiten Band.)

Typ 9: Die Erbsünde zerstört den guten Kern. Dieses falsche und hochproblematische Menschenbild hat uns insbesondere Augustinus und seine Deutung der Paradieserzählung eingebrockt

Typ 8: Entweder ich bin im wahren Selbst oder im Ego. Es gibt kein Gemisch. „Entweder, man ist sich bewusst, wer man ist und schöpft unendliche Kraft aus diesem Bewusstsein. Oder man denkt, noch man müsse sich verändern."[168] Das ist ein gefährliches Einheitsdenken, Reinheitsdenken. Es verbaut mir den Weg, langsam zu wachsen. Es verstellt mir die Möglichkeit, dass mein wahres Selbst schon leise unter den extremen Teilen wirkt und heilt.

Typ 1: Ich muss durch gute Werke zu Gott gelangen.

Typ 2: Echten Altruismus gibt es nicht!

Typ 3: Im Vulgärdarwinismus überlebt der Fitteste und wie bei Hobbes´ Naturzustand kämpfen alle gegen alle. Also will ich gewinnen, will der Erste sein!

Typ 4: Entweder bekam ich in der Kindheit genug Wärme, Liebe, Zuwendung oder ich habe für immer Pech gehabt![169] Dagegen kann man die Einsicht halten: Es ist nie zu spät, eine glückliche Kindheit zu haben.

Typ 5: Descartes´ reines absolutes Ich. Ich denke, also bin ich. Ich habe nur in meinem reinen Ich, abgesondert von allem anderen, einen festen Ausgangspunkt. Ich gegen den Rest der Welt.

Typ 6: Ich bin nur eine unberechenbare biochemische Maschine. Ich habe eigentlich keine Freiheit. Also sind Institutionen und Strafen nötig, um das Mangelwesen Mensch in Schach zu halten und umzuformen. „Wir müssen unsere leidenschaftlichen Gefühle und Impulse ständig unter Kontrolle halten und erinnern uns dadurch unser Leben lang an unsere grundsätzliche Sündhaftigkeit.“[170]

Typ 7: Ich muss mein Glück selbst organisieren. Glückliches Leben ist gleich Wohlfühlen. Die Gretchenfrage: Ist die Ratte, die ihr Glückszentrum durch Knopfdruck stimulieren kann und dabei verhungert, wirklich glücklich?

Verzweifeltes Trotzdem Schon paradox: Die Enneagrammtypen versuchen auf verschiedene Weise das zu erreichen, was ihr negatives Menschenbild eigentlich für nicht möglich hält: z. B. Typ 9 versucht, für alle angenehm zu sein und damit wieder bedingungslose Liebe zu leben, die scheinbar verloren gegangen ist. Es errichtet sich sein Pseudoparadies. Oder Typ 2 handelt scheinbar altruistisch und vertuscht die eigene Erwartung, dass es Altruismus eigentlich nicht gibt. Dann entstehen irgendwann performative Widersprüche.

Falschen Menschenbildern fehlt ein UND:
Problematische Menschenbilder haben oft eine Einseitigkeit, die man mit einem UND korrigieren kann. Zum Beispiel: Wer glaubt, dass es echten Altruismus nicht gibt, dem fehlt das UND. Natürlich denkt der Mensch an sich ABER AUCH an andere und ist fähig zum Altruismus.

Meine Bedürfnisse UND die Bedürfnisse der Mitmenschen
Bergson hat ein weiteres wichtiges UND entdeckt: Es gibt zwei Quellen der Moral: *sozialer Druck UND Begeisterung.*
Weitere wichtige UNDs:
Körper UND Geist.
Konkurrenz UND Kooperation.
Vorprägung UND Gestaltungs-, Heilungsmöglichkeiten.
Dieser Überblick sollte folgendes aufzeigen:

Das Ringen um ein rechtes Menschenbild ist immens entscheidend: Für die eigene Heilung und Reifung, für das Zusammenleben, für eine Gesellschaft, für die Politik, für das Zusammenleben der Völker.

Problematische Menschenbilder sind Meta-Sünden: Sie sondern uns von unseren Potentialen, Mensch zu sein, ab!

175

Kritischer Rückblick und Übergang zu Bergson

Spinoza ist sich klar, dass wir nur mit Arbeit adäquate Erkenntnisse erreichen. Wir beginnen mit inadäquaten Erkenntnissen. Mit Gemeinbegriffen erarbeiten wir uns adäquate Einsichten. Aber auch diese können nur Teilaspekte erfassen. Aber wir müssen handeln und können nicht alles erforschen. Oft könnten wir uns mehr informieren und wir tun es trotzdem nicht. (Wir kaufen irgendwelche Schokolade, obwohl die Kakaobohnen auf Plantagen angebaut wurden, von Kindern geerntet wurden, Unmengen an Wasser verbrauchten, um zu wachsen, obwohl Kakaosträucher viel besser in einem Ökosystem im Halbschatten gedeihen. Wir achten zu selten auf Fairtrade und Bio-siegel.) Aber oft haben wir gar keine Möglichkeit, die Zusammenhänge zu verstehen. Es gibt also auch ein Übel, das ich nicht allein durchschauen kann. Für dieses Übel hat die Befreiungstheologie den Begriff „strukturelle Sünde" geprägt.

Die GfK betrachtet zwischenmenschlich überschaubare Beziehungen. Ich kann adäquate Gemeinbegriffe mit den Bedürfnisbegriffen bilden und somit adäquat äußern, wie meine Affektion zustande kam. Und ich kann im Gespräch durch empathisches Nachfragen verstehen, welche Bedürfnisse beim anderen lebendig waren oder sind. Aber ich kann natürlich nicht Tiere und Pflanzen so befragen. Um ihre Bedürfnisse zu erkennen, muss ich anders vorgehen. Auch gesellschaftliche Systeme sind komplexer.

Deswegen müssen wir unsere Sichtweise erweitern. Hier soll Bergsons Philosophie ein weiterer Schritt sein.

Die zwei Quellen der Moral und der Religion nach Bergson

Wir haben mit Spinoza und der GfK eine immanente Ethik kennengelernt. Wir konnten sie klar einer Gebotsmoral gegenüberstellen. Jetzt mit Bergson können wir einen Schritt zurückgehen und auf die unterschiedlichen Ethiken und Moralen schauen. Mit diesem Abstand zeigen sich nach Bergson zwei Quellen der Moral und der Religion. Bergsons letztes Werk gibt uns somit eine Gesamtsicht für das Thema Moral und Ethik. Seine Sichtweise geschieht aus einer immanenten Sichtweise. Auch er philosophiert ohne einen vermeintlichen Leuchtturm, sondern akzeptiert, Schiff auf dem Meer zu sein. Aber seine Sichtweise ist dynamischer als die von Spinoza. Er nimmt die Zeit ernster.

Bergsons letztes Werk hat den Titel: **„Die beiden Quellen der Moral und der Religion"**. Was sind die beiden Quellen?

Erste Quelle: Die *soziale Verpflichtung*, also die *Pflicht*, gesellschaftlichen Regeln zu folgen. Für Bergson ist das eine *statische Moral bzw. statische Religion*

Zweite Quelle: Die *Begeisterung, Nachfolge/Nachahmung*. Für Bergson ist das eine *dynamische Moral bzw. dynamische Religion*.

Beide Quellen sind also zwei unterschiedliche „Moral-Stile" (bzw. Religions-Stile) In der „Realität" erscheinen sie meistens mehr oder weniger vermischt, in verschiedenen Konstellationen und Mischungen.

An einem Beispiel werden diese zwei Quellen der Moral leicht verständlich:

Beispiel Unterricht: Eine Lehrkraft muss ein gewisses Maß an Regeln aufstellen. Gewisse Schulregeln müssen gelten. Ansonsten funktionieren ein Schulbetrieb und der Unterricht nicht. Schüler müssen pünktlich zum Unterricht kommen. Kommunikationsregeln wie Meldepflicht, Reden, nachdem man aufgerufen wurde usw., müssen herrschen. Übertretungen von Regeln müssen Konsequenzen haben. *Das ist die Pflicht-Seite.*

Andererseits hat ein guter Lehrer, eine gute Lehrerin auch die Fähigkeit, SchülerInnen zu begeistern. Sie/er brennt für das Fach und hat Freude daran, Jugendlichen oder Kindern etwas beizubringen. Ein Funke springt über. Plötzlich interessieren sich welche für Chemie oder Musik oder Englisch, für die dieses Fach im letzten Jahr ein „Hass-Fach" war. *Das ist die Begeisterungs-Seite.*

Schule allein mit Pflicht geführt ist „ätzend". Schule allein mit „Begeisterung" ohne Struktur und Regeln kann ins Chaos abgleiten. Es braucht eine Mischung. Ein guter Pädagoge vermischt immer beide Quellen, mal mehr das eine, mal mehr das andere.

Beispiel Zeltlager Ein tolles Jugend-Zeltlager scheint von „Begeisterung" zu strotzen. Aber auch bei einer solchen Veranstaltung braucht es einige Regeln und Traditionen, damit sich die Begeisterung entfalten kann. Wir könnten noch viele Beispiele anführen und werden im Verlauf auch weitere kennenlernen. Hier nur noch dieser Hinweis:

Moderne Moraltheologie-Bücher wie z. B. Rosenberger „Frei zu leben. Allgemeine Moraltheologie" unterscheiden zwischen Normenethik und Tugendethik und beziehen sie wechselseitig aufeinander. Mit Bergson bekommen wir auch eine neue Sicht auf diese zwei Ethik-Stile, denn wir können sie den zwei Quellen der Moral und der Religion zuordnen: Die statische Moral der Normenethik und die dynamische Moral der Tugendethik.

Grundaussagen aus „Schöpferische Entwicklung"

Wir beginnen mit den Grundaussagen aus „Schöpferische Entwicklung", dem Werk, das Bergson vor „Die beiden Quellen der Moral und der Religion" geschrieben hat. Alles Lebendige ist für Henri Bergson erfüllt vom **Elan vital**. Elan vital übersetzt bedeutet **„Lebensschwungkraft"**. Es ist ein Begriff, den Bergson in die Philosophie eingeführt hat. Für einen gläubigen Christin wie mich ist der Elan vital eigentlich die Schöpferkraft des Heiligen Geistes. Aber Bergson ist ja Philosoph. Deswegen versucht er aus den Wirkungen in der Evolutionsgeschichte heraus den Elan vital aufzuzeigen.

Bergson zeigt in seinem Werk „Schöpferische Entwicklung" anhand von Analysen auf, dass sich die Evolution nicht durch rein mechanistische Modelle (also Darwins Erklärung der Evolution) erklären lässt. *(Darwins Evolutionslehre = Mechanismus)* Andererseits argumentiert er plausibel, dass die Evolution auch nicht nach einem vorgefertigten Plan (eines Gottes) ablaufen konnte. *(Fertiger Plan Gottes = Finalismus)* Seine Erklärung liegt dazwischen und ist doch etwas völlig anderes: in der Evolution wirkt eine schöpferische Lebensschwungkraft. *Der Elan vital ist nicht ein fertiger Plan, sondern etwas Dynamisches, interaktiv-Wandelbares, er wirkt mit "Schwung". Er hat die "Kraft", "schöpferisch" zu sein, er bringt "Leben" hervor. Dabei entsteht Neues, das man nicht vorhersehen hätte können.*

„Dies ist der Grund, weshalb der entschiedene Finalismus fast auf allen Punkten ganz nahe an den entschiedenen Mechanismus rührt. Einer wie der andere lehnt es ab, im Fluss der Dinge oder auch nur in der Entwicklung des Lebens eine unvorhersehbare Schöpfung von Form zu erblicken. [...] Kurz, die strikte Anwendung des Zweckmäßigkeitsprinzips führt genauso wie die der mechanischen Kausalität auf den Schluss, „alles ist gegeben". Beide Prinzipien sagen in verschiedenen Sprachen dasselbe, weil beide auf dasselbe Bedürfnis antworten."[171]

Es gehört zum Elan vital, dass er sich aktualisiert, dass er konkret wird in konkreten Lebewesen. Am Anfang gibt es Einzeller, dann Mehrzeller usw. Bei diesem Prozess kann er sich verzweigen in verschiedene Entwicklungsrichtungen, z. B. die Pflanzen und die Tiere. Die Pflanzen können aus Licht energiereiche Stoffe herstellen, dafür können sie sich nicht bewegen. Die Tiere können zwar nicht aus Licht energiereiche Stoffe herstellen, dafür können sie sich bewegen und müssen Pflanzen oder andere Tiere zur Ernährung fressen. Hier hat sich der Elan vital verzweigt. Die Entwicklung bei den Pflanzen bleibt in gewisser Weise stehen, die Entwicklung der Tiere geht weiter.

Die Tiere trennen sich wieder in zwei Gruppen auf: Tiere mit Instinkt und Tiere mit Intelligenz, die Menschen. Der Höhepunkt der Entwicklung bei den Tieren mit Instinkt ist bei den Bienen und Ameisen erreicht: sie bilden hochkomplexe Gesellschaftsformen. Die verschiedenen Aufgaben und Funktionen der einzelnen Tiere in einer solchen Gesellschaft werden durch den Instinkt koordiniert. Aber wie der Elan vital bei den Pflanzen nicht weiter gehen konnte, so ist er auch bei den Völkern der Bienen und Ameisen stehen geblieben.

Eine Weiterentwicklung des Elan vital im Bereich Tieren und Gesellschaftsformen geschieht bei den Menschen. Diesem Thema widmet sich Bergson erst in seinem nächsten und letzten Werk.

Aber warum muss sich der Elan vital eigentlich differenzieren? Ein Grund liegt darin, dass mit der Einschaltung der Dauer in die Materie die Dauer bzw. der Elan vital auf Hindernisse stößt und sich entsprechend der Materialität differenzieren muss. Aber es gibt nicht nur diesen äußerlichen Grund. Es ist die Art und Weise vom Leben selbst, vom Elan vital selbst, sich in verzweigende Reihen weiterzuentwickeln und weiter zu drängen. Dass sich der Elan vital differenziert und aufteilt, bezieht sich nicht nur auf die Vielfalt der Lebensarten, sondern auch auf die in der Evolution immer weiter anwachsende Spezifizierung der Einzelteile eines Lebewesens.

Bergson stellt nun bei diesen Aufteilungsprozessen etwas Besonderes fest. Wenn sich der Elan vital in zwei Richtungen aufteilt, so behält jede Richtung in nuce den Aspekt der anderen Richtung bei, wenn auch verkümmert und verdeckt. „Wenn sich also das Leben in Fauna und Tierreich scheidet, das Tier in Instinkt und Intelligenz, dann führt jede der geschiedenen Seite und jede Verzweigung in einer Hinsicht das Ganze noch mit sich, ist gleichsam von einem Dunstkreis umgeben, der vom ungeteilten Ursprung zeugt. Die

Intelligenz trägt einen Strahlenkranz instinktiver Fähigkeiten, und im Instinkt schimmern verstreute Lichtpunkte der Intelligenz; es gibt Spurenelemente belebten Lebens in der Fauna ebenso wie Spurenelemente vegetativen Lebens bei den Tieren."[172]

Der Elan vital ist *eine* Bewegung, die sich in der Aktualisierung *zerlegt*! Bergson hat dafür ein schönes „Gleichnis" gefunden: Nehmen wir nun an, dass sich die Bewegung der Hand bzw. des Armes in einem Haufen von Eisenspänen hineingraben würde. Aufgrund des Widerstandes käme die Bewegung nach einer Weile zum Stillstand. Eine komplexe Form würde sich als Abdruck in dem Haufen von Eisenspänen zeigen. (Das Gleichnis übersetzt bedeutet: Die komplexe Form steht z. B. für eine Pflanze oder ein Tier. Die Bewegung der Hand steht für den Elan vital.) „Angenommen nun, Hand und Arm wären unsichtbar geblieben. Würden dann nicht die Zuschauer den Grund der Gruppierung in den Eisenfeilspänen und in inneren Kräften in der Masse selbst suchen? Wobei die einen die Lage jedes Körnchens auf die Wirkung zurückführen würden, die es von seinen Nachbarkörnchen erfährt: dies wären die Mechanisten; während andere behaupten würden, dass ein Gesamtplan über die einzelnen elementaren Wirkungen gewacht habe; dies wären die Finalisten."[173] Man erkennt gleich, dass die Finalisten und Mechanisten in diesem Eisenfeilspäne-Beispiel irren, weil sie die Bewegung der Hand nicht kennen bzw. beachten. So irren sie auch in der Erklärung des Werdens des Lebens, der Evolution, weil sie den Elan vital als virtuelle Kraft, die sich aktualisiert und verzweigt, nicht einbeziehen

Das Gleichnis zeigt auch auf, dass sich das Aktualisierte gegen die virtuelle Bewegung des Elan vital auch abschließt. „Jede Art ist immer auch ein Innehalten der Bewegung des Elan vital; man könnte sagen, dass das Lebendige sich um sich selbst dreht und sich schließt. Anders kann es gar nicht sein, denn das Ganze ist nur virtuell, teilt sich im Vollzug und kann seine aktuellen Teile, die einander äußerlich bleiben, nicht zusammenbringen: Das Ganze ist niemals gegeben. Und im Aktuellen herrscht ein unerbittlicher Pluralismus, es gibt so viele Welten wie Lebewesen, sie alle sind über sich selbst „geschlossen"."[174]

Eine letzte philosophische Einsicht, die Bergson besonders in dem Vortrag „Bewusstsein und Leben" entfaltet: Wenn sich alles Lebendige in der Zeit ständig wandelt („dauert", wie Bergson sagt) und erfüllt ist vom Elan vital, dann hat auch alles Lebendige einen gewissen Grad an Bewusstsein und ein gewisses Vermögen von Freiheit.

Skizze: Bergsons Philosophie

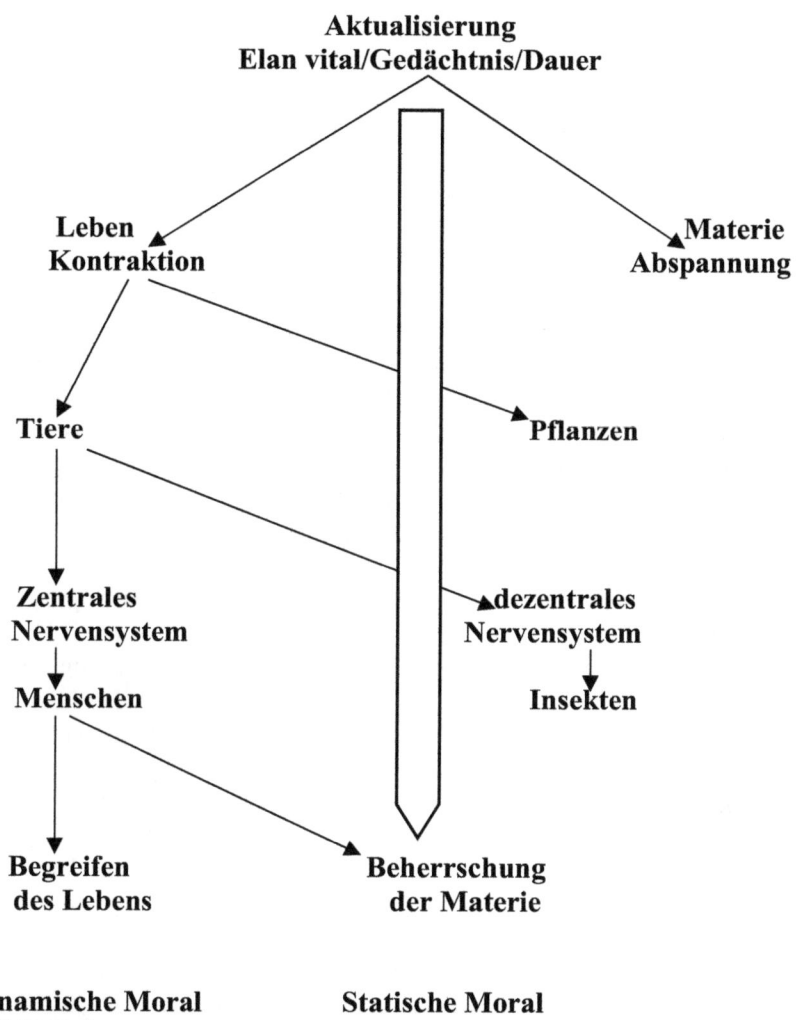

Aktualisierung
Elan vital/Gedächtnis/Dauer

Leben
Kontraktion

Materie
Abspannung

Tiere

Pflanzen

Zentrales
Nervensystem

dezentrales
Nervensystem

Menschen

Insekten

Begreifen
des Lebens

Beherrschung
der Materie

Dynamische Moral
und Religion

Statische Moral
und Religion

Grundaussagen aus „Die beiden Quellen der Moral und der Religion"

Gedächtnis, Bewusstsein und Freiheit haben de iure alle Lebewesen. Aber nur die Menschen haben auch de facto Selbstbewusstsein, ein faktisches Gedächtnis und eine faktische Freiheit erreicht. Die Lebensschwungkraft ist eben nur bei den Menschen mit Erfolg weitergekommen, so dass Bergson den Menschen auch als den Existenzgrund der gesamten Entwicklung bezeichnen kann. Aber wie sollen Menschen zusammenleben, wenn sie sich erinnern können, sich in gewissem Maße frei zu ihren Instinkten verhalten können, Intelligenz und Bewusstsein haben?

Mit dem Ende der „Schöpferischen Entwicklung" stellen sich somit zwei Fragen: Wie kann eine Gesellschaft aus Tieren mit Intelligenz funktionieren? Denn Instinkte allein regulieren beim Menschen nicht das Zusammenleben wie bei Insektenvölkern. Und die zweite wichtige Frage: Gab es in der Art des Zusammenlebens eine Weiterentwicklung, ist hier der Elan vital weitergekommen? Diesen Fragen stellt sich Bergson in seinem letzten Werk „Die beiden Quellen der Moral und der Religion". Die Intelligenz führt dazu, dass das Wesen mit Intelligenz seinen persönlichen Nutzen erkennen kann und diese verfolgen will. Aber persönlicher Nutzen kann sehr häufig mit dem Allgemeinwohl im Widerspruch stehen. „Ein intelligentes Wesen wird bei der Verfolgung seines persönlichen Nutzens oft etwas ganz anderes tun, als das Allgemeinwohl verlangen würde."[175] Damit der Mensch überhaupt gesellschaftsfähig sein kann, muss die Natur ein Gegengewicht gegenüber der Intelligenz schaffen.

In gewisser Weise wirkt in jeder menschlichen Gesellschaft so etwas Ähnliches wie der Instinkt bei den Ameisen und Bienen. Es ist die soziale Verpflichtung. Schüler gehen in die Schule, auch wenn sie keine Lust dazu haben. Denn es ist Pflicht! Wir leben in einem System der Gewohnheiten; und häufig merken wir gar nicht, dass wir selbstverständlich sozialen Verpflichtungen folgen. (Das ist teilweise sogar eine Erleichterung: Stellen Sie sich vor, wie anstrengend es wäre, ständig bewusst eine Wahl zu treffen, bei jeder Handlung!) Die soziale Verpflichtung ist das Gegengewicht gegenüber der egoistischen Tendenz der Intelligenz. (Ihren Aufbau und philosophische Begründung haben wir schon im Unterkapitel zu Tugendhat in anderer philosophischer Sprache kennengelernt.)

Moral (und Religion) entstehen für Bergson aus zwei Quellen.

Die eine Quelle der Moral ist die soziale Verpflichtung. Die Pflicht wirkt unpersönlich, sie äußert sich in allgemeinen Gesetzen. Durch Druck und Ermahnung schafft sie Ordnung in der jeweiligen sozialen Gruppe. Wenn ich geblitzt worden bin, fahre ich in den folgenden Monaten vorsichtig und beachte mehr die Geschwindigkeitsbegrenzungen.

Eine einzelne soziale Regel (die mit der Zeit zur Gewohnheit und Verpflichtung geworden ist) kann bei ihrer Entstehung eine intelligente Begründung vorweisen. Sie wirkt aber auf Dauer als soziale Verpflichtung nicht dadurch, dass den Menschen ihre intelligente Begründung bewusst sei, sondern, indem sie wie ein Quasi-Instinkt wirkt und verstanden wird. Keine menschliche Verpflichtung ist instinktiver Natur, aber die Gesamtheit der Verpflichtungen bildet einen virtuellen Instinkt. Als virtueller Instinkt hat die Gesamtheit der Verpflichtungen nur eine Begründung: es muss sein, weil es sein muss!

Wir schwanken also zwischen der Betonung des Eigennutzes und der Betonung des Erhalts und der Pflege der Gruppe, der Gemeinschaft hin und her. Daraus kann sich eine Pendelbewegung ergeben. „Kurz, man kann sagen, die (menschliche Art der) Sozialität kann nur bei intelligenten Wesen auftreten, aber sie basiert nicht auf der Intelligenz: das gesellschaftliche Leben ist der Intelligenz immanent und hebt mit ihr an, aber es leitet sich nicht aus ihr ab."[176] (Spinozas Philosophie kritisierte unvernünftige gesellschaftliche und moralische Regeln aufklärerisch engagiert. Bergson kann die Funktion solcher Regeln und ihre Genese mit gelassenem Abstand analysieren.)

Aus der Befolgung der sozialen Verpflichtungen ergibt sich für uns alle eine Befriedigung und ein Gefühl der Selbstzufriedenheit: „Gewöhnlich findet unser Ich seinen Halt an der Oberfläche, dort wo es in das dichte Geflecht des andern ebenfalls nach außen gewandten Menschen eingefügt ist: seine Solidität liegt in dieser Solidarität."[177]

Ist dann das Gewissen das Gefühl der Zufriedenheit, wenn wir die sozialen Verpflichtungen befolgt haben, und die Unzufriedenheit, wenn wir sie nicht erfüllt haben? Nach Bergson bezeichnen wir mit dem Wort Gewissen zwei sehr verschiedene Dinge. Wie so oft in seiner Philosophie deckt Bergson zwei wesensverschiedene Dinge auf, die in der Sprache mit demselben Wort belegt werden: Einerseits gibt es ein Gewissen aus dem soziale Ich heraus. Andererseits existiert ein moralisches Empfinden aus einer tieferen Quelle. Bergson beschreibt dieses tiefe Gewissen an einem Beispiel: „Das Vertrauen einer unschuldigen Seele zu täuschen, die sich dem Leben öffnet, ist eine der größten Untaten für ein Gewissen, das keinen Sinn für Proportionen zu haben scheint, gerade weil es seine Skala, seine Messinstrumente und -methoden nicht von der Gesellschaft entlehnt."[178]

So kommen wir zur **zweiten Quelle der Moral und der Religion**: ein Mensch ist von einem anderen ganz begeistert und möchte ihn nachahmen.

So wollte zum Beispiel der Heilige Franziskus die Armut von Jesus nachahmen, oder der Heilige Ignatius wollte so radikal leben wie der Heilige Franziskus. „Während die erste [die soziale Verpflichtung einer geschlossenen Gesellschaft] umso reiner und vollkommene ist, je besser sie sich auf unpersönliche Formeln bringen lässt, muss sich die zweite, um völlig sich selbst zu sein, in einer bevorzugten Persönlichkeit verkörpern, die beispielhaft wird. Die Allgemeinheit der einen beruht auf der allgemeinen Annahme eines Gesetzes, die der anderen auf der gemeinsamen Nachahmung eines Vorbilds. Weshalb haben die Heiligen Nachahmer und warum haben die edlen, großen Männer die Massen hinter sich hergezogen? Sie verlangten nichts, und doch empfangen sie. Sie brauchen nicht zu ermahnen; sie brauchen nur zu existieren; ihre Existenz ist ein Appell. Denn das ist eben der Charakter dieser andern Moral: während die naturhafte Verpflichtung Druck oder Stoß ist, gibt es bei der vollständigen und vollkommenen Moral einen Appell."[179] Ich habe das ganz persönlich erlebt: Die Lektüre einer Biographie des Heiligen Ignatius von Loyola gab mir den entscheidenden Impuls, mich zum Priester weihen zu lassen.

Diese andere Quelle der Moral braucht keinen Druck, sie äußert sich nicht in allgemeinen, unpersönlichen Gesetzen; sondern sie wirkt durch Appell, Begeisterung und Aufschwung. Meistens erleben wir beide Quellen in der Realität vermischt. Trotzdem kann man sie prinzipiell unterscheiden.

Die christlichen Heiligen und Mystiker sieht Bergson als den Höhepunkt der Religionen an. Sie haben erstens in einer Gotteserfahrung Gott selbst erfahren. In der Sprache der Philosophie von Bergson: sie haben eine Intuition vom Elan vital selbst erspürt. Und sie haben zweitens diese Erfahrung und Begeisterung in eine tätige Nächstenliebe umgesetzt, die sich auf die ganze Menschheit und die ganze Natur bezog. Damit drückten sie in ihrem Leben den Elan vital selbst aus.

Die schöpferische Emotion

Wie kann eine Moral der Nachahmung entstehen? Sie kann nicht durch die Intelligenz entstehen, ebenso nicht durch den Quasi-instinkt der sozialen Verpflichtung; sie kann allein durch eine ursprüngliche Emotion entstehen: dieses Gefühl führt den jeweiligen Menschen zu einer Empfindung des Elan vital selbst. Wenn wir etwas vom Elan vital selbst erspüren, dann nennt dies Bergson Intuition. Deleuze hat die Begründung dafür sehr klar dargelegt:

1. Die soziale Verpflichtung ist das Gegengewicht gegenüber der Intelligenz, damit der intelligente Mensch gesellschaftsfähig sein kann.

2. Aber in diesem Zusammenspiel von Intelligenz und Gesellschaftlichkeit liegt nichts Besonderes, „was eine Vorrangstellung des Menschen rechtfertigen könnte. Gesellschaften, die er bildet, sind nicht weniger geschlossen als Tiergattungen und Gesellschaften; und der Mensch kreist in der Gesellschaft nicht weniger in sich als Tiergattungen in sich selbst kreisen oder Ameisen in ihrer Lebenswelt befangen bleiben."[180] Wo bleibt die Fähigkeit des Menschen, die Bergson ihm zuspricht, dass er fähig sei, das offene Ganze der Virtualität auszudrücken?

3. Es kann sich aber eine Zwischenzone zwischen Intelligenz und Gesellschaft ergeben.

4. Die Intelligenz kann diese Zwischenzone nicht ausfüllen, um den Menschen aus dieser Abgeschlossenheit zu befreien:

5. Die Intuition kann es auch nicht sein: „Denn es geht ja gerade darum, eine Genesis der Intuition zu vollziehen, das heißt die Art und Weise zu bestimmen, wie die Intelligenz sich selbst in Intuition verwandelt oder in Intuition verwandelt wird."[181]

6. Ein intuitives Gefühl, eine schöpferische Emotion lässt die Moral der Begeisterung erstehen: „Einzig das Gefühl ist wesentlich sowohl von der Intelligenz wie vom Instinkt verschieden, vom intelligenten Verfolgen individuell-egoistischer Ziele wie vom Befolgen gleichsam instinktgeleiteter sozialer Zwänge. Niemand wird bestreiten, dass der Egoismus emotionslos sei; das gilt noch mehr für die sozialen Zwänge mit all ihren Fantasiebildern der Fabulierfunktion."[182]

Aber wie muss die Emotion beschaffen sein, dass sie genau diese Aufgabe erfüllen kann? Um diese Frage beantworten zu können, müssen wir zwei Arten von Gemütsbewegungen unterscheiden: Die erste wird durch eine Idee, ein Bild usw. ausgelöst. „Die andere Gemütsbewegung dagegen wird nicht durch eine Vorstellung ausgelöst, der sie folgte und von der sie unterschieden bliebe. Eher wäre sie - im Verhältnis zu den intellektuellen Zuständen, die dazukommen werden - eine Ursache und nicht ein Effekt; sie ist von Vorstellungen trächtig, deren keine eigentlich geformt ist, die sie aber durch eine organische Entwicklung aus ihrer Substanz herauszieht oder herausziehen könnte. [...] Nur die Emotionen der zweiten Art kann Erzeugerin von Ideen werden."[183] Die schöpferische Emotion ist eine Wandlung in der Tiefe, die das Ganze verändert und vorwärts treibt.

Bergson kann diese Unterscheidung an zwei „Arten" von Schriftstellern verdeutlichen: die einen, die sich zu sehr der Intelligenz überlassen und damit nur geistreich Bekanntes aus der Gesellschaft oder dem kulturellen Erbe aufwärmen; und die, die aus einer ursprünglichen Emotion herausgetrieben werden (denen es sogar an Schönheit im Stil fehlen kann, wie zum Beispiel bei Dostojewski.) „Schöpfung bedeutet vor allem Emotionen."[184] Überall, wo etwas Neues geschaffen wird, nicht nur im Bereich der Moral, sondern auch in der Kunst, der Wissenschaft, der Kultur ist der erste Impuls eine Emotion: „Es gibt Gefühle, die Erzeuger von Gedanken sind; und die Erfindung, obwohl von intellektueller Ordnung, kann Empfindung als Substanz haben."[185]

Es wäre aber ein Irrtum anzunehmen, dass Bergson eine reine Gefühlsmoral vertreten würde. Denn die Emotionen sind fähig, „sich in Vorstellungen und sogar in Lehre zu kristallisieren. [...]. Aber wenn die Atmosphäre der Emotion da ist, wenn ich sie eingeatmet habe, wenn die Emotion mich durchdringt, dann werde ich, von ihr mitgerissen, nach ihr handeln. Nicht aus Zwang oder Notwendigkeit, sondern aus einer Neigung, der ich nicht widerstehen möchte."[186]

Wir müssen noch eine wesentliche Eigenschaft dieser schöpferischen Emotionen erwähnen. Sie beziehen sich an sich nicht auf ein Objekt und beinhalten von ihrem reinen Wesen her keine Vorstellung. Die Beziehung auf ein Objekt oder auf eine Vorstellung entsteht erst in der Aktualisierung dieser Emotion. „Nur durch ein Übermaß an Intellektualismus hängt man das Gefühl an ein Objekt und hält jede Gemütsbewegung für den Wiederhall einer intellektuellen Vorstellung auf dem Gebiete des Empfindungslebens."[187] Die schöpferische Emotion bezieht sich an sich nicht auf Objekte oder Vorstellungen, sondern bildet die Perspektive, die Sichtweise, den Sehepunkt, um überhaupt Vorstellungen erstehen lassen zu können oder Objekte ausdrücken zu können. Z. B. ist die neue Emotion, die das Christentum ausmacht, die Caritas.[188] Der barmherzige Blick des Samariters, der den Verletzten sieht, ist der „Prototyp" dieser Emotion.

Unterschiede zwischen den zwei Quellen der Moral

Untersuchen wir die verschiedenen Unterschiede genauer:

Bezug zur abgeschlossenen sozialen Gruppe versus Öffnung zur ganzen Menschheit und darüber hinaus Es gehört zum Wesen der sozialen Verpflichtung, dass sie sich auf eine abgeschlossene soziale Gruppe bezieht: die Familie, die Gemeinde oder die Nation. (Die soziale Verpflichtung fördert deswegen die Familienehre, Lokalpatriotismus und Nationalstolz.) Die soziale Verpflichtung kann sich nach Bergson nicht auf die ganze Menschheit ausdehnen, weil Familie, Gemeinde oder Nation eine geschlossene Gesellschaft bilden, vergleichbar der instinktiven Gesellschaften von Bienen und Ameisen. Die ganze Menschheit ist aber ein offenes Ganzes. Die

Menschheitsliebe gehört deswegen zur Moral der Nachahmung und Begeisterung. Jesus lehrte dies mit der Nächstenliebe und der Feindesliebe. Zwischen Nation und Menschheit besteht ein Wesensunterschied: Die Differenz von begrenzt und unbegrenzt, von geschlossen und offen. „Aber noch heute lieben wir naturhaft unmittelbar nur unsere Verwandten und unsere Mitbürger, während die Liebe zur Menschheit indirekt und erworben ist. Zu jenen zieht es uns geradewegs, zur Menschheit gelangen wir nur auf einem Umwege; denn nur durch Gott hindurch, nur in Gott, kann die Religion den Menschen dazu bringen, das Menschengeschlecht zu lieben; ebenso wie die Philosophen nur durch die Vernunft hindurch, nur in der Vernunft, an der wir alle Teil haben, uns die Menschheit betrachten lehren, um uns die hohe Würde der menschlichen Person, das Recht aller auf Achtung zu zeigen.“[189] Wir sehen, dass hier Bergson ganz wichtige Aussagen darüber macht, wie z. B. Menschenrechte oder Artikel 1 des Grundgesetzes gemäß seiner Philosophie entstanden sind.

Die zweite Art der Moral ist fähig zu einer Menschheitsliebe. Aber es wäre falsch, wenn man davon ausginge, dass die Liebe dieser Moral ein Objekt hätte, wie die gesellschaftliche Moral als Objekt die Familie, das Vaterland oder die Gemeinde hat. „Die andere Haltung ist die der offenen Seele. Was lässt die Seele alsdann in sich eingehen? Wenn man sagte, sie umarme die ganze Menschheit, so ginge man sogar noch nicht weit genug, da ihre Liebe sich ja auch auf die Tiere, die Pflanzen, auf die ganze Natur erstrecken wird. Und doch würde nichts von dem, was sie solchermaßen in Anspruch nimmt, genügen, um ihre Haltung zu definieren, denn auf alles dies könnte sie zur Not verzichten. Ihre Form hängt nicht vom Inhalt ab. Wir haben sie eben gefüllt; wir könnten sie jetzt ebenso gut leeren.“[190] D. h. die zweite Quelle der Moral führt uns auch zu einer Schöpfungsliebe, wie wir sie z. B. beim Heiligen Franziskus und seinem Sonnengesang erleben können.

Lust versus Freude Aber es gibt noch weitere Unterschiede: Die erste Moral bringt gesellschaftliches Wohlbefinden, die zweite Moral Begeisterung. Auf den Einzelnen bezogen: Wer der Begeisterung folgt, empfindet Freude, nicht nur Lust, echte Freude an sinnhaften Taten, weil er spürt, dem Élan vital zu folgen. In Bewusstsein und Leben beschreibt Bergson das genauer: "Durch ein genaues Zeichen tut sie uns kund, dass unsere Bestimmungen erreicht ist. Dieses Zeichen ist die Freude. Die Freude - nicht die Lust. Die Lust ist nur ein Kunstgriff, den die Natur ersonnen hat, um von dem lebenden Wesen die Bewahrung des Lebens zu erreichen; nicht aber bezeichnet sie die Richtung, die dem Leben gewiesen ist. Die Freude hingegen zeugt stets dafür, dass das Leben sich durchgesetzt hat, dass es Boden gewonnen hat, dass es einen Sieg errungen hat: jede große Freude hat einen triumphierenden Klang. Wenn wir nun aber diesen Hinweis beachten und dieser neuen Tatsachenlinien nachgehen, so finden wir, dass überall, wo Freude ist, Schöpfung ist: und zwar ist die Schöpfung umso reicher, je inniger die Freude ist. So ist die Mutter, die ihr Kind betrachtet, voller Freude, weil sie sich bewusst ist, es geschaffen zu haben, körperlich und geistig. Oder der Kaufmann, der sein Geschäft vorwärts bringt, der Fabrikherr, der seinen Betrieb aufblühen sieht, freut er sich je nach dem Geld, das er erwirbt, je nach dem Ansehen, das er gewinnt? Reichtum und Ansehen tragen offenbar viel bei zu der Genugtuung, die er empfindet - doch sie gewähren ihm mehr Vergnügen als Freude. Seine wahre Freude ist das Gefühl, dass er ein Unternehmen begründet hat, das gedeiht, dass er etwas ins Leben gerufen hat. Denken Sie an die Ausnahmefreuden, die Freude des Künstlers, der seine Gedanken verwirklicht hat, des Gelehrten, der etwas entdeckt und erfunden hat. [...] die Anerkennung sucht man zu seiner eigenen Beruhigung, und nur weil die Lebensfähigkeit des Werkes vielleicht unzureichend ist, möchte man es mit der warmen Bewunderung der Menschen umgeben, so wie man eine Frühgeburt in Watte wickelt. Der aber, der sicher ist, völlig sicher, ein lebensfähiges, dauerndes Werk erzeugt zu haben, der bedarf nicht des Lobes, der ist über den Ruhm erhaben, weil er Schöpfer ist, weil er das weiß, und weil die Freude, die er darüber empfindet, eine göttliche Freude ist."[191] Viktor Frankl hat dies als Sinnerfahrung bezeichnet.

Das problematische Verhältnis zwischen dynamischer und statischer Moral und Religion

Das Verhältnis zwischen dynamischer und statischer Moral bzw. Religion ist komplex und problematisch. Wir müssen dabei mehrere Aspekte beachten:
- Der Sprung von der statischen zur dynamischen Moral/Religion
- Die Verfestigung und Konkretisierung der dynamischen Moral/Religion in der statischen.
- Die Mischformen und ihre Vorteile und Nachteile
- Die möglichen Straßengräben

Der Sprung von der statischen zur dynamischen Moral/Religion

Das schöpferische Gefühl eines Erneuerers in der Moral, eines Heiligen z. B. ermuntert uns, einen Sprung in eine neue Seinsweise, Sichtweise und Lebensweise zu wagen. Bergson betont aber, dass derjenige, der die Absicht habe, einen Graben zu überspringen, den Mut verlieren wird, wenn er seine Aufmerksamkeit auf den Zwischenraum lenkt. Wer aber den Zwischenraum überspringt, kann mit Leichtigkeit einen einfachen Akt ausführen. Auf die

Moral angewendet kann dies bedeuten, dass man zur Menschheitsliebe nicht kommt, in dem man die Liebe immer mehr ausweitet.

Denn es besteht ein Wesensunterschied zwischen beiden Tendenzen der Moral. Während die erste Moral Festigkeit bedeutet, ist die zweite eine „Rückkehr zu Bewegung", sie bringt Emotionen hervor, „die dem schöpferischen Akt verwandt ist."[192] Wenn wir fragen, was Bergson mit „Bewegung" meint, kann die Antwort nur lauten, dass es um ein Gewahrnehmen der Dauer, ja der Lebensschwungkraft selbst geht.

Dafür muss man aus den alten Gleisen springen: Im kleinen Zwischenraum zwischen dem gesellschaftlichen Zwang der sozialen Verpflichtung und der egoistischen Perspektive der Intelligenz entsteht die schöpferische Emotion, um das Spiel des Reiz-Reaktions-Kreislaufes zu durchbrechen. Sie hat Anteil an einem kosmischen Gedächtnis, „das in einem Zug alle Ebenen aktualisiert und dem Menschen über die Grenzen seiner natürlichen Verfasstheit und über die Ebene, der er verhaftet ist, hinaushebt, das ihn zum Schöpfer macht, der dem Schöpfungsvorgang gewachsen ist."[193]

Die Verfestigung und Konkretisierung der dynamischen Moral/Religion in der statischen.

„Zwischen der ersten und der zweiten Ethik liegt also die ganze Kluft zwischen Ruhe und Bewegung. Die erste Ethik wird als unveränderlich angesehen. Wenn sie sich ändert, vergisst sie sofort, dass sie sich geändert hat, oder gesteht die Veränderung nicht ein. Die Form, die sie in irgendeinem beliebigen Augenblick aufweist, erhebt den Anspruch, die endgültige Form zu sein. Die andere dagegen ist ein Antrieb, eine Forderung nach Bewegung; sie ist Beweglichkeit im Prinzip."[194] In dieser Passage spricht Bergson auch gleich eine Problematik und einen Straßengraben an, die wir in der ganzen Kirchengeschichte immer wieder entdecken können. Nehmen wir einen begeisterten Ordensgründer. Sie oder er ist erfüllt vom Elan vital und begeistert andere für die Erfahrung des Elan vital. Denken wir an Ignatius von Loyola und seine Exerzitien oder an Teresa von Avila und ihr kontemplatives Gebet. Die Kirche hat diese Bewegungen aufgenommen. Aber die Institution Kirche hat ihren Schwerpunkt in der Moral der sozialen Verpflichtung, in der statischen Moral. Sie integriert und muss die Bewegung letztlich stoppen: „Die erste Ethik wird als unveränderlich angesehen. Wenn sie sich ändert, vergisst sie sofort, dass sie sich geändert hat, oder gesteht die Veränderung nicht ein." Die Moral der Pflicht will und „muss" stabil erscheinen. Ein Straßengraben ist dann: Historisch gewordene Formen müssen als „ewig" und „gottgegeben" gepredigt werden. (So sehen viele Ultra-Konservative das erste Hochgebet als quasi ewig an, obwohl es historisch geworden ist.)

Dieser Prozess ist zwangsläufig. Schon bei der Beschreibung der Evolution in „Schöpferische Entwicklung" betonte Bergson, dass sich der Elan vital aktualisieren und differenzieren muss und dass gleichzeitig dann immer auch eine gewisse Abschließung geschieht. Im konkreten Lebewesen kann nie die virtuelle Vielfalt des ganzen Elan vital aktualisiert werden und die Bewegung kommt gewissermaßen zum Stillstand. Das gleiche auch hier mit den zwei Quellen der Moral und Religion. Ein Gedicht von Franz Werfel drückt das sehr schön aus. Man muss nur für das Wort „Wahrheit" „Elan vital" einsetzen:

Wahrheit und Wort

Die Wahrheit ist ein Strahl aus Überwelten,
Der plötzlich einbricht in die Selbstversenkung.
Wir schaudern vor der himmlischen Beschenkung,
Wenn sie uns trifft, unangesagt und selten.

Im Geiste ringt, dem unbewußt erhellten,
Der reine Strahl nach wörtlicher Erdenkung.
Doch leiden muß er Beugung, Brechung, Schwenkung,
Wie jedes Licht, entsandt von Sternenzelten.

Die Sprache gleicht der Erden-Atmosphäre,
Kein Wesen lebte hier, wenn sie nicht wäre;
So kann der Geist auch nie dem Wort entrinnen.

Ihn trifft der Strahl. Der Sternenhimmel schickt ihn.
Der Dunst der Sprache aber bricht und knickt ihn
Und was er kündet, läßt sich kaum gewinnen.

Vermischung der beiden Tendenzen, Problematiken und Straßengräben
Genauso wie bei den anderen Wesensunterscheidungen vermischen sich auch die beiden Tendenzen der Moral im „alltäglichen" Leben und im Lauf der Geschichte. Die „übliche" Moral speist sich aus beiden Quellen: zur guten Hälfte die Pflichten, der Druck der Gesellschaft auf das Individuum und der andere Teil der Anreiz, der Aufschwung einer ursprünglichen Emotion, eventuell vermittelt durch ein Vorbild. Das erklärt auch, warum die Heiligenverehrung in der katholischen Kirche so wichtig und wertvoll ist. Das Gedenken lädt mich dazu ein, mich etwas von seinem Elan inspirieren zu lassen.

Diese ursprüngliche Emotion ist uns oft nur verdeckt, als eine Art Asche vorhanden. Wenn wir immer nur Asche verwalten, sind wir in einem Straßengraben gelandet. Die Problematik besteht also darin, das Feuer wieder zu entfachen. Beide Quellen können zusammen ein unentwirrbares Mixtum ergeben: „Gerade weil wir es mit der Asche einer erloschenen Emotion zu tun haben, und weil die vorwärtstreibende Macht diese Emotionen aus dem Feuer kam, dass sie in sich trug, gerade deshalb würden die Formen, die davon übrig geblieben sind, im Allgemeinen außer Stande sein, unseren Willen zu erschüttern, wenn nicht die älteren Formen, die die Grundforderungen des sozialen Lebens ausdrücke, ihnen durch eine Art Ansteckung etwas von ihrem zwingenden Charakter mitteilten. Diese beiden aufeinandergepfropften Arten von Ethik scheinen jetzt nur eine einzige zu bilden, in dem die erste der zweiten etwas von dem verleiht, was sie Zwingendes an sich hat, und dafür von dieser einen weniger eng gesellschaftlichen, im weiteren Maße menschlichen Sinne erhalten hat."[195]

Doch aus der Asche kann wieder ein Funk hervorspringen und ein neues Feuer entzünden. Die Heiligen des Christentums haben z.B. die Sache Jesu immer wieder neu in „Flammen" gesetzt. Aber man sieht an der Entwicklung der Kirche und der einzelnen Orden, wie schwer es ist, das Feuer des Elans lebendig zu halten.

Karl Rahner hat diese Problematik klar erkannt. So lässt er Ignatius von Loyola in einer fiktiven Rede an einen Jesuiten von heute sagen: „Ich weiß das Problem, das da im Grunde liegt: wie kann eine charismatische Gemeinschaft radikaler Jesusnachfolge auch ein kirchlich institutionalisierter Orden sein? […] Die Rechnung wird nie aufgehen. Aber versucht es immer neu. Eines von den zweien allein ist zu wenig. Erst beides zusammen kreuzigt genug."[196] Kürzer kann man die Problematik der beiden Quellen der Moral und der Religion nicht zusammenfassen.

Deswegen ist Bergsons „Die beiden Quellen der Moral und der Religion" ein wichtiger Philosoph für die Ekklesiologie. In der ersten Rezeption im katholischen Raum wurde Bergson für seine Ansichten auch kritisiert, obwohl er – als Jude – so wunderbar wertschätzend über die christlichen Mystiker und Heiligen schreibt. Die damaligen Kritiker vermissen bei Bergson, dass die Heiligen ja nur durch die Kirche heilig geworden sind. "Es ist viel sagen, wie unzulänglich in dieser Hinsicht die herrlichen Stellen sind, die Bergson einmal in seinem Buch "Die beiden Quellen der Moral und der Religion" der christlichen Heiligkeit widmete. Er zeichnet den christlichen Heiligen als Nachahmer Jesu Christi; nicht als äußerlichen Nachahmer, sondern als solchen, der jene sittliche Kraft und jene übermenschliche Hingabefähigkeit in sich trägt, die Jesus zu einem einmaligen religiösen

Genie machten. Aber wie hatte er übersehen können, dass der Heilige nicht isoliert ist, dass er eben durch jene Liebe, die von ihm Besitz ergriffen hat, in eine Gemeinschaft eingefügt ist, in die Gemeinschaft der Kirche? Selbst vom Standpunkt der bloßen Beschreibung aus, wie ihn "Die beiden Quellen" einnehmen, kann einem das innige Band zwischen den Christen und seiner Kirche nicht entgehen. In den weiteren Überlegungen sucht Bergson nach einer Erklärung für die offensichtliche Übereinstimmung des Lebens der Heilige mit dem Christie: ist es Nachahmung, Übertragung von Energie? Wenn er das Leben der Heiligen aufmerksamer durchforscht hätte, würden sie ihm zur Antwort gegeben haben: es ist die Kirche, die die Menschen mit Christus in Kontakt setzen. Jesus Christus ist nur zu finden in der Gemeinschaft, in der er geistlich fortlebt; man kommt zu ihm nur durch die Institutionen, die er gegründet hat."[197]

In einem ganz basalen, banalen Sinn stimmt das natürlich: Den christlichen Glauben, die Evangelien, die Lehren der Kirche und die Sakramente usw. – all das haben die Heiligen im Heranwachsen kennengelernt und es hat sie geprägt. Aber den Sprung von der Statik zur Dynamik, das zeigen die Lebensbeschreibungen aller großen Heiligen wie Franziskus von Assisi, Ignatius von Loyola, Teresa von Avila, Gertrud von Helfta usw., haben die Heiligen durch die direkte Inspiration des Heiligen Geistes vollziehen können – oft in Widerstand zu den kirchlichen Gegebenheiten vor Ort. Ignatius zog sich in Manresa zurück. Johannes von Kreuz wurde von seinen Mitbrüdern sogar ins Gefängnis geworfen. Es ist dann eher umgekehrt, wie eine Legende verdeutlicht: Der Papst sieht im Traum, wie die einfallende Kirche allein durch einen kleinen, bettelarmen Mann gerettet wird. Kurz später bittet Franziskus beim Papst um die Erlaubnis, einen neuen Orden zu gründen. Die Heiligen beleben die Kirche neu. Ohne sie würde die Kirche immer mehr Asche verwalten.

Die sich abschließende Kirche?

Papst Johannes XXIII öffnete das Fenster, um zu begründen, warum es ein Konzil brauche. Er wusste, dass die dahinglimmende Glut mit viel Asche wieder neu entflammt werden müsse. Auch ein Lied aus dem Bereich „Neues geistliches Lied" transportiert die Einsicht von Bergson:

Wenn der Geist sich regt, der Leben schafft,
unverständlich noch, doch voller Kraft,
überwindet mutig die Distanz,
stehet auf und reicht die Hand zum Tanz.
Refrain: *Füllt den neuen Wein nicht in die alten Schläuche!*
Zwängt die junge Kirche nicht in alte Bräuche!
Öffnet Herz und Ohren weit dem neuen Klang!

Schöpfet Mut für euren Glauben! Seid nicht bang.

Einige konservative Pfarrer lehnen das Lied ab, weil es angeblich zu wenig die alten ehrwürdigen Traditionen wertschätze. Aber wie soll Lebendigkeit neu entfacht werden, wenn alte Formen stur aufrecht erhalten werden?

In einer Podiumsdiskussion auf einem Glaubenstag stellte man mir die Frage: Wenn Sie ein Jahr Papst wären, was würden Sie anpacken?

Ich hatte fünf Projektideen:

Die Entwicklung eines neuen Messbuches mit besseren Gebeten anstoßen.

Die Entwicklung eines neuen Katechismus mit durchgängig Theologie aus dem II. Vatikanum.

Ökumenische Gottesdienste mit Eucharistiefeier bzw. Abendmahl zu erlauben, so dass nun endlich alle konfessionsverschiedene Paare wissen, dass sie überall gemeinsam zur Kommunion/Abendmahl gehen können/dürfen.

Das Diakonat auch für Frauen genehmigen, schon mit dem Ziel, irgendwann auch das Priesteramt für Frauen zu ermöglichen. Jedenfalls in den Bistümern, in denen das auch der Bischof durchführen will.

Die Ausarbeitung einer trauma-existentialen Theologie in einer Enzyklika entwerfen und Heilungskliniken für traumatisierte Menschen initiieren.

Kurze Zeit später in der Podiumsdiskussion wurde ein Bischof gefragt, was er – wäre er Papst – von meinen Ideen umsetzen würde. Er sagte leider: Keine dieser Ideen, außer vielleicht die letzte Idee mit den Heilungskliniken. Denn man dürfe nichts übers Knie brechen. Es sind ja schwierige theologische Fragen usw. Er ist ein eher konservativer und vorsichtiger Bischof

Ich dachte mir: Schon wieder eine Chance vertan. Und ich fragte mich: Hat er sich noch bei keinem Gebet im Messbuch gedacht, dass man das heute nicht mehr gut vorbeten kann?

Diese enttäuschende Episode fiel mir ein, als ich diese Passage las: „Misslingende Steuerung zeigt sich in Systemen, etwa Unternehmen oder Nationen, die sich erstaunlich häufig zugrunde richten, obwohl dies nicht im Interesse ihrer Mitglieder liegt, obwohl Warnsignale in der Umwelt in Hülle und Fülle vorliegen, obwohl andere Organisationen in ähnlichen Situationen anders handeln, obwohl einzelne Personen oder Gruppen innerhalb der Gesellschaft das Verhängnis kommen sehen und dagegen angehen."[198]

Der synodale Weg stößt leider auf zu viel Skepsis in Rom…

Es besteht die Gefahr, dass sich die Kirche zu sehr abschließt…

Die Mittelposition der Philosophie

In der Kirchengeschichte ging es somit immer wieder hin und her zwischen Aufbrechen und Konkretisierung und Verkrustung. In diesem Mixtum kann sich auch eine Mittelposition herauskristallisieren. Das ist für Bergson die

Position vieler Philosophen. Da diese Position in der Mitte verharrt, ist es ihr nach Bergson nicht möglich, den Sprung in die Bewegung zu schaffen und damit aktiv eine schöpferische Emotion ausdrücken zu können. Anstatt zum Handeln zu kommen, verbleibt sie in der reinen Kontemplation. „Zwischen der geschlossenen und der offenen Seele liegt die Seele, die sich öffnet. [...] Kurz, zwischen dem Statischen und dem Dynamischen kann man in der Ethik einen Übergang beobachten. [...] Wir haben gesehen, dass in der Ethik das rein Statische etwas Unter-Intellektuelles ist, das rein Dynamische etwas Über-Intellektuelles. Das eine war von der Natur gewollt, das andere ist eine Errungenschaft des menschlichen Geistes. [...] Zwischen beiden steht die Intelligenz selbst. [...] Von welcher Seite man sie [diese Mittelposition] auch betrachtet, ihre Haltung wird immer grade und stolz sein, wirklich der Bewunderung wert und nur einer Elite vorbehalten. In ihr werden sich Philosophen zusammenfinden können, die von den verschiedensten Prinzipien herkommen. [...] Wer zwischen den beiden [Tendenzen der Moral] innehält, steht notwendigerweise in der Region der reinen Kontemplation, und übt natürlich, da er sich nicht mehr an dem einen hält und nicht bis zum andern gelangt ist, jedenfalls innerhalb Tugend der Losgelöstheit.“[199] Dieses Zitat erhellt auch, warum Deleuze immer wieder eine Skepsis gegenüber der „Kontemplation" bei Philosophen äußert. Wenn die Philosophie eine solche Mittelposition einnimmt, ist sie für Deleuze zu schwach. Sie hat keine verändernde Kraft. D. h., wenn Deleuze „Kontemplation" kritisiert, meint er nicht das kontemplative Gebet oder die Kontemplation der Mystiker.

Bergson meint, dass man, wenn man eine Trennungslinie zwischen beiden Arten der Moral allgemein verkünden würde, Gefahr laufen würde, diese Pflicht gegen alle Menschen zu entkräften; doch dass der Moralphilosoph in seiner Reflexion dies unbedingt tun müsse. Es gehört zum vielleicht notwendigen Schein der geschlossenen Gesellschaften, dass sie ihre Pflichten als allgemeine Pflichten gegenüber der Menschheit darstellen. „Aber um zu wissen, was sie [Gesellschaft] denkt und was sie will, muss man nicht zu sehr auf das hören, was sie sagt, sondern sehen, was sie tut. Sie sagt, die von ihr definierten Pflichten seien im Prinzip durchaus Pflichten gegen die ganze Menschheit, aber unter exzeptionellen, leider unvermeidbaren, Umständen [Krisenzeiten zum Beispiel] müsse ihre Befolgung ausgesetzt werden.“[200] Z. B. sieht man an der widersprüchlichen Flüchtlingspolitik von Deutschland und Europa, dass ihr ein Mixtum vom Ideal der Gleichberechtigung aller Menschen und ihrer Nationalinteressen zugrunde liegt. Und dann gibt es immer noch das Übel der begrenzten Vermögen...

Sünde bei den beiden Quellen der Moral und der Religion

Von Bergson können wir viel für unsere Fragestellung, wie wir den traditionellen Sündenbegriff hin zu einer immanenten Ethik überwinden können, lernen.

Die statische Moral kennt die Sünde im üblichen, alten Verständnis und definiert sie klassisch als Regelverstoß, wobei Ausstoß oder Ächtung in der geschlossenen Gesellschaft droht. Die statische Moral ist aber ambivalent. Einerseits braucht es Aktualisierung, andererseits verschließt sich die Aktualisierung teilweise vor dem Elan vital. Diese Ambivalenz finden wir nach Bergson nicht nur bei der statischen Moral. Es ist eine sehr grundsätzliche Ambivalenz, die Bergson auf vielen Ebenen analysiert hat. (Diese Analyse hat Deleuze mit Guattari in „Tausend Plateaus" fortgesetzt.) So aktualisiert sich der Elan vital zwar einerseits in konkreten Pflanzen und Tieren, aber andererseits bremst die Aktualisierung auch irgendwie den Schwung des Elan vital und verschließt sich mehr oder weniger seiner Dynamik.

Von der dynamischen Moral aus betrachtet kann das Statische Sünde sein, weil es Dynamik verhindert. Das betont Bergson schon in „Schöpferische Entwicklung". D. h. Aktualisierung und statische Moral ist „notwendige Sünde", und die Disruptionen, wenn die dynamische Moral das Statische aufbricht, ist auch eine „notwendige Sünde" bzw. ein notwendiger Schmerzensprozess. *Sünde in statischer Moral ist Gesetzesübertritt, Gesetzesverletzung, Sünde in dynamischer Moral ist Verkümmerung der Dynamik, Abschluss der Offenheit. So zeigt sich die Ambivalenz und die innenwohnende Tragik.*

Einerseits ein wenig Statik braucht es, aber zu viel erlöscht die Flamme der Dynamik. Andererseits braucht es Dynamik, Musterunterbrechungen, aber zu viel Disruption kann zerstörerisch wirken und Menschen zu heftig verunsichern und aus der Bahn werfen. In spirituellen Kreisen gibt es immer wieder das Phänomen, dass Menschen durch heftige Erfahrungen Halt verlieren.[201] Dann kann es wiederum die Gefahr geben, dass sie verkrampft neuen Halt suchen und in andere Verkrustungen hineinschlittern. Deleuze & Guattari haben all das in „Tausend Plateaus" in verschiedener Weise thematisiert und untersucht. Man kann die ganze Gesellschaftsphilosophie von Deleuze und Guattari besonders in „Tausend Plateaus" wohl nur verstehen, wenn man sie als eine Weiterentwicklung von Bergsons Gesellschaftsphilosophie versteht.

Die Öffnung zur ganzen Menschheit und zur ganzen Welt

Wir sind an einem Punkt in der Entwicklung der Menschheit angelangt, an dem wir es irgendwie schaffen müssen, dass wir unser Denken und Handeln stärker zur ganzen Menschheit und zur ganzen Welt hin öffnen müssen. Bergson analysierte, dass wir Menschen in der ersten Tendenz uns gerne zu einer Gruppe zugehörig fühlen und eine Gruppenidentität bilden, die uns mehr oder weniger auch von anderen abgrenzt. Das kann von harmlosen Abgrenzungen (wie z. B. Düsseldorf gegen Köln oder Nürnberg gegen Fürth) bis hin zu Ausgrenzung und Hass gehen.

Menschen brauchen Heimat und Verwurzelung. Das haben auch Deleuze und Guattari in „Tausend Plateaus" im Ritornell-Kapitel ganz allgemein analysiert: Wir bekommen Heimat durch Gewohnheiten, durch Traditionen, eben durch Ritornelle. Aber auch diese wollen irgendwann überschritten werden.

Heilige haben nach Bergson die Überschreitung zur Menschheitsliebe geschafft. Die Menschenrechte entstanden somit aus dieser Inspiration durch die Menschheitsliebe vieler Heiliger. Die Philosophie und das Recht können den Elan, den diese Menschen ausstrahlen, nur begrenzt vermitteln.

Angesichts der weltweiten Herausforderungen durch die ökologische Krise, durch Klimawandel und durch Artensterben und daraus folgenden weiteren Krisen wie vermehrte Naturkatastrophen, vermehrte Flüchtlingsströme, Kriege um Ressourcen usw. sind wir gezwungen, irgendwie Strukturen zu schaffen, die die Öffnung zur ganzen Menschheit und zur ganzen Welt befördern. Wir müssen also intensiv umsetzen, was Bergson so beschrieben hat: „Diese beiden aufeinandergepfropften Arten von Ethik scheinen jetzt nur eine einzige zu bilden, in dem die erste der zweiten etwas von dem verleiht, was sie Zwingendes an sich hat, und dafür von dieser einen weniger eng gesellschaftlichen, im weiteren Maße menschlichen Sinne erhalten hat."[202]

Schon Kant hat in „Zum ewigen Frieden" eine Weltregierung für undurchführbar abgelehnt. Aber eine vermehrte Zusammenarbeit der Völker und Nationen müsste langfristig mehr Frieden schaffen. Der Soziologe Helmut Willke u. a. fordert deswegen in „Klimakrise und Gesellschaftstheorie" eine Errichtung einer internationalen Organisation ähnlich wie die Weltbank, der UNO oder der WHO, die sich speziell der Bekämpfung des Klimawandels und des Artensterbens widmet.

Wir werden im Kapitel „IFS und internationale Zusammenarbeit zur Bewältigung weltweiter Krisen" (Band 2) auf dieses Thema noch ausführlicher eingehen. Hier an dieser Stelle will ich nur die große

Herausforderung aus der Sicht von Bergsons Philosophie aufzeigen: Wir müssen verstärkt zusammenarbeiten, uns wie die Heiligen der Menschheitsliebe öffnen, und müssen dies auch mit „Werkzeugen" und „Strategien" tun, die sich nicht von sich aus der Bewegung des Elan vital öffnen. Wir haben also gerade verstärkt auf internationaler Ebene die Herausforderung, die Rahner knapp für einen katholischen Orden beschrieben hat: „Ich weiß das Problem, das da im Grunde liegt: wie kann eine charismatische Gemeinschaft radikaler Jesusnachfolge auch ein kirchlich institutionalisierter Orden sein? [...] Die Rechnung wird nie aufgehen. Aber versucht es immer neu. Eines von den zwei allein ist zu wenig. Erst beides zusammen kreuzigt genug." Deswegen ist die Einbindung der NGOs (Nicht-Regierungs-Organisationen) so wichtig, weil sie etwas von dem Elan einbringen können, den es für die große Herausforderung braucht. Aber es braucht auch „Global Governance". Gerade die Finanzkrise 2008 hat gezeigt, welche katastrophalen Folgen ein Versagen von übergreifender Steuerung haben kann, besonders für die Entwicklungsländer.[203]

Das folgende Kapitel beschäftigt sich mit einer höchst unguten Entwicklung, die gerade auch für die Förderung einer internationalen Zusammenarbeit schädlich ist. Die Identitätsideologie und -politik ist leider das Gegenteil von Öffnung zur Menschheitsliebe…

Bergsons Gesellschaftsphilosophie und andere Philosophen

„Diese beiden aufeinandergepfropften Arten von Ethik scheinen jetzt nur eine einzige zu bilden, in dem die erste der zweiten etwas von dem verleiht, was sie Zwingendes an sich hat, und dafür von dieser einen weniger eng gesellschaftlichen, im weiteren Maße menschlichen Sinne erhalten hat."[204] Vielleicht liegt in diesem Mischmasch, das nur begrenzt und unrein wirken kann, auch eine Begründung, warum Deleuze skeptisch gegenüber der Macht von Menschenrechten ist. Und trotzdem ist diese eine Ethik, bestehend aus beiden aufeinandergepfropften Arten von Ethik, notwendig!

Derrida Die Transzendenz, von der Derrida bei Werten wie Gerechtigkeit und Demokratie usw. spricht, entsteht – wenn wir es aus der Sicht Bergsons betrachten – aus diesem Mischmasch zweier Ethiken, die nun als eine erscheinen. In dieser einen Ethik wird etwas gefordert, Menschenrechte z. B. haben eigentlich etwas Zwingendes. Aber mit einer sozialen Verpflichtung lässt sich die Menschheitsliebe nicht erreichen. Daraus ergibt sich die

Spannung, die Derrida als Transzendenz versteht. Dann wäre die Transzendenz, die Derrida behauptet, nur ein Effekt des Mischmaschs!

Habermas in seinem Spätwerk betonte die religiöse Quelle, aus der die Philosophie und die säkulare Gesellschaft schöpft. Aber diese Quelle ist nicht die Kirche als Institution mit ihrer Tradition, sondern die zweite Quelle, die Moral und Religion der Begeisterung!

Anscombe ist die Mutter der modernen Tugendethik. 1958 forderte sie auf, Sollen und Pflicht über Bord zu werfen. Aus mehreren Gründen plädiert sie dafür, auf jegliche Prinzipienethik zu verzichten, und propagiert eine Tugendethik. Die Orientierung an Prinzipien verhindere die adäquate Wahrnehmung der jeweils besonderen Situation. Deswegen lasse sich das Vernünftige und Tugendhafte besser durch Beispiele erklären. Außerdem kann eine Prinzipienethik nicht wirklich Menschen positiv motivieren.[205] Mit Bergson betrachtet plädiert sie dafür, die zweite Quelle der Moral viel mehr zu betonen als die erste Quelle, die lange Zeit viel zu sehr als die maßgebliche Quelle angesehen wurde.

Bergson und Tugendhat: Die kleine Flamme der Menschheitsliebe

Wir haben schon ausführlicher Tugendhats Aufbau einer nicht-heteronomen Moral dargestellt. Sie beschreibt Bergsons erste Quelle der Moral, die soziale Verpflichtung.

Tugendhat hat – ausgehend von seinem Schwerpunkt in analytischer Philosophie – vielleicht nie Bergsons letztes Werk gelesen. Umso erstaunlicher ist es, dass er in „Anthropologie statt Metaphysik" zu ähnlichen Ansichten gelangt wie Bergson: „Es scheint also zwei Quellen für die Bedeutung der Gleichheit im intersubjektiv Praktischen zu geben, auf der einen Seite diejenige Gleichheit, die sich aus dem Erfordernis wechselseitiger Begründung ergibt und auf der anderen Seite diejenige Gleichheit, in der einem alle erscheinen, wenn man aus mystischen Motiven von der eigenen Egozentrizität zurücktritt. Man wird diese zweite Möglichkeit einer gleichen und universalen Erweiterung des Mitgefühls als eine ethische und nicht mehr als eine moralische bezeichnen wollen, wenn man Moral als ein System wechselseitiger Forderungen versteht."[206]

Tugendhat thematisiert auch die Spannung zwischen geschlossener Gesellschaft und offener Menschheitsliebe, die sich sogar allen Lebewesen hin öffnet. "Sobald sich hingegen die Idee eines verallgemeinerten Mitleids ergibt, gibt es keinen Grund, diese Allgemeinheit einzuschränken. Es erstreckt sich dann auf alle Menschen und sogar auf alle leidensfähigen Wesen. Wir haben gegebenenfalls auch pragmatische Gründe, die gemeinsam-autonome Moral, die sich auf das Eigeninteresse der Mitglieder einer Gemeinschaft aufbaut, möglichst weit zu verstehen. Aber diese Moral ist in ihrem Wesen wechselseitig, sie ist also allemal auf Menschen und auf diejenigen Menschen beschränkt, die selbst moralisch und unmoralisch handeln können. Für das Mitleid hingegen, wenn es einmal als verallgemeinertes verstanden wird, gibt es diese Begrenzung nicht. So ergibt sich innerhalb des moralischen Bewusstseins eine Spannung, die sich nach meiner Meinung nicht auflösen lässt."[207]

Aber mit Tugendhat bekommen wir einen neuen Gedanken, den wir so nicht bei Bergson finden können. Wir können klein, von unten Mitgefühl aufbauen. Wir können im Alltäglichen Empathie und Nachsicht fördern. Bergson betont den Sprung von der geschlossenen Gesellschaft zur offenen Menschheitsliebe. Aber im Kleinen lebt die Flamme der Menschheitsliebe schon in den alltäglichen kleinen Akten des Mitgefühls, des Mitleids, des Altruismus. Dieser Gedanke ist sehr wichtig! Denn er zeigt uns, dass – trotz des Sprungs, den Bergson zurecht betont – auch ein Anwachsen des Reiches Gottes im Kleinen gibt: Das Reich Gottes ist wie ein Senfkorn, es ist das kleinste aller Samenkörner. Wenn also aus Mitgefühl Menschen ihren Nachbarn, die Immigranten, Flüchtlinge sind, helfen und mit ihnen ein freundschaftliches Verhältnis pflegen, dann leben sie Menschheitsliebe im Kleinen, Alltäglichen.

Wir brauchen genau diese kleine Kultur der Menschheitsliebe! Und sie wird ja auch gepflegt in den vielen Vereinen und Aktionen. Z. B. ist es beeindruckend, wie viele Menschen sich ehrenamtlich für die Integration von Flüchtlingen engagieren. Sina Haghiri, der als Psychotherapeut bei dem erfolgreichen Podcast „Die Lösung" dabei war, schrieb für diese kleine Kultur der Menschheitsliebe ein ganzes Buch mit dem Titel: „Mit Nachsicht. Wie Empathie uns selbst und vielleicht sogar die Welt verändern kann".

Mit Deleuze die Identitätspolitik kritisieren

Spinoza untersuchte in seiner Ethik die Menschen allgemein und erkannte Gemeinsamkeiten. Seine Ethik begründet einen „Universalismus. Trotz der Zurückweisung eines genuin moralisch Guten sind allgemeine Aussagen darüber möglich, was uns glücklich und frei machen kann. Grund dafür ist, daß die Ethica auf Naturphilosophie und Anthropologie aufbaut: Menschen leben zwar in verschiedenen Umständen, weswegen sie ganz unterschiedliche Wünsche ausbilden und verschiedene Dinge als gut ansehen. Doch sie unterliegen alle denselben Naturgesetzen. Deshalb ist ihnen im Prinzip dasselbe zu- oder abträglich."[208] Rosenberg konnte durch seine jahrzehntelange Arbeit mit Konfliktgruppen verschiedenster Art zur Einsicht kommen: Alle Menschen haben Bedürfnisse und sogar letztlich immer gleiche Bedürfnisse, nur die Strategien sind unterschiedlich. Deswegen können wir auch einander zuhören und empathisch andere Menschen verstehen.

Diese zwei grundlegenden Einsichten haben die Anhänger der Identitätspolitik aufgekündigt, mit fatalen Folgen auf verschiedensten Ebenen. Wachsam, „woke" wollen wir die Sackgassen dieser Denkrichtungen nun aufdecken und zeigen, wie wertvoll philosophisches Wissen z. B. über Aristoteles, Spinoza, Bergson, Deleuze usw. sein kann, um die Geister zu unterscheiden.

Seid wachsam! Ruft Jesus zur Wokeness auf?

Ein an sich guter Gedanke, ein fruchtbarer Impuls, wandelt sich mit der Zeit, er wird übertrieben, verhärtet sich, wird mit neuen Kräften verkoppelt und siehe da: Seine Wirkung ist mittlerweile nicht mehr gut und fruchtbar. Dies passiert immer wieder. Nichts ist vor dieser Gefahr des Umkippens oder schleichenden Abgleitens gefeit.

Genau das ist mit dem Aufruf, woke zu sein, passiert. Schon Jesus ruft uns allen zu: Seid wachsam! Nur dann kann ich den Augenblick erfassen, wenn das Reich Gotts in meinem Leben wachsen will. Nur dann kann ich den Verwundeten sehen und Mitleid haben. Nur dann kann ich geschickt auf Fangfragen der Pharisäer antworten. Nur dann kann ich Ungerechtigkeiten erkennen und mich auf die Seiten der Unterdrückten, den Armen, der Leidenden stellen.

Dazu gehört für Jesus aber auch, dass man sich immer wieder selbstkritisch hinterfragt: Urteile ich über andere zu schnell? Sehe ich zwar den Splitter im

Auge des anderen, aber den Balken im eigenen Auge sehe ich nicht? Ich muss also auch mir selbst gegenüber wachsam sein!

Jens Balzer hat in seinem Essay „After woke" genau diesen gesunden Aspekt des woke-Impulses herausgearbeitet. Er hat dabei nicht auf Jesus Bezug genommen. Aber inhaltlich sagt er dasselbe, was ich anhand Jesu Botschaft als wesentliche Aspekte der Tugend Wachsamkeit herausgearbeitet habe. Er nennt folgende Punkte: für eine weniger ungerechte Welt kämpfen, für eine sichere Welt, in der Menschen selbstbestimmt leben können, dass Menschen, die in der Öffentlichkeit zu wenig gehört wurden, eine Stimme erhalten, Solidarität mit Marginalisierten, mit Unterdrückten.

Nach dem 7. Oktober 2023 zeigte sich aber erschreckend, dass viele woke Linke gegenüber den Juden nicht zu einer wachen, mitfühlenden Haltung fähig waren, weil sie die Welt durch ein höchst unterkomplexes Schwarz-Weiß-Schema deuteten: Es gibt Unterdrücker – das sind die Bösen. Und es gibt Unterdrückte – das sind die Guten. Es stimmt ja, dass Unterdrückung verwerflich ist. Aber sie haben mit ihrem vereinfachten Schwarz-Weiß-Denken nun zu grob zugeteilt: Die Unterdrücker sind die Weißen, die Europäer, die ehemaligen Kolonialherren. Die Unterdrückten sind z. B. die Frauen, die Schwarzen, die Araber, die Latinos usw. In dieser zu einfachen Sichtweise sind die Juden die bösen Unterdrücker, weil sie die „einheimischen" Palästinenser vertrieben haben und unterdrücken. Somit ist in ihrem Denken die Hamas eine Befreiungsorganisation der unterdrückten Palästinenser, und damit gut.

Nach dem 7. Oktober zeigte sich: Wer zu einfach in Schwarz-Weiß-Schemata denkt und nicht differenziert, versündigt sich an den Opfern auf beiden Seiten, weil seine verzerrende Deutung Mitleid verhindert. Die Hamas ist eine Terrororganisation, die ihr eigenes Volk für ihren Rachefeldzug missbraucht und unendliches Leid bei den Palästinensern bewusst in Kauf nimmt! Natürlich hat Netanjahus Politik die aggressiven Siedler unterstützt. Aber Netanjahu und die Siedler sind nicht ganz Israel und sind nicht mit allen Juden gleichzusetzen.

So kommt Balzer zu dem Fazit: „Man muss „die Wokeness gegen die Wokeness" denken"[209]. An der guten Idee der Wokeness ist festzuhalten. Es ist letztlich die Tugend der Wachsamkeit, die Jesus gepredigt und vorgelebt hat. Die Auswucherungen und Irrwege der woken Linken muss man aufgrund dieser Idee kritisieren. Dass sich diese woke Linke in heftigste Widersprüche verstrickt hat, zeigte ihre Reaktionen nach dem 7. Oktober 2023.

Nun ist selbstkritische Reflexion angesagt: „Wir müssen sie [Identitätspolitik, Wokeness] so zu reformulieren versuchen, dass sie wieder eine kritische Sensibilität entwickelt gegen alle Arten der Essenzialisierung und

Metaphysik – ohne die Sehnsucht nach Herkunft und Heimat schlichtweg als reaktionär zu diskreditieren."[210] Was meint Balzer mit Essenzialisierung? Einer Gattung bzw. einer Art wird ein klares Wesen, eine Essenz zugeschrieben. Z. B. weil die islamischen Völker von den Europäern unterdrückt wurden, gehören sie zu den Guten, den Unterdrückten. Die Art „islamische Völker" hat die Essenz „unterdrückt, die Guten". Deswegen darf man den Islam nicht kritisieren, das sei „antimuslimischer Rassismus". Dann übersieht man als woke Linke, dass der politische Islam des Iran und der Saudis selbst extrem unterdrückend ist und der Islamofaschismus genauso Feminismus und Rechte für LGTBQ ablehnt wie die weißen patriarchalen Rechten Höcke, Meloni, Le Pen oder Putin.[211]

Wir dürfen nicht denselben Fehler machen, den Postkolonialisten mit Kant begangen haben: Die wenigen rassistischen Zeilen in Kants Werk haben sie als Begründung herangezogen, dass Kants Konzept des moralischen Universalismus und der Menschenrechte als Ganzes rassistisch sei. Nein umgekehrt, Kant wurde in den wenigen rassistischen Zeilen seiner eigenen Philosophie nicht gerecht – aber deswegen ist diese Philosophie nicht falsch. Deswegen gilt: Wir müssen weiterhin die Tugend der Wachsamkeit pflegen, also woke werden, oder mit den Worten Erykah Badus: „Wachsam bleiben bedeutet einfach, auf alles zu achten, sich nicht auf das eigene Verständnis oder das eines anderen zu verlassen, zu beobachten, sich weiterzuentwickeln und alles hinter sich zu lassen, was sich nicht mehr weiterentwickelt."[212]

Jenseits der Gattungsidentität

Wenn wir über Identitätspolitik, Wokeness, Postkolonialismus und deren problematische Auswüchse differenziert reden wollen, ist die Philosophie von Deleuze äußerst erhellend und hilfreich. (Natürlich werde ich hier nur die Aspekte seiner Philosophie herausgreifen, die unmittelbar für unser Thema von Bedeutung sind.) Deleuze hat besonders mit Spinoza das Gattungsdenken des Aristoteles kritisiert. Diese Kritik ist der erste Baustein für eine fundierte kritische Analyse der Identitätspolitik.

Wir können nach Aristoteles das Sein insgesamt in Gattungen und Arten einteilen. Die Gattung aller Lebewesen kann man in Arten durch spezifische wesentliche Unterschiede differenzieren. Menschen sind Lebewesen mit Vernunft. Tiere und Pflanzen sind Lebewesen ohne Vernunft. Sie trennt der spezifische Unterschied „mit oder ohne Vernunft". Tiere sind bewegungsfähig, Pflanzen dagegen sind nicht bewegungsfähig. Allem Seienden kommt dagegen Sein zu, aber nur im analogen Sinne. Durch dieses Schema erhofft man sich, alles Seiende schön im Denken zu ordnen. Wir haben also hier eine Einteilung mit einem „Schwarz-Weiß-Schema", denn die spezifischen Unterschiede enthalten immer einen Gegensatz, eine Negation: mit oder ohne Verstand usw. Diese Einteilung ist einfach, aber meistens ungenau und verzerrend.

Bei jedem Ding können wir nach Aristoteles die Substanz und seine unwesentlichen Eigenschaften, die Akzidentien, unterscheiden. Dass Peter ein Lebewesen mit Vernunft ist, gehört zu seinem Wesen. Dass Peter lange Haare hat, dass er einen Unfall letzte Woche gehabt hatte, sind dagegen unwesentliche Eigenschaften. Die Akzidentien sind wandelbar, können durch Ereignisse von außen bewirkt werden. Diese betreffen nicht das Wesen des Dings, also die Substanz. Kann man also klar zwischen Substanz mit ihren wesentlichen Eigenschaften und die unwesentlichen Eigenschaften trennen? Und sind Dinge mit ihren wesentlichen Eigenschaften wirklich so eigenständig, autonom, unabhängig von anderen Dingen, Ereignissen, Beziehungen, Wandlungen? Das nehmen unterkomplex denkende Postkolonialisten an, wenn sie einfach z. B. die arabischen Völker als unterdrückte Art und damit als wesenhaft gut ansehen.

Deleuze setzt dagegen z. B. Spinozas Sichtweise. (Wir könnten mit Deleuze auch auf Leibniz oder Whitehead oder Nietzsche zurückgreifen. Deleuze hat mit ganz vielen Mitteln dieses Aristoteles-Denken bekämpft.) In einer Vorlesung führt Deleuze dies folgendermaßen aus:

„Es gibt zwei Definitionen des Körpers. Die kinetische Definition wäre: Jeder Körper definiert sich durch ein Verhältnis von Bewegung und Ruhe. [z. B. in meinem Körper fließt Blut und meine Knochen sind stabil.] Die dynamische Definition lautet: Jeder Körper definiert sich durch eine gewisse Macht affiziert zu werden."[213]

Einige Beispiele machen diese Denkweise verständlicher und zeigen, welchen Wert sie für unser Thema haben:

Nehmen wir das Beispiel von Deleuze: Luftteilchen stoßen an meine Haut an. Lichtteilchen, also Sonnenstrahlen, erwärmen meine Haut. Ich kann die Wirkung spüren. Ein kalter Wind affiziert mich so, dass ich friere. Das Verb afficere kann übersetzt werden mit: „den Geist in eine Stimmung versetzen" aber auch „den Körper schwächen". Die kalten Windteilchen schwächen meinen Körper. Die erwärmenden Lichtteilchen stärken meinen Körper. Auch das gehört nach Spinoza zum Affiziertwerden. Es gilt „je nachdem" (wie Ignatius von Loyola immer wieder betont): Zuviel Lichtteilchen können einen Sonnenbrand bewirken. Das Substantiv affectus kann bedeuten: Zustand, Gemütsverfassung, Gefühl, Leidenschaft. Ich spüre durch den Wind eine Affektion, einen Zustand, eine Gemütsverfassung: Ich friere und bin geschwächt und spüre als Gefühl Frust, vielleicht Traurigkeit oder Angst usw.

Kommen wir zu einem Lieblingsbeispiel von Deleuze: Die Zecke! Sie hat das Vermögen von drei Arten von Affiziertseinkönnen:

1. Die Zecke wird durch Licht affiziert und reagiert darauf: Es klettert auf einen Zweig, um mehr Licht abzubekommen.
2. Die Zecke wird durch Geruch eines Säugetiers affiziert und lässt sich fallen.
3. Die Zecke wird durch Wärme affiziert und sucht eine warme Stelle auf, um zubeißen zu können.

Die Welt der Zecke kennt nur diese drei Affekte. Sie kann nur Licht, Geruch und Wärme wahrnehmen und darauf reagieren. Von schöner Musik wird sie nicht affiziert.

Nehmen wir das nächste Lieblingsbeispiel von Deleuze: Der kleine Hans, den Freud untersuchte und therapierte, erstellte eine Affektenliste eines Zugpferdes: „tüchtig sein, Scheuklappen tragen, schnell laufen, schwere Last ziehen, zusammenbrechen, gepeitscht werden, mit den Beinen Krawallmachen usw."[214] Freud hat natürlich nicht erkannt, dass sein kleiner Klient hier spinozistisch denkt. Deleuze kann aber an diesem Beispiel eine wichtige Überschreitung des aristotelischen Denkrahmens aufzeigen: *Von den Affekten her betrachtet bestehen zwischen einem Arbeitspferd bzw. Zugpferd und einem Rennpferd größere Unterschiede als zwischen einem Arbeitspferd und einem Ochsen. Diese spinozistische Beschreibung übersteigt die Gattung/Arten-Denkweise von Aristoteles.* Nach Aristoteles gehören Zugpferd und Rennpferd zur selben Art und Ochs und Pferd zu verschiedenen Arten. Dieses Schubladendenken kann Deleuze mit Spinozas Philosophie überschreiten. Aus der sesshaften Aufteilung des Seins, dem Schrebergartendenken von Aristoteles wird die offene, dynamische, nomadische Betrachtung des Seins von Spinoza. In der Univozität des Seins gibt es nicht mehr diese Gräben zwischen verschiedenen Gattungen und Arten.

Dieses Denken hat erhellende Auswirkungen. Hier nur ein Beispiel:

IdentitätsdenkerInnen und IdentitätspolitikerInnen haben sich darüber entrüsten, dass der niederländischer Verlag Meulenhoff zuerst keine Afroamerikanerin beauftragte, das berühmte Gedicht der Afroamerikanerin Amanda Gorman ins Niederländische zu übersetzen, sondern die 29-jährige Autorin Marieke Lucas Rijneveld, obwohl die Autorin Gorman die Wahl der Übersetzerin erfreute. Die Aktivistin Janice Deul kritisierte: „Rijneveld mit der Übersetzung zu betrauen sei aufgrund von deren Hautfarbe und sexueller Orientierung eine „vertane Chance": „Sie ist weiß, nicht-binär, ohne Erfahrung in diesem Feld." Also erteilte Deul die Ermahnung, stattdessen

eine junge weibliche Stimme zu suchen, die wie Gorman eine „Künstlerin des gesprochenen Wortes" und „ganz selbstverständlich schwarz" sei."[215]
Hier dominiert die aristotelische Aufteilung in Gattungen und Arten und führt zu einem verzerrenden Urteil. So ergibt sich der Identitätspolitik-Grundsatz: Nur eine schwarze Frau hat das Vermögen, ein Gedicht einer anderen schwarzen Frau zu übersetzen, also sich in die Affekten-Welt der anderen schwarzen Frau hineinzubegeben. Diese fatale Verzerrung können wir mit Deleuzes Philosophie entlarven und überwinden. Eine gute Übersetzerin muss natürlich in die Affektionswelt der Autorin eintreten. Aber das ist Aufgabe bei jeder schriftstellerischen Arbeit. Und die Autorin Gorman erkannte – jenseits der Gattungsgrenzen –, dass Rijneveld das Vermögen hat, sich in ihre Affekten-Welt hineinzubegeben. Ein Ackergaul und ein Ochse stehen sich in Geschwindigkeit und Affekt näher, als ein Ackergaul und ein Rennpferd, obwohl dies nicht mit den Gattungs- und Artgrenzen übereinstimmt. Das Gleiche auch hier: Rijneveld und Gorman sind sich vielleicht in Vermögen, Schnelligkeit und Affekten näher als irgendeine schwarze Frau, die Übersetzerin ist und dann für die Übersetzung vom Verlag beauftragt wurde. Ich kann also Gemeinbegriffe bilden, also Gemeinsamkeiten in Affiziertwerden und Geschwindigkeit finden, die quer zu allen möglichen Gattungs- und Art-grenzen verlaufen.

Wenn wir nun den Grundfehler der Identitätspolitik philosophisch in einem Satz erfassen wollen, kann man sagen: In den Anfängen des Postkolonialismus, bei Glissant usw. war ein spinozistisch-deleuzescher Denkrahmen maßgeblich (wie ich noch zeigen werde). Dann aber wechselten sie zum alten aristotelischen Denkrahmen und betonten übertrieben die Grenzen zwischen den Gattungen und Arten.

Wokeness gegen Wokeness denken heißt also hier: Mit Spinoza-Deleuze das übertriebene Aristoteles-Gattungs-Denken kritisieren und überwinden, um die eigentlich positiven Impulse wieder frei legen zu können.

Wie schaut das nun im Einzelnen aus? Dafür müssen wir uns noch mit einem zweiten Baustein aus Deleuzes Philosophie beschäftigen.

Glissants rhizomatisches Denken

Wenn Gattungsgrenzen in die Irre führen, wenn für Verbindungen und Gemeinsamkeiten eher Affizierungen und Geschwindigkeiten entscheidend sind, dann können sich positive Inspirationen über alle Grenzen hinweg ereignen. Deleuze und Guattari haben in „Tausend Plateaus" dafür ein anschauliches Bild angeboten: das Rhizom. Rhizome sind Pflanzen (wie der Bambus, der Giersch usw.), die unterirdisch verzweigt weiterwachsen, sich mit anderen Trieben unterirdisch verkoppeln und an anderer Stelle wieder aus der Erde wachsen. Es ergibt sich also unterirdisch ein Wurzel-Netz, so dass man gar nicht sagen kann, was die erste Pflanze ist. Bei einem Baum habe ich einen Stamm, aus dem alle Äste erwachsen. Hier ist der Ursprung klar. Man kann klar sagen, diese Wurzeln gehören zum Baum A und jene zum Baum B. Das kann man bei Rhizomen nicht sagen, sie sind zu chaotisch vernetzt.

Das Bild „Baum" passt gut zu Aristoteles, der alle Dinge genau in Gattungen und Arten einteilt. Das Bild „Rhizom" passt zu Spinozas Denken. Alles kann sich prinzipiell mit jedem verknüpfen, affizieren usw.

Dieses Denken von Deleuze und Guattari griffen die frühen Postkolonialisten auf. „Wie postkoloniales Denken sich in den Achtziger- und Neunzigerjahren zur akademischen Disziplin formierte, war es ursprünglich nicht ein Formulieren von Ausschlüssen und Gegnerschaften, sondern gerade ein Denken der Vielheit, der Dekonstruktion, der Überwindung von zugeschriebenen, verfestigten Identitäten. Seine Leitbilder waren die Diaspora und das Nomadentum. Postkoloniale Theorie beschrieb die Verstreuung von Kulturen über die Welt, die sich aus der Gewaltgeschichte des Kolonialismus ergeben hatte, und auch die Machtverhältnisse, in denen die koloniale Herrschaft bis in die Gegenwart weiterlebte. Aber sie feierte zugleich all die neuen Formen der Verbindung und der Vermischung, zu denen diese Verstreuung führte. Der postkoloniale Denker Édouard Glissant aus Martinique entwarf in den Achtzigerjahren eine Poetik der Vielheit, deren Motto lautete: "Alles ist kreolisch", das heißt: Alles, was in einer postkolonialen, globalisierten Welt existiert, ist immer schon "unrein", weil es sich aus der unaufhörlichen Aneignung des Anderen ergibt, oder anders gesagt: weil im globalen Spiel der Zeichen und kulturellen Inspirationen ohnehin nicht mehr zu erkennen ist, worin der Unterschied zwischen dem "Eigenen" und dem "Anderen" überhaupt liegt und warum man eigentlich versuchen sollte, einen solchen Unterschied zu identifizieren."[216]

Nun ereignete sich aber bei der Übersetzung ins Englische folgendes: Glissant benutzte den Begriff „Rhizom", um seine These „Alles ist kreolisch" zu untermauern. Natürlich zitierte er Deleuze und Guattari und ihr Werk „Tausend Plateaus". Dem Übersetzer ins Englische war dieser Bezug auf zwei weiße, europäische Philosophen nicht geheuer. Er dachte leider schon wieder aristotelisch mit einem Schuss Schwarz-Weiß-Malerei: Ein Denker aus Martinique, ein echter postkolonialer Denker darf sich doch nicht von zwei weißen Europäern, also Nachfahren der Kolonialherren inspirieren lassen. Und so strich er in der Fußnote den Verweis auf Deleuze und Guattari.[217]

Majorität und Minorität

Ein weiterer Baustein aus Deleuzes Philosophie kann uns in der Unterscheidung der Geister weiterhelfen. Die Unterscheidung von Majorität und Minorität führen Deleuze und Guattari in ihrem Mammutwerk „Tausend Plateaus" im Kapitel über das Werden ein. Es gibt für die beiden Philosophen ein Frau-Werden, ein Kind-Werden, ein Tier-Werden, aber kein Mann-Werden. So stellen sie sich selbst die Frage: „Warum gibt es so viele Arten des Werdens für den Mann, aber kein Mann-Werden?"[218]

Werden ist ein zentraler Begriff bei Deleuze. Für eine erste Annäherung: Im Werden bin ich neugierig, schöpferisch, wandelbar. Deleuze kommt nun zur politischen Aussage, dass die Majorität, also der Mensch, der dem Standardmaß entspricht bzw. entsprechen will, zu einem Werden nicht fähig ist.

In „Philosophie und Minderheit" schreibt Deleuze: „Minderheiten [Minoritäten] und Mehrheiten [Majoritäten] sind nicht nur quantitativ einander entgegengesetzt. Mehrheit impliziert eine ideale Konstante, ein Standardmaß, an dem sie sich misst und bewertet. Nehmen wir an, die Konstante oder das Maß sei Mensch-weiß-westlich-männlich-erwachsen-vernünftig-heterosexuell-Stadtbewohner-Sprecher einer Standardsprache [...]. Offensichtlich hat der „Mensch" die Mehrheit, auch wenn er weniger zahlreich ist als die Moskitos, Kinder, Frauen, Schwarzen, Bauern, Homosexuellen usw... So erscheint er doppelt, einmal in der Konstante [der Prototyp weißer, westlicher Mann] und einmal in der Variablen [die einzelnen Menschen], aus der man die Konstante extrahiert."[219]

Das Standardmaß der Mehrheit bildet die Ebene des Allgemeinen. Es ist der „jedermann", der zur Mehrheit gehört; und gleichzeitig ist irgendwie niemand richtig jedermann. (Niemand und jedermann sind insofern zwei Seiten einer Medaille.) Sprachliche Formen dieses Standardmaßes sind z.B.: „jedermann weiß, dass..." oder „das tut man nicht!" In DW stellt Deleuze dem Jedermann und der Ebene des Allgemeinen den Einzelnen gegenüber, der sich nicht in das Standardmaß der Mehrheit einfügen will. In seinem kleinen Artikel und in TP verwendet er dafür den Begriff Minderheit.

Deleuze fügt einige Beispiele für Minderheiten an: „Die Frauen sind, wieviel sie auch immer sein mögen, eine Minderheit, die man als Zustand oder Untermenge definieren kann; aber sie sind nur insoweit schöpferisch, als sie ein Werden ermöglichen, über das sie nicht wie über ein Eigentum verfügen, ein Werden, in das sie selbst eintreten müssen, ein Frau-werden, das den ganzen Menschen affiziert, Nicht-Frauen einbegriffen."[220]

Wir müssen dabei Status und Werden klar unterscheiden. Als Status, Gesamtheit sind Frauen, Kinder, Juden, Zigeuner, Schwarze, Tiere, Pflanzen, Insekten minoritär. Aber das heißt nicht, wenn ein Mensch eine Frau ist und somit im Status minoritär ist, dass sie ins Frau-Werden schon eingetreten ist. „Man reterritorialisiert sich in einer Minorität als Status oder lässt sich in ihr reterritorialisieren; aber man deterritorialisiert sich in einem Werden."[221] Aufgrund dieser Differenzierung ergibt sich, dass der Mann genauso wie die Frau in ein Frau-Werden, Kind-Werden, Tier-Werden eintreten kann, aber dass es kein Mann-Werden gibt.

Daraus ergibt sich folgende Warnung: „Deshalb müssen wir das Mehrheitliche als homogenes und konstantes System, die Minderheiten als Subsysteme und das Minderheitliche als potenzielles, geschaffenes und schöpferisches Werden unterscheiden. *Das Problem kann nie darin bestehen, die Mehrheit zu erlangen, selbst wenn man dabei eine neue Konstante einführen sollte. Es gibt kein mehrheitliches Werden, Mehrheit ist niemals ein Werden. Das Werden ist immer minderheitlich."*[222]

Diese Passage enthält schon ganz allgemein die Grundkritik, die Deleuze an der heutigen Identitätspolitik vorbringen würde. Auf den ersten Blick meint man, dass Deleuze für die Identitätspolitik sprechen würde. Es gibt Minoritäten und diese sind unterdrückt. Er stellt Majorität und Minoritäten gegenüber. Er definiert wie die Identitätspolitik die Majorität: weiß, männlich, europäisch-amerikanisch usw. Aber nun kommt seine Warnung: „Das Problem kann nie darin bestehen, die Mehrheit zu erlangen, selbst wenn man dabei eine neue Konstante einführen sollte." Genau diesen Holzweg sind die Identitätsdenker*innen gegangen. Sie wollen durch Einführung neuer Konstanten für verschiedene Gruppen, die minoritär sind, die Mehrheit erlangen. Deleuze lehnt nicht grundsätzlich den Kampf gegen mehr Rechte für Benachteiligte ab. Er warnt aber: „Es ist sicherlich unerlässlich, dass Frauen eine molare Politik verfolgen, durch die sie ihren eigenen Organismus, ihre eigene Geschichte, ihre eigene Subjektivität zurückgewinnen: „Wir als Frauen…" tritt dann als Subjekt der Aussage auf. Aber es ist gefährlich, sich auf ein solches Subjekt einzuschränken, das nicht funktioniert, ohne eine Quelle auszutrocknen oder eine Strömung aufzuhalten. Das Lied des Lebens wird häufig von ausgesprochen trockenen Frauen angestimmt, die vom Ressentiment, vom Willen zur Macht und von kalter Mütterlichkeit angetrieben werden."[223] Genau dieses Ressentiment hat sich in der ausufernden Cancel-Culture oder in der Unfähigkeit zum Mitgefühl mit den jüdischen Opfern nach dem 7. Oktober 2023 breit gemacht. Frau-Werden ist also für D&G etwas anderes als eine emanzipatorische feministische Politik. Nicht dass sich beides grundsätzlich widersprechen würde. Aber die Fixierung auf die Identität Frau kann in eine ressentiment-geladene Identitätspolitik führen, die nicht mehr zum Werden fähig ist. (Deleuze setzt hier in anderen Begriffen Bergsons Philosophie fort. Werden gehört zum Elan vital, zur dynamischen Moral und Religion. Molare Politik und für Rechte kämpfen gehört zur statischen Moral und Religion. Siehe Bergson-Kapitel)

Deleuze würde auch dem Dogma der Identätsdenker*innen widersprechen, dass Menschen aus der Majorität auf ganz grundsätzlicher Ebene unfähig sind, Menschen aus minoritären Gruppen zu verstehen. Denn nach Deleuze sind alle Menschen zum Werden fähig. Auch der, der zu einer Mehrheit „gehört", kann fähig werden zu einem Werden, kann in sich selbst eine Minderheit entdecken, „sein potenzielles Werden, insofern er vom Modell abweicht. Ein Quäntchen Schönheit, ein Auswuchs oder eine Lücke können genügen".[224] Wie Bergson betont Deleuze, dass nur im Werden Schöpfung, Neues möglich ist. „Wenn man die Figur eines universellen minoritären Bewusstseins entwirft, wendet man sich an Kräfte des Werdens, die aus einem anderen Bereich stammen als die des Rechts und der Herrschaft."[225]

Der entscheidende Gedanke ist folgender: Das Minoritäre ist nicht einfach das Gegenmodell zum Standardmodell der Majorität. Es ist ein ergebnis-offener Prozess, ein molekulares Strömen, ein reines Werden, das nicht nur der Majorität, sondern jedem Modell entflieht. Im Bild gesprochen: es geht nicht darum, von einer festen Platte zu einer anderen festen Platte zu kommen, sondern darum, zur Lava vorzudringen.

Ein Beispiel für Werden in der Kultur: „Glissants britisch-karibischer Schüler Paul Gilroy beschrieb in seinem Buch The Black Atlantic, wie die Kulturen ehemaliger Sklaven und kolonialisierter Völker von den Kolonialherren angeeignet und ausgebeutet wurden und es bis heute werden. Doch zeigte er zugleich, wie die erzwungene Entwurzelung in den Reichtum einer im unaufhörlichen Werden begriffenen diasporischen Kultur umschlagen konnte, in eine Befreiung von kulturellen Identitätsvorstellungen. Kurzum: Der Postkolonialismus war ein Denken, das die Vergangenheit nicht vergaß, aber das sich doch auf die Zukunft richtete, auf die Möglichkeiten einer Globalisierung, in der "alles Ständische und Stehende verdampft", wie Karl Marx und Friedrich Engels es einst im Kommunistischen Manifest formulierten. Diese fröhliche Feier des Spiels, der Vermischung, der Auflösung von Identitäten beherrschte in den Neunzigerjahren auch die Kunst und den Pop."[226]

Deswegen muss man Minoritär-Werden und Minderheiten unterscheiden. Minderheiten legen auch einen Standard fest, zum Beispiel die sanfte, fürsorgliche, emphatische Frau als Ideal.   Deswegen müssen auch

Minderheiten selbst minoritär werden. Minoritär werden bedeutet, dem Standard zu entfliehen.

Mir scheint, dass gegenüber dieser Differenzierung die Identitätspolitik völlig ignorant ist und deswegen auch so viel Unheil anrichtet. Man verfehlt das Werden, wenn man jeder Gruppierung eine Identität, ein Recht, einen Minderheiten-Rechtsstatus usw. auf der molaren Repräsentationsebene zuschreiben will. „Eine Minorität schafft sich immer dann Modelle, wenn sie majoritär werden will, und für ihr Überleben oder ihr Wohl ist das sicher unumgänglich (zum Beispiel einen Staat haben, anerkannt sein, seine Rechte durchsetzen) aber ihre Kraft kommt von dem, was sie zu erschaffen verstand und was mehr oder weniger in das Modell eingehen wird, ohne dass es davon abhängig ist. Das Volk, das ist immer eine schöpferische Minorität ist und bleibt, selbst wenn es eine Mehrheit erringt: Beides kann koexistieren, weil es nicht auf derselben Ebene gelebt wird."[227] Es ist also sinnvoll und richtig, als Minderheit für Rechte zu kämpfen. Aber man sollte sich nicht in dieser Aufgabe erschöpfen und mit ihr völlig identifizieren; denn ansonsten kann das Werden verloren gehen.

Die Seligpreisungen

Wer nun meint, dass Deleuzes Gedanken zum Werden nur postmoderne Philosophie sei, komplizierte Gedankengänge eines virtuos schreibenden Intellektuellen französischer Couleur, den lade ich ein, sich die Seligpreisungen anzuschauen.

Ist es nicht paradox, dass Jesus selig, also glücklich gerade die preist, die eigentlich unglücklich sein müssten? Die Armen, die Trauernden, die um Gerechtigkeit Dürstenden usw. So sagten mir in der Firmvorbereitung Jugendliche: Unsere Religionslehrer konnten uns nicht erklären, warum gerade diese Menschen selig sein sollen.

Franz Jalics, der große Exerzitienlehrer für kontemplatives Gebet, deutete immer die Seligpreisungen so: Alle, die in der Bergpredigt selig gepriesen werden, sind mit einer Leere konfrontiert. Wenn sie diese Leere akzeptieren und nicht zwanghaft verdecken oder füllen, kann gerade in dieser Leere sich das Wirken des Heiligen Geistes breit machen.

Wir können auch mit Bergson sagen: Im kleinen Zwischenraum zwischen dem gesellschaftlichen Zwang der sozialen Verpflichtung und der egoistischen Perspektive der Intelligenz entsteht die schöpferische Emotion, die mit dem Elan vital verbindet. Dieser Zwischenraum öffnet sich durch einen Mangel, eine Sehnsucht…

Das ist die gleich Denkfigur, die D&G mit dem Werden vollziehen, wenn auch ganz unspirituell. Minoritäre haben die Chance, in ihrem Status das Potential zum Werden zu entdecken. Auch Majoritäre können ins Werden gelangen. Sie müssen aber in sich etwas Minoritäres entdecken, „sein potenzielles Werden, insofern er vom Modell abweicht. Ein Quäntchen Schönheit, ein Auswuchs oder eine Lücke können genügen".[228]

Vielleicht liegt darin der tiefere Grund, warum Matthäus seine Vorlage, die Logienquelle, abänderte. Wie wir durch den Vergleich mit dem Lukasevangelium wissen, lautete der Text in der Logienquelle höchstwahrscheinlich: „Selig die Armen, denn ihnen gehört das Reich Gottes." Matthäus ergänzt: „Selig die Armen im Geiste, denn ihnen gehört das Himmelreich."

Man muss im Geiste arm werden. Das gilt sowohl für die Armen als auch für die Reichen. Wenn ein Armer seine Leere irgendwie verzweifelt zudeckt oder vollstopft, erschafft er auch keinen Raum für das Wirken des Heiligen Geistes.

Der Sündenfall – Beginn des Holzweges

Irgendwann biegt man ab und aus einer kleinen Kurskorrektur wird ein zerstörerischer Holzweg. Omri Böhm lokalisiert den Zeitpunkt des „Sündenfalls" der Identitätspolitik in folgendem Ereignis: „Im Jahr 1977 verfasste eine Gruppe afroamerikanischer lesbischer Frauen ein Dokument, von dem sie nicht ahnen konnten, dass es zur Blaupause für die Politik unserer Zeit werden würde: die Identitätspolitik. Sie nannten das Dokument "Combahee River Collective Statement", in Anlehnung an den Kampf zur Befreiung von 750 Sklaven, den die Abolitionistin und ehemalige Sklavin Harriet Tubman 1863 führte. Das Dokument sollte die radikale Verschiedenheit der Frauen von den etablierten feministischen Emanzipationsgruppen aufzeigen. Da sie lesbisch und schwarz waren, forderten diese Frauen, dass ihre Bedürfnisse und Kämpfe gesondert behandelt werden müssten.

"Wir stellen fest, dass die Einzigen, die sich genug für uns interessieren, um sich konsequent für unsere Befreiung einzusetzen, wir selbst sind. Unsere Politik entspringt einer gesunden Liebe zu uns selbst, unseren Schwestern und unserer Gemeinschaft, die es uns ermöglicht, unseren Kampf und unsere Arbeit fortzusetzen. Dieser Fokus auf unsere eigene Unterdrückung ist verkörpert in dem Begriff der Identitätspolitik. Wir glauben, dass die tiefgreifendste und potenziell radikalste Politik direkt unserer eigenen

211

Identität entspringt, im Gegensatz zu der Vorstellung, dass wir dafür arbeiten sollten, die Unterdrückung von jemand anderem zu beenden."

Dieses kurze Zitat aus diesem Statement fasst die Logik hinter der chaotischen politischen Landschaft unserer Zeit treffend zusammen. Die Interessen von Einzelpersonen und Gruppen sind durch ihre Identitäten geprägt. Da sich diese Identitäten durch ganz bestimmte Leben und ganz bestimmte Erfahrungen herausbilden, sind ihre Interessen nicht übersetzbar und nicht auf andere Gruppen übertragbar, und daher können sich Menschen außerhalb einer bestimmten Gruppe – ob Minderheit oder Mehrheit – weder mit ihren Mitgliedern identifizieren noch sie verstehen und letztlich auch nicht verteidigen. Dies war eine radikale Ablehnung des universalistischen Ideals, das im letzten Jahrzehnt des 19. Jahrhunderts wirkungsvoll als Waffe im öffentlichen Raum in Erscheinung trat, zum Beispiel während der Dreyfus-Affäre, in der ein Nichtjude wie Émile Zola den Juden Dreyfus nicht nur verteidigte, sondern sein Leben für ihn riskierte. In der neuen Identitätspolitik wurden hochfliegende Ideale, die das Ziel und den Anspruch haben, über partikulare Interessen hinauszugehen, nun bestenfalls als nutzlos und schlimmstenfalls als Heuchelei angesehen."[229]

Wir können auch mit Deleuzes Philosophie argumentieren: *Sie sind zurückgefallen in das aristotelische Gattungsdenken und haben die Gattungsgrenzen verschärft, so dass sie die Möglichkeit für Überschreitungen und Gemeinbegriffen über Gattungsgrenzen hinweg leugneten. Oft passiert es, dass ein falscher Denkrahmen bzw. falsche Gründe mit Übertreibungen kombiniert werden. So auch hier!*

Die fünf Elemente der Identitätsideologie

Mounk benannte fünf zentrale Elemente der Identitätsideologie. All diese Positionen sind Übertreibungen, es ist ein Zuviel *und* aus falschen Gründen. Ein erster Impuls, der seine Berechtigung hat, wird weitergetrieben, überzogen und in einen falschen Kontext gestellt.

Die falschen Gründe zeigen sich deutlich, wenn wir auf die fehlende Hoffnung schauen. Es geht nicht mehr darum, darauf hinzuarbeiten, dass die Unterschiede (zwischen Mann und Frau, weiß und schwarz, heterosexuell oder LGTBQ usw. nicht mehr bedeutsam sind und somit Ungerechtigkeiten verschwinden. Sondern es geht darum, dass man diese Hoffnung aufgegeben hat, und deswegen verkrampft auf Strategieebene gegen die Ungerechtigkeiten Ausgleichsmaßnahmen einleitet.

Alle fünf Element können erst einmal einleuchtend erscheinen, weil sie reale Sorgen über reale Ungerechtigkeiten zum Ausdruck bringen. Aber alle fünf

Elemente werden die Missstände, durch die sie motiviert sind, letztlich nicht beseitigen – und unterminieren letztlich die Ziele, denen sie angeblich dienen.[230]

Standpunkttheorie: Menschen aus verschiedenen Gruppen können einander nie wirklich verstehen. Die Privilegierten müssen sich deshalb den Tatsachenbehauptungen und politischen Forderungen der Marginalisierung beugen. (siehe Unterkapitel „Der Sündenfall – Beginn des Holzeweges)

Ein Beispiel dazu: „Können meine Kinder Weiße Freunde haben?" fragt ein afroamerikanischer Rechtswissenschaftler in einem Beitrag über die New York Times im November 2017. Nein, beantwortete er die eigene Frage, denn echtes Vertrauen zwischen Angehörigen verschiedener ethnischer Gruppen seien nahezu unmöglich: „ich werde meinen Jungs beibringen, dass sie ernsthafte Zweifel hegen sollten, ob echte Freundschaft mit Weißen möglich ist."[231]

Das ist leider das Gegenteil von Gal 3,28: Es gibt nicht mehr Juden und Griechen, nicht Sklaven und Freie, nicht männlich und weiblich; denn ihr alle seid einer in Christus Jesus.

Empathie ist nicht einfach herstellbar. Das hat uns das Kapitel zur gewaltfreien Kommunikation als spinozistische Ethik gezeigt. Aber nur weil echte Empathie „Arbeit" erfordert, heißt es nicht, dass sie unmöglich ist. Ich habe über 10 Jahre eine Frau seelsorgerisch begleitet, die von einem katholischen Priester über mehrere Jahre sexuell missbraucht wurde. Eigentlich sollte ich nach der Standpunkttheorie völlig ungeeignet sein. Aber sie hat mich zu ihrer Vertrauensperson erwählt und durch unsere Gespräche konnte ich viele Fortschritte in der Heilung des Traumas erreichen, ja weil ich fähig war, mich in sie empathisch einzufühlen. (siehe „Für eine trauma-existentiale Theologie")

Gute Romane haben schon immer das Potential gehabt, dass wir in menschliche Welten eintauchen, die uns erst einmal fremd sind. Das Lesen von Romanen erhöht somit die Empathiefähigkeit. Die Forschung hat Hinweise entdecket, „dass das Lesen von Belletristik einen engen Zusammenhang mit sozialem Engagement, Wohlbefinden und sogar der Wahlbeteiligung haben kann."[232]

Kulturelle Aneignung: Gruppen haben einen Anspruch auf eine Art kollektives Eigentum an ihren kulturellen Produkten und Artefakten, vom besonderen Kleidungsstück bis zum kulinarischen Gericht. Andere Menschen dürfen nicht einfach solche Kulturprodukte legitimerweise nutzen. So verfällt man wieder ins Baumdenken. Aber Kultur war schon immer rhizomatisch. In dieser übertriebenen Form ist das Verbot von kultureller Aneignung inadäquat und schädlich.

Ein linker Schriftsteller im Spiegel sieht es z. B. als eine problematisch kulturelle Aneignung an, wenn tausende Menschen aus Solidarität mit einem verprügelten Rabbiner eine Kippa bei einer Demonstration tragen.[233] An diesem Beispiel sieht man, welche absurden Auswüchse diese Ideologie haben kann. Wenn ich als Christ eine Synagoge besuche, bitten die Juden selbst, dass ich eine Kippa anziehe. Und selbstverständlich mache ich das, genauso wie ich in einer Moschee die Schuhe ausziehe.

Auch bei diesem Punkt gilt: Es begann mit einer richtigen Einsicht. Leider zu oft haben Weise kulturelle Errungenschaften von Schwarzen oder Latinos aufgegriffen und haben dann damit viel Erfolg und Reichtum geerntet. Im Musikbereich sehen wir das beim Jazz, beim Rock´n Roll (Elvis Presley hatte die Welterfolge), bei der Rap-Musik. Aber auch in dieser Geschichte gibt es Gegenbeispiele: Benny Goodman hatte das Ziel, „schwarze" Musik einem jungen weißen Publikum näher zu bringen, und er hat sich dabei auch um die Überwindung der Rassentrennung in den USA sehr verdient gemacht, denn in den frühen dreißiger Jahren konnten schwarze und weiße Jazzmusiker in den meisten Musikkapellen oder in Konzerten aufgrund der öffentlichen Meinung nicht zusammenspielen. Am 16. Januar 1938 gab Goodman sein berühmtes Jazz-Konzert in der New Yorker Carnegie Hall. Auch bei diesem Konzert spielten schwarze und weiße Jazzmusiker zusammen.

Das entscheidende Kriterium ist eigentlich, ob eine Herabwürdigung oder Ausnutzung geschieht. Und dafür braucht man nicht das Konzept der kulturellen Aneignung. Die Studentenverbindung Kappa Sigma an der Baylor University veranstaltete 2017 eine Party mit dem Motto „Cinco de Drinko", in gemeiner Anspielung auf den mexikanischen Feiertag „Cindo de Mayo". Viele Studenten kamen mit Ponchos und Sombreros, andere hatten sich als Dienstmädchen oder Bauarbeiter verkleidet. Das Herabwürdigende war die implizite Botschaft: Latinos können nur als Putzhilfe oder Hilfskräfte arbeiten.[234]

Beschränkungen der Redefreiheit: Der Staat sollte Minderheiten davor bewahren, hasserfüllte oder vorurteilsgeladener Äußerungen ausgesetzt zu werden. Die Gesellschaft sollte eine Kultur der Konsequenz entwickeln, um Äußerungen, die Minderheiten als anstößig empfinden, zu reduzieren. Cancel Culture selbst aber kann zu einem Mikrofaschismus ausarten, wie ihn Deleuze und Guattari beschrieben haben. Ein Beispiel: „Die Verwaltung der University of California hat Studenten angewiesen, „anstößige" Wortwendungen wie „Schmelztiegel" (Melting Pot) oder „es gibt keine Rasse, sondern nur Menschen" zu vermeiden. Eine wachsende Zahl von Universitäten ermächtigt die Verwaltung sogar einzugreifen, wenn Studenten

im Gespräch miteinander sogenannte „Mikroaggressionen" verwenden, und ermutigt Studenten, Verstöße bei einer anonymen Hotline zu melden."[235]
Die Verwaltung in den amerikanischen Universitäten wurde immer mächtiger. In Yale gibt es mittlerweile mehr Verwaltungsangestellte als College Studenten. Die Wahrscheinlichkeit, dass sich Verwaltungsangestellte bei Universitäten als links bezeichnen ist zwölfmal so hoch. Das Problem ist, dass viele von ihnen nicht nur links sondern auch illiberal sind. Es wird keine Toleranz zugelassen, frei verschiedene Meinungen zu diskutieren. Das verhindert das freie Denken an der Universität, die eigentlich der Ort sein sollte, das einzuüben. Die katholische Kirche hat den Index der verbotenen Bücher abgeschafft und die neuen Identitäts-Pharisäer führen ihn in neuer Weise ein...

Progressiver Separatismus: Soziale Einrichtungen, wie Schulen, sollten die Menschen ermuntern, sich mit den ethnischen, religiösen, sexuellen und geschlechtlichen Gruppen zu identifizieren, denen sie angehören. Es soll Räume exklusiv für diese Gruppen reserviert werden, damit sie sich gegen hartnäckige Ungerechtigkeiten wehren können.
Leider wirkt die Ideologie auch schon in Deutschland: ein Museum öffnet seine Türen einen Tag der Woche nur für „people of color", um sie vor weißen Menschen zu schützen.[236]
Ein Vergleich zeigt, dass hier übertrieben wird. Verschiedene Frauenorden haben bis heute Frauen in ihrer Reifung unterstützt, indem sie ihnen Schulen für ausschließlich Mädchen anboten. Heute noch schicken manche Eltern gerne ihre Töchter in eine „Maria-Ward-Schule". Auch die Pfadfinderinnen-Gruppen, also reine Mädchengruppen, boomen zur Zeit. Aber daraus wird keine Ideologie gemacht. Es gibt weiterhin hauptsächlich gemischte Schulen. Die Kirche dagegen rühmte sich seit Paulus, dass sie ein Ort sein kann, in denen sich Menschen jenseits ihrer Gruppierungen, also Artgrenzen, wertschätzend und befruchtend begegnen können, weil gilt: „Es gibt nicht mehr Juden und Griechen, nicht Sklaven und Freie, nicht männlich und weiblich; denn ihr alle seid einer in Christus Jesus."
Wir können auch Jesu Gebot der Feindesliebe aufgreifen. Wie soll Feindesliebe möglich werden, wenn nicht einmal Raum geschaffen wird, Fremde neugierig kennenzulernen? In Kindergarten, in der Schule usw. Oder mit Bergsons Moralphilosophie argumentiert: Wie soll Überschreitung des Gruppenegoismus und der statischen Moral möglich werden, wenn man andere gar nicht kennenlernt? Jesus ermahnt seine Jünger: Die Heiden grüßen auch andere Heiden.

Identitätssensible Politik: Der Staat muss historisch Benachteiligte bevorzugen. Zum Beispiel Mitglieder unterdrückter ethnischer Minderheiten sollen bei der Versorgung mit knappen medizinischen Ressourcen Priorität eingeräumt. Wieder ein Beispiel, wie aus einer richtigen Einsicht ein falsches Handeln folgen kann. Studien zeigen, dass benachteiligte Gruppen wie Afroamerikaner in den USA gesundheitlich schlechter abschneiden. „Statt jedoch die zugrunde liegenden Ungerechtigkeiten, die solche Disparitäten verursachen, zu bekämpfen, haben große Teile der Ärzteschaft beschlossen, Mitglieder verschiedener ethnischer Gruppen fortan unterschiedlich behandeln."[237] Das Prinzip, dass das Recht alle gleich behandelt, dass die Justitia blind ist, wird in amerikanischen Ämtern ebenso aufgeweicht. „Ämter haben sich in allen möglichen Kontexten von neutralen Regeln verabschiedet, die alle Bürger – unabhängig von der Gruppe, der sie angehören - gleichbehandeln. Wer wann Hilfe vom Staat beziehen kann, hängt nun ausdrücklich von Faktoren wie „Rasse", Gender und sexueller Orientierung ab."[238]

In dem lesenswerten Buch über Narrative, die unsere Gesellschaft prägen, „Erzählende Affen", führen die beiden Autoren Samira El Ouassil und Friedemann Karig ein verbreitetes Narrativ unter nationalistisch rechten Gruppierungen wie Trump-Anhänger oder AfD-Wählern an: Das Bild einer großen Warteschlange vor einem Berg, der Sehnsuchtsberg des amerikanischen Traums. Jeder wartet brav, bis er an die Reihe kommt und versucht durch protestantische Arbeitsethik, Pioniergeist und Einhaltung der Regeln nach vorne zu kommen. In dieser Warteschlange stehen viele weiße Menschen weiter vorne. Aber nun passiert es, dass Menschen, die hinten stehen, schwarze Menschen, Einwanderer, Frauen, LGTBQ-Menschen sich nach vorne drängeln und die treuen und geduldigen weißen Amerikaner überholen. Der Staat ermöglicht, dass diese an den anderen vorbeigeschleust werden.[239] Das Ressentiment dieser Gruppierungen wird durch die identitätssensible Politik, die den Gleichberechtigungsgrundsatz aufgekündigt hat, immens angeheizt.

Warum ist die Kritik an der Identitätsideologie so wichtig?

Zwei zentrale Gründe gibt es, warum die Kritik an der Identitätsbildung so wichtig ist.

1. Das zwischenmenschliche Zusammenleben wird immens erschwert. Wir reduzieren mit dieser Ideologie massiv den Raum, in dem wir uns – gemäß dieser Ideologie – sozial zugewandt, entspannt, neugierig auf andere Menschen verhalten können. Das ist fatal.

2. Der Rechtspopulismus gedeiht vor allem dann, wenn die Menschen den wichtigsten Institutionen ihres Landes nicht mehr trauen. Deswegen müssen Politik und alle Einrichtungen, wie Universität oder Medien das Vertrauen der Bevölkerung wieder gewinnen. Wir können dieses Vertrauen nur wiedergewinnen, wenn wir uns aus der Falle der identitären Ideologie befreien und gerechte Spielregeln wieder konsequenter umsetzen, wie z. B. vor dem Recht sind alle gleich usw.[240]

Trump betreibt die primitive Politik, dass der Stärkere gewinnt. Alles ist ein Machtspiel ohne Schiedsrichter. Sogar Gerichte sind eigentlich Spieler. Sie sind eingebunden in Kräfte und Mächte. Wer also reich ist und sich gute Anwälte leisten kann, wird auch gewinnen. Somit will Trump jegliche universelle Werte als Illusion verhöhnen. Wenn die Identitätsideologie in ähnlicher Weise gemeinsame Werte wie Gerechtigkeit, Menschenrechte, Möglichkeit zur Empathie mit allen Menschen über Bord werfen, haben sie mit Trump viel mehr gemeinsam, als ihnen lieb sein sollte!

Natürlich übersehen Mitglieder dominanter Gruppen leicht, wie Mitglieder marginalisierter Gruppen im Alltag Unrecht erleben. „Dennoch ist es ein Fehler zu glauben, man könnte den Mitgliedern historisch marginalisierter Gruppen zu ihrem Recht verhelfen, indem man Prinzipien wie die Redefreiheit und den Anspruch, einander trotz kultureller, ethnischer, oder "rassischer" Barrieren verstehen, aufgibt."[241]

Mounk pocht wie Omri Böhm darauf, „dass sich hartnäckiges Unrecht am besten durch ein neues Engagement für die Einhaltung der wichtigsten universellen Prinzipien bekämpfen lässt. Es sind diese universellen Prinzipien, die es uns ermöglichen, über Themen von der kulturellen Aneignung bis zur „identitätssensiblen" Politik grundsätzlicher – und produktiver – nachzudenken."[242]

Zynische Unterstellung von Eigeninteressen

Martin Luther King hatte die Hoffnung, dass „Alle Menschen sind gleich" als radikaler Universalismus und Herausforderung tatsächlich zu immer mehr Gerechtigkeit führt.

Bell dagegen, Vertreter des wachsenden Feldes der kritischen Rechtswissenschaft, zweifelt, dass die berühmten Gerichtsverfahren aus der Zeit der Bürgerrechtsbewegung wirklich zu einem Prozess der moralischen Aufklärung gehörten bzw. der verspäteten Anwendung der in der Verfassung verankerten Grundsätze. Nein, für ihn ist es nur rassisches Eigeninteresse der rassischen Weißen: Sie brauchten die Afroamerikaner für künftige Kriege, wie den Vietnamkrieg. Sie brauchten sie für die Transformation des amerikanischen Südens von ländlicher Plantagengesellschaft zur Industriegesellschaft. Sie wollten drittens der Sowjetunion nicht mehr Anlass geben, dass sie den Rassismus der USA für ihre eigenen Propaganda nutzen konnte.

Das ist eine zynische Interpretation: Rassengleichheit und Interessen der Schwarzen wurde nur entsprochen, wenn sie mit Interessen der Weißen übereinstimmen.[243]

Diese Argumentationsfigur ist ein Spezialfall der allgemeinen Sichtweise, dass Menschen eigentlich nur egoistisch handeln und zu Altruismus nicht fähig sind. (Wir haben diese Sichtweise sogar bei GfK-LehrerInnen entdecken müssen: Man erfüllt sich immer ein eigenes Bedürfnis, wenn man für einen anderen einsteht.)

Was hier fehlt, ist der Glaube an die Möglichkeit von Altruismus und guten Absichten. Der Glaube an eine Liebe, die Grenzen überschreitet, wenigstens wohlwollende Neugier für andere entwickeln kann. Und die fehlende Hoffnung, die auf Verbesserung und Wirksamkeit von Idealen hofft.

Bei dieser zynischen Unterstellung von Eigeninteressen fehlen gleich alle drei göttlichen Tugenden: Glaube, Liebe und Hoffnung

Die Identitätsideologie als moderne Sünden-Religion

Der schwarze Sprachwissenschaftler John McWhorter hat ganz ausführlich in seinem Buch „Die Erwählten. Wie der neue Antirassismus die Gesellschaft spaltet" die Identitätsideologie als neue Religion beschrieben. Wenn man seine Analyse liest, erkennt man: Die Identitätsideologie hat so viel schlechte Elemente aus dem augustinischen Sünden-Christentum in moderner Form wieder aufleben lassen. Aber es ist noch schlimmer, weil es in dieser neuen Religion keine Erlösung gibt! Ein Teil der Menschheit ist mit einer Erbsünde befleckt. Die Privilegierten sind in ihrem Wesen unfähig, Verständnis und Empathie für andere, für Unterdrückte zu entwickeln. Deswegen haftet an ihnen eine unendliche Schuld und ewiger Makel: Weiße „müssen ewig danach streben, die Erfahrungen schwarzer Menschen zu verstehen. Sie werden nie verstehen, wie es ist, Schwarz zu sein; und wenn sie sich das einbilden, ist das rassistisch."[244]

Man kommt als Weißer in eine Zwickmühle: Wie man es macht, macht man es falsch. Denn wie soll man aus folgenden Doppelbotschaften herauskommen? „Wer als weißer Mensch nur Beziehungen mit Weißen eingeht, ist ein Rassist bzw. Rassistin. Wer als weißer Mensch auch Schwarze datet, exotiert, wenn auch oft unbewusst, das große „Andere"."[245]

In dieser Ideologie wird mit ungleichem Maß gemessen: „Schwarze Menschen dürfen nicht für alles verantwortlich gemacht werden, was andere schwarze Menschen tun. Allen Weißen muss bewusst sein, dass sie persönlich verstrickt sind in die historisch gewachsene Perfidie von „Weißsein".“[246] Natürlich gibt es strukturelle Sünden. Aber in diese sind alle verstrickt und gleichzeitig hat jeder Verantwortung für sein Handeln.

Es wird zu einem Sektenglauben und zu einer Ideologie, wenn jede mögliche Kritik abgewehrt werden kann, so dass man nie selbstkritisch reflektieren muss. „Nur die Erwählten behaupten, dass Rationalität da, wo sie unbequem wird für sie, nichts als Whiteness ist, eine Sache ausschließlich weißer Menschen."[247] Gegen diese Irrwege nutzt es nur, weiterhin vernünftig zu streiten: „Angst und Schrecken sind auch dann nicht plötzlich gut, wenn sie von Linken oder schwarzen Menschen verbreitet werden. Die Vernunft sollte die Oberhand behalten. Das ist der Kern der Aufklärung. Die Abolitionisten wussten das genauso wie die Köpfe der Bürgerrechtsbewegung, die Liberalen von heute wissen es auch.“[248]

Rechtfertigungsprozesse in Demokratien statt Identitätsideologie

Wenn wir mit Vernunft unser Zusammenleben gestalten wollen und aus den Irrwegen der Identitätsideologie herauskommen wollen, brauchen wir Konzepte und Vorstellungen, die faires und gerechtes Miteinander gestalten und begründen können.

Ein philosophisches Konzept, das die Irrwege der Identitätsideologie nochmals auf andere Weise wie Deleuzes Philosophie aufdeckt und gleichzeitig eine Vorstellung für ein demokratisches Miteinander liefert, ist Rainer Frosts Konzept von sozialen Rechtfertigungsordnungen und Rechtfertigungsprozessen.

Beginnen wir mit der *Vernunft: Sie ist für Forst das Vermögen, „sich anhand guter, rechtfertigender Gründe in der Welt zu orientieren."*[249] Wenn die Eltern dem Kind sagen „Berühre nicht die Herdplatte, denn die ist heiß und du kannst Dir deine Finger verbrennen!", dann haben sie für ihr Verbot eine Rechtfertigung, eine Begründung gegeben. Das Kind kann diese Rechtfertigung auch ab einem gewissen Alter verstehen und als vernünftig annehmen. Schon dieses banale Beispiel zeigt, dass wir ständig Gründe angeben, oder nach Gründen fragen, Gründe haben wollen. „Dieses Rede- und Antwort-Stehen ist eine soziale Praxis wertender, kultureller, geschichtlicher und kommunizierender Wesen, die einerseits frei sind, ihre Gründe zu wählen und zu prüfen, andererseits aber daran gebunden, welche Gründe ihnen zur Verfügung stehen und welche als gut oder rechtfertigend gelten."[250]

Durch diese soziale Praxis entsteht ein *Raum der Rechtfertigung*: Z. B. ein mathematischer Beweis gehört da ebenso dazu, wie ein Gerichtsurteil oder die Vorschriften für die heilige Messe. Es gibt natürlich verschiedene Arten von Begründungen und Rechtfertigungen. Und es gibt sinnvollere und unsinnige Gründe. Verschwörungserzählungen suggerieren gute Gründe, die aber nur auf Holzwegen in geistigen Irrgärten verlaufen. Daraus ergeben sich für Forst mehrere Aspekte:

Vernunft, Rechtfertigung und Normativität gehören immanent zusammen: Wir Menschen stellen Regeln auf, weil wir mit der Vernunft diese Regeln rechtfertigen. Oft ist dieser Begründungsprozess schon länger her und Menschen folgen aus Gewohnheit diesem „Muss". Aber irgendwann gab es diesen Rechtfertigungsprozess und er kann auch wieder eingefordert werden.

Macht hat derjenige, der das Vermögen hat, „den Raum der Gründe für andere bestimmen zu können, ob durch ein gutes Argument, eine ideologische

Rechtfertigung oder eine Drohung. Der Begriff der Macht ist bei ihm weder positiv noch negativ besetzt, sondern neutral."[251] Wenn die Eltern dem Kind sagen „Berühre die Herdplatte nicht, ansonsten bekommst du eine Ohrfeige", dann hat das Kind auch einen Grund, die Herdplatte nicht zu berühren. Die Eltern üben mit der Drohung Macht aus. Eine Sekte erzählt ein Weltbild ihren Mitgliedern, um sie an sich zu binden. Die Bundesrepublik hat das Grundgesetz als grundlegende Rechtfertigungsordnung. So sind Gemeinschaften, Gruppierungen, Parteien, Nationen usw. durch ein explizites oder implizites Rechtfertigungsnarrativ geprägt, das die normative Ordnung mitkonstituiert.

So ergibt sich nach Forst eine dreifache Normativität:

Eine eingelebte Normativität, sie enthält oft ungeprüfte Rechtfertigungen. Das können Cliquenregeln sein, bis hin zu eingespielten Praktiken von Behörden und expliziten Gesetzestexten. In einer Sekte ist diese Normativität abgeschottet: Jede Kritik wird durch besondere Abwehrargumentationen abgeblockt.

Eine rationale Normativität der Vernunftprinzipien. Dazu gehört die wichtige Regel, dass vernünftige Normen *reziprok und allgemein* sein müssen, um gerecht zu sein. Von dieser Vernunftprinzipien aus kann es geboten sein, dass verschiedene eingelebte normative Praktiken kritisiert werden müssen. Daraus ergeben sich dann:

Reflektierte Normen, die als gerechtfertigt gelten dürfen.

Daraus ergibt sich die Möglichkeit einer *kritischen Analyse* für Rechtfertigungsordnungen und der hierin herrschenden sozialen und politischen Verhältnisse. Diese kritische Analyse untersucht, ob die Rechtfertigung auf guten Gründen steht oder nur auf konventionellen, instrumentellen oder ideologischen, die existierende Beherrschungs-verhältnisse kaschieren.[252]

Ich begegne anderen Menschen fair und auf Augenhöhe, wenn wir wechselseitig sagen können: Ich kann Rechtfertigung verlangen vom anderen und ich gebe Rechtfertigung, wenn ich gefragt werde. Und wir können mit Vernunft miteinander um die Argumente und Gründe streiten, was natürlich nie ein völlig abgeschlossener Prozess ist.

Daraus ergibt sich für Forst auch ein Verständnis von *Würde des Menschen*. „Die unbedingt zu achtende Würde der Person kann denn auch so verstanden werden, dass eine jede moralische Person ein basales Recht auf reziproke und allgemeine Rechtfertigung all der handlungslegitimierenden Normen hat, die reziproke und allgemeine Geltung beanspruchen."[253] Wenn wir die Würde des Menschen achten, dann respektieren wir gegenseitig unsere Mündigkeit und unsere Vernunftfähigkeit und dass wir alle verantwortlich moralische Personen sind.

Hier setzt Forst gewissermaßen voraus, was Tugendhat als autonome Moral erarbeitet hat. (Siehe Unterkapitel dazu) Es reicht nicht aus, wenn wir einen Kontrakt quasi schließen, gegenseitig Rechtfertigung zu geben, weil das für jeden Einzelnen Vorteile hat. Das betont auch Forst: „Wesentlich ist, dass das Annehmen der Pflicht zur Rechtfertigung nicht aus einem beliebigen, gar selbstbezogenen Motiv heraus vollzogen werden kann, sondern allein aus dem Bewusstsein, der grundlegenden Einsicht, dass man dies den Anderen – und nicht primär, aber auch sich selbst – schuldet."[254]

(Hannah Arendt würde es umdrehen: Sie glaubte, dass diejenigen, die nicht beim Nazi-Wahnsinn mitmachten, ein einfaches Kriterium hatten: „Nicht weil sie das Gebot „Du sollst nicht töten" streng befolgt hätten, lehnten sie es ab zu morden, sondern eher deshalb, weil sie nicht willens waren, mit einem Mörder zusammenzuleben – mit sich selbst."[255] Diese Menschen wollten nicht morgens in den Spiegel schauen und in ein Mördergesicht schauen und sich zutiefst schämen, vor sich selbst!)

Mit dieser kurzen Darstellung, wie Normativität entsteht und wie sie auch kritisch hinterfragt werden darf und muss, hat Rainer Forst eine immanente Theorie der Moral aufgestellt: „Eine Reihe von Kolleginnen und Kollegen glauben, dass die Begründung einer Theorie der Moral über die Selbstrekonstruktion unserer praktischen Vernunft schwach ist – und dass wir vielmehr eine metaphysische Theorie brauchen, die auf eine moralische Realität von Werten zurückgreift. Aber ich zweifle an der Möglichkeit einer solchen Metaphysik. Ich glaube nicht, dass man die Existenz moralischer Realitäten in diesem letztlich platonischen Sinne voraussetzen muss, um moralische Objektivität zu verteidigen."[256]

Kritik an der Identitätsideologie mit Analyse der Rechtfertigungsordnungen:

Die Identitätsideologie verweigert sich diesen Grundlagen des menschlichen, vernünftigen und gegenseitig die Würde achtenden Zusammenlebens.

Sie verweigert die Reziprozität und Allgemeinheit: Denn sie fordert, dass Minderheiten anders behandelt werden sollen als die Mitglieder der Mehrheit. Damit messen sie mit zweierlei Maß. Sie meinen, dadurch alte Ungerechtigkeiten auszugleichen zu müssen. Aber genauso wie man die Dämonen nicht mit Beelzebul austreiben kann (siehe Lukas 11,17f), kann man nicht Ungerechtigkeiten mit anderen Ungerechtigkeiten beseitigen.

Sie verweigert den vernünftigen Diskurs über Rechtfertigungen und Gründen, indem sie immer einen Teil vom Diskurs ausschließt: Weiße können da nicht mitreden, weil sie noch nie erfahren haben, wie es ist, Schwarzer zu sein,

Mikroaggressionen zu erleben usw. Hier ist der Begriff „Raum der Rechtfertigungen" erhellend. Natürlich sind die Erfahrungen und Erlebnisse einer schwarzen Frau anders als die eines weißen Mannes. Aber man muss mit Popper die Welten unterscheiden: Welt 1 ist die Welt der Physik, der Chemie, der Biologie: die Dinge, die Lebewesen usw.

Welt 2 ist die Welt der inneren Erfahrungen mit meinen Gefühlen, Erlebnissen, Gedanken usw. Welt 3 ist die gemeinsame geistige Welt, also z. B. die Theorien der Wissenschaften, die Kunstwerke, die Texte der Bibel, Gesetzestexte, usw.

Wenn ich eine Sinfonie höre, sind die Schalwellen Welt 1, meine Empfindungen dabei Welt 2, und die eigentliche Sinfonie mit ihrer Kompositionsstruktur ist Welt 3.

Die Identitätsideologen vermischen Welt 2 und Welt 3. Welt 2 kann ich immer nur begrenzt mitteilen. Durch Empathie und Geduld kann ich die Welt 2 eines anderen Menschen schon mehr verstehen als die Identitätsideologen annehmen. Aber wenn sie Forderungen an die Gesellschaft stellen, müssen sie im Raum der Rechtfertigungen diskutieren. Und dieser Raum gehört ganz zur Welt 3. Zu ihr hat jedeR Zutritt, der sprachfähig, kommunikationsfähig und vernünftig ist.

Deleuze konzentriert sich auf die Frage, wie man eine schöpferische Fluchtlinie entfalten kann, wie man ins Werden kommen kann.

Wenn man dagegen als aktive Person nur für mehr Recht für Minderheiten kämpfen will, dann ist die Philosophie von Rainer Forst eine gute Leitlinie für einen gerechten und demokratischen Einsatz!

Gerechtigkeit und Demokratie

Politische und soziale Gerechtigkeit ist für Rainer Forst aufgrund seiner Philosophie nicht nur Verteilungsgerechtigkeit. „Man versteht die soziale Gerechtigkeit falsch, wenn man sie nach dem Modell einer gütigen Göttin versteht, die mütterlich Gaben verteilt. Wir sind im Nachdenken über soziale Gerechtigkeit allzu oft im Bann dieses Bildes der Göttin oder der Mutter, die etwas zu verteilen hat. Wir müssen es überwinden."[257] Dann werden die Bürger nur als Empfänger von Gütern verstanden, deren Verteilung andere bestimmen. So geht aber der Clou von Demokratie verloren: Die Bürger sollen in einer Demokratie auch Autoritäten sein, Akteure, die darüber im Raum der Rechtfertigungen mitbestimmen, welche Rechte und Pflichten ein Bürger hat.

Gerecht muss auch der Prozess sein, der eine soziale Struktur und Normativität hervorbringt oder verändert. „Die Gerechtigkeit ist die menschliche Tugend, sich Verhältnissen der Willkürherrschaft entgegenzustellen. „Willkür" ist Herrschaft „ohne Grund", d. h. unzureichend gerechtfertigte Herrschaft als Beherrschung, unter der Annahme, dass eine gerechte Ordnung eine zwischen Freien und Gleichen zustimmungsfähige ist – und zwar nicht nur zustimmungsfähig im Konjunktiv, sondern zustimmungsfähig auf der Basis institutionalisierter Verfahren der Rechtfertigung."[258] Was er hier verklausuliert sagt, sagt er an anderer Stelle ganz deutlich: eine solche *prozedurale Gerechtigkeit kann nur mit einer Demokratie gelebt werden.*

Innerhalb dieses Prozesses gilt folgendes *oberstes Prinzip*: „Das Prinzip der reziproken und allgemeinen Rechtfertigung, demzufolge jeder Geltung erhebende Anspruch auf Güter, Rechte oder Freiheiten wechselseitig und allgemein begründet werden und begründbar sein muss, wobei nicht eine Seite Ansprüche erheben darf, die sie anderen verweigert, und keine Seite ihre Gründe auf die andere einfachhin projizieren darf, sondern sich diskursiv rechtfertigen muss – ohne den Ausschluss Betroffener."[259]

Wenn wir dieses Prinzip auseinandernehmen, stecke darin zwei Kriterien für Reziprozität und ein Kriterium für Allgemeinheit:

Reziprozität der Inhalte: Niemand darf für sich in Anspruch nehmen, was er anderen verweigert. Z. B. wenn Religionsfreiheit, dann kann ich sie nicht für mich beanspruchen und anderen, die eine andere Religion haben, absprechen.

Reziprozität der Gründe: Niemand kann die eigenen Gründe, die ja auch die eigene Perspektive enthalten können, ohne Prüfung, ob diese Gründe von anderen geteilt werden können, für andere verbindlich machen.

Kriterium der Allgemeinheit: Eine Norm soll ja allgemein gelten. Also muss man auch die Interessen und Einwände aller betroffenen Personen einbeziehen, so dass die Gründe, die eine Norm legitimieren, von allen Personen geteilt werden können.[260]

Die letzten beiden Aspekte stärken die Minderheiten in diesem Prozess: Die Betroffenen müssen im Prozess irgendwie beteiligt oder vertreten sein. Und man kann als Mehrheit nicht einfach seine Sichtweise auf die anderen projizieren. *Aber alles gilt wechselseitig: Auch die Minderheitenseite muss sich diskursiv rechtfertigen, vernünftige Gründe vorbringen,* die diskutiert werden dürfen und müssen. Nur so kann friedliches und gerechtes Zusammenleben gestaltet werden.

Deleuze war immer kritisch gegenüber allgemeinen Aussagen. Er erahnte darin das Repräsentationsdenken, das statische Denken der Mehrheit: „Man kann aus der Konstante sogar eine direkte Rede abstrahieren: wie die Philosophie, immer wenn sie glaubte, im Namen eines Wesens des Menschen, einer reinen Vernunft, eines universellen Subjekts oder Rechtssubjekt zu sprechen. Die Mehrheit setzt ein Rechts- und Herrschaftsverhältnis voraus und nicht umgekehrt. Sie setzt das Standardmaß voraus und nicht umgekehrt.

Eine andere Determination als die der Konstante wird als von Natur aus minderheitlich angesehen, das heißt als Subsystem oder außerhalb des Systems liegend (je nachdem), wie auch immer das Zahlenverhältnis sein mag.“[261] Aber ich glaube, dass Forst diese Gefahr mit seinem zweiten und dritten Kriterium gebannt hat. Denn wir müssen irgendwie akzeptable Spielregeln aufstellen, wie in einer mannigfaltigen Gesellschaft Mehrheiten und Minderheiten Normen diskutieren und aushandeln. Das Vorgehen der Identitätsideologen führt dagegen zu Spaltung und zu weiteren Ungerechtigkeiten.

Analyse: Sehen und Urteilen

Dieses Prinzip mit seinen drei Kriterien muss aber immer in den konkreten Kontexten angewendet werden. Mit dem Gründer der CAJ (Christliche Arbeiterjugend) Cardjin können wir sagen: Sehen, Urteilen, Handeln. Das beherzigt Rainer Forst auch: „Die Untersuchung beginnt folglich nicht im idealen Raum, sondern mit einer Analyse der komplex verknüpften nationalen, trans- und internationalen Herrschaftsverhältnisse und fragt danach, ob ihnen angemessene – d. h. dem Grad der ausgeübten Herrschaft angemessene – Rechtfertigungsverhältnisse entsprechen. Dies ist ein praxisimmanenter, nicht aber praxispositivistischer Ansatz"[262] Man beginnt mit dem Sehen, mit der Analyse der tatsächlichen Verhältnisse. Aber diese müssen beurteilt und kritisch reflektiert werden (was ein praxispositivistischer Ansatz unterlässt).

Wir sehen also, dass für Forst beides zusammengehört: Demokratie und Gerechtigkeit. „Dass die Demokratie eine bestimmte Form der Organisation politischer Herrschaft darstellt, schließt nicht aus, sondern setzt voraus, dass ihr Grundanspruch moralischer Natur ist: der Anspruch, keinen Normen unterworfen zu werden, denen man als freie und gleiche Person nicht hätte zustimmen können – normativ gesehen (in Bezug auf reziprok und allgemein zurückweisbare Gründe) und institutionell gesehen (das Vorhandensein demokratischer, reziprok-allgemeiner Rechtfertigungspraktiken betreffend). So enthält jede Institutionalisierung demokratischer Rechtfertigungs-praktiken stets die kritisch reflexive Dimension in sich, die sowohl diese Verfahren als auch ihre Ergebnisse auf ihre Rechtfertigbarkeit hin befragt. Diese kritische Reflexion ist der Demokratie somit sowohl immanent (ihrer Idee entsprechend) als auch sie in ihrer konkret-praktischen Form transzendierend. Daher ist die Demokratie, recht verstanden, notwendig eine selbstkritische Praxis."[263]

Was also den Identitätsideologen fehlt, ist eine aufmerksame, woke selbstkritische Praxis! Wir kommen also zum gleichen Fazit wie Jens Balzer am Schluss von „After Woke": „Würde die Identitätspolitik sich wieder darauf besinnen, dass sie in jedem Moment des Aktivismus, der Wissenschaft oder der Politik das Konzept und die Ideologie der Identität als solche zum Thema der kritischen Reflexion macht – dann könnte sie wieder zu einem dringend benötigten (utopischen) Gegenentwurf werden zu den reaktionären Kräften des identitären Denkens [also rechtspopulistisches, völkisches Denken], die sich gerade anschicken, die Herrschaft über die Welt zu übernehmen."[264]

Unterscheidung von moralischer und ethischer Ebene

Mit einer kritischen Überlegung zu Rainer Forsts Philosophie möchte ich dieses Kapitel beschließen. Er unterscheidet die ethische, die die Gestaltung eines guten Lebens betreffen, und moralische Ebene, die das gerechte Zusammenleben betreffen. Der Kern des Moralischen ist nach Forst, dass ich den anderen in seiner Würde respektiere. Wir schulden uns gegenseitig Respekt und Rechtfertigung.

Die Vorstellungen vom gelingenden Leben dagegen gehen in einer pluralistischen Welt nach Forst (der sich hier Rawls anschließt) sehr weit auseinander. Viele dieser Vorstellungen mögen alle auch vernünftig sein, sind aber doch nicht miteinander kompatibel. Von der gewaltfreien Kommunikation her möchte ich differenzieren: Die Strategien für ein gelingendes Leben können sehr weit auseinanderliegen, so dass sie nicht kompatibel sind. Aber die dahinterliegenden allgemeinen Bedürfnisse sind gemeinsam! Das übersehen Forst und Rawls meines Erachtens und vertun sich hier die Chance, über Religionen und Kulturen hinweg verbindende Kommunikation herzustellen. Wenn Bedürfnisse wirklich Gemeinbegriffe sind, die für alle Menschen zutreffen (können), dann können wir mit ihnen eine Brücke zwischen der moralischen und der ethischen Ebene bauen.

Die Prozessphilosophie von Whitehead

Bergson betrieb mit seinem Stil eine Philosophie von unten. Er untersuchte zuerst die menschliche Selbsterfahrung in „Zeit und Freiheit", weitete die Erforschungen auf den ganzen Menschen aus in „Materie und Gedächtnis", konnte seine Einsichten in „Schöpferische Entwicklung" für eine Untersuchung der Entwicklung des Lebens fruchtbar machen und widmete sich zuletzt der menschlichen Gesellschaft in „Die beiden Quellen der Moral und der Religion". Er postulierte nicht am Anfang irgendwelche Prinzipien oder ein allgemeines Philosophiesystem, das er dann im Folgenden explizierte und differenzierte.

Ein passendes Pendant zu Bergson ist Whitehead. Wie Bergson wollte Whitehead die moderne Wissenschaft, die Zeit und wichtige Einsichten der Philosophiegeschichte ernstnehmen und wie Bergson folgte Whitehead der philosophischen Intuition, dass die Zeit bzw. Prozesse zentral für das moderne Philosophieren sind.

Aber Whitehead verfolgte in seinem Hauptwerk „Prozess und Realität" einem Stil einer Philosophie von oben. Zu Beginn des Werkes formuliert er knapp seine Grundsätze einer Prozessphilosophie, die er dann kommentiert, expliziert, weiterentwickelt, anwendet.

Bevor wir uns mit dieser Grundstruktur von Prozess und Realität beschäftigen, verabschieden wir zuerst einige alte Gottesbilder, die zu Whiteheads Philosophie nicht passen.

Verabschiedung alter Gottesbilder

Wir haben in uns Vorstellungen von Gott und Jesus Christus, manche bestimmt unbewusst. Diese Bilder von Gott und Jesus sind geprägt von gewissen Prinzipien, die häufig unbewusst uns übertragen worden sind. Häufig sind diese Prinzipien Reste der griechischen Philosophie, wie zum Beispiel Platon und Aristoteles.

Diese alten Bilder und Prinzipien, die unseren Vorstellungen von Gott und Jesus zugrunde liegen, belasten uns. Wir spüren deutlich, dass diese alten Bilder und Prinzipien nicht mit unserer Lebenserfahrung und den Fragen unserer Zeit gut zusammenpassen. Die Frage nach den Gottesbildern hängt auch mit der Frage nach der Existenz Gottes zusammen.

1. Gott als kosmischer Moralist: Gott ist Gesetzgeber und Richter. Er gibt (willkürlich) ein Moralgesetz vor und will moralisches Verhalten fördern. Dieser Gott ist ein strenger Gott. Es kann durchaus sein, dass er ein moralisches Gesetz/Regeln fordert, das uns im Leben einschränkt und uns sinnlos erscheint; wir müssen ihm aber trotzdem folgen, weil es Gott vorgegeben hat.

2. Gott als das unwandelbare und leidenschaftslose Absolute: Gott ist völlig unabhängig von der Welt. Aristoteles definierte Gott als den unbewegten Beweger. Er hat alles in Bewegung gesetzt, den ganzen Kosmos und alle Dinge: "Beweger". Damit ist er die Ursache für alles. Das kann man ja noch gelten lassen. Aber gleichzeitig ist er selbst unbewegt, das heißt umwandelbar und leidenschaftslos. Thomas von Aquin folgte Aristoteles: Gott liebt ohne Leidenschaft. D.h. Gott gibt nur, aber er lässt sich durch kein Leid der Welt aus der Fassung bringen, er bleibt immer „cool". Die Welt hat keinen Einfluss auf ihn!

3. Gott als beherrschende Kontrollmacht: Gott bestimmt letztlich jede Einzelheit in der Welt. Er ist allmächtig. Aber wenn er allmächtig ist, warum lässt er dann so viel Leid zu?

4. Gott als Aufrechterhalter des Status quo: Gott hat eine unwandelbare Ordnung für die Welt festgelegt. Im Mittelalter wurde dieses Gottesbild benutzt, um Herrschaftsstrukturen und Unterdrückungsmechanismen zu rechtfertigen. Der Kaiser war von Gottes Gnaden, d.h. er hatte göttliche Autorität, erst recht der Papst, die Bischöfe usw. Eine Kritik an König oder Papst war in einem solchen Weltbild sehr schwierig anzubringen.

5. Der maskuline Gott: Gott als Archetyp des dominierenden, unbeugsamen, emotionslosen, unabhängigen "starken Mann": man sieht, dass sich die fünf Gottesbilder teilweise überschneiden und gegenseitig teilweise stützen.

Jedes diese fünf alten Gottesbilder kann Angst machen, und hat auch schon vielen Menschen Angst gemacht. Whitehead aber behauptet nun zweierlei: Diese Gottesbilder sind nicht die von Jesus Christus. Und: Die Prozessphilosophie passt zum Gottesverständnis von Jesus Christus.

„Es gibt jedoch im galiläischen Ursprung des Christentums noch eine andere Anregung, die zu keinem der drei Hauptstränge des Denkens so richtig passt. Sie legt das Schwergewicht weder auf den herrschenden Kaiser, noch auf den erbarmungslosen Moralisten oder den unbewegten Beweger. Sie hält fest an den zarten Elementen der Welt, die langsam und in aller Stille durch Liebe wirken; und sie findet ihren Zweck in der gegenwärtigen Unmittelbarkeit eines Reichs, das nicht von dieser Welt ist. Liebe herrscht weder, noch ist sie unbewegt; auch ist sie ein wenig nachlässig gegenüber der Moral. Sie blickt nicht in die Zukunft: denn sie findet ihre unmittelbare Belohnung in der Gegenwart."[265]

Die Grundstruktur der Prozessphilosophie anhand eines Beispiels

Nehmen wir eine fiktive Person: die Schülerin Heike. Wenn wir sie bitten, über sich etwas zu erzählen, wird sie zuerst ihren Namen sagen, sagen, wo sie lebt. Sie wird sagen, dass sie Schülerin in der 10. Klasse Realschule ist, dass sie zwei Geschwister hat, im Fußballverein ist und Klavier spielt. Ihr Vater ist vor kurzem gestorben. Sie liebt Rockmusik usw. Wichtig ist: bei jedem Aspekt musste sie auf etwas Bezug nehmen, dass sie nicht ist. Der Ort, in dem man lebt, prägt einen. Eine Schülerin in der Stadt wächst anders auf als eine Schülerin auf dem Land. Dass ihr Vater vor kurzem gestorben ist, sagt viel über ihre jetzige Situation aus. Denn Menschen sind stark geprägt durch die Beziehungen, die sie zu Menschen in ihrer nächsten Umgebung haben. All diese Beziehungen sind wesentliche Bestimmungen für ihre Person.

Heißt das nun, dass Heike durch diese Umstände und Beziehungen festgelegt, vorherbestimmt ist? Nein, denn zu all diesen Beziehungen verhält sie sich und gibt den Lebensabläufen, die mit diesen Beziehungen verbunden sind, ihre eigene Note. Den Tod ihres Vaters kann sie verdrängen, sie kann über den Tod ihres Vaters trauern usw.

Wie soll Heike mit diesen vielen Einflüsse und Beziehungen zurechtkommen und aus ihnen eine Einheit bilden? Das geht nur durch Kreativität! Heike verhält sich kreativ zu den vielen Einflüsse; sie bewertet diese Einflüsse und Beziehungen und selektiert auch, d.h. sie entscheidet, welche Elemente sie bewusst in ihren Lebenslauf einbaut und welche sie ablehnt. Zum Beispiel versucht sie mit manchen Mitschülerinnen Freundschaft zu schließen und anderen Mitschülern aus dem Weg zu gehen, weil sie sie nicht mag.

Jetzt können wir an diesem Beispiel aufzeigen, was für Whitehead ein Prozess ist.

Die Grundzüge der Prozessphilosophie

Es gibt einen Satz, der in gewisser Weise die ganze Philosophie von Whitehead ausdrückt:
"Die vielen werden eins und werden um eins vermehrt." Dies geschieht durch Kreativität. Und das immer wieder. Aber was bedeutet hier "viele" und "eins"? Whitehead geht davon aus, dass alles, was existiert, was es gibt, letztlich aus **wirklichen Einzelwesen = aus wirklichen Ereignissen = letzte Realitäten** besteht. (Diese wirklichen Einzelwesen, im englischen actual

entities, sind nicht mit den Atomen gleichzusetzen. Atome sind eher eine zusammenhängende Reihe von wirklichen Einzelwesen.)

Die folgende Skizze zeigt Whiteheads Philosophie im Minimodell: Aus den drei actual entities (wirklichen Einzelwesen) A, B, C wird ein neues wirkliches Einzelwesen D

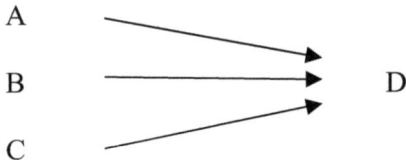

A

B   D

C

Die drei Pfeile haben die Bedeutung: D *erfährt* A, B und C. Die Pfeile sind also Perzeptionen, Wahrnehmungen. Whitehead nennt sie auch Prehensionen.

Ein konkretes Beispiel für die Skizze: Heike schießt in einem Fußballspiel ein Tor. Das Torschießen von Heike ist ein wirkliches Einzelwesen, ein wirkliches Ereignis. Andere Ereignisse fließen in diesem Prozess mit ein. Das Spielverhalten der Mitspieler (der Pass von einer Stürmerin ihrer Mannschaft, der misslungene Angriff der Abwehrspielerinnen der gegnerischen Mannschaft usw.) sind die anderen wirklichen Einzelwesen.

Aus diesem einen zentralen Satz, verdeutlicht in der Skizze, ergeben sich nun die Grundzüge der Philosophie von Whitehead:

1. Alles ist Erfahrung. oder: Alles, was es gibt, steht in Beziehungen. Das neue wirkliche Einzelwesen in unserer Skizze hat die anderen drei wirklichen Einzelwesen erfahren bzw. erfasst bzw. besteht mit allen anderen drei wirklichen Einzelwesen in Beziehung. Aber auch die anderen drei wirklichen Einzelwesen erfahren und erfassen die anderen und stehen damit untereinander in Beziehungen. Wir können also zwischen den anderen drei ebenfalls Pfeile einfügen. Bei einem Fußballspiel können wir das gut verfolgen: jeder Spieler beeinflusst jeden anderen in irgendeiner Weise zu jedem Zeitpunkt des Spieles. Der Einfluss mag gering und unbedeutend sein, aber er ist potenziell da.

2. Alles besteht aus wirklichen Einzelwesen.
"Die letzten Tatsachen sind ausnahmslos wirkliche Einzelwesen; und diese wirklichen Einzelwesen sind komplexe und ineinandergreifende Erfahrungströpfchen."

3. "Die vielen werden eins und werden um eins vermehrt."
Am Beispiel der Skizze: Die drei actual entities A, B, C werden in D eins und werden um ein neues actual entity D vermehrt.

3a. "Dass die wirkliche Welt ein Prozess und dass der Prozess das Werden von wirklichen Einzelwesen ist." Prozess ist, dass ein wirkliches Einzelwesen die anderen wirklichen Einzelwesen erfährt und mit diesen einzelnen "Informationen" umgeht und sie zu einer neuen Einheit zusammenführt. Prozess ist, was in einem actual entity passiert, also was z. B. in D passiert. Realität besteht aus Prozessen. Realität ist das Gesamte, was sich aus all den wirklichen Einzelwesen A, B, C, D und ihren Beziehungen untereinander ergibt.

3b. Jedes wirkliche Einzelwesen erfährt die anderen und gerade durch diese Erfahrungen entsteht es, wird es. **Das Werden liegt dem Sein zu Grunde.** Heike z. B. erfährt andere Menschen; ihre Persönlichkeit "entsteht", indem sie durch andere Menschen beeinflusst wird, durch ihre Eltern, ihre Geschwister, ihre Mitschülerinnen und Mitschüler, ihre Lehrer usw.

Umkehrung der Substanzmetaphysik des Aristoteles: Wir haben ja die Substanzmetaphysik des Aristoteles im Kapitel zur Identitätsideologie beschrieben. Wenn das Werden nach Whitehead dem Sein zu Grunde liegt, dann wird deutlich, dass Whitehead das Substanzdenken des Aristoteles auf den Kopf stellt. Man kann nicht zwischen wesentlichen, unveränderlichen Eigenschaften und veränderbaren Eigenschaften und Relationen unterscheiden. Alle Prozesse werden durch ihre Relationen geprägt. D wird durch A, B und C geprägt.

Nicht das Unveränderliche, die feste Substanz, das feste Wesen ist das Grundlegende, sondern der Prozess, das Werden. Das angeblich Unveränderliche ist nur eine zeitweise Illusion von Stabilität, der Prozesse zugrunde liegen. Bergson und Whitehead sind sich einig. So schreibt Bergson: „Es gibt Veränderungen, aber es gibt unterhalb der Veränderung keine Dinge, die sich verändern: die Veränderung hat keinen Träger nötig. Es gibt Bewegungen, aber es gibt keinen unveränderlichen trägen Gegenstand, der sich bewegt: die Bewegung schließt also nicht etwas ein, was sich bewegt."[266]

4. Der Prozess hat drei Phasen: reaktive Phase, ergänzende Phase, Erfüllung.
Zuerst erfasst das wirkliche Einzelwesen alle anderen wirkliche Einzelwesen als fremd und unverbundene Vielheiten. Dann sucht es nach der Einheit dieser Vielheit, die dann in der Erfüllung gipfelt. Die Erfüllung ist das Ziel von jedem wirklichen Einzelwesen.

Durch Prozesse entsteht Neues.
5. Erfahrungen werden für den eigenen Werdegang bewertet. D. h. jedes wirkliche Einzelwesen nimmt einige Erfahrungen positiv auf, andere lehnt sie ab und werden negativ bewertet oder als unwichtig vergessen.

231

Beispiele: Mit gewissen Menschen habe ich gute Erfahrungen, mit manchen Menschen schlechte, andere Erfahrungen habe ich vergessen etc. Diese Erfahrungen baue ich in mein Weltbild ein und handle danach. Manchen Menschen gehe ich aus dem Weg, mit manchen Menschen möchte ich Kontakt haben. Aber das Modell kann man nach Whitehead auf alle Bereiche der Wirklichkeit anwenden. Z.B. Gewisse Substanzen verbinden sich (Wasserstoff und Sauerstoff ergeben Wasser). Manche Substanzen können andere zerstören (Schwefelsäure zersetzt organische Stoffe wie zum Beispiel Zucker). Manche Substanzen regieren nicht miteinander (Schwefelsäure reagiert nicht mit Glas).

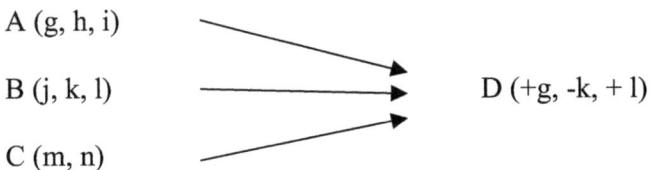

A (g, h, i)

B (j, k, l)   D (+g, -k, + l)

C (m, n)

Das actual entity D hat von A den Aspekt g positiv aufgenommen und lehnt von B den Aspekt k ab.

Dies zeigt außerdem noch etwas Wichtiges: **Durch Prozesse entsteht etwas Neues.**

6. Es gibt Werte im Kosmos. Wenn ein wirkliches Einzelwesen viele Erfahrungen positiv verarbeiten und zu einem neuen Ganzen transformieren kann, dann ist ein neuer Wert entstanden. Whitehead nennt das Zusammenführen verschiedener Erfahrungen auch Kontrast. Ebenso können Werte zerstört werden, wenn wirkliche Einzelwesen Erfahrungen ablehnen und aussondern.

Beispiel: Wenn eine Person z. B. zu zwei verfeindeten Gruppen Beziehungen aufbaut und durch sein Handeln und Reden Schranken abbaut, dann ist er wertvoll, weil er neue Beziehungen ermöglicht. Romeo und Julia ist somit eine Geschichte von Wertentstehung und - Zerstörung. Mit ihrer Liebe ergab sich die Chance, dass zwei verfeindete Familien ihre Streitigkeiten niederlegen und sich versöhnen. Die Feindschaft der zwei Familien war für diese beiden Personen jedenfalls ansatzweise überwunden. Aber der Hass war größer als die Liebe! Romeo und Julia sterben. Die Versöhnung beider Familien durch die Liebe von Romeo und Julia wäre ein hoher Wert gewesen.

7. anstoßende Zielgebung von Gott: Aber wie soll ein wirkliches Einzelwesen die verschiedensten Erfahrungen in Kontraste zusammenbringen? Eine Weise der Verarbeitung, ein Potential an Kontrastmöglichkeiten muss ihm gegeben werden. Dies kommt nach

Whitehead von Gott. Jedes wirkliche Einzelwesen bekommt eine **anstoßende Zielgebung von Gott**. (Beim Menschen nennt man diese anstoßende Zielgebung, wenn sie sich auf das ganze Leben bezieht, Berufung.)

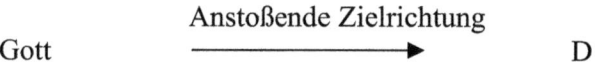

Gott   Anstoßende Zielrichtung   D

Gott in der Prozessphilosophie

Die Struktur dieses Gottesverständnisses in knappen Aussagesätzen:
1. Gott ist bei Whitehead ein wirkliches Einzelwesen.
2. Gott besitzt eine Urnatur und eine Folgenatur.

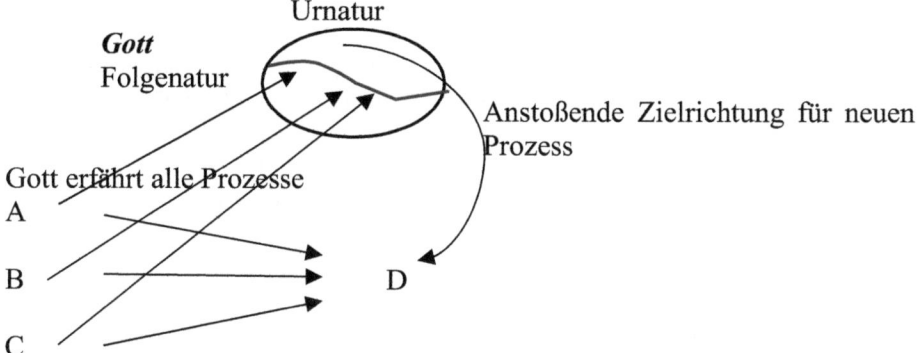

3. In seiner Urnatur versammelt Gott die ewigen Gegenstände. Sie sind reine Möglichkeiten, die sich fließend realisieren. Sie ergeben auch die Potentialmöglichkeiten an Kontrasten. Wenn z.B. ein Mensch das tiefe Empfindung hat, dass er Schriftsteller werden muss, so wäre das für Whitehead eine anstoßende Zielgebung, die letztlich aus einer Vision, aus einem Potenzial, aus einer Möglichkeit besteht. Das nennt Whitehead einen ewigen Gegenstand, eternal object. (Whitehead definiert ewige Gegenstände als reine Möglichkeiten.)
4. Gottes Folgenatur: Gott erfährt die ganze Welt. (entgegen der Vorstellung Gott als das unwandelbare und leidenschaftslose Absolute).
Aus der Interaktion der beiden Naturen in Gott kann Gott die passende anstoßende Zielgebung für einen neuen Prozess, für ein entstehendes actual entity geben.
5. Es gibt zwei Unterschiede zwischen Gott und den anderen Einzelwesen.
Erstens ist bei Gott die Urnatur vorrangig.

Zweitens lehnt Gott keine Erfahrungen ab.

Alles, was in der Welt passiert, nimmt er in seiner Folgenatur in sich selbst auf. D.h. auch alles Unverbundene, Zerrissene, Böse nimmt er trotzdem an. "Es ist, wie es ist - sagt die Liebe". Daraus folgt eine Aussage über Gott, die Aristoteles nie hätte treffen können: Gott leidet mit, weil er alles erfasst und mit allem in Beziehungen ist!

Whitehead fasst dies in dem schönen Satz zusammen: *"Gott ist der Poet der Welt, er leitet sie mit zärtlicher Geduld durch seine Vision von der Wahrheit, Schönheit und Güte."*

Jedes wirkliche Einzelwesen erfährt Gott und bekommt dadurch eine anstoßende Zielgebung. Weil Gott mit seiner Folgenatur die ganze Welt wirklich erfährt, kann er für jedes wirkliche Einzelwesen die beste Zielrichtung sowohl für das jeweilige Einzelwesen als auch für den ganzen Kosmos mitgeben.

Daraus ergeben sich mehrere Aussagen:

A. Gott führt diese Welt. Gott ist wirklich in der Welt gegenwärtig. Gott ist erfahrbar, wenn auch oft nur indirekt und im Vorübergehen, oder im Rückblick.

B. Gott führt diese Welt mit sanfter Hand, er zwingt keinen zum Guten. Was auf der Welt passiert, berührt Gott wirklich und wesentlich. Meine langjährige Brieffreundin ist durch einen betrunkenen Autofahrer umgekommen. Genau zu dieser Zeit lernte ich die Prozesstheologie an der Universität kennen. Whiteheads Gottesverständnis half mir in dieser Zeit. Denn die Folgenatur Gottes sagte mir zwei Dinge über Gott: Gott leidet daran, dass meine Freundin an einen Unfall sterben musste. Ich musste nicht den Satz mir sagen: Gott will es so. Was soll das für ein Gott sein, der das will? Ich konnte sagen: Gott leidet mit. Zweitens:

C. Was auf der Welt passiert, bleibt ewig bewahrt in Gott. Wir vergessen Erfahrungen, die wir gemacht haben. Aber der ganze Lebenslauf meiner Brieffreundin ist in der "Erinnerung Gottes" erhalten. Und noch mehr: Gott kann all die Unstimmigkeiten, Brüche und Wunden in diesem Lebenslauf zusammenfassen und kreativ verwandeln.

Wir können diese Einsichten mit einem neuen „Gottesbild" zusammenfassen:

Gott als Dirigent und nicht als Puppenspieler

Warum fängt das Kirchenjahr mit einem Text über die letzten Dinge an? Damit man den Anfang vom Ende her versteht! Das gibt uns am Anfang einen Fluchtpunkt, auf den alles zu läuft. Mit diesem Fluchtpunkt können wir alles Folgende richtig einordnen: der Mensch Jesus ist der Christus, der Weltvollender, der Fluchtpunkt der Menschheitsgeschichte!

Nun gibt es aber unterschiedliche Deutungen von: den Anfang vom Ende her verstehen!

Eine mögliche Interpretation ist die Vorstellung von einem fertigen Plan. So wie ein Architekt einen Plan für das vollendete Haus entwirft, so hat Gott für die ganze Menschheitsgeschichte einen fertigen Plan entworfen, der mit Christus als König der Welt endet.

Es ist aber noch eine andere Deutung möglich. Philosophen wie zum Beispiel Whitehead und Bergson geben uns dafür Hinweise. Gott ist die treibende Kraft, die zur heilenden und versöhnenden Vollendung hintreibt. Als Schöpferkraft ist er die Lebensschwungkraft, der Elan vital in jedem Leben. Gott ist eher wie ein Poet, der die geschichtlichen Prozesse mit zärtlicher Geduld leitet, neue Offenheit eröffnet und zugleich immer alles auf einen Fluchtpunkt hintreibt: seine Vision von der Wahrheit, Schönheit und Güte.

Ist Gott eher gleich einem Puppenspieler oder eher gleich einem Dirigenten? Gott gewährt den Menschen Freiheit. Gibt er dann nicht die Allmacht auf? Vergleichen wir dazu einen Puppenspieler mit einem Dirigenten. Ein Puppenspieler erscheint uns allmächtig gegenüber seinen Puppen. Die Puppen machen das, was die Fäden „befehlen". Der Puppenspieler hat alle Fäden in der Hand.

Ein Dirigent dagegen hat es mit Menschen zu tun, die frei sind, sich weigern können, lustlos sein können usw. Er muss die Musiker inspirieren, begeistern, motivieren.

Wer ist mehr zu bewundern: ein Puppenspieler, der durch seine Fäden armselig allmächtig seine leblosen Puppen in der Hand hat, oder ein Dirigent, der durch Überzeugung und Ausstrahlung die Musiker motivieren und das Orchester leiten muss? Ich bewundere den Dirigenten mehr: Er ist mächtiger als der Puppenspieler, der alle Fäden in der Hand hat, weil er sogar Einfluss nimmt auf freie Menschen. Gott ist eher ein Dirigent als ein Puppenspieler, und diese Vorstellung erhöht auch unser Bild von der Macht Gottes!

Gott – der Dirigent der Welt Noch etwas verdeutlicht dieses Gleichnis. Ein Dirigent macht selbst keine Töne. Die Zuhörer werden auf der CD keinen einzelnen Ton vom Dirigenten hören. Und trotzdem: der Dirigent vermittelt seine Energie, seinen Elan, seine Interpretation den Musikern. Und so erkennen Musikexperten, ob eine Sinfonie zum Beispiel Karajan oder Celibidache dirigiert hat. Ist das nicht ein schönes Gleichnis für Gottes Wirken in der Welt? Physiker, Chemiker, Biologen usw. können nur die einzelnen Töne analysieren. Mit ihrem Blickwinkel hören sie nur die Musiker. Aber der Gläubige, der Theologe erkennt im Gesamten das Wirken Gottes, wie der Musikexperte bei einer Aufnahme den Stil eines Dirigenten erkennen kann.

Spinoza und Whitehead

Zwei Fragen möchte ich fürs Fazit stellen: **Was erreicht Whitehead, das Spinoza nicht erreicht hat? Was hat Whitehead von Spinoza übernommen, wie stark entfernt sich Whitehead von Spinoza?**

Jedes wirkliche Einzelwesen hat einen physischen und einen mentalen Pol. Die zwei Attribute bei Spinoza, Ausdehnung und Denken, bleiben bei Whitehead erhalten. Beide Philosophen sind überzeugt von einer Einheit der Natur. Der Geist springt nicht aus der Ordnung der Natur heraus. Aber die Natur ist sowohl für Spinoza als auch für Whitehead kein reiner Materialismus. Beide Philosophien beinhalten somit einen Panpsychismus.

Whiteheads Philosophie ist das Ergebnis der Frage: Wenn in Spinozas Philosophie ernsthaft die Einsichten Bergsons über die Zeit einbezogen wird, welche Philosophie entsteht dann?

Wenn Whitehead in seiner Philosophie den Satz von Deleuze umsetzt „Die Substanz müsste sich selbst von den Modi, und nur von dem Modi aussagen.", dann überwinden wir mit dem Ernstnehmen der Zeit die spinozistische Notwendigkeit!

Whitehead setzt anstelle der spinozistischen Notwendigkeit die „Kreativität". Es ist das Prinzip des Neuen. Es ist nicht ein weiteres Element neben „Eins", „Vielen, „Gott", „Welt". Es ist die „Universalie der Universalien"[267]. Kreativität ist vielmehr die ständige Dynamik zwischen diesen „Elementen". Zeit und Prozess macht die Welt zu einem Abenteuer, nicht berechenbar wie ein Uhrwerk oder so notwendig wie ein geometrisches Axiomensystem. Gott wird Poet der Welt bzw. Dirigent des ganzen Prozesses!

Am Ende seines Werkes stellt Whitehead verschiedene Antithesen vor. Eine von ihnen fasst zusammen, wie seine Philosophie Deleuzes Kritik an Spinoza umsetzt:

„Es ist genauso wahr zu sagen, dass die Welt Gott immanent ist, wie zu behaupten, dass Gott der Welt immanent ist."[268]

I Gott ist mit jedem wirklichen Einzelwesen verbunden, weil jedes wirkliches Einzelwesen Gott erfährt. Gott ist der Welt immanent.

II Gott erfährt alle wirklichen Einzelwesen. Alle diese Erfahrungen sind in ihm. Die Welt ist Gott immanent.

(Die Bedeutung hat sich im Wechsel von I zu II oder von II zu I verschoben.)

Ebenso schreibt Whitehead:

„Es ist genauso wahr zu sagen, dass Gott die Welt transzendiert, wie zu behaupten, dass die Welt Gott transzendiert."[269]

236

I Gott transzendiert durch seine ewigen Gegenstände, durch seine volle Annahme aller wirklichen Einzelwesen und seine anstoßenden Zielgebungen die Welt.

II Die Welt transzendiert Gott durch ihre Vielfalt, durch die Kontingenz der Prozesse. Die Welt ist das Abenteuer Gottes!

Ist damit die Immanenz Spinozas bei Whitehead abgeschafft? Ich würde eher sagen. Die Immanenz wurde neu gedacht, indem Whitehead Zeit und Kreativität ernst nahm!

Aber Gott bei Whitehead und bei Bergson ist natürlich anders gedacht als bei Spinoza, auch wenn Whitehead und Bergson von Spinoza beeinflusst sind und auf ihre Weise das Immanenzdenken weiterführen. Ihr Gott ist nicht mehr der Gott Spinozas, weil auch die Welt von Bergson und von Whitehead eine andere ist: Bei Bergson und Whitehead gibt es echte Kontingenz, echten Wandel, ein zielgerichtetes Streben. Für Spinoza ist der Verlauf der Welt absolut notwendig: Gott ist die Ursache von allem und die früheren Dinge und Ereignisse verursachen die späteren. Das ist für mich der große Fortschritt von Bergson und Whitehead gegenüber Spinoza: Im Immanenzdenken muss nicht alles notwendig verursacht sein. Es kann auch Zeit, Wandel, Kontingenz, Streben geben!

Für mich als Theologen ist Whiteheads Gottesbegriff fähig, mit Deleuzes Philosophie der Differenz kompatibel zu sein. Whiteheads Philosophie ist eine moderne Metaphysik, die Divergenzen bejaht und das Werden an ontologisch erster Stelle rückt. Sie kritisiert ähnlich wie Simondon die Substanzmetaphysik und betont stattdessen Prozess, Zeit, Wandel, Neuheit, Kreativität. Whiteheads Gott hat selbst einen Riss zwischen Urnatur und Folgenatur. Für Deleuze ist der Riss im Ich, den Kant entdeckt hat, eine zentrale und wichtige Einsicht. Ein Riss in Gott, ein Riss im Ich und eine divergente Welt – das gehört zum Differenzdenken, das Deleuze durchdringen will. Die christliche Theologie war aufgrund der zwei Naturen in der Christologie und der Trinitätslehre immer schon mit rumorenden Differenzen konfrontiert. Aber erst Whiteheads Gottesbegriff bejaht diese Differenz, ohne sie einer Einheit, Identität unterzuordnen.

Feuerbach hat zwar den Menschen auf den Platz Gottes gesetzt. Aber er hat das Identitätsdenken nicht verändert.[270] So lobt Deleuze im Schluss von DW Whiteheads Hauptwerk „Prozess und Realität" als „eines der größten Bücher der modernen Philosophie", weil es mit „wirklichen offenen Begriffen"[271] philosophiert.

Das Böse in der Prozessphilosophie:

Das Böse ist in der Prozessphilosophie ein Ergebnis einer bestimmten Konstellation. Mit der Grundidee der Prozessphilosophie ausgedrückt: Wenn viele und eins gegeneinander ausgespielt werden, entsteht das Böse. Oder anders ausgedrückt: Böses entsteht, wenn das Alte das Neue nicht zulässt oder das Neue die Verbindung zum Alten abschneidet.

Sowohl von der bestehenden Ordnung als auch von der neuen Wirklichkeit her kann dieser Prozess in Gefahr kommen. Wenn eine Ordnung so abgeschlossen ist, dass sie keine Neuheit mehr zulässt, dann entwirft sich die bestehende Realität nicht mehr auf neue Wirklichkeit. Damit wird die Intensität dieser Realität gemindert; denn sie bemisst sich auch am superjektiven Effekt der Wirklichkeit. Es entstehen dann Gesellschaften ohne große Originalität; ihre Ordnung erweist sich als Intensitätsfeindlich und starr. Jede Neuheit, die eingeführt wird, muss als Angriff auf diese Ordnung ausgeschaltet werden.“[272] Ein Beispiel ist Romeo und Julia. Die zwei verfeindeten Familien sind beide nicht fähig, über ihre negative Beziehung zur jeweils anderen Familie hinauszuwachsen. Der neuen Wirklichkeit, die Liebe zwischen Romeo und Julia, wird Ablehnung entgegengebracht.

„Umgekehrt kann es zur gleichen Situation kommen, wenn die einzelne Wirklichkeit sich nicht als ordnungsgestaltende Neuheit zur bestehenden Ordnung ins Spiel bringt. Damit würde die transformatorische Kraft des Prozesses nicht aktiviert, und anstelle von Kontrasten würden negative prehensions das Werden dieser Wirklichkeit bestimmen."[273] Ein Prophet, ein charismatischer Pfarrer, ein Revolutionär o. ä. will etwas Grundlegendes verändern, z. B. in einer Gemeinde, in einer Firma, in einem Staat o. ä. Aber er kann nicht seine Ideen vermitteln, er schafft es nicht, genügend Menschen zu begeistern.

Bei beiden Formen des Bösen wird irgendwie verhindert, dass neue Verbindungen, also Kontraste entstehen. Das Böse zerstört oder verhindert Kreativität.

Whitehead kann in dieser globalen Weise vom Bösen sprechen, weil er durch die Zeit in seiner Philosophie auch Intensivierungen, ein mehr an Kreativität erfassen kann. Das ist in Spinozas Philosophie noch nicht möglich, so dass Spinoza nur von gut und schlecht bezogen auf einen einzelnen Modus, ein einzelnes Lebewesen z. B. sprechen konnte. Gleichzeitig sei auch das Gemeinsame betont: Es gibt auch bei Whitehead nichts an sich Böses. „Also nicht die einzelne Wirklichkeit selbst, sondern ihre Verbindungen zu anderen und die anderer zu ihr machen das Böse aus."[274]

Die zwei Formen des Bösen bei Whitehead können wir auch als die zwei Straßengräben zu viel Starre und zu viel Chaos bezeichnen.

Wie mit dem Bösen umgehen?

Whitehead nennt vier Wege, dem Bösen beim Werden zu begegnen:

1. Durch Abschottung und Flucht, um die eigene Neuheit zu retten. Jesu Eltern flohen vor Herodes, der Jesus umbringen wollte.

2. Durch Aufnahme von Unverbundenem. Jesus beruft verschiedene Menschen in seine Nachfolge und bildet einen Jüngerkreis. In diesem Kreis schafft er neue Werte, neue Erfahrungen des Guten. Die Jünger haben sich vorher nicht gekannt.

Aber in diesen ersten zwei Möglichkeiten ist das Böse noch nicht wirklich überwunden.

3. Umwertung der Bedeutung der einzelnen Verbindungen. Z. B. in Friedensverhandlungen: Die verfeindeten Parteien sollen zuerst nach den Punkten suchen, in denen sie gemeinsame Interessen oder gemeinsame Grundlagen sehen. Dadurch werden verhindernde Kräfte abgeschwächt und die positiven Beziehungen betont.

4. Steigerung der Originalität. Die Neuheit bewirkt, dass die Konstellation transformiert wird. Neue Visionen, Verbindungslinien und Intensitäten werden durch Kontraste möglich. Der Schluss bei Ronja Räubertochter: Anstatt zwei Räuberbanden, die sich gegenseitig bekämpfen, bildeten sie am Ende eine Räuberbande. Gandhis gewaltloser Widerstand überwand die Kolonialherrschaft Indiens.

Allgemeines Übel In Whiteheads Prozessphilosophie sind alle actual entities eigentlich mit allen anderen actual entities verbunden. Aber das meiste wird ausgesiebt. So siebt die Zecke alles aus, was nicht zu den drei Arten von Affiziertseinkönnen gehört. Eine Zecke kann sich z. B. nicht von einer Beethovensonate affizieren lassen. So betont Deleuze in der Vorlesung: „Eine Affektion, ein Affekt gehört euch nur in dem Maße, in dem er dazu beiträgt, eure Macht affiziert zu werden aktuell auszufüllen. In diesem Sinne ist jede Affektion und jeder Affekt Affekt des Wesens."[275] Sich von einer Beethovensonate affizieren lassen ist ein Vermögen! Manche Menschen können mit so einer Musik nichts anfangen. Aber sie können lernen, d. h. ihr Vermögen, sich von Musik affizieren zu lassen, erweitern. Das betont Spinoza auch: Wir können unser Vermögen durch Lernen erweitern.

So haben wir alle ein begrenztes Vermögen, anderes aufzunehmen. Diese Begrenzung ist ein allgemeines Übel. Es kann nur teilweise durch Vermehrung des Vermögens verkleinert werden. Aber auch diese Vermehrung ist begrenzt. Ein Pfarrer z. B. kann sich unmöglich intensiv um

8000 Gläubige in drei Pfarreien kümmern. Es gibt eine Tragik, dass man nie alle einbeziehen kann. (Siehe übernächstes Unterkapitel)

Aber das allgemeine Übel kann auch vergrößert werden durch faules Nichtstun. Z. B. Warum hat es Deutschland nicht geschafft, ihre afghanischen Verbündeten rechtzeitig vor der Machtergreifung der Taliban außer Landes zu schaffen? Warum war man als Staatengemeinschaft untätig, als der Völkermord zwischen Hutu und Tutsi sich anbahnte?

Die folgenden zwei Unterkapitel beschäftigen sich mit diesem allgemeinen Übel in zwei konkreten Bereichen. Aber zuerst ein Vergleich mit Werbicks Verständnis von Sünde

Vergleich mit Werbicks Verständnis von Sünde

Der Fundamentaltheologe Jürgen Werbick hat ein ganz ähnliches Verständnis vom Bösen wie die Prozessphilosophie, obwohl in seiner Fundamentaltheologie Whitehead nicht erwähnt wird.

Werbick beginnt mit der Grundaussage: „Menschliche Autonomie setzt Perspektivität, verdankt sich der Fähigkeit, Mittel-Zweck-Hierarchien zu entwerfen und durchzusetzen. Diese Fähigkeit macht menschliche Kreativität aus und kann sie – wie wir heute zu Genüge wissen – zur gegenschöpferischen Macht werden lassen."[276] Wie jedes actual entity, so der Mensch im besonderen Maße hat eine Perspektive und kann nicht alles gleichermaßen einbeziehen, sondern hierarchisiert und siebt aus. Diese Notwendigkeit, das begrenzte Vermögen ist für Werbick selbst noch keine Sünde. Es gehört zur Ambivalenz menschlicher Autonomie. „Sünde wäre vielmehr – nach dem Gesagten – jene Wirklichkeit, in der diese Ambivalenz dazu geführt hat, dem anderen das eigene „Gesetz" aufzuerlegen, ihm die eigenen selektiven Mittel-Zweck-Hierarchien aufzuzwingen. Der Schritt von der vor-sündlichen Ambivalenz der Autonomie – der sie unvermeidlich mitkonstituierenden Selektivität – zur sündigen Selektion ist theologisch entscheidend, aber in empirischer Betrachtung kaum identifizierbar."[277] Also wie bei Whitehead ist für Werbick die Sünde bzw. das Böse eine Konstellation: „Selbstsetzung als Verdrängung; Vorkommenwollen, das zum Nicht-vorkommen-lassen-Wollen der anderen, zur Missachtung und Bestreitung ihrer Präsenz, ja zu ihrer „Eliminierung" verführt."[278]

Und wie bei unseren zwei Deutungen von Gen 2 ist die Sünde hier die Missachtung der anderen, das Handeln nach eigenem Gutdünken. (Die Meta-Ebene fehlt bei Werbick: das vorschnelle Urteilen in der Meinung, gut und böse zu wissen.) „Die Sünde kommt zur Macht, sie übt ihre Macht aus im zerstörerische-verdrängenden Handeln der Menschen."[279]

Weil man nicht genau sagen kann, wann empirisch die Ambivalenz menschlicher Autonomie in Sünde umkippt, „gewinnt Sünde in der Selbstreflexion des Glaubens den Charakter eines Verhängnisses, von dem sie Menschen sich „von Anfang an" gefangen nehmen lassen." Aber ich frage mich, ob es so hilfreich ist, hier den Sündenbegriff zu benutzen. Ich glaube, dass dies für die Selbstreflexion der Gläubigen eher niederdrückend und deprimierend ist. Hilfreicher finde ich es, mit Spinoza zu sagen: Wir beginnen mit inadäquaten Ideen, mit den Psychologen zu sagen: Wir haben unbewusste Biases. Dann werde ich neugierig in meiner Selbstreflexion und weiß auch eher, wonach ich suchen kann.

Drachen der Untätigkeit

Der kanadische Psychologe Robert Gifford hat nach den verschiedenen Gründen für das Nichtstun gesucht und hat anschaulich für die über 30 verschiedenen Gründen Fabeltiere ausgemacht, über 30 verschiedene Drachen der Untätigkeit. Er hat diese Gründe hauptsächlich auf die Frage bezogen, warum es Menschen oft so schwerfällt, sich aktiv für den Klimaschutz einzusetzen. Aber wir können diese Drachen auch in anderen Bereichen feststellen.

In seinem Paper „Die Drachen der Untätigkeit" (orig. „The Dragons of Inaction", 2011) beschreibt er eine Reihe von psychologischen Hürden, die im Alltag immer wieder im Weg stehen. Viele Veränderungen können wir selbst beeinflussen. Und doch: Die Beharrungskräfte sind groß. Aber warum ist das so? Was hält uns auf?

Gifford nennt diese psychologischen Hürden „Drachen der Untätigkeit". Er nutzt das Drachenbild als Metapher. Der Drache steht zwischen dem potenziell Handelnden und dem Ziel, künftig klima- oder umweltschonender zu leben.

Die Drachen sind in folgenden Drachengattungen zusammengefasst:

- Begrenztes Denkvermögen („Limited Cognition")
- Ideologien („Ideologies")
- Vergleiche mit anderen („Comparisons with other People")
- Unumkehrbare Kosten („Sunk Costs")
- Missbilligung („Discredence")
- Wahrgenommenes Risiko („Perceived Risk")
- Begrenztes Handeln („Limited Behavior")

Die Drachen sind dabei ganz unterschiedlicher Natur. Sie haben zu tun mit der Art und Weise wie wir denken, wie wir unsere Umwelt wahrnehmen, wie

241

wir unser soziales Umfeld betrachten oder mit unseren Weltanschauungen. Dabei gilt: Die Drachen wirken nicht nur allein, sondern verstärken und beeinflussen sich gegenseitig. Hier einige Beispiele[280]

Begrenztes Denkvermögen („Limited Cognition")

Giffords erste Gattung basiert auf der Erkenntnis, dass Menschen weniger rational denken, als vielfach vermutet oder behauptet wird. Daraus ergäben sich Fehlwahrnehmungen und Verzerrungen, die zu Untätigkeit beim Klimahandeln führen können, so Gifford.

„Optimism Bias". Ein übersteigerter Optimismus und die daraus resultierende Annahme, dass die Folgen des Klimawandels schon nicht so schlimm würden (zumindest nicht am eigenen Wohnort), verhindert notwendige Veränderungen.

„Unwissenheit" bzw. die *„Ignoranz"*. Wer von einem Problem nichts weiß oder es ausreichend ignorieren kann, wird sich aller Wahrscheinlichkeit auch nicht aufraffen, dieses Problem zu bewältigen.

Ideologien („Ideologies")

Untätigkeits-Drachen der zweiten Gattung nähren sich aus ideologischem Gedankengut oder bestimmten Weltanschauungen. Staatliche Regeln und Vorschriften zur Nutzung natürlicher Ressourcen wie Fischbestände, Wälder oder Böden beispielsweise werden als Gift für Wettbewerbsfähigkeit und Unternehmensgewinne angeprangert.

„Systemrechtfertigung" Gesellschafts- oder Wirtschaftssysteme grundsätzlich in Frage zu stellen oder Änderungen daran vorzunehmen schreckt viele Menschen davon ab, für den Klima- oder Umweltschutz tätig zu werden oder dafür einzutreten. Dem Erhalt des Bestehenden wird eine höhere Bedeutung beigemessen, als Neues zu wagen.

„Technosalvation" Viele Menschen glauben auch, dass die aktuell drängenden Probleme allein mit technischen Innovationen gelöst werden könne.

Sozialer Vergleich

„Die anderen kümmern sich auch nicht um die Umwelt. Warum sollte ich anfangen?".

Aus Gruppennormen auszubrechen, ist immer anstrengend und birgt das Risiko, aus der Gruppe ausgeschlossen zu werden. Beispiel: „Alle meine Freunde fahren SUV. Wenn ich jetzt mit einem Kleinwagen ankomme, lachen die mich aus."

Unumkehrbare Kosten

Große Autos gelten immer noch als Statussymbol. Wer es anderen zeigen will, kauft sich ein großes und schnelles Auto. Ist der Kredit für den SUV erst einmal aufgenommen und sind die ersten Raten bezahlt, gibt es kein Zurück mehr: Das Auto steht in der Garage, also wird es auch genutzt. Und habe man sich erst einmal an den Komfort und die Bequemlichkeit seines fahrbaren Untersatzes gewöhnt, dann erst recht.

Trägheit und Gewohnheit sind weitere und zwar wesentliche innere Aspekte, die uns am Klimahandeln hindern. Wer versucht nach Weihnachten mehr Sport zu treiben, weniger Alkohol zu trinken oder regelmäßig mit dem Rad zur Arbeit fahren, sieht sich diesen Drachen in Form des „inneren Schweinehunds" gegenüber.

Missbilligung

Manche Menschen ignorieren den Klimawandel. Manche leugnen ihn aber auch aktiv, verleumden wissenschaftliche Ergebnisse und bringen Klimaaktivistinnen und -aktivisten in Verruf. Dieser Drache hat generell mit negativen Sichtweisen und ablehnenden Einstellungen sowie mangelndem Vertrauen zu tun. Wenn Menschen einander nicht vertrauen, dann werden sie den Vorschlägen der anderen nicht folgen. Im schlimmsten Fall setzen sie sich sogar gegen Empfehlungen und Ratschläge trotzig zu wehr.

Wahrgenommenes Risiko

Was ist das wahrgenommene finanzielle Risiko oder das soziale Risiko. Für Unternehmen beispielsweise kann es kostspielig sein, in neue Technologien zu investieren. Zu groß ist das Risiko finanzieller Verluste, wenn sich die Technologie am Markt nicht rechnet. Anderseits: Auch ein Aussitzen der Herausforderungen und Nichtstun können Risiken bergen. Deutschland war einmal Weltmarktführer in Photovoltaik, bis die Merkelregierung die Förderung drosselte und die Massenproduktion die Chinesen aufbauten.

Begrenztes Handeln

Gut gemeint ist nicht immer gut genug. Dazu gehören umwelt- oder klimabezogene Verhaltensweisen, die nur Alibifunktion haben oder als Feigenblatt dienen. Diesen Drachen nennt Gifford *„Tokenism"*. Das heißt, einfache leicht zu realisierende Aktionen werden umgesetzt („Trennen von Müll"), wirksamere, aber ggf. auch teurere oder schwieriger umzusetzende Aktionen aber nicht („Umstieg auf Ökostrom", „Verzicht auf Flugreisen", „kleinere Wohnung" etc.).

Mit begrenztem Handeln eng verbunden ist auch der sogenannte *Rebound-Effekt*. Bei diesem Phänomen führen beispielsweise Einsparungen beim Spritverbrauch durch effizientere Motoren dazu, dass weitere Strecken gefahren werden oder das Auto häufiger genutzt wird. Die erzielten Einsparungen an Diesel oder Benzin werden dadurch wieder zunichte gemacht.

Wie kann man diese Drachen überwinden? Der Coach Christian Meyer nennt auf seiner Webseite 5 Schritte:

243

1. Anerkennen, dass es ein Problem gibt.
2. Informieren: Man muss nicht Experte oder Expertin für den Klimawandel oder nachhaltige Entwicklung werden.
3. Ziele stecken: Ziele spielen eine große Rolle bei der Verhaltensänderung.
4. Beispiel sein für andere: Es geht darum, klimabewusstes oder nachhaltigeres Handeln vorzuleben.
5. Lösungsansätze und Good Practice Beispiele kommunizieren

Tragik, dass man nie immer alle einbeziehen kann

Ich beginne mit einem sehr interessanten Satz:
„Freiheit heißt, die Ebene wählen."
Anhand einiger Beispiele kann man diese These erläutern. Z. B. macht es einen Unterschied, ob ich bei einem Streit mit einer Person alle Verletzungen und Enttäuschungen, die ich mit ihr erlebt habe, hochkommen lasse oder ob ich nur auf diese jetzige Situation schaue. Oder bei Lebensentscheidungen, wie Berufswahl oder Partnerwahl: Will ich die ganze Geschichte meiner Familie, ihre Traditionen usw. mit einbeziehen oder will ich eine ganz andere Ebene wählen? Bei adligen Familien z. B.: Will ich eine adlige Person heiraten, weil ich mich der ganzen adligen Geschichte verpflichtet fühle? Oder will ich mir erlauben, mich ganz offen auch in bürgerliche Personen zu verlieben, weil ich die ganze Historie meiner Familie nicht als Last mitschleppen will?
Mir wurde mit der Zeit klar, dass die Ebene wählen eine zentrale Aufgabe von Leitung ist. Ich möchte dies an einigen Beispielen ausführen. Bei einem Jugendzeltlager gibt es verschiedene Phasen: Beim Aufbau und Abbau muss man sehr konzentriert und koordiniert zusammenarbeiten. Die Leitung muss die Aufgaben verteilen und alle Fäden in der Hand haben. Aber ein Zeltlager lebt natürlich auch von Zeiten, in denen man gechillt zusammensitzt. Hier kann und muss die Leitung eine Entspannung zulassen. Aber dies funktioniert umso mehr, wenn klar ist, dass durch bestimmte Zeichen ein Kontraktionswechsel angesagt ist: Die Glocke läutet zum Mittagessen. Dann ist es wichtig, dass sich alle auch zum Essenszelt begeben. Oder der Pfiff ertönt zum Holzholen. Es untergräbt die Solidarität, wenn dann einige bei solchen Gemeinschaftsaufgaben ausbüchsen.
Sie können sich die verschiedenen Ebenen so vorstellen: Nehmen Sie einen Kegel. Sie können mit einem Messer an verschiedenen Stellen den Kegel durchschneiden und Sie bekommen unterschiedlich große Kreise. An der Spitze ist alles sehr kontrahiert, der Kreis wird zu einem Punkt. Auf der

anderen Seite ist der Kegel ein sehr weiter Kreis. Die Ebene wählen heißt in diesem Bild: Entscheiden, wo ich durchschneide.

Es gibt extreme Kontraktionssituationen: Ein erfahrener Pfleger in der Notfallstation erzählte mir von seinen Erlebnissen, als er zufällig bei einer Autofahrt bei einem Unfall vorbei gekommen ist. „Meine Frau sagt: Dann legst Du einen Schalter um!" Hochkonzentriert und fokussiert auf eine Aufgabe, nämlich Leben retten, kommandierte er in solchen Situationen unerfahrene Rettungssanitäter. Kein Raum für Diskussionen und lange Abwägungen. Das ist also so eine Situation, die dem der Spitze am Kegel entspricht.

Wenn dagegen jemand zu einem Seelsorgegespräch kommt, kann ich als Seelsorger weiten Raum geben. Ich kann dem Ratsuchenden erlauben, die Ebene und die Tiefe auszuwählen. Aber es kann dann auch sinnvoll sein, wenn er ständig springt oder noch an der Oberfläche herumkratzt, dass ich ihn einlade, auf einer Ebene zu bleiben oder eine Ebene tiefer zu gehen.

Was hat das alles mit unserem seltsamen Evangelium zu tun: Nein, ich sage euch, ich bin nicht gekommen, Frieden auf Erden zu bringen, sondern Spaltung. Drei werden gegen zwei stehen usw.? Nun im Kontext von Jesu Leben ist das sehr nachvollziehbar:

Jesus zerriss faktisch Familien. Junge Menschen schlossen sich ihm als Jünger an und hinterließen ein Loch in ihrer Familie. Sie entschieden: das Reich Gottes jetzt zu suchen ist mir wichtiger als der Familientradition treu zu bleiben. Erinnern Sie sich an das Adligenbeispiel... Kein Wunder, dass es dann in einer Familie Zoff gab! Freiheit heißt, die Ebene wählen. Die Jünger wählten: Jetzt Reich Gottes suchen. Nicht: die Familientradition fortsetzen. Ein bewusster Wechsel der Kontraktionsebene!

Wechsel der Ebenen bringt immer wieder Konflikte mit sich: Die Leitung hat die Aufgabe, die Ebene zu wählen und passend die Ebene zu wechseln. Nun kann es über die Wahl der Ebene Konflikte zwischen Leitung und Gruppenmitglieder geben. Oder gewisse Gruppen oder Personen wollen eine andere Ebene wählen als die Leitung: Meistens wollen sie eine weitere Ebene, die die Geschichte und jeden Einzelnen mit seinen individuellen Wünschen mehr beachtet usw. Aber diese weitere Ebene kann das Vorankommen des Ganzen blockieren, was diejenigen, die die Leitung nicht innehaben, oft nicht überblicken können.

Wir haben dies im Großformat in der Coronakrise erlebt. Die Politik musste immer neu die Kontraktionsebene wählen bzw. verändern. Strengere Regeln, wieder lockere Regeln usw. Und sie musste schnell handeln, denn das Virus wartete nicht.

Zum Thema „schnelles Reagieren in der Coronakrise" schrieb Mark Schieritz in der ZEIT: „Man muss nicht immer endlos mit allen reden, manchmal braucht es klare Ansagen. Das ist nicht totalitär, sondern ein Wesensmerkmal einer repräsentativen Demokratie."[281] In einem anderen Artikel schrieb Schieritz: „Wer jeden mitnehmen will, kommt nicht vom Fleck."[282]
Er betont in diesem Artikel, dass es fatal ist, wenn man wie Rousseau das Volk als eine organische Einheit ansieht. Wir kennen dies von Paulus, wenn er sagt, dass die Gemeinde ein Leib sei, bei dem alle Glieder harmonisch zusammenarbeiten. Entspannender und realitätsnäher ist folgende Sichtweise: „Eine pluralistische Demokratie ist keine organische Gemeinschaft, sondern ein permanenter Aushandlungsprozess, in dem unterschiedliche Interessen aufeinanderprallen: Arm gegen Reich, Ost gegen West, Alt gegen Jung. Insofern spaltet praktisch fast jede politische Maßnahme die Gesellschaft. Wenn die Rente steigt, dann profitieren die Alten, während die Jungen die Rechnung bezahlen. Wenn sie fällt, ist es umgekehrt. Die Einführung einer Impfpflicht wäre in dieser Sichtweise keine Spaltung, sondern schlicht die Anwendung einer Entscheidungsregel. In diesem Fall: des Mehrheitsprinzips."[283]
Die GfK empfiehlt, dass man alle Bedürfnisse aller Beteiligten hört, damit man so tragfähige Lösungen finden kann. Bei überschaubaren Gruppen kann man das durchführen. Und vielleicht ist das auch ein blinder Fleck der GfK: Sie hat in ihrer Praxis keine Reflexion darum, dass jemand die Ebene wählen muss. Sie tut so, als ob alles eine Ebene wäre. Aber das ist es nie. Wenn ich nach Bedürfnissen frage, kann ich sehr stark in den Resonanzraum meiner persönlichen Geschichte gehen. Ich kann sogar anfangen, mit meinen inneren Teilen zu sprechen und deren Bedürfnisse kennenzulernen. Wenn ich dagegen nur in einem aktuellen Streit vermittle, ist die Ebene sehr fokussiert auf die Gegenwart.
Aber für größere Gruppen und Organisationen kann die Leitung nicht bei jeder Entscheidung die weiteste Ebene für die Entscheidungsfindung wählen, denn dafür reicht öfters die Zeit nicht.
Missbrauch und ungünstige Ebenenwahl können in beiderlei Richtungen geschehen: Evtl. wählt die Leitung eine zu enge Kontraktionsebene bzw. kann oder will nicht zur weiteren Entspannungsebene wechseln. Ebenso können Gruppen die Leitungskompetenz sabotieren, indem sie gegen die Kontraktionsebene, die die Leitung gewählt hat, meutern. Und es kann auch sein, dass die jeweilige Kontraktionsebenenwahl zu wenig kommuniziert wurde. All das kann Konflikte bewirken.
Diese Probleme spitzen sich in unserer Gesellschaft zu. Nehmen wir nur ein Beispiel: Damit der Verkehr klimaverträglicher wird, muss die Bahn Trassen

erweitern. In Angermund z. B. kämpft eine Bürgerinitiative gegen die Erweiterung von zwei auf vier Trassen. Ihnen genügt der erweiterte Schallschutz nicht. Sie fordern, dass die Schienen unterirdisch verlaufen sollen. Das würde die Stadt nicht teilen. „Wie soll solche eine radikale Wende funktionieren in einem Land, in dem sich jede Gemeinde und jede Initiative immer noch selbst die Nächste ist?"[284] So vergeht wertvolle Zeit, die wir alle eigentlich nutzen müssten, um unseren Verkehr klimaverträglicher zu machen. Lokale Wünsche und globale Notwendigkeiten sind im Widerstreit. Leitung, hier die Politik, muss dann für das Gemeinwohl auch gegen Widerstand eine Kontraktionsebene festlegen!

Wichtig erscheint mir folgendes:

- Leitung muss akzeptieren und innerlich bejahen, dass sie die Ebenen wählt und verändert.

- Sie muss damit rechnen, dass dann auch harter Gegenwind kommen kann, ob in einer Pfarrei, einer Institution, einer Firma, in einer Stadt, in einem Land.

- Sie muss flexibel die Ebenen wechseln. Nach einer Zeit, in der eine enge Kontraktionsebene nötig war, ist es gut, wieder lockerer zu lassen. Dann kann man auch wieder mehr die Vielfalt der Stimmen aufnehmen, Diskussionen und Verständnisprozesse fördern usw.

- Was gerade die Impfdiskussionen und die vielen aggressiven Anti-Corona-Demonstranten gezeigt haben: Man kann als Leitung nicht alle mitnehmen, so sehr man sich auch bemüht.

Das hat Jesus sehr wohl durchschaut. Ja er hat es leidvoll erlebt. Er wurde von Judas verraten. Die Hohenpriester verweigerten sich seiner neuen Rede von Gott und hielten ihn für eine Gefahr für das Volk. Er flüchtete nicht sondern ging seinen Kreuzweg und verzieh seinen Gegnern.

Eine Friede-Freude-Eierkuchen-Harmonie ist nicht erreichbar, so sehr wir uns das auch wünschen!

Schluss: Glaube, Liebe, Hoffnung als Basis für die Demokratie

Der Jakobusbrief betont die Verbindung von Gottesliebe und Nächstenliebe! Man soll alle Christen wertschätzen und nicht die Reichen hofieren und die Armen links liegen lassen. (Jak 2,1-5) Zum Glauben gehören Taten der Nächstenliebe, ansonsten ist der Glaube „für sich allein tot"! Wörtlich Jakobusbrief! (Jak 2,14-18) Die bösen Absichten führen zu Streit und Krieg. Dagegen die Weisheit von oben ist unparteiisch, voll Erbarmen, freundlich, friedlich. (Jak 3,16-4,3) Mit diesen Impulsen aus dem Jakobusbrief komme ich zum Thema des Schlusses:

Glaube, Liebe, Hoffnung – das sind die drei großen zentralen Tugenden, man nennt sie auch die drei göttlichen Tugenden. Sie werden normalerweise auf Gott bezogen: Wir sollen an Gott glauben, Gott und natürlich auch die Mitmenschen lieben, wir sollen auf Gott hoffen.

Aber der Jakobusbrief sagt deutlich, dass die Beziehung untereinander entscheidend ist. Da bewahrheitet sich unser Glaube, unsere Liebe, unsere Hoffnung.

Das ist für mich Impuls genug, eine These aufzustellen: **Glaube, Liebe, Hoffnung brauchen Demokratien, um bestehen zu können und um zu gedeihen.**

In unseren säkularen Gesellschaften kann das nicht der Glaube an Gott, die Liebe zu Gott und die Hoffnung auf Gott explizit sein. Es geht um den Glauben, die Liebe und die Hoffnung untereinander, unter uns Menschen. (Indirekt, schon allein, weil Gott uns erschaffen hat, geht es somit auch um Glauben an Gott, Liebe zu ihm und Hoffnung auf ihn.)

Beginnen wir mit dem Glauben In einer Demokratie, die gedeihen will, müssen Menschen glauben können, dass sie nicht nur Untertanen sind. Sie müssen glauben und dann natürlich auch immer wieder erleben, dass sie auch als Bürger und Bürgerinnen etwas aktiv mitgestalten können, und das nicht nur alle vier Jahre bei der Wahl.

Dazu gehört der Glaube, dass Argumente und vernünftiges Streiten etwas bewirken können. Es gehört auch der Glaube dazu, dass man Rechtfertigung verlangen darf: Wenn die Regierung etwas entscheidet, muss sie mit guten Gründen das rechtfertigen. Umgekehrt müssen Gegner auch mit guten Gründen ihre Kritik rechtfertigen.

Ebenso gehört dazu der Glaube, dass Gerichte unparteiisch vorgehen. Wohlgemerkt: das Wort unparteiisch fanden wir schon im Jakobusbrief.

Last but not least gehört wesentlich zur Demokratie der Glaube, dass der Mensch auch altruistisch und nicht nur egoistisch handeln kann. Menschen können sich wirklich ernsthaft für andere Menschen oder für ein gutes Ziel einsetzen.

Machen wir weiter mit der Liebe Liebe ist auf der Ebene der Gesellschaft vielleicht das unpassende Wort. Nehmen wir lieber die zwei Wörter aus dem Jakobusbrief: freundlich, voll Erbarmen. Wenn ich freundlich bin, gehe ich positiv auf den Mitmenschen zu. Man kann sich streiten über gesellschaftliche Themen und danach ein Bier miteinander trinken. Oder wie der Ministerpräsident von Hessen am Anfang der Koalition sagte: Gehen wir davon aus, dass die von der anderen Partei auch gute Gründe haben können für ihre Position. Das bewirkt Interesse, Austausch und Lernbereitschaft.

Zur Liebe im Gesellschaftlichen gehört aber auch eine Portion Erbarmen, oder vielleicht ist das Wort „Nachsicht" besser in der modernen Zeit. Keiner ist perfekt, jeder macht Fehler oder übersieht etwas. Und wenn jemand überregiert, kann man manchmal durch etwas Empathie und Nachfragen rausbekommen, woran es gelegen hat. Oft ist man dann ganz erstaunt und hat Verständnis…

Eine gewisse Nachsicht braucht es auch im Umgang zwischen Bürgerinnen und Behörden. Ein führender Politiker sagte mir: Nicht wenige Beamten nützen den Entscheidungsspielraum, den sie haben, viel zu wenig aus, um flexibel auf die verschiedenen Situationen zu reagieren.

Zuletzt die Hoffnung In einer Demokratie, die gedeihen soll, braucht es Zukunftsvisionen. Über die kann man diskutieren und streiten. Aber wenn die Hoffnung auf Veränderung fehlt, wenn eine Zukunftsvision fehlt, dann kann man nur noch resignieren oder rebellieren.

Im Interview mit der ZEIT fragte z. B. der Politologe Jonathan White: „Welche Gesellschaft wollen wir als Reaktion auf die Klimakrise aufbauen?" Diese positive Frage nach Gestaltung einer besseren Zukunft müssen wir stellen und an ihr arbeiten! Das soll kein Masterplan sein, Experimentieren und Irrwege gehen und Umkehren gehört zur Umsetzung einer Vision dazu!

Demokratien in Gefahr Nach diesem Überblick, warum Demokratien auf Glauben, Liebe und Hoffnung aufgebaut sind, zeigt sich folgendes: Inzwischen gibt es sehr viele Artikel und Bücher über den Verfall der Demokratien, über die Gefährdung von Demokratien. Wenn man sie überblickt, dann kann man immer sehen, dass sie feststellen, dass entweder Glaube oder Liebe oder Hoffnung oder alles drei geschwunden ist. Sie nennen das nicht Glaube, Liebe oder Hoffnung, aber ihren Inhalt kann man immer einem Begriff oder sogar mehreren zuordnen. Einige Symptome:

Die Verrohung der Sprache und des zwischenmenschlichen Umgangs in den sozialen Medien hat zugenommen. Und das schwappt über in Gehässigkeit und Gewalt auch im realen Leben. Die Wirkkraft von Gewerkschaften hat abgenommen. Die Großkonzerne können auch die Länder auf der ganzen Welt gegeneinander ausspielen. Demokratische Parteien haben ihre Attraktivität verloren. Die Bürokratie wird trotz Bürokratieabbau mehr. Düster schauen Menschen in die Zukunft und fragen sich, ob Klimakrise und Artensterben bald massiv unser Überleben bedrohen.

Die populistisch rechten Parteien nutzen diese Situation schamlos aus. Aber wer ihnen zujubelt, sei gesagt: Erlöser sind sie keinesfalls, eher das Gegenteil…

In der Vergangenheit wurden von verschiedenen Verantwortlichen Fehler gemacht, die Vertrauen zerstört haben. Auch Systeme können Eigendynamiken entwickeln, die dem Ganzen nicht dienlich sind. So ist die Presse darauf fixiert, emotionale Schlagzeilen zu produzieren. Das heizt die öffentliche Stimmung an. So ist die Wirtschaft darauf fixiert, Gewinne zu erzielen und negative Nebeneffekte zu verdrängen. Wir könnten noch mehr Systeme durchgehen. Sie haben alle ihre Schlagseiten, die dem Ganzen nicht dienlich sind. Und deswegen gilt:

Demokratie ist nie fertig. Immer neu muss man unter neuen Bedingungen Glaube, Liebe und Hoffnung aufbauen.

Glaube, dass Menschen sich auch gern für Gutes einsetzen und dass auch Systeme und Institutionen veränderbar sind, dass gute Argumente auch wirken können, dass man auch wieder mehr soziale Gerechtigkeit schaffen kann.

Liebe, also beginnen wir mit Freundlichkeit, zeigen wir Interesse an anderen Menschen und ihren Meinungen und schieben ab und zu eine Schippe Nachsicht nach.

Hoffnung, dass wir zwar existentielle Krisen zu bewältigen haben, die es so nie gab in der Geschichte der Menschheit, dass wir aber daraus auch eine Vision von einem besseren, menschlicheren Leben zusammen erschaffen können.

Nochmals Jonathan White: „Wenn Menschen um langfristige Anliegen und Visionen wissen, für die es sich lohnt, mehr Geduld aufzubringen, dann werden sie auch mitgehen. Diese Hoffnung darf man in der Demokratie nicht aufgeben!"

Der Heilige Geist möge uns inspirieren und Glaube, Liebe und Hoffnung wachsen lassen, ohne dass wir dabei unser nötiges Mittun vergessen!

Literatur

- Badiou, Alain: Paulus. Die Begründung des Universalismus, 2002
- Balzer, J.: After Woke (Fröhliche Wissenschaft), 2024
- Bassiouni, M. u. a. (Hgg.): Die Macht der Rechtfertigung. Perspektiven einer kritischen Theorie der Gerechtigkeit, 2024
- Basu, A., Faust, L.: Gewaltfreie Kommunikation, 2012
- Beinert, W.: Glaubenszugänge. Lehrbuch der kath. Dogmatik, Bd.3, Traktat Gnadenlehre (Georg Kraus), Paderborn 1995
- Bergson, H.: Denken und schöpferisches Werden, Hamburg 1993
- Bergson, H.: Zeit und Freiheit, Hamburg 1994
- Bergson, H.: Materie und Gedächtnis. Eine Abhandlung über die , Beziehung zwischen Körper und Geist, Hamburg 1991
- Bergson, H.: Schöpferische Entwicklung
- Bergson, H.: Die beiden Quellen der Moral und der Religion, Frankfurt a. M. 1992
- Bergson, H.: Seelische Energie, Jena 1928
- Berdjajew, N.: Versuch einer eschatologischen Metaphysik, 2001
- Biser, E. u.a. (Hgg): Der Glaube der Christen. Ein ökumenisches Handbuch, 1999
- Boehm, Omri: Radikaler Universalismus. Jenseits von Identität, 2024
- Deleuze, G.: Differenz und Wiederholung, München 1992.
- Deleuze, G.: Nietzsche und die Philosophie, Hamburg 1991
- Deleuze, G.: Bergson zur Einführung, Hamburg 1989
- Deleuze, G.: Spinoza. Praktische Philosophie, 1988
- Deleuze, G.: Spinoza und das Problem des Ausdrucks in der Philosophie, München 1993
- Deleuze, G.: Die Falte. Leibniz und der Barock, Frankfurt a. M. 1995
- Deleuze, G.; Guattari, F.: Tausend Plateaus, Berlin 1997
- Deleuze, G.: Kleine Schriften, Berlin 1980.
- Deleuze, G.: Unterhandlungen. 1972-1990, Frankfurt a. M. 1993.
- Deleuze, G.: Schizophrenie & Gesellschaft. Texte und Gespräche 1975-1995, Frankfurt a. M. 2005
- Drehsen, V. u.a.: Wörterbuch des Christentums, 2001 München
- El Ouassil, S.; Karig, F.: Erzählende Affen: Mythen, Lügen, Utopien - wie Geschichten unser Leben bestimmen, 2022

- Frankemölle, H.: Der Jude Jesus und der christliche Glaube, in: Der Glaube der Christen. Ein ökumenisches Handbuch, München/Stuttgart 1999
- Forst, R.: Das Recht auf Rechtfertigung. Elemente einer konstruktivistischen Theorie der Gerechtigkeit, 2007
- Forst, R.: Die noumenale Republik: Kritischer Konstruktivismus nach Kant, 2021
- Forst, R.: Normativität und Macht: Zur Analyse sozialer Rechtfertigungsordnungen, 2015
- Fuchs, O.: Das jüngste Gericht. Hoffnung auf Gerechtigkeit, 2009 Regensburg
- Fuchs, Ottmar: Der zerrissene Gott, 2014
- Greenblatt, S.: Die Geschichte von Adam und Eva. Der mächtigste Mythos der Menschheit, 2018 München
- Haghiri, S.: Mit Nachsicht: Wie Empathie uns selbst und vielleicht sogar die Welt verändern kann, 2024
- Hampe, M.; Schnepf, R.: Ethik. Reihe: Klassiker auslegen, Berlin 2006
- Klinger, E.: Armut. Eine Herausforderung Gottes, Zürich 1990
- Krause, R.: Nietzsche: Perspektiven der Macht, 2009
- Kuschel, K.-J.: Jesus in der Weltliteratur, Düsseldorf 1999
- Lambert, W.: Aus Liebe zur Wirklichkeit. Grundworte ignatianischer Spiritualität, Mainz 2000
- Larsson, Liv: Begegnung fördern. Mediation in Theorie und Praxis, Paderborn, 2009.
- Limbeck, M.: Abschied vom Opfertod: Das Christentum neu entdecken, 2012.
- Martens, E.: Ich denke, also bin ich: Grundtexte der Philosophie, 2021
- McWhorter, J.: Die Erwählten: Wie der neue Antirassismus die Gesellschaft spaltet, 2022
- Mounk, Y.: Im Zeitalter der Identität: Der Aufstieg einer gefährlichen Idee, 2024
- Nagl: Charles Sanders Peirce, Frankfurt 1992
- Narr, M.: Dialog statt Dogma. Wie wir gesellschaftliche Konflikte lösen, ohne zu spalten, 2024
- Nietzsche, F.: Morgenröte. Idyllen aus Messina. Die fröhliche Wissenschaft, Kritische Studienausgabe Bd. 3, 1988
- Premm, M.: Katholische Glaubenslehre. Ein Lehrbuch der Dogmatik. Band I, 1951 Wien
- Rahner, K.; Imhof, P.: Ignatius von Loyola, Freiburg 1978,

- Ricard, M: Allumfassende Nächstenliebe. ALTRUISMUS – die Antwort auf die Herausforderung unserer Zeit, 2017 Hamburg
- Rosenberg, M.: Konflikte lösen durch Gewaltfreie Kommunikation. Ein Gespräch mit Gabriele Seils, Freiburg i. Br. 2016
- Rosenberg, M.: Lebendige Spiritualität, Paderborn 2005
- Rosenberger, M.: Frei zu leben. Allgemeine Moraltheologie, 2018
- Sander, H.-J: Natur und Schöpfung – die Realität im Prozeß. A. N. Whiteheads Philosophie als Paradigma einer Fundamentaltheologie kreativer Existenz, Frankfurt a. M. 1991
- Simonis, W.: Glaube und Dogma der Kirche: Lobpreis seiner Herrlichkeit. Leitfaden der kath Dogmatik nach dem II Vatikanum, St. Ottilien 1995
- Schlögl-Flierl, K.; Merkl, A.: Moraltheologie kompakt.: Ein theologisch-ethisches Lehrbuch für Schule, Studium und Praxis 2017
- Skidelsky, Robert und Eduard: Wie viel ist genug? Vom Wachstumswahn zu einer Ökonomie des guten Lebens, München 2013.
- Sobrino, Jon: Christologie der Befreiung, Bd 1, Mainz 1998
- Spinoza, B.: Briefwechsel, Hamburg 1986.
- Spinoza, B.: Theologisch-politischer Traktat, Hamburg 1994.
- Spinoza, B.: Politischer Traktat, Hamburg 1994
- Spinoza, B.: Die Ethik. Schriften und Briefe, Stuttgart 1982
- Tugendhat, E.: Anthropologie statt Metaphysik, 2010
- Webick, J.: Den Glauben verantworten. Eine Fundamentaltheologie, 2000
- Willke, H.: Klimakrise und Gesellschaftstheorie. Zu den Herausforderungen und Chancen globaler Umweltpolitik, 2023
- Zimmermann, B. A., Annen, F. (Hgg.): Versöhnt durch den Opfertod Christi?: Die christliche Sühnopfertheologie auf der Anklagebank. paz 4 (Schriften Paulus-Akademie Zürich, Band 4), 2009

Literaturnachweise und Anmerkungen

[1] Nietzsche, F.: Morgenröthe KS 3, § 202, S.177
[2] Whitehead, A. N.: Prozeß und Realität, S. 612f
[3] Premm: Katholische Glaubenslehre Bd1, S. 484
[4] Tagesgebet 18. Sonntag im Jahreskreis

[5] Gabengebet Donnerstag 2. Woche.
[6] Gabengebet Freitag 7. Osterwoche.
[7] Tagesgebet Freitag 2. Woche
[8] Tagesgebet 15. Sonntag im Jahreskreis
[9] Gabengebet 12. Sonntag im Jahreskreis
[10] Gabengebet Freitag 3. Woche
[11] Premm: Katholische Glaubenslehre Bd1, S. 485:
[12] Tugendhat, E.: Anthropologie statt Metaphysik, S. 114
[13] Weltkatechismus, Nr. 846f
[14] Weltkatechismus, Nr. 1033
[15] Schlögl-Flierl, K.; Merkl, A.: Moraltheologie kompakt, S. 45
[16] Greenblatt, S.: Die Geschichte von Adam und Eva, S. 123
[17] Fuchs: Gericht, S. 79
[18] Greenblatt, S.: Die Geschichte von Adam und Eva, S. 129
[19] Greenblatt, S.: Die Geschichte von Adam und Eva, S. 126
[20] Greenblatt, S.: Die Geschichte von Adam und Eva, S. 128f
[21] Wörterbuch des Christentums, S. 111
[22] Greenblatt, S.: Die Geschichte von Adam und Eva, S. 102
[23] Greenblatt, S.: Die Geschichte von Adam und Eva, S. 106
[24] Greenblatt, S.: Die Geschichte von Adam und Eva, S. 113
[25] Larsson, Liv: Begegnung fördern, S.22.
[26] Larsson, Liv: Begegnung fördern, S.25
[27] Berdjajew, N.: Versuch einer eschatologischen Metaphysik, S. 286.
[28] Berdjajew, N.: Versuch einer eschatologischen Metaphysik, S. 286.
[29] Berdjajew, N.: Versuch einer eschatologischen Metaphysik, S. 287.
[30] Otto Neurath: Protokollsätze. In: Erkenntnis. Band 3, 1932/33, S. 206
[31] Deleuze, G.: Schizophrenie & Gesellschaft, S.327
[32] Spinoza: Ethik, Erläuterung zu EIII 2.LS.
[33] Spinoza: Ethik, Einleitung 3. Kapitel
[34] Hampe, M.; Schnepf, R.: Ethik. Reihe: Klassiker auslegen, S.1f.
[35] Limbeck, M.: Abschied vom Opfertod, S. 133
[36] Limbeck, M.: Abschied vom Opfertod, S. 134f
[37] Nietzsche: Perspektiven der Macht Pos 935-942 (ich kann nur die Position, nicht die Seiten angeben, da ich das Buch nur als E-Book bekommen habe.)
[38] Nietzsche: Perspektiven der Macht Pos 970-975
[39] Nietzsche: Perspektiven der Macht Pos 942-951
[40] Vgl. Badiou, Alain: Paulus., S. 136
[41] Vgl. Badiou, Alain: Paulus, S. 166
[42] Vgl. Badiou, Alain: Paulus, S. 178.
[43] Vgl. Badiou, Alain: Paulus, 2002, S. 182
[44] Limbeck, M.: Abschied vom Opfertod, S. 86
[45] Limbeck, M.: Abschied vom Opfertod, S. 81
[46] Limbeck, M.: Abschied vom Opfertod, S. 82
[47] Zimmermann, B. A., (Hgg.): Versöhnt durch den Opfertod Christi? S. 83

[48] Zimmermann, B. A., (Hgg.): Versöhnt durch den Opfertod Christi? S. 83

[49] Zimmermann, B. A., (Hgg.): Versöhnt durch den Opfertod Christi? S. 77

[50] Zimmermann, B. A., (Hgg.): Versöhnt durch den Opfertod Christi? S. 79

[51] Zimmermann, B. A., (Hgg.): Versöhnt durch den Opfertod Christi? S.163

[52] Zimmermann, B. A., (Hgg.): Versöhnt durch den Opfertod Christi? S.165

[53] Vgl. Zimmermann, B. A., (Hgg.): Versöhnt durch den Opfertod Christi? S.165

[54] Zimmermann, B. A., (Hgg.): Versöhnt durch den Opfertod Christi? S.167

[55] Vgl. Zimmermann, B. A., (Hgg.): Versöhnt durch den Opfertod Christi? S.161

[56] Zimmermann, B. A., (Hgg.): Versöhnt durch den Opfertod Christi? S.167

[57] Zimmermann, B. A., (Hgg.): Versöhnt durch den Opfertod Christi? S.165

[58] Zimmermann, B. A., (Hgg.): Versöhnt durch den Opfertod Christi? S.173

[59] Zimmermann, B. A., (Hgg.): Versöhnt durch den Opfertod Christi? S.174

[60] Zimmermann, B. A., (Hgg.): Versöhnt durch den Opfertod Christi? S.175

[61] Vgl. Zimmermann, B. A., (Hgg.): Versöhnt durch den Opfertod Christi? S.174

[62] Bibel und Kirche 2/1986, S.73

[63] Bibel und Kirche 2/1986, S.74

[64] Bibel und Kirche 2/1986, S. 74

[65] Bibel und Kirche 2/1986, S. 75

[66] Vgl. Zimmermann, B. A., (Hgg.): Versöhnt durch den Opfertod Christi? S. 152

[67] Zimmermann, B. A., (Hgg.): Versöhnt durch den Opfertod Christi? S.177 zitiert Janowski

[68] Zimmermann, B. A., (Hgg.): Versöhnt durch den Opfertod Christi? S.151

[69] Vgl. Fuchs, Ottmar: Der zerrissene Gott, 2014, S.125.

[70] Zimmermann, B. A., (Hgg.): Versöhnt durch den Opfertod Christi? S.91

[71] Zimmermann, B. A., (Hgg.): Versöhnt durch den Opfertod Christi? S.92

[72] Zimmermann, B. A., (Hgg.): Versöhnt durch den Opfertod Christi? S. 93

[73] Zimmermann, B. A., (Hgg.): Versöhnt durch den Opfertod Christi? S. 93

[74] Deleuze, G.: Die Falte. Leibniz und der Barock, S. 135

[75] Zimmermann, B. A., Annen, F. (Hgg.): Versöhnt durch den Opfertod Christi? S. 95

[76] Vgl dazu Frankemölle, H.: Der Jude Jesus und der christliche Glaube, in Biser u.a. (Hgg): Der Glaube der Christen. Ein ökumenisches Handbuch, S.611f.

[77] Lambert, W.: Aus Liebe zur Wirklichkeit, S. 23.

[78] Vgl. die Philosophie von Spinoza: nie postuliert er Abstandsunterschiede oder Hierarchien. Gott ist allen Modi „gleich" nah.

[79] Vgl. Nagl: Charles Sanders Peirce, S.94.

[80] Beinert, W.: Glaubenszugänge. Lehrbuch der kath. Dogmatik, Bd.3, Traktat Gnadenlehre (Georg Kraus), S.206.

[81] Beinert, W.: Glaubenszugänge. Lehrbuch der kath. Dogmatik, Bd.3, Traktat Gnadenlehre (Georg Kraus), S.215-217.

[82] Ein Beispiel: Der Elan vital bei Bergson, die sich aktualisierende Schöpferkraft Gottes, stößt in der Evolution auf Widerstände. Das "initial aim" in der Prozessphilosophie wird im Werdeprozess oft verzerrt.

[83] Elmar Klinger: Armut. Eine Herausforderung Gottes, S.121.

[84] Jon Sobrino: Christologie der Befreiung, Bd 1, S. 51. Die primäre Ekklesialität entspricht unserer zweiten Ebene, die sekundäre Ekklesialität entspricht der dritten Ebene.

[85] Walter Simonis: Glaube und Dogma der Kirche, S. 8.

[86] ebd. S. 326.

[87] ebd. S. 327. Vgl. auch meinen Artikel zur Realpräsenz.

[88] Kuschel, K.-J.: Jesus in der Weltliteratur, Düsseldorf 1999, S. 611.

[89] Martens, E.: Grundtexte der Philosophie, S. 248.

[90] Deleuze, G.: Differenz und Wiederholung, S. 327

[91] ZEIT Nr. 27/2024

[92] Rosenberg: Konflikte lösen durch Gewaltfreie Kommunikation, S. 10-12.

[93] Basu, A., Faust, L.: Gewaltfreie Kommunikation, S. 86-88.

[94] Larsson, Liv: Begegnung fördern, S. 71.

[95] Spinoza, B.: Briefwechsel, S.83, 18.Brief.

[96] Spinoza: Theologisch politischen Traktat, S. 71

[97] Deleuze, G.: Spinoza. Praktische Philosophie, S. 47f

[98] Spinoza: Ethik, Buch IV Beweis 8 LS

[99] Rosenberg, M. B. und Seils, G.: Konflikte lösen, S.61.

[100] Rosenberg, M. B. und Seils, G.: Konflikte lösen, S. 72.

[101] Larsson, Liv: Begegnung fördern, 2009, S.22.

[102] Larsson, Liv: Begegnung fördern, 2009, S.25

[103] Deleuze, G.: Spinoza. Praktische Philosophie, S. 36

[104] Spinoza: Ethik, Buch II Anmerkung LS 3

[105] Whitehead, A. N.: Prozeß und Realität, S. 612

[106] Deleuze, G.: Spinoza. Praktische Philosophie, S. 35

[107] Vgl. Skidelsky, Robert und Eduard: Wie viel ist genug? Vom Wachstumswahn zu einer Ökonomie des guten Lebens. Sie haben sieben „Basisgüter" herausgearbeitet, die eigentlich alle Bedürfnisse von Menschen in Oberbegriffen zusammenfassen.

[108] Rosenberg, Marshall B.: Lebendige Spiritualität, S. 19.

[109] Vgl. Deleuze, G.: Spinoza und das Problem des Ausdrucks, S. 214.

[110] Vgl. Deleuze, G.: Spinoza und das Problem des Ausdrucks, S.213-215.

[111] Vgl. Deleuze, G.: Spinoza und das Problem des Ausdrucks, S, S.244.

[112] Vgl. Deleuze, G.: Spinoza und das Problem des Ausdrucks, S. 245.

[113] Vgl. Deleuze, G.: Spinoza und das Problem des Ausdrucks, S. 254.

[114] Vgl. Deleuze, G.: Spinoza und das Problem des Ausdrucks, S. 243.

[115] Spinoza: Ethik, Buch IV Anm 18

[116] Spinoza: Ethik, Buch IV Anm 18

[117] Spinoza: Ethik, Buch IV Anm 34

[118] Hampe, M.; Schnepf, R.: Ethik. Reihe: Klassiker auslegen, S.2.

[119] Spinoza: Ethik, Bich III 9.LS Anm

[120] Boehm, Omri: Radikaler Universalismus, S.42

[121] Spinoza: Ethik, Buch IV Vorrede

[122] Vgl. Deleuze, G.: Spinoza und das Problem des Ausdrucks, S.129-131.

[123] Spinoza: Ethik: Buch II. Anm 35

[124] Vgl. Deleuze, G.: Spinoza und das Problem des Ausdrucks, S. 133.

[125] Spinoza: Ethik, Buch II Anm 40

[126] Hampe, M.; Schnepf, R.: Ethik. Reihe: Klassiker auslegen, S. 215.

[127] Spinoza: Ethik, Buch IV Vorwort

[128] Dabei werde ich die Analysen von Deleuze und von dem Kommentarband „Klassiker auslegen" aufgreifen, weil sie uns schneller die wesentlichen Aspekte aufzeigen.

[129] Spinoza: Ethik, Buch II Anm 40

[130] Hampe, M.; Schnepf, R.: Ethik. Reihe: Klassiker auslegen, S. 137

[131] Hampe, M.; Schnepf, R.: Ethik. Reihe: Klassiker auslegen, S. 135f

[132] Deleuze, G.: Spinoza. Praktische Philosophie, S.107f .

[133] Spinoza: Ethik, Buch II LS 29

[134] Hampe, M.; Schnepf, R.: Ethik. Reihe: Klassiker auslegen, S. 139

[135] Vgl. Deleuze, G.: Spinoza und das Problem des Ausdrucks, S. 119ff

[136] Spinoza: Ethik, Buch V LS 4 Anm

[137] Deleuze, G.: Spinoza und das Problem des Ausdrucks, S. 126.

[138] Hampe, M.; Schnepf, R.: Ethik. Reihe: Klassiker auslegen, S.7

[139] Hampe, M.; Schnepf, R.: Ethik. Reihe: Klassiker auslegen, S.184f

[140] Spinoza: Ethik, Buch III LS 32 Anm

[141] Spinoza: Ethik, Buch III LS 33

[142] Spinoza: Ethik, Buch III LS 41

[143] Spinoza: Ethik, Buch III LS 33 Anm

[144] Spinoza: Ethik, Buch III LS 32

[145] Spinoza: Ethik, Buch V LS 2

[146] Vgl. Donut Ökonomie, S.141

[147] Ricard, M: Allumfassende Nächstenliebe. ALTRUISMUS – die Antwort auf die Herausforderung unserer Zeit, 2017 Hamburg, S. 23.26.

[148] Tugendhat, E.: Anthropologie statt Metaphysik, S.119

[149] Tugendhat, E.: Anthropologie statt Metaphysik, S.120

[150] Tugendhat, E.: Anthropologie statt Metaphysik, S.126

[151] Hampe, M.; Schnepf, R.: Ethik. Reihe: Klassiker auslegen, S.184f

[152] Tugendhat, E.: Anthropologie statt Metaphysik, S. 122

[153] Tugendhat, E.: Anthropologie statt Metaphysik, S. 121

[154] Tugendhat, E.: Anthropologie statt Metaphysik, S. 129

[155] Tugendhat, E.: Anthropologie statt Metaphysik, S. 32

[156] Tugendhat, E.: Anthropologie statt Metaphysik, S. 131

[157] Tugendhat, E.: Anthropologie statt Metaphysik, S. 133

[158] Boehm, Omri: Radikaler Universalismus, S.43

[159] Spinoza: Ethik, 4. Buch 54. Lehrsatz.

[160] Krech, Gregg: Die Kraft der Dankbarkeit, München, 2007, Seite 125

[161] ZEIT Nr. 26/2024

[162] Vgl. Narr, M.: Dialog statt Dogma, S. 36

[163] ZEIT Nr. 26/2024 Vincent Klink:"Manche Lebensmittel werden vergöttert"

[164] Vgl. Narr, M.: Dialog statt Dogma, S. 35

[165] Dietrich & Fricke, 2013, S. 261
[166] Narr, M.: Dialog statt Dogma, S. 45
[167] Narr, M.: Dialog statt Dogma, S. 47
[168] Gidon Wagner: Dein Weg zum Selbstbewusstsein, 2018, Vorwort.
[169] Vgl. Schwartz, Richard C.: IFS, S.28
[170] Schwartz, Richard C.: IFS, S.27.
[171] Bergson, H.: Schöpferische Entwicklung, S.89
[172] Deleuze, G.: Bergson zur Einführung, S.120
[173] Bergson, H.: Schöpferische Entwicklung, S.132
[174] Deleuze, G.: Bergson zur Einführung, S.130
[175] Bergson, H.: Die beiden Quellen der Moral und der Religion, S.30
[176] Deleuze, G.: Bergson zur Einführung, S.136
[177] Bergson, H.: Die beiden Quellen der Moral und der Religion, S.12
[178] Bergson, H.: Die beiden Quellen der Moral und der Religion, S.13
[179] Bergson, H.: Die beiden Quellen der Moral und der Religion, S.27
[180] Deleuze, G.: Bergson zur Einführung, S. 136
[181] Deleuze, G.: Bergson zur Einführung, S. 137f
[182] Deleuze, G.: Bergson zur Einführung, S. 138
[183] Bergson, H.: Die beiden Quellen der Moral und der Religion, S.35
[184] Bergson, H.: Die beiden Quellen der Moral und der Religion, S.36
[185] Bergson, H.: Die beiden Quellen der Moral und der Religion, S.34
[186] Bergson, H.: Die beiden Quellen der Moral und der Religion, S.38
[187] Bergson, H.: Die beiden Quellen der Moral und der Religion, S. 32
[188] Vgl. Bergson, H.: Die beiden Quellen der Moral und der Religion, S. 39
[189] Bergson, H.: Die beiden Quellen der Moral und der Religion, S. 26
[190] Bergson, H.: Die beiden Quellen der Moral und der Religion, S.30
[191] Bergson, H.: Seelische Energie, S. 21 -23
[192] Bergson, H.: Die beiden Quellen der Moral und der Religion, S. 42
[193] Deleuze, G.: Bergson zur Einführung, S. 139f
[194] Bergson, H.: Die beiden Quellen der Moral und der Religion, S. 46
[195] Bergson, H.: Die beiden Quellen der Moral und der Religion, S. 39
[196] Rahner, K.: Ignatius von Loyola, S. 23
[197] Saudee: Gott, Mensch, Universum. Die Antwort des Christen auf den Materialismus der Zeit, 1956; S. 426-427.
[198] Willke, H.: Klimakrise und Gesellschaftstheorie, S. 168
[199] Bergson, H.: Die beiden Quellen der Moral und der Religion, S. 50
[200] Bergson, H.: Die beiden Quellen der Moral und der Religion, S. 25
[201] Siehe z. B. der Erfahrungsbericht von Bernadette Roberts: Jenseits von Ego und Selbst"
[202] Bergson, H.: Die beiden Quellen der Moral und der Religion, S. 39
[203] Vgl. Willke, H.: Klimakrise und Gesellschaftstheorie, S. 128
[204] Bergson, H.: Die beiden Quellen der Moral und der Religion, S.39
[205] Vgl. Rosenberger: Frei zu leben, S. 182f
[206] Tugendhat, E.: Anthropologie statt Metaphysik, S. 134

[207] Tugendhat, E.: Anthropologie statt Metaphysik, S. 133

[208] Hampe, M.; Schnepf, R.: Ethik. Reihe: Klassiker auslegen, S.2.

[209] Balzer, J.: After Woke, S. 84.

[210] Balzer, J.: After Woke, S.89

[211] Vgl. Balzer, J.: After Woke, S.88

[212] Vgl. Balzer, J.: After Woke, S. 38

[213] Vorlesung 24/03/1981

[214] Deleuze, G.: Spinoza. Praktische Philosophie, S. 161)

[215] ZEIT Nr. 10/2021.

[216] Rettet den Postkolonialismus. Warum es höchste Zeit ist, die linke Denkschule vor ihren eigenen Irrtümern zu schützen. Von Jens Balzer. Aus der ZEIT Nr. 21/2024

[217] Siehe Nachtstudio-Sendung: Fremd sind wir uns selbst. Versuch über die Ethik der Appropriation, Bayrischer Rundfunk

[218] Deleuze, G.; Guattari, F.: Tausend Plateaus, S. 396

[219] Deleuze, G.: Kleine Schriften, S.27

[220] Deleuze, G.: Kleine Schriften, S.28

[221] Deleuze, G.; Guattari, F.: Tausend Plateaus, S. 396

[222] Deleuze, G.: Kleine Schriften, S.28

[223] Deleuze, G.; Guattari, F.: Tausend Plateaus, S. 375f

[224] Deleuze, G.: Kleine Schriften, S.28

[225] Deleuze, G.: Kleine Schriften, S.29

[226] ZEIT Nr. 21/2024

[227] Deleuze, G.: Unterhandlungen. 1972-1990, S. 249

[228] Deleuze, G.: Kleine Schriften, S.28

[229] ZEIT Nr. 13/2024

[230] Vgl. Mounk, Y.: Im Zeitalter der Identität, S. 176f

[231] Mounk, Y.: Im Zeitalter der Identität, S. 130

[232] Haghiri, S.: Mit Nachsicht, S. 211f

[233] Vgl. Mounk, Y.: Im Zeitalter der Identität, S. 17

[234] Vgl. Mounk, Y.: Im Zeitalter der Identität, S. 210 und 202f

[235] Mounk, Y.: Im Zeitalter der Identität, S. 139

[236] Vgl. Mounk, Y.: Im Zeitalter der Identität, S.17

[237] Mounk, Y.: Im Zeitalter der Identität, S. 24

[238] Mounk, Y.: Im Zeitalter der Identität, S. 26

[239] Vgl. El Ouassil, S.; Karig, F.: Erzählende Affen, S. 327

[240] Vgl. Mounk, Y.: Im Zeitalter der Identität, S. 12

[241] Mounk, Y.: Im Zeitalter der Identität, S. 177

[242] Mounk, Y.: Im Zeitalter der Identität, S. 178

[243] Vgl. Mounk, Y.: Im Zeitalter der Identität, S. 82

[244] McWhorter, J.: Die Erwählten, S. 26

[245] McWhorter, J.: Die Erwählten, S. 27

[246] McWhorter, J.: Die Erwählten, S. 27

[247] McWhorter, J.: Die Erwählten, S. 245

[248] McWhorter, J.: Die Erwählten, S. 245

[249] Rainer Forsts Konzeption der Rechtfertigung Aus: Zeitschrift für Praktische Philosophie, Heft 1/2017, S. 54-65

[250] Rainer Forsts Konzeption der Rechtfertigung Aus: Zeitschrift für Praktische Philosophie, Heft 1/2017, S. 54-65

[251] Rainer Forsts Konzeption der Rechtfertigung Aus: Zeitschrift für Praktische Philosophie, Heft 1/2017, S. 54-65

[252] Vgl. Bassiouni, M. u. a.: Die Macht der Rechtfertigung, S. 9

[253] Forst, R.: Normativität und Macht, S. 122f

[254] Forst, R.: Das Recht auf Rechtfertigung, S. 64

[255] Martens, E.: Grundtexte der Philosophie, S. 244

[256] Interview mit Rainer Forst: „Gerechtigkeit ist ein ständiger Prozess" Hohe Luft 4/2013, S. 62

[257] Interview mit Rainer Forst: „Gerechtigkeit ist ein ständiger Prozess" Hohe Luft 4/2013, S. 63

[258] Forst, R.: Normativität und Macht, S. 219

[259] Forst, R.: Normativität und Macht, S. 219

[260] Vgl. Bassiouni, M. u. a.: Die Macht der Rechtfertigung, S.12

[261] Deleuze: Kleine Schriften, S.27

[262] Forst, R.: Normativität und Macht, S. 212.

[263] Forst, R.: Normativität und Macht, S. 190f

[264] Balzer, J.: After Woke, S. 90

[265] Whitehead, A. N.: Prozeß und Realität, S. 612f

[266] Bergson, H.: Denken und schöpferisches Werden, S.167

[267] Whitehead, A. N.: Prozeß und Realität, S. 62.

[268] Whitehead, A. N.: Prozeß und Realität, S. 621.

[269] Whitehead, A. N.: Prozeß und Realität, S. 621.

[270] Vgl. Deleuze, G.: Nietzsche und die Philosophie, S. 97

[271] Deleuze, G.: Differenz und Wiederholung, S.354

[272] Sander, H.-J: Natur und Schöpfung, S. 261

[273] Sander, H.-J: Natur und Schöpfung, S. 261f

[274] Sander, H.-J: Natur und Schöpfung, S. 260

[275] Vorlesung 24/03/1981

[276] Werbick, J.: Den Glauben verantworten, S. 528

[277] Werbick, J.: Den Glauben verantworten, S.529

[278] Werbick, J.: Den Glauben verantworten, S. 529

[279] Werbick, J.: Den Glauben verantworten, S. 530

[280] aus der Webseite https://www.christianhmeyer.de/

[281] ZEIT 44/2021

[282] ZEIT 47/2021

[283] ZEIT 47/2021

[284] ZEIT 22/2021